YICHANG STATISTICAL YEARBOOK

宜昌统计年鉴

YICHANG STATISTICAL YEARBOOK 2010

宜昌市统计局 编

中国统计出版社
China Statistics Press

（京）新登字041号

图书在版编目（CIP）数据

宜昌统计年鉴. 2010 / 宜昌市统计局编. — 北京：
中国统计出版社，2010.10

ISBN 978-7-5037-6106-5

Ⅰ. ①宜… Ⅱ. ①宜… Ⅲ. ①统计资料－宜昌市－2010－年鉴
Ⅳ. ①C832.633-54

中国版本图书馆CIP数据核字(2010)第191893号

宜昌统计年鉴 2010

YICHANG STATISTICAL YEARBOOK

宜昌统计年鉴－2010

作　　者／宜昌市统计局
责任编辑／佘竞雄
责任校对／马云鹤
封面设计／易崇艺
出版发行／中国统计出版社
通信地址／北京市丰台区西三环南路甲6号　中国统计出版社
邮　　编／100073
电　　话／(010)63376907
E—mail／yearbook@gj.stats.cn
印　　刷／湖北省枝江市印刷厂
经　　销／新华书店
开　　本／880×1230 毫米1/16
字　　数／95.5千字
印　　张／29.5印张
印　　数／1—1000册
版　　别／2010年10月第1版
版　　次／2010年10月第1次印刷
书　　号／ISBN 978-7-5037-6106-5/C·2436
定　　价／200.00　元

《宜昌统计年鉴》编辑委员会

《宜昌统计年鉴》编辑部

宜昌—世界水电旅游名城

YiChang ShiJieShuiDianLuYouMingCheng

中共宜昌市委书记
宜昌市人大常委会主任 郭有明

中共宜昌市委副书记
宜昌市人民政府市长 李乐成

2010年政府工作的指导思想是：认真贯彻党的十七届四中全会和中央、省经济工作会议精神，全面落实科学发展观，更加注重提高经济增长质量和效益，更加注重调整经济结构和转变发展方式，更加注重改革开放和自主创新，更加注重改善民生和促进社会和谐，进一步解放思想、务实创新，抢抓机遇、开拓进取，坚定信心、乘势而上，推动经济社会又好又快发展，努力走在中部地区和长江沿线同等城市发展前列，加快建设省域副中心城市。2010年经济社会发展的主要预期是：生产总值增长13%；全社会固定资产投资增长20%，其中市县属投资增长30%；社会消费品零售总额增长18%以上；地方一般预算收入增长14%；外贸出口增长15%；利用外资增长10%；城镇居民人均可支配收入增长8%；农民人均纯收入增长8%；城镇登记失业率控制在4.4%以内；万元生产总值综合能耗下降4%；保持物价水平总体稳定。

编辑说明

《宜昌统计年鉴—2010》系统收录了宜昌市和所辖县市区经济社会统计资料。其中，统计数据以2009年为主，主要统计指标列示了近5年的数据，部分资料还列示了建国60年重要年份的主要统计指标数据。本书以丰富、详实的统计数据客观真实地反映了2009年宜昌市国民经济和社会发展成就，是一部内容丰富，信息量大，实用性强的大型资料性年刊。

本年鉴的编辑坚持全面、实用、方便、服务的宗旨，突出了为领导决策服务、为经济建设服务、为社会公众服务的功能。全书在编辑体例、内容结构、指标体系、统计口径等方面保持了连续性，以尽可能地方便读者分析比较。

本年鉴的主要内容包括特载、专文和统计资料三部分。其中统计资料包括综合、人口与计划生育、财政金融、从业人员和工资、物价指数、人民生活、农业、工业交通能源、投资建筑、中小企业、贸易外经、科技教育、社会事业、景气指数、基本单位等15个类目。为方便读者使用，各主要篇章篇末附有《主要统计指标解释》。

本年鉴中所使用的度量衡单位，均采用国际统一标准计量单位。

本年鉴中部分数据合计数或相对数由于单位取舍不同而产生的计算误差，均未作机械调整。

本年鉴中“空格”表示该项指标数据不足本表最小单位数、数据不详、无该项数据或为零。“#”表示其中数，平行指标和分组指标以字号、字体或位置表示。

本年鉴在编辑过程中得到了各级领导、市直各部门的关心与支持。值此，编委会谨致谢忱，并恳请读者提出宝贵建议，以期更臻完善。

目　录

特　　载

专　　文

统 计 资 料

一、综合

二、人口与计划生育

三、财政金融

CONTENTS

目 录

CONTENTS

目 录

十一、贸易外经

十二、科技教育

CONTENTS

特　　载

TE ZAI

中华人民共和国统计法

（1983 年 12 月 8 日第六届全国人民代表大会常务委员会第三次会议通过
根据 1996 年 5 月 15 日第八届全国人民代表大会常务委员会第十九次会议
《关于修改〈中华人民共和国统计法〉的决定》修正 2009 年 6 月 27 日
第十一届全国人民代表大会常务委员会第九次会议修订）

第一章　总　　则

第一条　为了科学、有效地组织统计工作，保障统计资料的真实性、准确性、完整性和及时性，发挥统计在了解国情国力、服务经济社会发展中的重要作用，促进社会主义现代化建设事业发展，制定本法。

第二条　本法适用于各级人民政府、县级以上人民政府统计机构和有关部门组织实施的统计活动。

统计的基本任务是对经济社会发展情况进行统计调查、统计分析，提供统计资料和统计咨询意见，实行统计监督。

第三条　国家建立集中统一的统计系统，实行统一领导、分级负责的统计管理体制。

第四条　国务院和地方各级人民政府、各有关部门应当加强对统计工作的组织领导，为统计工作提供必要的保障。

第五条　国家加强统计科学研究，健全科学的统计指标体系，不断改进统计调查方法，提高统计的科学性。

国家有计划地加强统计信息化建设，推进统计信息搜集、处理、传输、共享、存储技术和统计数据库体系的现代化。

第六条　统计机构和统计人员依照本法规定独立行使统计调查、统计报告、统计监督的职权，不受侵犯。

地方各级人民政府、政府统计机构和有关部门以及各单位的负责人，不得自行修改统计机构和统计人员依法搜集、整理的统计资料，不得以任何方式要求统计机构、统计人员及其他机构、人员伪造、篡改统计资料，不得对依法履行职责或者拒绝、抵制统计违法行为的统计人员打击报复。

第七条　国家机关、企业事业单位和其他组织以及个体工商户和个人等统计调查对象，必须依照本法和国家有关规定，真实、准确、完整、及时地提供统计调查所需的资料，不得提供不真实或者不完整的统计资料，不得迟报、拒报统计资料。

第八条　统计工作应当接受社会公众的监督。任何单位和个人有权检举统计中弄虚作假等违法行为。对检举有功的单位和个人应当给予表彰和奖励。

第九条　统计机构和统计人员对在统计工作中知悉的国家秘密、商业秘密和个人信息，应当予以保密。

第十条　任何单位和个人不得利用虚假统计资料骗取荣誉称号、物质利益或者职务晋升。

第二章　统计调查管理

第十一条　统计调查项目包括国家统计调查项目、部门统计调查项目和地方统计调查项目。

国家统计调查项目是指全国性基本情况的统计调查项目。部门统计调查项目是指国务院有关部门的专业性统计调查项目。地方统计调查项目是指县级以上地方人民政府及其部门的地方性统计调查项目。

国家统计调查项目、部门统计调查项目、地方统计调查项目应当明确分工，互相衔接，不得重复。

第十二条　国家统计调查项目由国家统计局制定，或者由国家统计局和国务院有关部门共同制定，报国务院备案；重大的国家统计调查项目报国务院审批。

部门统计调查项目由国务院有关部门制定。统计调查对象属于本部门管辖系统的，报国家统计局备案；统计调查对象超出本部门管辖系统的，报国家统计局审批。

地方统计调查项目由县级以上地方人民政府统计机构和有关部门分别制定或者共同制定。其中，由省级人民政府统计机构单独制定或者和有关部门共同制定的，报国家统计局审批；由省级以下人民政府统计机构单独制定或者和有关部门共同制定的，报省级人民政府统计机构审批；由县级以上地方人民政府有关部门制定的，报本级人民政府统计机构审批。

第十三条　统计调查项目的审批机关应当对调查项目的必要性、可行性、科学性进行审查，对符合法定条件的，作出予以批准的书面决定，并公布；对不符合法定条件的，作出不予批准的书面决定，并说明理由。

第十四条 制定统计调查项目，应当同时制定该项目的统计调查制度，并依照本法第十二条的规定一并报经审批或者备案。

统计调查制度应当对调查目的、调查内容、调查方法、调查对象、调查组织方式、调查表式、统计资料的报送和公布等作出规定。

统计调查应当按照统计调查制度组织实施。变更统计调查制度的内容，应当报经原审批机关批准或者原备案机关备案。

第十五条 统计调查表应当标明表号、制定机关、批准或者备案文号、有效期限等标志。

对未标明前款规定的标志或者超过有效期限的统计调查表，统计调查对象有权拒绝填报；县级以上人民政府统计机构应当依法责令停止有关统计调查活动。

第十六条 搜集、整理统计资料，应当以周期性普查为基础，以经常性抽样调查为主体，综合运用全面调查、重点调查等方法，并充分利用行政记录等资料。

重大国情国力普查由国务院统一领导，国务院和地方人民政府组织统计机构和有关部门共同实施。

第十七条 国家制定统一的统计标准，保障统计调查采用的指标涵义、计算方法、分类目录、调查表式和统计编码等的标准化。

国家统计标准由国家统计局制定，或者由国家统计局和国务院标准化主管部门共同制定。

国务院有关部门可以制定补充性的部门统计标准，报国家统计局审批。部门统计标准不得与国家统计标准相抵触。

第十八条 县级以上人民政府统计机构根据统计任务的需要，可以在统计调查对象中推广使用计算机网络报送统计资料。

第十九条 县级以上人民政府应当将统计工作所需经费列入财政预算。

重大国情国力普查所需经费，由国务院和地方人民政府共同负担，列入相应年度的财政预算，按时拨付，确保到位。

第三章 统计资料的管理和公布

第二十条 县级以上人民政府统计机构和有关部门以及乡、镇人民政府，应当按照国家有关规定建立统计资料的保存、管理制度，建立健全统计信息共享机制。

第二十一条 国家机关、企业事业单位和其他组织等统计调查对象，应当按照国家有关规定设置原始记录、统计台账，建立健全统计资料的审核、签署、交接、归档等管理制度。

统计资料的审核、签署人员应当对其审核、签署的统计资料的真实性、准确性和完整性负责。

第二十二条 县级以上人民政府有关部门应当及时向本级人民政府统计机构提供统计所需的行政记录资料和国民经济核算所需的财务资料、财政资料及其他资料，并按照统计调查制度的规定及时向本级人民政府统计机构报送其组织实施统计调查取得的有关资料。

县级以上人民政府统计机构应当及时向本级人民政府有关部门提供有关统计资料。

第二十三条 县级以上人民政府统计机构按照国家有关规定，定期公布统计资料。

国家统计数据以国家统计局公布的数据为准。

第二十四条 县级以上人民政府有关部门统计调查取得的统计资料，由本部门按照国家有关规定公布。

第二十五条 统计调查中获得的能够识别或者推断单个统计调查对象身份的资料，任何单位和个人不得对外提供、泄露，不得用于统计以外的目的。

第二十六条 县级以上人民政府统计机构和有关部门统计调查取得的统计资料，除依法应当保密的外，应当及时公开，供社会公众查询。

第四章 统计机构和统计人员

第二十七条 国务院设立国家统计局，依法组织领导和协调全国的统计工作。

国家统计局根据工作需要设立的派出调查机构，承担国家统计局布置的统计调查等任务。

县级以上地方人民政府设立独立的统计机构，乡、镇人民政府设置统计工作岗位，配备专职或者兼职统计人员，依法管理、开展统计工作，实施统计调查。

第二十八条 县级以上人民政府有关部门根据统计任务的需要设立统计机构，或者在有关机构中设置统计人员，并指定统计负责人，依法组织、管理本部门职责范围内的统计工作，实施统计调查，在统计业务上受本级人民政府统计机构的指导。

第二十九条 统计机构、统计人员应当依法履行职责，如实搜集、报送统计资料，不得伪造、篡改统计资料，不得以任何方式要求任何单位和个人提供不真实的统计资料，不得有其他违反本法规定的行为。

统计人员应当坚持实事求是，恪守职业道德，对其负责搜集、审核、录入的统计资料与统计调查对象报送的统计资料的一致性负责。

第三十条 统计人员进行统计调查时，有权就与统计有关的问题询问有关人员，要求其如实提供有关情况、资料并改正不真实、不准确的资料。

统计人员进行统计调查时，应当出示县级以上人民政府统计机构或者有关部门颁发的工作证件；未出示的，统计调查对象有权拒绝调查。

第三十一条 国家实行统计专业技术职务资格考试、评聘制度，提高统计人员的专业素质，保障统计队伍的稳定性。

统计人员应当具备与其从事的统计工作相适应的专业知识和业务能力。

县级以上人民政府统计机构和有关部门应当加强对统计人员的专业培训和职业道德教育。

第五章 监督检查

第三十二条 县级以上人民政府及其监察机关对下级人民政府、本级人民政府统计机构和有关部门执行本法的情况，实施监督。

第三十三条 国家统计局组织管理全国统计工作的监督检查，查处重大统计违法行为。

县级以上地方人民政府统计机构依法查处本行政区域内发生的统计违法行为。但是，国家统计局派出的调查机构组织实施的统计调查活动中发生的统计违法行为，由组织实施该项统计调查的调查机构负责查处。

法律、行政法规对有关部门查处统计违法行为另有规定的，从其规定。

第三十四条 县级以上人民政府有关部门应当积极协助本级人民政府统计机构查处统计违法行为，及时向本级人民政府统计机构移送有关统计违法案件材料。

第三十五条 县级以上人民政府统计机构在调查统计违法行为或者核查统计数据时，有权采取下列措施：

（一）发出统计检查查询书，向检查对象查询有关事项；

（二）要求检查对象提供有关原始记录和凭证、统计台账、统计调查表、会计资料及其他相关证明和资料；

（三）就与检查有关的事项询问有关人员；

（四）进入检查对象的业务场所和统计数据处理信息系统进行检查、核对；

（五）经本机构负责人批准，登记保存检查对象的有关原始记录和凭证、统计台账、统计调查表、会计资料及其他相关证明和资料；

（六）对与检查事项有关的情况和资料进行记录、录音、录像、照相和复制。

县级以上人民政府统计机构进行监督检查时，监督检查人员不得少于二人，并应当出示执法证件；未出示的，有关单位和个人有权拒绝检查。

第三十六条 县级以上人民政府统计机构履行监督检查职责时，有关单位和个人应当如实反映情况，提供相关证明和资料，不得拒绝、阻碍检查，不得转移、隐匿、篡改、毁弃原始记录和凭证、统计台账、统计调查表、会计资料及其他相关证明和资料。

第六章 法律责任

第三十七条 地方人民政府、政府统计机构或者有关部门、单位的负责人有下列行为之一的，由任免机关或者监察机关依法给予处分，并由县级以上人民政府统计机构予以通报：

（一）自行修改统计资料、编造虚假统计数据的；

（二）要求统计机构、统计人员或者其他机构、人员伪造、篡改统计资料的；

（三）对依法履行职责或者拒绝、抵制统计违法行为的统计人员打击报复的；

（四）对本地方、本部门、本单位发生的严重统计违法行为失察的。

第三十八条 县级以上人民政府统计机构或者有关部门在组织实施统计调查活动中有下列行为之一的，由本级人民政府、上级人民政府统计机构或者本级人民政府统计机构责令改正，予以通报；对直接负责的主管人员和其他直接责任人员，由任免机关或者监察机关依法给予处分：

（一）未经批准擅自组织实施统计调查的；

（二）未经批准擅自变更统计调查制度的内容的；

（三）伪造、篡改统计资料的；

（四）要求统计调查对象或者其他机构、人员提供不真实的统计资料的；

（五）未按照统计调查制度的规定报送有关资料的。

统计人员有前款第三项至第五项所列行为之一的，责令改正，依法给予处分。

第三十九条 县级以上人民政府统计机构或者有关部门有下列行为之一的，对直接负责的主管人员和其他直接责任人员由任免机关或者监察机关依法给予处分：

（一）违法公布统计资料的；

（二）泄露统计调查对象的商业秘密、个人信息或者提供、泄露在统计调查中获得的能够识别或者推断单个统计调查对象身份的资料的；

（三）违反国家有关规定，造成统计资料毁损、灭失的。

统计人员有前款所列行为之一的，依法给予处分。

第四十条 统计机构、统计人员泄露国家秘密的，依法追究法律责任。

第四十一条 作为统计调查对象的国家机关、企业事业单位或者其他组织有下列行为之一的，由县级以上人民政府统计机构责令改正，给予警告，可以予以通报；其直接负责的主管人员和其他直接责任人员属于国家工作人员的，由任免机关或者监察机关依法给予处分：

（一）拒绝提供统计资料或者经催报后仍未按时提供统计资料的；

（二）提供不真实或者不完整的统计资料的；

（三）拒绝答复或者不如实答复统计检查查询书的；

（四）拒绝、阻碍统计调查、统计检查的；

（五）转移、隐匿、篡改、毁弃或者拒绝提供原始记录和凭证、统计台账、统计调查表及其他相关证明和资料的。

企业事业单位或者其他组织有前款所列行为之一的，可以并处五万元以下的罚款；情节严重的，并处五万元以上二十万元以下的罚款。

个体工商户有本条第一款所列行为之一的，由县级以上人民政府统计机构责令改正，给予警告，可以并处一万元以下的罚款。

第四十二条 作为统计调查对象的国家机关、企业事业单位或者其他组织迟报统计资料，或者未按照国家有关规定设置原始记录、统计台账的，由县级以上人民政府统计机构责令改正，给予警告。

企业事业单位或者其他组织有前款所列行为之一的，可以并处一万元以下的罚款。

个体工商户迟报统计资料的，由县级以上人民政府统计机构责令改正，给予警告，可以并处一千元以下的罚款。

第四十三条 县级以上人民政府统计机构查处统计违法行为时，认为对有关国家工作人员依法应当给予处分的，应当提出给予处分的建议；该国家工作人员的任免机关或者监察机关应当依法及时作出决定，并将结果书面通知县级以上人民政府统计机构。

第四十四条 作为统计调查对象的个人在重大国情国力普查活动中拒绝、阻碍统计调查，或者提供不真实或者不完整的普查资料的，由县级以上人民政府统计机构责令改正，予以批评教育。

第四十五条 违反本法规定，利用虚假统计资料骗取荣誉称号、物质利益或者职务晋升的，除对其编造虚假统计资料或者要求他人编造虚假统计资料的行为依法追究法律责任外，由作出有关决定的单位或者其上级单位、监察机关取消其荣誉称号，追缴获得的物质利益，撤销晋升的职务。

第四十六条 当事人对县级以上人民政府统计机构作出的行政处罚决定不服的，可以依法申请行政复议或者提起行政诉讼。其中，对国家统计局在省、自治区、直辖市派出的调查机构作出的行政处罚决定不服的，向国家统计局申请行政复议；对国家统计局派出的其他调查机构作出的行政处罚决定不服的，向国家统计局在该派出机构所在的省、自治区、直辖市派出的调查机构申请行政复议。

第四十七条 违反本法规定，构成犯罪的，依法追究刑事责任。

第七章 附 则

第四十八条 本法所称县级以上人民政府统计机构，是指国家统计局及其派出的调查机构、县级以上地方人民政府统计机构。

第四十九条 民间统计调查活动的管理办法，由国务院制定。

中华人民共和国境外的组织、个人需要在中华人民共和国境内进行统计调查活动的，应当按照国务院的规定报请审批。

利用统计调查危害国家安全、损害社会公共利益或者进行欺诈活动的，依法追究法律责任。

第五十条 本法自2010年1月1日起施行。

中华人民共和国统计法实施细则

（1987年1月19日国务院批准　1987年2月15日国家统计局发布
2000年6月2日国务院批准修订　2000年6月15日国家统计局发布
根据2005年12月16日《国务院关于修改〈中华人民共和国统计法实施细则〉的决定》修订）

第一章　总　则

第一条　根据《中华人民共和国统计法》（以下简称《统计法》）的规定，制定本细则。

第二条　《统计法》所指的统计，是指运用各种统计方法对国民经济和社会发展情况进行统计调查、统计分析，提供统计资料和统计咨询意见，实行统计监督等活动的总称。

国民经济和社会发展的统计项目分类，由国家统计局规定、调整。

第三条　国家有计划地用现代信息技术装备各级人民政府统计机构，建立健全国家统计信息自动化系统。国务院各部门根据工作需要，有计划地用现代信息技术装备本部门及其管辖系统的统计机构。

县级以上各级人民政府应当将国家统计信息工程建设列入发展计划。国家统计信息工程建设，由国家统计局统一领导，县级以上地方各级人民政府统计机构分级负责。

第四条　统计机构和统计人员实行工作责任制，实行考核和奖惩制度，不断提高工作质量和工作效率。

统计机构和统计人员依法独立行使下列职权：

（一）统计调查权——调查、搜集有关资料，召开有关调查会议，检查与统计资料有关的原始记录和凭证。统计调查对象应当依照《统计法》和国家有关规定，如实提供统计资料和情况，不得虚报、瞒报、拒报、迟报，不得伪造、篡改。

（二）统计报告权——将统计调查取得的统计资料和情况加以整理、分析，向上级领导机关和有关部门提出统计报告。任何单位或者个人不得阻挠和扣压统计报告，不得篡改统计资料。

（三）统计监督权——根据统计调查和统计分析，对国民经济和社会发展情况进行统计监督，检查国家政策和计划的实施，考核经济效益、社会效益和工作成绩，检查和揭露存在的问题，检查虚报、瞒报、伪造、篡改统计资料的行为，提出改进工作的建议。有关部门和单位对统计机构、统计人员反映、揭露的问题和提出的建议，应当及时处理，作出答复。

第五条　县级以上地方各级人民政府、各部门、各企业事业组织，应当根据国家统计任务和本地区、本部门、本单位的需要，在下列方面加强对统计工作的领导和监督：

（一）领导和支持统计机构、统计人员和其他有关人员执行统计法规和统计制度，准确、及时地完成统计工作任务，加强统计工作现代化建设；

（二）吸收和组织统计人员参加讨论有关政策和计划、研究经济和社会发展问题的会议，发挥统计的服务和监督作用；

（三）根据国家统一部署，组织实施重大的国情国力普查；

（四）按照规定审批统计调查计划，切实解决经批准的统计调查需要的人员和经费。

第六条　国家统计局及其派出的调查队、县级以上地方各级人民政府统计机构是国家执行统计法规和统计制度的机关，负责监督检查统计法规和统计制度的实施，维护统计机构和统计人员的职权，依法查处违反统计法规和统计制度的行为。

县级以上地方各级人民政府统计机构依法查处本行政区域内发生的统计违法行为；在国家统计局派出的调查队组织实施的统计调查中发生的统计违法行为，由组织实施该项统计调查的调查队负责查处。

第二章 统计调查计划和统计制度

第七条　县级以上各级人民政府统计机构和有关部门按照下列三类情况，分别建立统计制度，编制统计调查计划，按照规定经审查机关批准后实施：

（一）国家统计调查，是指全国性基本情况的统计调查，包括国家统计局单独拟订的和国家统计局与国务院有关部门共同拟订的统计调查项目。国家统计调查计划中新的、重大的统计调查项目,由国家统计局报国务院审批;经常性的、一般性的统计调查项目,由国家统计局审批。

各地方、各部门、各单位必须严格按照国家统计调查方案实施国家统计调查。

(二)部门统计调查,是指各部门的专业性统计调查。部门统计调查计划和统计调查方案,由该部门的统计机构组织本部门各有关职能机构编制。其中,统计调查对象属于本部门管辖系统内的,由本部门领导人审批,报国家统计局或者本级地方人民政府统计机构备案;统计调查对象超出本部门管辖系统的,报国家统计局或者本级地方人民政府统计机构审批,其中重要的,报国务院或者本级地方人民政府审批。各部门统计调查管辖系统的划分办法,由国家统计局会同国务院有关部门提出,报国务院批准后实施。

(三)地方统计调查,是指地方人民政府需要的地方性的统计调查。地方统计调查计划和统计调查方案的报批办法,由省、自治区、直辖市人民政府统计机构规定,报国家统计局备案。

第八条 部门统计调查和地方统计调查不得与国家统计调查重复、矛盾。

国家统计调查与部门统计调查、地方统计调查的分工,由国家统计局会同国务院有关部门和省、自治区、直辖市人民政府统计机构具体商定。

第九条 县级以上各级人民政府的综合协调部门需要的统计资料,应当从本级人民政府统计机构和有关部门搜集;确实需要直接进行统计调查的,应当编制统计调查计划和统计调查方案,依照《统计法》和本细则的有关规定,经批准后实施。

县级以上各级人民政府有关部门组织实施的部门统计调查,应当及时向本级人民政府统计机构报送基本统计资料或者综合统计资料。

国家统计局和县级以上地方各级人民政府统计机构,应当定期、无偿地向本级人民政府部门提供有关综合统计资料。

第十条 统计调查计划按照统计调查项目编制。统计调查项目,是指一定时期内为实现特定统计调查目的而组织实施的统计调查。统计调查项目的计划应当列明:项目名称、调查机关、调查目的、调查范围、调查对象、调查方式、调查时间、调查的主要内容。

编制统计调查计划,必须同时编制统计调查方案。统计调查方案应当包括下列内容:

(一)供统计调查对象填报用的统计调查表和说明书;

(二)供整理上报用的统计综合表和说明书;

(三)统计调查需要的人员和经费及其来源。

第十一条 县级以上各级人民政府统计机构、各部门统计机构对送审的统计调查计划和统计调查方案的必要性、可行性、科学性应当进行严格审查;对不符合本细则规定的,应当退回修改或者不予批准。编制和审查统计调查方案,应当遵循下列原则:

(一)在已经批准实施的各种统计调查中能够搜集到资料的,不得重复调查;

(二)抽样调查、重点调查或者行政记录可以满足需要的,不得制发全面统计调查表;一次性统计调查可以满足需要的,不得进行经常性统计调查;按年统计调查可以满足需要的,不得按季统计调查;按季统计调查可以满足需要的,不得按月统计调查;月以下的进度统计调查必须从严控制;

(三)编制新的统计调查方案,必须事先试点或者征求有关地方、部门和基层单位的意见,进行可行性论证,保证切实可行,注重调查效益;

(四)统计调查需要的人员和经费应当有保证。

第十二条 国家建立周期性的普查制度。周期性普查由国务院和地方各级人民政府统一领导,组织统计机构和有关部门共同实施,所需要的经费由中央和地方财政共同负担。

进行经常性抽样调查,应当通过基本统计单位普查和行政记录的方式,查明基本统计单位及其分布情况,建立科学的抽样框,按照随机原则在调查总体中选取足以代表总体的样本单位,减少抽样误差。

第十三条 按照规定程序批准的统计调查表,必须在右上角标明表号、制表机关、批准或者备案机关、批准或者备案文号、有效期限。

对未标明前款所列内容或者超过有效期限的统计调查表,有关统计调查对象有权拒绝填报,统计机构有权废止。

第十四条 统计调查方案所规定的指标涵义、调查范围、计算方法、分类目录、调查表式、统计编码等,未经批准该统计调查方案的机关同意,任何单位或者个人不得修改。

第三章 统计资料的管理和公布

第十五条 各地方、各部门、各单位应当健全统计资料的审核制度,保障统计资料的准确性和及时性。

各部门、各企业事业组织提供的统计资料,由本部门、本单位领导人或者统计负责人审核、签署或者盖章后上报。有关财务统计资料由财务会计机构或者会计人员提供,并经财务会计负责人审核、签署或者盖章。县级以上各级人民政府统计机构和乡、镇统计员提供的统计资料,由本级人民政府统计机构负责人或者乡、镇统计员审核、签署或者盖章后上报。

第十六条 各级领导机关制定政策、计划，检查政策、计划执行情况，考核经济效益、社会效益和工作成绩，进行奖励和惩罚等，需要使用统计资料的，必须依照《统计法》第十三条的规定，以统计机构或者统计负责人签署或者盖章的统计资料为准。

第十七条 县级以上各级人民政府统计机构必须做好统计信息咨询服务工作，充分利用可以公开的社会经济信息为社会公众服务。

符合国家有关规定，在《统计法》和统计制度规定之外提供统计信息咨询，实行有偿服务。具体办法由国家统计局会同国务院价格主管部门制定。

第十八条 各地方、各部门、各单位必须执行国家有关统计资料保密管理的规定，加强对统计资料的保密管理。

第十九条 各地方、各部门、各单位必须建立统计资料档案制度。统计资料档案的保管、调用和移交，应当遵守国家有关档案管理的规定。

第二十条 国家建立健全统计资料定期公布制度。

国家统计局统计调查取得的统计数据，由国家统计局公布。国务院有关部门统计调查取得的统计数据，由国务院有关部门公布；其中，与国家统计局统计调查取得的统计数据有重复、交叉的，应当在同国家统计局协商后，由国务院有关部门公布。国务院有关部门公布统计数据，应当自公布之日起10日内报国家统计局备案。

县级以上地方各级人民政府统计机构和有关部门公布其统计调查取得的地方统计数据，比照前款规定执行。

第二十一条 国家建立健全统计数据质量监控和评估的制度，加强对各省、自治区、直辖市重要统计数据的监控和评估。

第四章 统计机构和统计人员

第二十二条 国家统计局履行下列职责：

（一）根据有关法律、行政法规和国家有关政策和计划，制定统计工作规章，制订统计工作现代化规划和国家统计调查计划，组织领导和协调全国统计工作，监督检查统计法规和统计制度的实施；

（二）健全国民经济核算制度和统计指标体系，制定全国统一的基本统计报表制度；制定或者与有关部门共同制定国家统计标准，审定部门统计标准；

（三）在国务院领导下，会同有关部门组织重大的国情国力普查，组织、协调全国社会经济抽样调查；

（四）根据国家制定政策、计划和进行管理的需要，搜集、整理、提供全国性的基本统计资料，对国民经济和社会发展情况进行统计分析、统计预测和统计监督；

（五）审查国务院各部门编制的统计调查计划和统计调查方案，管理国务院各部门制发的统计调查表；

（六）检查、审定、管理、公布、出版全国性的基本统计资料，定期发布全国国民经济和社会发展情况的统计公报；

（七）统一领导和管理国家统计局派出的调查队；

（八）组织指导全国统计科学研究、统计教育、统计干部培训和统计书刊出版工作；

（九）开展统计工作和统计科学的国际交流。

国家统计局派出的调查队承担国家统计局布置的各项调查任务，依法独立开展统计调查，独立上报统计资料。

第二十三条 县级以上地方各级人民政府统计机构履行下列职责：

（一）完成国家统计调查任务，执行国家统计标准，执行全国统一的基本统计报表制度；

（二）制订本行政区域内的统计工作现代化规划、统计调查计划和统计调查方案，统一领导和协调本行政区域内包括中央和地方单位的统计工作，监督检查统计法规和统计制度的实施；

（三）根据本行政区域内制定计划和进行管理的需要，搜集、整理、提供基本统计资料，对本行政区域内国民经济和社会发展情况进行统计分析、统计预测和统计监督；

（四）审查本行政区域内各部门的统计调查计划和统计调查方案，管理本行政区域内各部门制发的统计调查表；

（五）按照国家有关规定，检查、审定、管理、公布、出版本行政区域内的基本统计资料；省、自治区、直辖市人民政府统计机构定期发布本行政区域内国民经济和社会发展情况的统计公报；自治州、县、自治县、市、市辖区人民政府统计机构按照本级人民政府的决定，发布本行政区域内国民经济和社会发展情况的统计公报；

（六）组织指导本行政区域内各部门、各单位加强统计基础工作建设，加强统计教育、统计干部培训和统计科学研究工作；对本行政区域内人民政府统计机构干部和乡、镇统计员进行考核和奖励。

县级以上地方各级人民政府统计机构受本级人民政府和上级人民政府统计机构的双重领导，在统计业务上以上级人民政府统计机构的领导为主。

第二十四条 乡、镇统计员执行乡、镇综合统计的职能，履行下列职责：

（一）完成国家统计调查和地方统计调查任务，执行国家统计标准，执行全国统一的基本统计报表制度，执行统计法规和统计制度，监督检查统计法规和统计制度的实施；

（二）按照国家有关规定，搜集、整理、分析、提供和管理本乡、镇的基本统计资料；

（三）组织指导本乡、镇各有关单位、人员加强农村统计基础工作建设，健全本乡、镇的统计台账制度和统计档案制度，组织乡、镇以下的统计业务工作。

乡、镇人民政府应当根据《统计法》等有关规定和统计工作的需要，设置专职的或者兼职的统计员，建立健全乡、镇统计信息网络。乡、镇统计员和乡、镇统计信息网络在统计业务上受县级人民政府统计机构的领导。

村的统计工作，由村民委员会指定专人负责，其在统计业务上受乡、镇统计员的领导。

第二十五条 县级以上各级人民政府有关部门的统计机构或者统计负责人执行本部门综合统计的职能，履行下列职责：

（一）组织指导、综合协调本部门各职能机构（包括生产、供销、基建、劳动人事、财务会计等机构）的统计工作，共同完成国家统计调查、部门统计调查和地方统计调查任务，执行统计法规和统计制度，监督检查统计法规和统计制度的实施；

（二）制订本部门的统计工作现代化规划、统计调查计划和统计调查方案，组织指导本部门及其管辖系统内企业事业组织的统计工作，加强统计队伍和统计基础工作建设；

（三）按照国家有关规定，向上级领导机关和本级人民政府统计机构报送和提供本部门的基本统计资料，会同计划和其他有关职能机构对本部门执行政策、计划和经营管理效益的情况，进行统计分析、统计预测和统计监督；

（四）管理本部门制发的统计调查表和基本统计资料；

（五）会同本部门的人事教育机构，组织指导本部门的统计教育和统计干部培训；对本部门统计人员进行考核和奖励；加强本部门统计科学研究工作。

县级以上各级人民政府有关部门统计机构的设置，应当根据实际需要，本着精简、效能的原则，依照《统计法》的规定执行。

第二十六条 企业事业组织的统计机构或者统计负责人执行本单位综合统计的职能，履行下列职责：

（一）组织指导、综合协调本单位各职能机构和下属机构的统计工作，共同完成国家统计调查、部门统计调查和地方统计调查任务，制订、实施本单位的统计工作计划和统计制度，执行统计法规和统计制度，监督检查统计法规和统计制度的实施；

（二）按照国家有关规定，报送和提供统计资料，对本单位计划的执行情况和经营管理的效益，进行统计分析和统计监督；

（三）管理本单位的统计调查表和基本统计资料；

（四）会同本单位有关职能机构完善计量、检测制度，建立健全原始记录、统计台账和核算制度。

企业事业组织的统计机构或者统计负责人在统计业务上，受所在地人民政府统计机构或者乡、镇统计员的指导。

中小型企业事业组织不单设统计人员的，可以指定人员专门负责统计工作。

第二十七条 统计负责人，是指代表本部门或者本单位履行《统计法》规定职责的主要责任人员。不设统计机构的，一般应当由具备相当统计专业技术职务条件的人员担任统计负责人。

第二十八条 各地方、各部门、各单位应当根据国家有关规定和工作需要，设置统计专业技术职务。

第二十九条 具有统计专业技术职务的人员的调动，应当分别征求本地区、本部门、本单位统计机构或者统计负责人的意见；其中，具有中级以上统计专业技术职务的人员的调动，应当征得上级统计机构的同意。

县级以上地方各级人民政府统计机构主要负责人的调动，应当征得上一级人民政府统计机构的同意。乡、镇统计员的调动，应当征得县级人民政府统计机构的同意。

各部门和企业事业组织统计负责人的调动，应当征求上级主管部门和所在地人民政府统计机构的意见。

第三十条 国家统计局和县级以上地方各级人民政府统计机构，应当有计划地对统计人员进行培训，加强对统计人员的职业道德教育，提高统计人员的业务素质。

国家统计局和县级以上地方各级人民政府统计机构增加和补充统计人员，应当从具备统计专业知识的人员中选调。

第五章　奖励和惩罚

第三十一条 县级以上各级人民政府统计机构、各部门、各企业事业组织，应当依照国家或者企业事业组织的规定，对有下列表现之一的统计人员或者集体，定期评比，给予奖励：

（一）在改革和完善统计制度、统计方法等方面，做出重要贡献的；

（二）在完成规定的统计调查任务，保障统计资料的准确性、及时性方面，做出显著成绩的；

（三）在进行统计分析、统计预测和统计监督方面，有所创新，取得重要成绩的；

（四）在运用和推广现代信息技术方面，取得显著效果的；

（五）在改进统计教育和统计专业培训，进行统计科学研究，提高统计科学水平方面，做出重要贡献的；

（六）坚持实事求是，依法办事，同违反统计法规和统计制度的行为作斗争，表现突出的；

（七）揭发、检举统计违法行为有功的。

奖励分为:通令嘉奖、记功、记大功、晋级、升职、授予荣誉称号,并可以发给奖品、奖金。奖金按照国家或者企业事业组织的规定在有关经费中开支。

第三十二条 下列行为,属于《统计法》第二十七条第一款所称情节较重的违法行为:

(一)虚报、瞒报、伪造、篡改统计资料数额较大或者占应报数额的份额较多的;

(二)虚报、瞒报、伪造、篡改或者拒报统计资料,二年内再次发生的;

(三)虚报、瞒报、伪造、篡改、拒报或者屡次迟报统计资料,被责令改正而拒不改正的;

(四)虚报、瞒报、伪造、篡改、拒报或者屡次迟报统计资料,造成严重后果或者恶劣影响的;

(五)在接受统计检查时,拒绝提供情况、提供虚假情况或者转移、隐匿、毁弃原始统计记录、统计台账、统计报表以及与统计有关的其他资料的;

(六)使用暴力或者威胁的方法阻挠、抗拒统计检查的;

(七)国家统计局依法认定的其他行为。

第三十三条 企业事业组织有《统计法》第二十七条第一款所列违法行为之一的,由县级以上人民政府统计机构或者国家统计局派出的调查队予以警告,并可以处5万元以下的罚款。

个体工商户有《统计法》第二十七条第一款所列违法行为之一的,由县级以上人民政府统计机构或者国家统计局派出的调查队予以警告,并可以处1万元以下的罚款。

第三十四条 任何单位或者个人有《统计法》第二十九条第二款所列违法行为的,由县级以上人民政府统计机构责令改正,没收违法所得,并可以处违法所得1倍以上3倍以下的罚款;没有违法所得的,可以处3万元以下的罚款。

第六章 附 则

第三十五条 中华人民共和国境外的组织、个人需要在中华人民共和国境内进行统计调查活动的,应当委托中华人民共和国境内具有涉外统计调查资格的机构进行。

统计调查范围限于省、自治区、直辖市行政区域内的,应当持有关证明文件和统计调查方案,向省、自治区、直辖市人民政府统计机构提出申请,由省、自治区、直辖市人民政府统计机构审批;统计调查范围跨省、自治区、直辖市行政区域的,应当持有关证明文件和统计调查方案,向国家统计局提出申请,由国家统计局审批。

第三十六条 本细则自发布之日起施行。

湖北省统计管理条例

（1997年12月3日湖北省第八届人民代表大会常务委员会第31次会议修改通过）

第一条 为保障统计资料的准确、及时和全面，发挥统计在了解国情国力、指导国民经济和社会发展中的重要作用，适应社会主义市场经济和社会发展的需要，根据《中华人民共和国统计法》及其实施细则，结合本省实际，制定本条例。

第二条 本省行政区域内的国家机关、社会团体、企业事业组织、各种联合经济组织和个体工商户，外资、中外合资和中外合作经营的企业事业组织、港澳台同胞、华侨投资经营的企业事业组织，以及我省在外省、港澳台地区和国外投资经营的企业事业组织，必须依照国家统计法律、法规和统计制度，准确及时地提供统计资料。

基层群众自治组织和公民，有义务如实提供统计调查所需要的情况。

任何单位和个人，有权抵制和检举统计违法行为。

对在统计工作中取得显著成绩的单位和统计人员，按照国家统计法律法规的有关部门规定给予表彰和奖励。

第三条 各级人民政府、各部门和各企业事业单位的领导人，对统计部门和统计人员依照统计法律、法规和统计制度提供的统计资料，不得擅自修改，也不得授意、强迫统计人员或其他人员伪造、篡改、虚报和瞒报。

统计人员有权抵制和检举统计违法行为。

第四条 县级以上人民政府统计部门，是同级人民政府统计工作的主管部门，负责本行政区域内国民经济和社会发展情况的统计调查、统计分析、统计监督管理和提供统计资料。

第五条 乡镇人民政府设置统计站，配备与统计任务相适应的专职统计人员。乡镇所属有关单位的统计人员为统计站成员。乡镇统计站执行综合统计职能，其行政工作由乡镇人民政府领导，统计业务接受县统计主管部门指导。

第六条 村民委员会的统计工作，由村会计人员具体负责。其职责是：收集、整理、分析、提供和保管各项统计资料，建立统计调查户分户台帐，完成乡镇统计站布置的统计调查任务。

第七条 企业事业组织根据统计任务的需要，设立统计机构或配备统计人员。统计机构或统计人员负责调查、收集、整理、分析、提供本单位的统计资料，执行本单位的综合统计职能。

第八条 保持统计人员相对稳定，实行统计人员持证上岗制度。凡进入统计岗位的人员，除统计及相近专业的大学本科、专科和中专毕业生以外，都应经过统计资格考试，取得《统计员资格证》后，持证执行统计任务。对不具备统计专业知识的现有统计人员，应当组织专业培训，经考试仍不合格的，应调离统计业务岗位。

第九条 除统计部门按照国家、地方统计制度和调查计划制发统计报表外，其他部门因工作需要制发统计报表，应先拟定统计调查计划及方案。其调查对象为本部门管辖系统内的，由部门领导批准，报同级统计部门备案；调查对象为本部门管辖系统外的，报同级统计部门审批。

临时办事机构制发统计调查报表，应经同级统计部门批准。

有关部门需向外资、中外合资和中外合作经营的企业事业组织制发统计调查报表的，应报同级统计部门批准。

第十条 统计报表的统计指标及调查、计算方法，由制发统计报表的部门负责解释，其他单位和个人不得自行解释或自定计算方法。未经批准或备案的统计调查表，任何单位或个人有权拒绝填报，统计部门有权制止。

第十一条 建立统计登记制度。新组建的单位和新开工的固定资产投资项目，应当在注册或者成立和核准登记之日起三十日内，到当地统计部门办理统计登记。已经成立或者开工尚未办理统计登记的单位，应向当地统计部门补办统计登记。

改变统计隶属关系或经营性质发生变化的单位，应按前款要求办理统计变更登记。

因破产、被撤销或其他原因终止活动的单位，由其主管部门到原登记部门办理统计注销登记。个体工商户和私营企业的统计登记、变更和注销，按本条规定办理。

第十二条 国家统计调查和地方统计调查的统计资料，由各级统计部门储存保管，并建立数据库。凡涉及辖区内的综合统计资料和重要数据，必须由同级统计部门提供或公布。

政府各部门向社会公开发表本系统的统计资料，应经同级统计部门核准。法律法规另有规定的，从其规定。

新闻媒体发表尚未公布的国民经济和社会发展基本统计资料，应经同级统计部门核准。

第十三条 各级人民政府及其部门以及部门归口管理的单位，制定政策、计划，检查政策、计划执行情况，确定工作任务，考核工作实绩，进行奖励和惩罚等，需要使用统计资料时，必须以同级统计部门提供的统计资料为依据。

第十四条 各级统计部门应利用可以公开的统计资料为社会提供咨询服务。在统计制度规定之外提供的统计信息咨询，可实行有偿服务。有偿服务的收费办法，按《湖北省行政事业性收费管理办法》执行。

第十五条 县级以上统计部门设统计检查机构并配备专职统计检查员，县级以上人民政府主管部门和乡镇统计站配备专(兼)职统计检查员。统计检查员由省统计主管部门发给《统计检查证》，统计检查机构或统计检查员，在规定的职权范围内行使统计检查权。

第十六条 县级以上统计部门的统计检查机构和统计检查员，有权对本行政区域内提供与使用统计资料的部门、单位和个人进行监督检查。

统计检查机构和统计检查员在规定的职权范围内执行监督、检查任务时，有权发出《统计检查查询书》，被查询单位和个人应按要求提供有关资料，并在十五日内对所查询的情况据实答复。拒不提供资料或逾期、拒绝答复的，按拒报论处。

第十七条 有下列违法行为之一的，分别情况，给予罚款或行政处分：

(一)各级各部门行政领导人授意或者强迫统计人员和其他人员提供不真实统计资料的，根据情节轻重，给予行政处分。

(二)虚报、瞒报、伪造、篡改统计资料的，对直接责任人和有关领导人给予行政处分，对单位处以二千元以上三万元以下罚款。

(三)拒报或屡次迟报统计资料的，对直接责任人和有关领导人给予行政处分，对单位处以一千元以上一万五千元以下罚款。

(四)未经法定程序批准，自行制发统计报表，擅自公布统计资料的，对单位处以一千元以上一万元以下罚款。造成失密、泄密的，按有关保密法规的规定处理。

(五)逾期不办理统计登记、变更登记的，对单位处以一千元以上一万元以下罚款。

(六)阻挠统计部门和统计人员依法行使职权，对检举、揭发人员进行刁难、打击报复或妨碍统计检查人员依法执行公务的，对直接责任人和有关领导人给予行政处分，并对单位处以二千元以上二万元以下罚款。

(七)个体工商户和私营企业有违反本条(二)、(三)、(五)、(六)项所列行为之一的，处以一百元以上五千元以下罚款。

第十八条 统计部门及统计工作人员不按规定处理统计资料或处理统计资料多次发生错漏，造成严重后果的，应进行通报批评或给予行政处分；统计检查人员徇私舞弊、滥用职权的，应调离统计监督检查岗位，并视情节轻重给予行政处分。

第十九条 对以虚报、瞒报或伪造、篡改统计资料等方式骗取荣誉或奖励的单位和个人，除按本条例第十七条有关规定处罚外，并由县级以上统计部门提请有关主管部门撤销其荣誉称号，收回奖品和奖金。

第二十条 违反本条例构成犯罪的，由司法机关依法追究刑事责任。

第二十一条 违反本条例，应给予罚款处罚的，由县级以上统计部门决定执行。统计部门在作出行政处罚决定之前，应告知受罚单位和个人作出行政处罚决定的事实、理由及依据，并应向受罚单位和个人发出《行政处罚决定书》。受罚者应在收到《行政处罚决定书》之日起十五日内缴款。逾期不缴的，从期满之日起每日按罚款数额的百分之三加处罚款。

各级统计部门管辖统计违法案件的分工，由省统计主管部门规定。

应予行政处分的，由县级以上统计部门按管理权限分别向被处分者所在单位或上一级主管部门、监察部门发出《统计违法行为处理意见书》，有关单位和部门应在三十日内作出处理，并将处理结果抄送同级统计部门。

第二十二条 当事人对处罚决定不服的，可在接到处罚通知之日起十五日内，向作出处罚决定的行政机关的本级人民政府或者上一级主管部门申请复议，也可以直接向当地人民法院起诉。期满不申请复议或不起诉又不履行的，作出处罚决定的机关可申请人民法院强制执行。

第二十三条 本条例应用中的问题由省统计主管部门负责解释。

第二十四条 本条例自公布之日起施行。1992 年 4 月 27 日湖北省人民政府发布的《湖北省统计管理规定》同时废止。

中华人民共和国监察部
中华人民共和国人力资源和社会保障部　令
国家统计局

第18号

《统计违法违纪行为处分规定》已经监察部2009年2月9日第一次部长办公会议、人力资源社会保障部2008年12月30日第十六次部务会议、国家统计局2008年11月6日第十八次局务会议审议通过。现予公布，自2009年5月1日起施行。

监察部部长　马馼
人力资源社会保障部部长　尹蔚民
国家统计局局长　马建堂

二〇〇九年三月二十五日

统计违法违纪行为处分规定

第一条　为了加强统计工作，提高统计数据的准确性和及时性，惩处和预防统计违法违纪行为，促进统计法律法规的贯彻实施，根据《中华人民共和国统计法》、《中华人民共和国行政监察法》、《中华人民共和国公务员法》、《行政机关公务员处分条例》及其他有关法律、行政法规，制定本规定。

第二条　有统计违法违纪行为的单位中负有责任的领导人员和直接责任人员，以及有统计违法违纪行为的个人，应当承担纪律责任。属于下列人员的(以下统称有关责任人员)，由任免机关或者监察机关按照管理权限依法给予处分：

(一)行政机关公务员；

(二)法律、法规授权的具有公共事务管理职能的事业单位中经批准参照《中华人民共和国公务员法》管理的工作人员；

(三)行政机关依法委托的组织中除工勤人员以外的工作人员；

(四)企业、事业单位、社会团体中由行政机关任命的人员。

法律、行政法规、国务院决定和国务院监察机关、国务院人力资源社会保障部门制定的处分规章对统计违法违纪行为的处分另有规定的，从其规定。

第三条　地方、部门以及企业、事业单位、社会团体的领导人员有下列行为之一的，给予记过或者记大过处分；情节较重的，给予降级或者撤职处分；情节严重的，给予开除处分：

（一）自行修改统计资料、编造虚假数据的；

（二）强令、授意本地区、本部门、本单位统计机构、统计人员或者其他有关机构、人员拒报、虚报、瞒报或者篡改统计资料、编造虚假数据的；

（三）对拒绝、抵制篡改统计资料或者对拒绝、抵制编造虚假数据的人员进行打击报复的；

（四）对揭发、检举统计违法违纪行为的人员进行打击报复的。

前款第（三）项、第（四）项规定行为的，应当从重处分。

第四条 地方、部门以及企业、事业单位、社会团体的领导人员，对本地区、本部门、本单位严重失实的统计数据，应当发现而未发现或者发现后不予纠正，造成不良后果的，给予警告或者记过处分；造成严重后果的，给予记大过或者降级处分；造成特别严重后果的，给予撤职或者开除处分。

第五条 各级人民政府统计机构、有关部门及其工作人员在实施统计调查活动中，有下列行为之一的，对有关责任人员，给予记过或者记大过处分；情节较重的，给予降级或者撤职处分；情节严重的，给予开除处分：

（一）强令、授意统计调查对象虚报、瞒报或者伪造、篡改统计资料的；

（二）参与篡改统计资料、编造虚假数据的。

第六条 各级人民政府统计机构、有关部门及其工作人员在实施统计调查活动中，有下列行为之一的，对有关责任人员，给予警告、记过或者记大过处分；情节较重的，给予降级处分；情节严重的，给予撤职处分：

（一）故意拖延或者拒报统计资料的；

（二）明知统计数据不实，不履行职责调查核实，造成不良后果的。

第七条 统计调查对象中的单位有下列行为之一，情节较重的，对有关责任人员，给予警告、记过或者记大过处分；情节严重的，给予降级或者撤职处分；情节特别严重的，给予开除处分：

（一）虚报、瞒报统计资料的；

（二）伪造、篡改统计资料的；

（三）拒报或者屡次迟报统计资料的；

（四）拒绝提供情况、提供虚假情况或者转移、隐匿、毁弃原始统计记录、统计台账、统计报表以及与统计有关的其他资料的。

第八条 违反国家规定的权限和程序公布统计资料，造成不良后果的，对有关责任人员，给予警告或者记过处分；情节较重的，给予记大过或者降级处分；情节严重的，给予撤职处分。

第九条 有下列行为之一，造成不良后果的，对有关责任人员，给予警告、记过或者记大过处分；情节较重的，给予降级或者撤职处分；情节严重的，给予开除处分：

（一）泄露属于国家秘密的统计资料的；

（二）未经本人同意，泄露统计调查对象个人、家庭资料的；

（三）泄露统计调查中知悉的统计调查对象商业秘密的。

第十条 包庇、纵容统计违法违纪行为的，对有关责任人员，给予记过或者记大过处分；情节较重的，给予降级或者撤职处分；情节严重的，给予开除处分。

第十一条 受到处分的人员对处分决定不服的，依照《中华人民共和国行政监察法》、《中华人民共和国公务员法》、《行政机关公务员处分条例》等有关规定，可以申请复核或者申诉。

第十二条 任免机关、监察机关和人民政府统计机构建立案件移送制度。

任免机关、监察机关查处统计违法违纪案件，认为应当由人民政府统计机构给予行政处罚的，应当将有关案件材料移送人民政府统计机构。人民政府统计机构应当依法及时查处，并将处理结果书面告知任免机关、监察机关。

人民政府统计机构查处统计行政违法案件，认为应当由任免机关或者监察机关给予处分的，应当及时将有关案件材料移送任免机关或者监察机关。任免机关或者监察机关应当依法及时查处，并将处理结果书面告知人民政府统计机构。

第十三条 有统计违法违纪行为，应当给予党纪处分的，移送党的纪律检查机关处理。涉嫌犯罪的，移送司法机关依法追究刑事责任。

第十四条 本规定由监察部、人力资源社会保障部、国家统计局负责解释。

第十五条 本规定自2009年5月1日起施行。

中华人民共和国2009年国民经济和社会发展统计公报

2009年，全国各族人民在党中央、国务院的领导下，以邓小平理论和“三个代表”重要思想为指导，深入贯彻落实科学发展观，认真贯彻积极的财政政策和适度宽松的货币政策，全面落实应对国际金融危机的一揽子计划和政策措施，国民经济形势总体回升向好，各项社会事业取得新的进展。

一、综合

初步核算，全年国内生产总值335353亿元，比上年增长8.7%。分产业看，第一产业增加值35477亿元，增长4.2%；第二产业增加值156958亿元，增长9.5%；第三产业增加值142918亿元，增长8.9%。第一产业增加值占国内生产总值的比重为10.6%，比上年下降0.1个百分点；第二产业增加值比重为46.8%，下降0.7个百分点；第三产业增加值比重为42.6%，上升0.8个百分点。

图1　2005-2009年国内生产总值

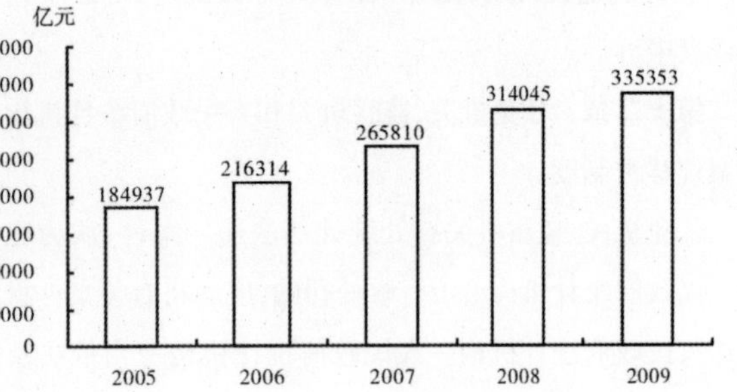

全年居民消费价格比上年下降0.7%，其中食品价格上涨0.7%。固定资产投资价格下降2.4%。工业品出厂价格下降5.4%，其中生产资料价格下降6.7%，生活资料价格下降1.2%。原材料、燃料、动力购进价格下降7.9%。农产品生产价格下降2.4%。农业生产资料价格下降2.5%。70个大中城市房屋销售价格上涨1.5%，其中新建住宅价格上涨1.3%，二手住宅价格上涨2.4%；房屋租赁价格下降0.6%。

图2　2005-2009年居民消费价格涨跌幅度

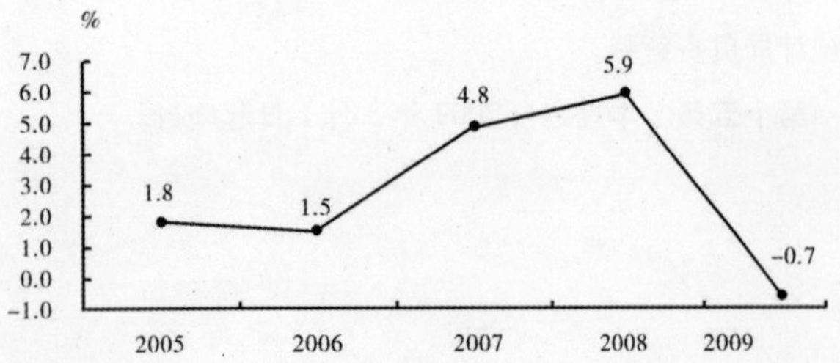

表1　2009年居民消费价格比上年涨跌幅度

单位：%

指　　标	全国	城市	农村
居民消费价格	-0.7	-0.9	-0.3
食品	0.7	1.0	0.1
其中：粮食	5.6	5.7	5.5
肉禽及其制品	-8.7	-8.5	-9.2
油脂	-18.3	-17.9	-18.8
鲜蛋	1.5	1.3	2.0
鲜菜	15.4	15.0	16.7
鲜果	9.1	9.0	9.5
烟酒及用品	1.5	1.7	1.3
衣着	-2.0	-2.2	-1.6
家庭设备用品及服务	0.2	0.3	0.0
医疗保健及个人用品	1.2	1.1	1.5
交通和通信	-2.4	-2.7	-1.8
娱乐教育文化用品及服务	-0.7	-1.2	0.6
居住	-3.6	-4.6	-1.5

年末全国就业人员77995万人，比上年末增加515万人。其中城镇就业人员31120万人，增加910万人，新增加1102万人。年末城镇登记失业率为4.3%，比上年末上升0.1个百分点。

年末国家外汇储备23992亿美元，比上年末增加4531亿美元。年末人民币汇率为1美元兑6.8282元人民币，比上年末升值0.1%。

图3　2005-2009年年末国家外汇储备

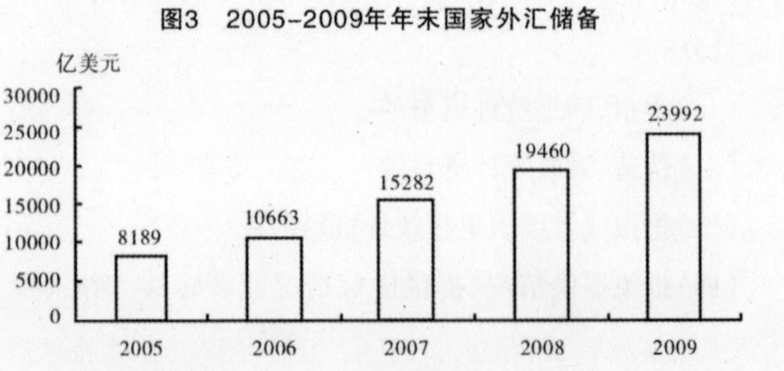

全年财政收入68477亿元，比上年增加7147亿元，增长11.7%；其中税收收入59515亿元，增加5291亿元，增长9.8%。

图4　2005-2009年财政收入

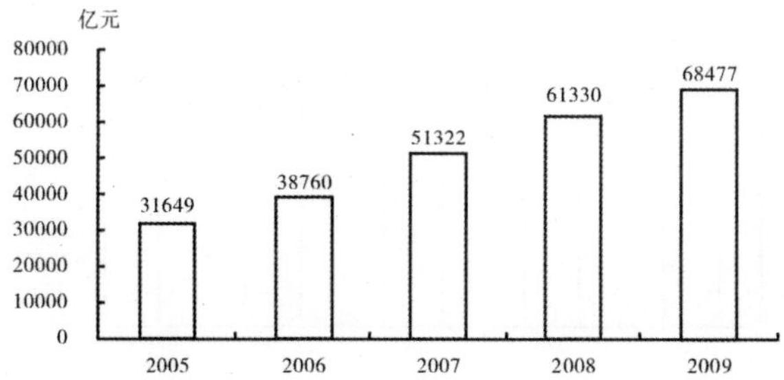

二、农业

全年粮食种植面积 10897 万公顷，比上年增加 217 万公顷；棉花种植面积 495 万公顷，减少 80 万公顷；油料种植面积 1360 万公顷，增加 76 万公顷；糖料种植面积 188 万公顷，减少 11 万公顷。

全年粮食产量 53082 万吨，比上年增加 211 万吨，增产 0.4%。其中，夏粮产量 12335 万吨，增产 2.2%；早稻产量 3327 万吨，增产 5.3%；秋粮产量 37420 万吨，减产 0.6%。

图5　2005-2009年粮食产量

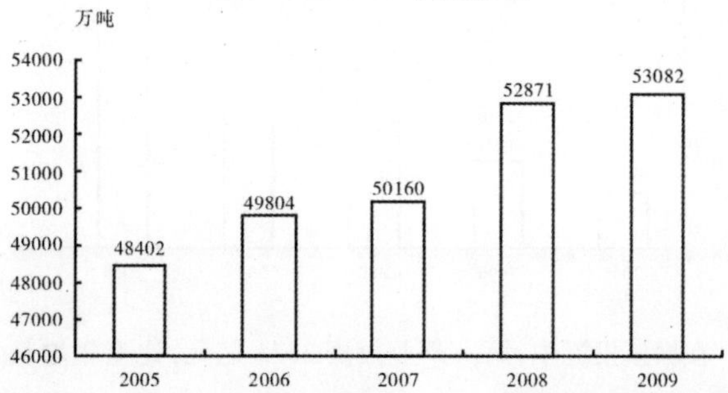

全年棉花产量 640 万吨，比上年减产 14.6%。油料产量 3100 万吨，增产 5.0%。糖料产量 12200 万吨，减产 9.1%。烤烟产量 280 万吨，增产 6.7%。茶叶产量 135 万吨，增产 7.1%。

全年肉类总产量 7642 万吨，比上年增长 5.0%。其中，猪肉产量 4889 万吨，增长 5.8%；牛肉产量 636 万吨，增长 3.6%；羊肉产量 389 万吨，增长 2.4%。生猪年末存栏 46985 万头，增长 1.5%；生猪出栏 64507 万头，增长 5.7%。牛奶产量 3518 万吨，下降 1.1%；禽蛋产量 2741 万吨，增长 1.4%。

全年水产品产量 5120 万吨，增长 4.6%。其中，养殖水产品产量 3635 万吨，增长 6.5%；捕捞水产品产量 1485 万吨，增长 0.1%。

全年木材产量 6938 万立方米，比上年下降 14.4%。

全年新增有效灌溉面积 147.1 万公顷，新增节水灌溉面积 182.6 万公顷。

三、工业和建筑业

全年全部工业增加值 134625 亿元，比上年增长 8.3%。规模以上工业增加值增长 11.0%，其中国有及国有控股企业增长 6.9%；集体企业增长 10.2%，股份制企业增长 13.3%，外商及港澳台商投资企业增长 6.2%；私营企业增长 18.7%。分轻重工业看，轻工业增长 9.7%，重工业增长 11.5%。

图6　2005-2009年工业增加值

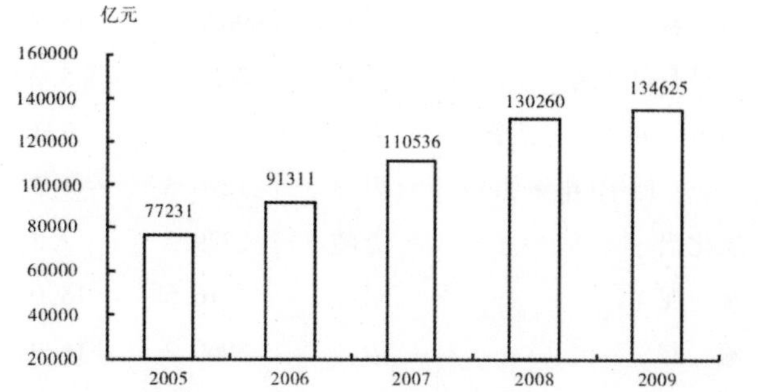

全年规模以上工业中，煤炭开采和洗选业增加值比上年增长 8.3%；石油和天然气开采业增长 4.8%；农副食品加工业增长 15.9%；纺织业增长 8.5%；通用设备制造业增长 11.0%；专用设备制造业增长 13.0%；交通运输设备制造业增长 18.4%，其中汽车制造增长 20.3%，船舶制造增长 20.7%；通信设备、计算机及其他电子设备制造业增长 5.3%；电气机械及器材制造业增长 120%。6 大高载能行业比上年增长 10.6%，其中，非金属矿物制品业增长 14.7%，化学原料及化学制品制造业增长 14.6%，有色金属冶炼及压延加工业增长 12.8%，黑色金属冶炼及压延加工业增长 9.9%，电力、热力的生产和供应业增长 6.0%，石油加工、炼焦及核燃料加工业增长 5.2%。高技术制造业增加值比上年增长 7.7%。

表 2　2009 年主要工业产品产量及其增长速度

产品名称	单　位	产　量	比上年增长%
纱	万吨	2393.5	12.7
布	亿米	740.0	4.2
化学纤维	万吨	2730.0	13.0
成品糖	万吨	1321.2	-8.9
卷　烟	亿支	22901.5	3.2
彩色电视机	万台	9898.8	9.6
其中：液晶电视机	万台	6765.3	85.2
家用电冰箱	万台	5930.5	24.7
房间空气调节器	万台	8078.2	-1.9
一次能源生产总量	亿吨标准煤	28.0	5.8
原　煤	亿吨	30.50	8.8
原　油	亿吨	1.89	-3.1
天然气	亿立方米	851.7	6.1
发电量	亿千瓦小时	37146.5	6.3
其中：火电	亿千瓦小时	29827.8	10.2

产品名称	单 位	产 量	比上年增长%
水电	亿千瓦小时	6156.4	-3.3
核电	亿千瓦小时	701.3	2.5
粗 钢	万吨	56803.3	12.9
钢 材	万吨	69626.3	15.2
十种有色金属	万吨	2650.1	5.2
其中:精炼铜(电解铜)	万吨	413.5	9.1
原铝(电解铝)	万吨	1296.5	-1.5
氧化铝	万吨	2379.3	3.3
水 泥	亿吨	16.5	16.0
硫 酸	万吨	5960.2	16.9
纯 碱	万吨	1938.4	3.0
烧 碱	万吨	1832.4	-1.1
乙 烯	万吨	1066.3	8.0
化 肥(折100%)	万吨	6599.7	9.8
发电机组(发电设备)	万千瓦	11729.3	-11.9
汽 车	万辆	1379.5	48.2
其中:基本型乘用车(轿车)	万辆	748.5	48.6
大中型拖拉机	万台	37.1	30.6
集成电路	亿块	414.4	-0.7
程控交换机	万线	4147.4	-9.5
移动通信手持机	万台	61924.5	10.7
微型计算机设备	万台	18215.1	33.3

1-11月全国规模以上工业企业累计实现利润25891亿元,比上年同期增长7.8%。

表3 2009年1-11月规模以上工业企业实现利润及其增长速度

单位:亿元

指 标	利润总额	比上年同期增长%
规模以上工业	25891	7.8
其中:国有及国有控股企业	7514	-4.5
其中:集体企业	545	10.3
股份制企业	13890	4.2
外商及港澳台商投资企业	7511	16.9
其中:私营企业	6849	17.4

全年全社会建筑业增加值22333亿元,比上年增长18.2%。全国具有资质等级的总承包和专业承包建筑业企业实现利润2663亿元,增长21.0%,其中国有及国有控股企业697亿元,增长23.9%。

图7 2005-2009年建筑业增加值

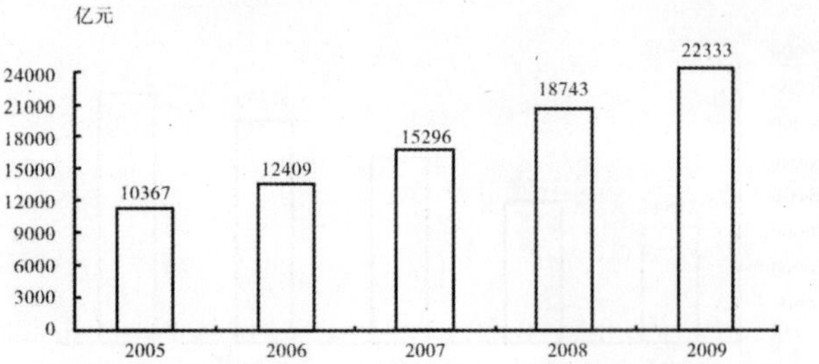

四、固定资产投资

全年全社会固定资产投资224846亿元,比上年增长30.1%。分城乡看,城镇投资194139亿元,增长30.5%;农村投资30707亿元,增长27.5%。分地区看,东部地区投资95653亿元,比上年增长23.0%;中部地区投资49846亿元,增长35.8%;西部地区投资49662亿元,增长38.1%;东北地区投资23733亿元,增长26.8%。

图8 2005-2009年全社会固定资产投资

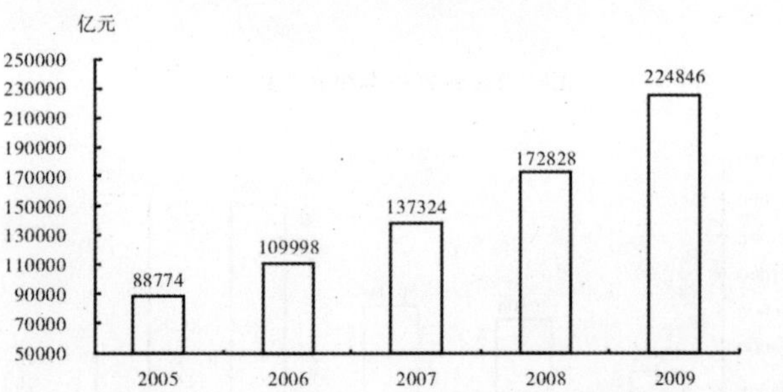

在城镇投资中,第一产业投资3373亿元,比上年增长49.9%;第二产业投资82277亿元,增长26.8%;第三产业投资108489亿元,增长33.0%。

表4 2009年分行业城镇固定资产投资及其增长速度

单位:亿元

行 业	投资额	比上年增长%
总 计	194139	30.5
农、林、牧、渔业	3373	49.9
采矿业	8093	18.2
其中:煤炭开采及洗选业	3021	25.9
石油和天然气开采业	2793	4.4
制造业	58817	26.8
其中:农副食品加工业	2826	38.2
食品制造业	1513	32.4
纺织业	1768	14.8
纺织服装、鞋、帽制造业	1051	17.0
石油加工、炼焦及核燃料加工业	1835	0.4
化学原料及化学制品制造业	6006	26.9

行　　业	投资额	比上年增长%
非金属矿物制品业	5948	43.5
黑色金属冶炼及压延加工业	3206	-1.3
有色金属冶炼及压延加工业	2202	16.8
金属制品业	2836	29.2
通用设备制造业	4465	37.6
专用设备制造业	3111	37.3
交通运输设备制造业	4965	31.3
电气机械及器材制造业	3545	51.2
通信设备、计算机及其他电子设备制造业	2627	6.7
电力、燃气及水的生产和供应业	13482	28.5
其中:电力、热力的生产与供应业	11078	22.8
建筑业	1884	57.6
交通运输、仓储和邮政业	23278	48.3
信息传输、计算机服务和软件业	2515	18.0
批发和零售业	4451	39.4
住宿和餐饮业	2333	34.4
金融业	349	38.2
房地产业	43065	19.9
租赁和商务服务业	1887	50.4
科学研究、技术服务和地质勘查业	1066	48.5
水利、环境和公共设施管理业	17814	45.1
居民服务和其他服务业	506	61.8
教育	3231	37.2
卫生、社会保障和社会福利业	1689	58.5
文化、体育和娱乐业	2117	47.4
公共管理和社会组织	4189	29.3

表5　2009年固定资产投资新增主要生产能力

指　　标	单　位	绝对数
新增发电机组容量	万千瓦	8970
22万伏及以上变电设备	万千伏安	27161
新建铁路投产里程	公里	5557
增建铁路复线投产里程	公里	4129
电气化铁路投产里程	公里	8448
新建公路	公里	121013
其中:高速公路	公里	4391
港口万吨级码头泊位新增吞吐能力	万吨	31318
新增光缆线路长度	万公里	149
新增数字蜂窝移动电话交换机容量	万户	27580

全年房地产开发投资36232亿元,比上年增长16.1%。其中,商品住宅投资25619亿元,增长14.2%;办公楼投资1378亿元,增长18.1%;商业营业用房投资4172亿元,增长24.4%。

表6　2009年房地产开发和销售主要指标完成情况

指　　标	单　位	绝对数	比上年增长%
投资完成额	亿元	36232	16.1
其中:住宅	亿元	25619	14.2
其中:90平方米以下	亿元	8351	24.1
其中:经济适用房	亿元	1139	17.3
房屋施工面积	万平方米	319650	12.8
其中:住宅	万平方米	250804	12.5
房屋新开工面积	万平方米	115385	12.5
其中:住宅	万平方米	92463	10.5
房屋竣工面积	万平方米	70219	5.5
其中:住宅	万平方米	57694	6.2
商品房销售面积	万平方米	93713	42.1
其中:住宅	万平方米	85294	43.9
本年资金来源	亿元	57128	44.2
其中:国内贷款	亿元	11293	48.5
其中:个人按揭贷款	亿元	8403	116.2
本年购置土地面积	万平方米	31906	-18.9
完成开发土地面积	万平方米	23006	-19.9
土地购置费	亿元	6039	0.7

五、国内贸易

全年社会消费品零售总额125343亿元,比上年增长15.5%。分地域看,城市消费品零售额85133亿元,增长15.5%;县及县以下消费品零售额40210亿元,增长15.7%。分行业看,批发和零售业零售额105413亿元,增长15.6%;住宿和餐饮业零售额17998亿元,增长16.8%;其他行业零售额1932亿元,增长2.5%。

图9　2005-2009年社会消费品零售总额

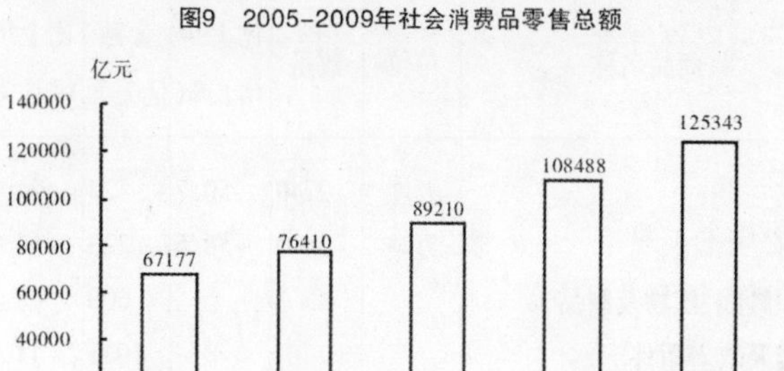

在限额以上批发和零售业零售额中,汽车类零售额比上年增长32.3%,粮油类增长13.0%,肉禽蛋类增长8.3%,服装类增长20.8%,日用品类增长15.6%,文化办公用品类增长6.7%,通讯器材类下降1.3%,化妆品类增长16.9%,金银珠宝类增长15.9%,中西药品类增长21.7%,家用电器和音像器材类增长12.3%,家具类增长35.5%,建筑及装潢材

料类增长26.6%。

六、对外经济

全年货物进出口总额22072亿美元，比上年下降13.9%。其中，货物出口12017亿美元，下降16.0%；货物进口10056亿美元，下降11.2%。进出口差额（出口减进口）1961亿美元，比上年减少1020亿美元。

表7 2009年货物进出口总额及其增长速度

单位：亿美元

指　　标	绝对数	比上年增长%
货物进出口总额	22072	-13.9
货物出口额	12017	-16.0
其中：一般贸易	5298	-20.1
加工贸易	5870	-13.1
其中：机电产品	7131	-13.4
高新技术产品	3769	-9.3
其中：国有企业	1910	-25.8
外商投资企业	6722	-15.0
其他企业	3384	-11.6
货物进口额	10056	-11.2
其中：一般贸易	5339	-6.7
加工贸易	3223	-14.8
其中：机电产品	4914	-8.7
高新技术产品	3098	-9.4
其中：国有企业	2885	-18.5
外商投资企业	5452	-12.0
其他企业	1719	7.9
进出口差额（出口减进口）	1961	-

表8 2009年主要商品出口数量、金额及其增长速度

商品名称	单位	数量	比上年增长%	金额（亿美元）	比上年增长%
煤	万吨	2240	-50.7	24	-54.7
钢材	万吨	2460	-58.5	223	-64.9
纺织纱线、织物及制品				600	-8.4
服装及衣着附件				1071	-11.0
鞋类				280	-5.7
家具及其零件				253	-6.0
自动数据处理设备及其部件	万台	131331	-8.5	1224	-9.4
手持或车载无线电话	万台	58280	9.4	396	2.7
集装箱	万个	69	-77.2	19	-78.6
集成电路	百万个	56608	16.8	233	-4.2
液晶显示板	万个	192414	-5.1	192	-14.1
汽车（包括整套散件）	万辆	35	-45.2	47	-47.3

表9 2009年主要商品进口数量、金额及其增长速度

商品名称	数量（万吨）	比上年增长%	金额（亿美元）	比上年增长%
谷物及谷物粉	315	104.6	9	22.7
大豆	4255	13.7	188	-13.9
食用植物油	816	8.4	59	-30.1
铁矿砂及其精矿	62778	41.6	501	-17.4
氧化铝	514	12.1	13	-26.6
煤	12583	211.9	106	201.3
原油	20379	13.9	893	-31.0
成品油	3696	-5.4	170	-43.7
初级形状的塑料	2381	34.5	348	2.2
纸浆	1368	43.7	68	2.1
钢材	1763	14.3	195	-16.9
未锻造的铜及铜材	429	62.7	226	18.0

表10 2009年对主要国家和地区货物进出口额及其增长速度

国家和地区	出口额（亿美元）	比上年增长%	进口额（亿美元）	比上年增长%
欧盟	2363	-19.4	1278	-3.7
美国	2208	-12.5	774	-4.8
中国香港	1662	-12.8	87	-32.6
东盟	1063	-7.0	1067	-8.8
日本	979	-15.7	1309	-13.1
韩国	537	-27.4	1026	-8.5
印度	297	-6.1	137	-32.3
中国台湾	205	-20.8	857	-17.0
俄罗斯	175	-47.1	213	-10.7

图10 2005-2009年货物进出口总额

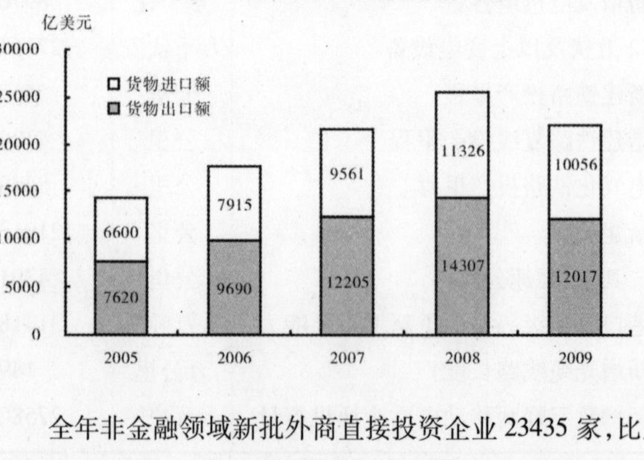

全年非金融领域新批外商直接投资企业23435家，比上年减少14.8%。实际使用外商直接投资金额900亿美元，

下降2.6%。其中,制造业占52.0%;房地产业占18.7%;租赁和商务服务业占6.8%;批发和零售业占6.0%;交通运输、仓储和邮政业占2.8%。

表11　2009年分行业外商直接投资及其增长速度

行　业	企业数(家)	比上年增长%	实际使用金额(亿美元)	比上年增长%
总　计	23435	-14.8	900.3	-2.6
农、林、牧、渔业	896	-2.3	14.3	20.0
采矿业	99	-33.6	5.0	-12.6
制造业	9767	-15.6	467.7	-6.3
电力、燃气及水的生产和供应业	238	-25.6	21.1	24.5
建筑业	220	-16.0	6.9	-36.7
交通运输、仓储和邮政业	395	-24.5	25.3	-11.4
信息传输、计算机服务和软件业	1081	-15.9	22.5	-19.0
批发和零售业	5100	-12.9	53.9	21.6
住宿和餐饮业	502	-20.7	8.4	-10.1
金融业	52	108.0	4.6	-20.3
房地产业	569	25.9	168.0	-9.7
租赁和商务服务业	2864	-8.7	60.8	20.2
科学研究、技术服务和地质勘查业	1066	-42.0	16.7	11.2
水利、环境和公共设施管理业	183	32.6	5.6	63.4
居民服务和其他服务业	207	1.0	15.9	178.3
教育	20	-16.7	0.1	-63.0
卫生、社会保障和社会福利业	18	80.0	0.4	127.0
文化、体育和娱乐业	158	-7.1	3.2	23.0
公共管理和社会组织	-	-	-	-
国际组织	-	-	-	-

全年非金融类对外直接投资额433亿美元,比上年增长6.5%。

全年对外承包工程业务完成营业额777亿美元,比上年增长37.3%;对外劳务合作完成营业额89亿美元,增长10.6%。

七、交通、邮电和旅游

全年交通运输、仓储和邮政业增加值17058亿元,比上年增长3.7%。

表12　2009年各种运输方式完成货物运输量及其增长速度

指　标	单　位	绝对数	比上年增长%
货物运输总量	亿　吨	278.8	7.5
铁路	亿　吨	33.3	1.9
公路	亿　吨	209.7	9.4
水运	亿　吨	31.4	3.0
民航	万　吨	445.5	9.3
管道	亿　吨	4.4	1.3
货物运输周转量	亿吨公里	121211.3	9.8
铁路	亿吨公里	25239.2	0.5
公路	亿吨公里	36383.5	10.7
水运	亿吨公里	57439.9	14.0
民航	亿吨公里	126.3	5.6
管道	亿吨公里	2022.4	4.1

表13　2009年各种运输方式完成旅客运输量及其增长速度

指　标	单　位	绝对数	比上年增长%
旅客运输总量	亿　人	297.7	3.8
铁路	亿　人	15.2	4.3
公路	亿　人	278.0	3.6
水运	亿　人	2.2	2.9
民航	亿　人	2.3	19.7
旅客运输周转量	亿人公里	24773.6	6.8
铁路	亿人公里	7878.9	1.3
公路	亿人公里	13450.7	7.8
水运	亿人公里	69.1	5.8
民航	亿人公里	3374.9	17.1

全年规模以上港口完成货物吞吐量69.1亿吨,比上年增长8.2%,其中外贸货物吞吐量21.4亿吨,增长8.6%。港口集装箱吞吐量12082万标准箱,下降5.8%。

年末全国民用汽车保有量达到7619万辆(包括三轮汽车和低速货车1331万辆),比上年末增长17.8%,其中私人汽车保有量5218万辆,增长25.0%。民用轿车保有量3136万辆,增长28.6%,其中私人轿车2605万辆,增长33.8%。

全年完成邮电业务总量27313亿元,比上年增长14.6%。其中,邮政业务总量1632亿元,增长16.4%;电信业务总量25681亿元,增长14.4%。全年局用交换机容量减少1644万门,总容量49219万门;新增移动电话交换机容量27580万户,达到142111万户。固定电话年末用户31369万户。其中,城市电话用户21178万户,农村电话用户10191万户。新增移动电话用户10614万户,年末达到74738万户。年末全国固定及移动电话用户总数达到106107万户,比上年末增加7947万户。电话普及率达到79.9部/百人。互联网上网人数3.8亿人,其中宽带上网人数3.5亿人;互联网普及率达到28.9%。

图11　2005-2009年年末电话用户数

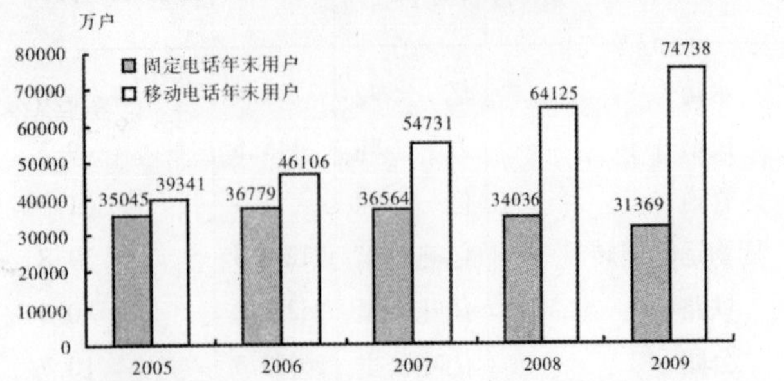

全年国内出游人数达19.0亿人次，比上年增长11.1%；国内旅游收入10184亿元，增长16.4%。入境旅游人数12648万人次，下降2.7%。其中，外国人2194万人次，下降9.8%；香港、澳门和台湾同胞10454万人次，下降1.1%。在入境旅游者中，过夜旅游者5088万人次，下降4.1%。国际旅游外汇收入397亿美元，下降2.9%。国内居民出境人数达4766万人次，增长4.0%。其中因私出境4221万人次，增长5.2%，占出境人数的88.6%。

八、金融

年末广义货币供应量（M2）余额为60.6万亿元，比上年末增长27.7%；狭义货币供应量（M1）余额为22.0万亿元，增长32.4%；流通中现金（M0）余额为3.8万亿元，增长11.8%。

年末全部金融机构本外币各项存款余额61.2万亿元，比年初增加13.2万亿元。其中人民币各项存款余额59.8万亿元，增加13.1万亿元。全部金融机构本外币各项贷款余额42.6万亿元，增加10.5万亿元。其中人民币各项贷款余额40.0万亿元，增加9.6万亿元。

表14　2009年全部金融机构本外币存贷款及其增长速度

单位：亿元

指　　标	年末数	比上年末增长%
各项存款余额	612006	27.7
其中：企业存款	224357	36.5
城乡居民储蓄存款	264761	19.5
其中：人民币	260772	19.7
各项贷款余额	425597	33.0
其中：短期贷款	151353	17.7
中长期贷款	235579	43.5

全年农村金融合作机构（农村信用社、农村合作银行、农村商业银行）人民币贷款余额4.7万亿元，比年初增加9727亿元。全部金融机构人民币消费贷款余额5.5万亿元，增加17976亿元。其中，个人短期消费贷款余额0.6万亿元，增加2465亿元；个人中长期消费贷款余额4.9万亿元，增加15511亿元。

图12　2005-2009年城乡居民人民币储蓄存款余额

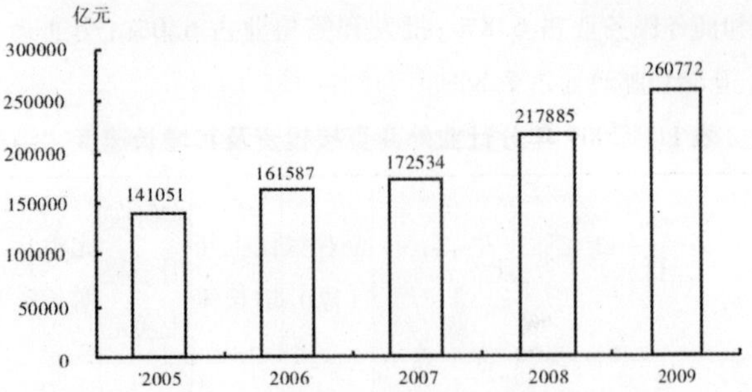

全年上市公司通过境内市场累计筹资3653亿元，比上年增加1255亿元。其中，首次公开发行A股99只，筹资2062亿元，增加995亿元；A股再筹资（包括配股、公开增发、非公开增发、认股权证）筹资1591亿元，增加259亿元；上市公司通过发行可转债、可分离债、公司债筹资813亿元，减少185亿元。全年首次公开发行创业板股票36只，筹资204亿元。

全年发行非上市公司企业（公司）债券4252亿元，比上年增加1885亿元。企业发行短期融资券4612亿元，增加281亿元；中期票据6987亿元，增加5250亿元。发行中小企业集合票据12.7亿元。

全年保险公司原保险保费收入11137亿元，比上年增长13.8%，其中寿险业务原保险保费收入7457亿元；健康险和意外伤害险业务原保险保费收入804亿元；财产险业务原保险保费收入2876亿元。支付各类赔款及给付3125亿元，其中寿险业务给付1269亿元；健康险和意外伤害险赔款及给付281亿元；财产险业务赔款1576亿元。

九、教育和科学技术

全年研究生教育招生51.1万人，在学研究生140.5万人，毕业生37.1万人。普通高等教育本专科招生639.5万人，在校生2144.7万人，毕业生531.1万人。各类中等职业教育招生873.6万人，在校生2178.7万人，毕业生619.2万人。全国普通高中招生830.3万人，在校生2434.3万人，毕业生823.7万人。全国初中招生1788.5万人，在校生5440.9万人，毕业生1797.7万人。普通小学招生1637.8万人，在校生10071.5万人，毕业生1805.2万人。特殊教育招生6.4万人，在校生42.8万人。幼儿园在园幼儿2657.8万人。

图13　2005-2009年普通高等教育、中等职业教育及普通高中招生人数

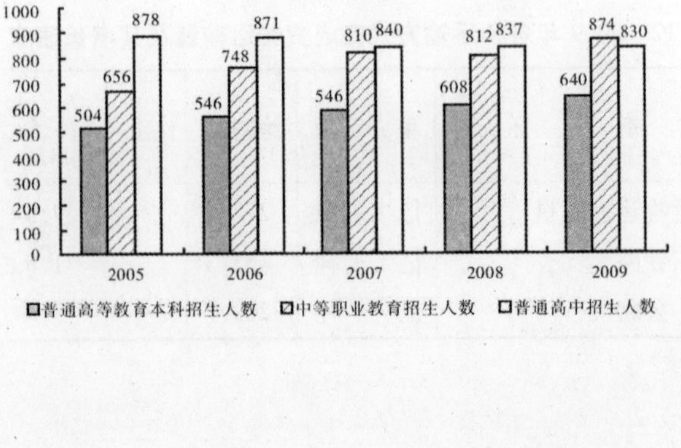

全年研究与试验发展(R&D)经费支出5433亿元,比上年增长17.7%,占国内生产总值的1.62%,其中基础研究经费272亿元。全年国家安排了639项科技支撑计划课题,1328项"863"计划课题。累计建设国家工程研究中心127个,国家工程实验室85个。国家认定企业技术中心达到636家。省级企业技术中心达到5011家。启动实施新兴产业创投计划,支持设立20家创业投资基金。全年受理国内外专利申请97.7万件,其中国内申请87.8万件,占89.9%。受理国内外发明专利申请31.5万件,其中国内申请22.9万件,占72.8%。全年授予专利权58.2万件,其中国内授权50.2万件,占86.2%。授予发明专利权12.8万件,其中国内授权6.5万件,占50.9%。截至2009年底,有效专利152.0万件,其中国内有效专利119.3万件,占78.5%;有效发明专利43.8万件,其中国内有效发明专利18.0万件,占41.1%。全年共签订技术合同21.4万项,技术合同成交金额3039亿元,比上年增长14.0%。全年成功发射卫星6次。首台千万亿次超级计算机系统"天河一号"研制成功;嫦娥一号卫星成功受控撞月。

年末全国共有产品检测实验室25000个,其中国家检测中心414个。全国现有产品质量、体系认证机构168个,已累计完成对4.1万个企业的产品认证。全国共有法定计量技术机构3760个,全年强制检定计量器具4560万台(件)。全年制定、修订国家标准3158项,其中新制定2102项。全年中央气象台和省级气象台共发布气象预警信号2737次,警报3950次。全国共有地震台站1457个,地震遥测台网32个。全国共有海洋观测站66个。测绘部门公开出版地图2060种,测绘图书307种。

十、文化、卫生和体育

年末全国共有艺术表演团体2478个,文化馆3214个,公共图书馆2833个,博物馆1996个。广播电台251座,电视台272座,广播电视台2087座,教育台44个。有线电视用户17398万户,有线数字电视用户6200万户。年末广播节目综合人口覆盖率为96.3%;电视节目综合人口覆盖率为97.2%。全年生产故事影片456部,科教、纪录、动画和特种影片102部。出版各类报纸437亿份,各类期刊31亿册,图书70亿册(张)。年末全国共有档案馆4035个,已开放各类档案7991万卷(件)。

年末全国共有卫生机构28.9万个,其中医院、卫生院6.0万个,社区卫生服务中心(站)2.6万个,妇幼保健院(所、站)3013个,专科疾病防治院(所、站)1315个,疾病预防控制中心(防疫站)3543个,卫生监督所(中心)2706个,诊所及其他19.3万个。卫生技术人员522万人,其中执业医师和执业助理医师216万人,注册护士174万人。医院和卫生院床位396万张。乡镇卫生院3.9万个,床位91万张,卫生技术人员89.8万人。全年甲、乙类法定报告传染病发病人数377.6万例,报告死亡15105人;报告传染病发病率284.34/10万,死亡率1.14/10万。

全年运动健儿在30个项目中共获得142个世界冠军,11人3队22次创22项世界纪录。在第十一届全国运动会上,共有7人9次创超5项世界纪录;12人3队21次创16项亚洲纪录;29人5队52次创39项全国纪录。

十一、人口、人民生活和社会保障

年末全国总人口为133474万人,比上年末增加672万人。全年出生人口1615万人,出生率为12.13‰;死亡人口943万人,死亡率为7.08‰;自然增长率为5.05‰。出生人口性别比为119.45。

表15　2009年人口数及其构成

单位:万人

指　　标	年末数	比重%
全国总人口	133474	100.0
其中:城镇	62186	46.6
乡村	71288	53.4
其中:男性	68652	51.4
女性	64822	48.6
其中:0-14岁	24663	18.5
15-59岁	92097	69.0
60岁及以上	16714	12.5
其中:65岁及以上	11309	8.5

全年农村居民人均纯收入5153元,剔除价格因素,比上年实际增长8.5%;城镇居民人均可支配收入17175元,实际增长9.8%。农村居民家庭食品消费支出占消费总支出的比重为41.0%,城镇为36.5%。按2009年农村贫困标准1196元测算,年末农村贫困人口为3597万人。

图14　2005-2009年农村居民人均纯收入

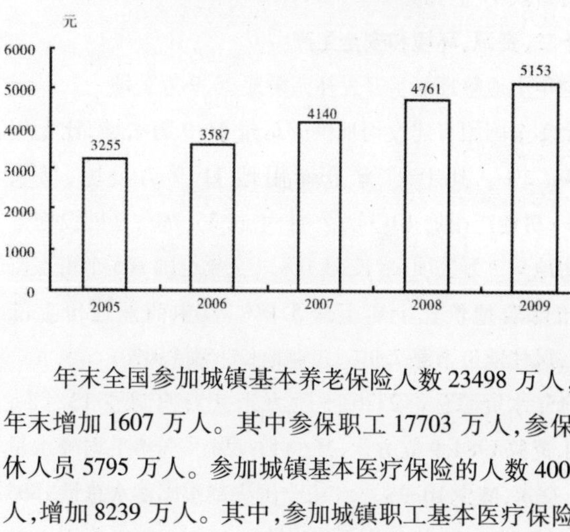

年末全国参加城镇基本养老保险人数23498万人,比上年末增加1607万人。其中参保职工17703万人,参保离退休人员5795万人。参加城镇基本医疗保险的人数40061万人,增加8239万人。其中,参加城镇职工基本医疗保险人数

21961万人，参加城镇居民基本医疗保险人数18100万人。参加城镇医疗保险的农民工4335万人，增加69万人。参加失业保险的人数12715万人，增加316万人。参加工伤保险的人数14861万人，增加1074万人。其中参加工伤保险农民工5580万人，增加638万人。参加生育保险的人数10860万人，增加1606万人。2716个县(市、区)开展了新型农村合作医疗工作，新型农村合作医疗参合率94.0%。新型农村合作医疗基金累计支出总额为646亿元，累积受益4.9亿人次。新型农村社会养老保险试点顺利启动。年末全国领取失业保险金人数为235万人。

图15　2005-2009年城镇居民人均可支配收入

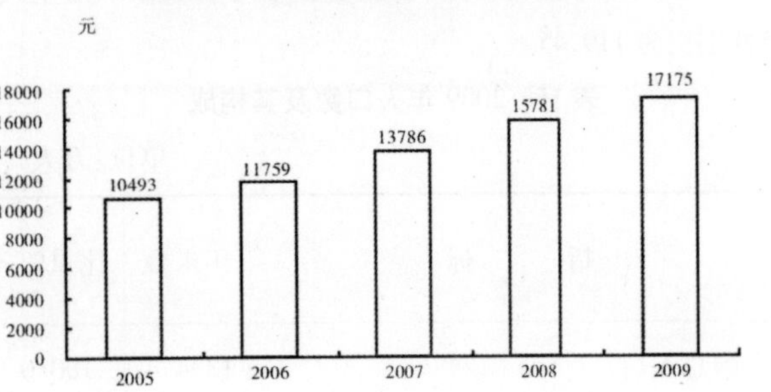

年末全国共有各类提供住宿的收养性社会服务机构3.9万个，床位275.4万张，收养各类人员208.8万人。其中，农村养老服务机构3.0万个，床位188.5万张，收养各类人员151.1万人。各类不提供住宿的社区服务设施14.0万个，其中，社区服务中心9726个，社区服务站2.5万个。全年2347.7万城市居民得到政府最低生活保障，比上年增加12.9万人；4759.3万农村居民得到政府最低生活保障，增加453.8万人；554.3万农村居民得到政府五保救济，增加5.7万人。全年救助城市医疗困难群众417.2万人次，救助农村医疗困难群众688.4万人次；资助1047.8万城镇困难群众参加城镇医疗保险，资助3689.8万农村困难群众参加新型农村合作医疗。全年销售社会福利彩票756亿元，直接接收社会捐赠款41亿元。

十二、资源、环境和安全生产

全年土地整理复垦开发补充耕地26.9万公顷。

全年全国国有建设用地供应总量31.9万公顷，比上年增长44.2%。其中，工矿仓储用地11.9万公顷，增长44.1%；房地产用地10.3万公顷，增长36.7%；基础设施等其他用地9.7万公顷，增长53.0%。全年全国105个重点监测城市综合地价比上年上涨5.0%，其中商业地价上涨5.6%，居住地价上涨7.9%，工业地价上涨1.6%。

全年水资源总量23763亿立方米，比上年减少13.4%；人均水资源1784.9立方米，减少13.8%。全年平均降水量583.1毫米，减少10.9%。年末全国大型水库蓄水总量1805亿立方米，比上年末少蓄水156亿立方米。全年总用水量5933亿立方米，比上年增加0.4%。其中，生活用水增加2.9%，工业用水减少0.6%，农业用水增加0.6%，生态补水减少9.8%。万元国内生产总值用水量209.3立方米，比上年下降7.6%。万元工业增加值用水量116.4立方米，下降8.2%。人均用水量445.7立方米，下降0.1%。

国土资源调查及地质勘查新发现大中型矿产地398处，其中，能源矿产地107处，金属矿产地177处，非金属矿产地109处，水气矿产地5处。有65种矿产新增查明资源储量，其中，石油11.2亿吨，天然气7234亿立方米，原煤503.6亿吨。

根据第七次全国森林资源清查结果，截至2008年，森林面积19545万公顷，森林覆盖率20.36%，活立木总蓄积量149.13亿立方米，森林蓄积量137.21亿立方米。

全年完成造林面积588万公顷，其中人工造林389万公顷。林业重点工程完成造林面积447万公顷，占全部造林面积的76.0%。全民义务植树24.8亿株。截至年底，自然保护区达到2529个，其中国家级自然保护区319个。新增综合治理水土流失面积4.8万平方公里，新增实施水土流失地区封育保护面积2.7万平方公里。截至2009年底，已确权集体林地面积为10093万公顷，其中发放林权证的面积为7573万公顷。

全年平均气温为9.8℃，共有9个台风登陆。

初步测算，全年能源消费总量31.0亿吨标准煤，比上年增长6.3%。煤炭消费量30.2亿吨，增长9.2%；原油消费量3.8亿吨，增长7.1%；天然气消费量887亿立方米，增长9.1%；电力消费量36973亿千瓦小时，增长6.2%。全国万元国内生产总值能耗下降2.2%。主要原材料消费中，钢材消费量6.9亿吨，增长22.4%；精炼铜消费量753万吨，增长39.7%；电解铝消费量1439万吨，增长14.4%；乙烯消费量1066万吨，增长8.0%；水泥消费量16.3亿吨，增长17.0%。

七大水系的408个水质监测断面中，Ⅰ～Ⅲ类水质断面比例占57.1%，比上年提高2.1个百分点；劣Ⅴ类水质断面比例占18.4%，比上年下降2.4个百分点。七大水系水质总体上持续好转，部分流域污染仍然严重。

近岸海域299个海水水质监测点中，达到国家一、二类海水水质标准的监测点占72.9%，比上年上升2.5个百分点；三类海水占6.0%，下降5.3个百分点；四类、劣四类海水占21.1%，上升2.8个百分点。

在监测的612个城市中，有504个城市空气质量达到二级以上(含二级)标准，占监测城市数的82.4%；有100个城市为三级，占16.3%；有8个城市为劣三级，占1.3%。在监测的327个城市中，城市区域声环境质量好的城市占4.9%，较好的占70.0%，轻度污染的占23.9%，中度污染的占1.2%。

年末城市污水处理厂日处理能力达8664万立方米，比上年末增长6.9%；城市污水处理率达到72.3%，提高2.1个百分点。集中供热面积35.6亿平方米，增长2.0%。建成区绿地率达到34.4%，提高1.1个百分点。

全年各类自然灾害造成直接经济损失2524亿元，比上年下降78.5%。全年农作物受灾面积4721万公顷，增加18.1%。其中，绝收492万公顷，增加22.0%。全年因洪涝灾害造成直接经济损失655亿元，增加0.5%；死亡902人，下降10.8%。全年因旱灾造成直接经济损失1099亿元，增加2.58倍。全年低温冷冻和雪灾造成直接经济损失172亿元，死亡40人。全年因海洋灾害造成直接经济损失100亿元，下降51.3%。全年累计发生赤潮面积14102平方公里，增加2.7%。全年实际发生各类地质灾害1.0万起，直接经济损失18.3亿元，死亡331人。全年大陆地区共发生5级以上地震24次，成灾8次，造成直接经济损失27.4亿元，死亡3人。全年共发生森林火灾8808起，下降37.7%。

全年生产安全事故死亡83196人，比上年下降8.8%。亿元国内生产总值生产安全事故死亡人数为0.248人，下降20.5%；工矿商贸企业就业人员10万人生产安全事故死亡人数为2.4人，下降14.9%；煤矿百万吨死亡人数为0.892人，下降24.5%。全年共发生道路交通事故23.8万起，造成6.8万人死亡，27.5万人受伤，直接财产损失9.1亿元；道路交通万车死亡人数为3.6人，减少0.7人。

注：

1. 本公报中数据均为初步统计数。

2. 各项统计数据均未包括香港特别行政区、澳门特别行政区和台湾省。

3. 部分数据因四舍五入的原因，存在着与分项合计不等的情况。

4. 国内生产总值、各产业增加值绝对数按现价计算，增长速度按不变价格计算。

5. 6大高载能行业分别为：化学原料及化学制品制造业、非金属矿物制品业、黑色金属冶炼及压延加工业、有色金属冶炼及压延加工业、石油加工炼焦及核燃料加工业、电力热力的生产和供应业。

6. 钢材产量及消费量数据中均含部分使用钢材加工成其他钢材的重复计算因素。

7. 固定资产投资按东部、中部、西部和东北地区计算的合计数据小于全国数据，是因为有部分跨地区的投资未计算在地区数据中。其中：东部地区是指北京、天津、河北、上海、江苏、浙江、福建、山东、广东和海南10省市；中部地区是指山西、安徽、江西、河南、湖北和湖南6省；西部地区是指内蒙古、广西、重庆、四川、贵州、云南、西藏、陕西、甘肃、青海、宁夏和新疆12省（区、市）；东北地区是指辽宁、吉林和黑龙江3省。

8. 房地产业投资除房地产开发投资外，还包括建设单位自建房屋以及物业管理、中介服务和其他房地产投资。

9. 表11中“金融业”是指国民经济行业分类中的证券分析与咨询、保险辅助服务和其他金融活动等。

10. 原保险保费收入是指保险企业确认的原保险合同保费收入。

11. 特种影片是指那些采用与常规影院放映在技术、设备、节目方面不同的电影展示方式，如巨幕电影、立体电影、立体特效（4D）电影、动感电影、球幕电影等。

12. 城镇职工基本医疗保险人数包括参保职工和参保退休人员。城镇居民基本医疗保险的参保对象是不属于城镇职工基本医疗保险覆盖范围的城镇非从业人员。

13. 农村五保救济是指老年、残疾或者未满16周岁的村民，无劳动能力、无生活来源又无法定赡养、抚养、扶养义务人，或者其法定赡养、抚养、扶养义务人无赡养、抚养、扶养能力的村民，在吃、穿、住、医、葬方面得到的生活照顾和物质帮助。

14. 建设用地供应总量是指报告期市、县人民政府根据年度土地供应计划依法以出让、划拨、租赁等方式将国有建设用地使用权提供给单位或个人使用的国有建设用地总量。

15. 地价是指根据《城市地价动态监测技术规范》，以城市监测点地价为基础，综合土地市场和房地产市场交易价格测算反映城市整体状况的土地价格水平。综合地价是指同一城市或地区的不同用途土地的平均价格水平。

16. 万元国内生产总值用水量按2005年不变价格计算，邮电业务总量按2000年不变价格计算。

2009年湖北省国民经济和社会发展统计公报

2009年是新世纪以来湖北经济发展最为困难的一年，也是面临的挑战最为严峻、付出的努力最为艰辛、发展的道路最不平凡、收获的成效最为显著的一年。自2008年第四季度以来，受国际金融危机严重冲击和全国经济增长明显下滑影响，我省经济发展遇到严重困难。面对严峻复杂的经济形势，省委、省政府认真贯彻落实中央应对国际金融危机冲击的一揽子计划和政策措施，统筹做好保增长、保民生、保稳定各项工作，全省经济逐步复苏向好，各项社会事业全面进步。

一、综合

2009年，全省完成生产总值12831.52亿元，按可比价格计算，比上年增长13.2%，连续6年保持两位数增长。其中：第一产业完成增加值1915.9亿元，增长5.2%；第二产业完成增加值5909.42亿元，增长16.0%；第三产业完成增加值5006.20亿元，增长12.3%。三次产业结构由2008年的15.7∶43.8∶40.5调整为14.9∶46.1∶39.0。在第三产业中金融保险、批发和零售、住宿和餐饮、房地产、交通运输仓储和邮电及其他服务业分别增长22.8%、16.5%、14.4%、19.6%、3.7%和9.1%。

居民消费价格总指数(CPI)99.6，价格水平下降0.4%，其中：城市下降0.7%，农村与上年水平持平。分类别看，食品类价格上涨0.5%，衣着类价格下降0.9%，家庭设备用品及服务上涨0.2%，医疗保健及个人用品类价格上涨1.4%，交通和通讯价格下降1.7%，娱乐教育文化用品及服务类价格下降1.1%，居住类价格下降2.4%。工业品出厂价格(PPI)下降4.4%，原材料、燃料、动力购进价格下降6.6%，农业生产资料价格下降4.7%。

年末全省从业人员3622万人，比上年末增加15万人，其中城镇就业人员1357万人，比上年末增加20万人。据省劳动和社会保障部门统计，年末城镇登记失业率为4.21%，比上年末基本持平。

经济和社会发展中存在的主要困难和问题有：经济回升基础不稳固，回升态势还不稳定，回升格局还不平衡，节能减排、资源环境与就业的压力仍然较大。

二、农 业

全年农林牧渔业增加值达到1915.9亿元，按可比价计算比上年增长5.2%。粮食种植面积401.25万公顷，比上年增加10.58万公顷；棉花种植面积46.01万公顷，减少8.29万公顷；油料种植面积144.83万公顷，增加8.27万公顷。粮食总产量2309.1万吨，比上年增产81.87万吨，增长3.7%；棉花总产量48.05万吨，减产3.29万吨，减6.4%；油料产量314.05万吨，增产28.31万吨，增长9.9%(主要农产品产量见表1)。

表1 2009年全省主要农产品产量

单位：万吨

产品名称	产 量	比上年增长%
粮 食	2309.10	3.7
棉 花	48.05	-6.4
油 料	314.05	9.9
花 生	62.74	9.1
油菜籽	236.51	9.8
麻 类	3.82	-19.7
烟 叶	10.90	24.9
茶 叶	14.42	10.7
水果(不含果用瓜)	400.86	6.2
蔬 菜	2949.57	2.0

全省当年造林面积16.03万公顷，比上年增长5.9%，零星植树达到1.78亿株，木材采伐量170.51万立方米。

畜牧、水产业稳步增长。生猪出栏3735.49万头，增长6.8%；水产品产量达到338万吨，增长7.9%，再创历史新高。

农村用电量104.26亿千瓦时，比上年增长6.3%；化肥施用量(折吨)340.26万吨，增长3.9%。

三、工业和建筑业

工业生产保持较快增长。全省规模以上工业完成增加值4742.23亿元，按可比价格计算，比上年增长20.1%。其中：国有及国有控股企业完成增加值1933.09亿元，增长11.2%；国有企业增加值834.42亿元，增长7.0%；集体企业增加值54.63亿元，增长16.1%；股份合作企业增加值23.15

亿元,增长8.2%;股份制企业增加值2511.24亿元,增长21.1%;外商及港澳台投资企业增加值1014.56亿元,增长26.1%;其他经济类型企业增加值304.23亿元,增长38.9%。轻工业增加值1464.46亿元,增长25.3%;重工业增加值3277.77亿元,增长18.0%。轻重工业结构由2008年的29.0:71.0变为30.9:69.1。

工业产品结构改善,高新技术产业增长较快。全省完成高新技术产业增加值1331.1亿元,比上年增长20.5%,占规模以上工业增加值的比重达28.1%(主要工业产品产量见表2)。

表2　2009年主要工业产品产量

产品名称	单位	产　量	比上年增长%
纱	万吨	149.36	7.9
布	亿米	38.62	12.6
化纤	万吨	12.08	42.2
卷烟	亿支	1278.58	2.6
家用电冰箱	万台	39.51	36.1
房间空调器	万台	514.28	4.2
原煤	万吨	1063.27	34.2
原油	万吨	80.88	-3.6
发电量	亿千瓦小时	1781.75	2.8
#水电	亿千瓦小时	1169.61	-2.2
钢	万吨	1985.30	0.2
钢材	万吨	2172.33	0.8
十种有色金属	万吨	66.77	-12.7
其中:铜	万吨	27.16	1.6
水泥	万吨	6983.77	17.6
硫酸	万吨	733.80	37.1
纯碱	万吨	137.61	52.4
烧碱	万吨	64.59	31.7
化肥(折100%)	万吨	852.58	40.7
发电设备	万千瓦	206.0	13.7
汽车	万辆	119.67	39.1
轿车	万辆	49.50	56.1
移动电话机	万部	831.52	126.2

工业产销衔接较好,经济效益继续提高。全省工业完成销售产值14740.34亿元,增长19.2%,其中:钢铁、汽车、石化、电力、食品五个重点行业实现销售产值超千亿元。工业产品销售率为97.43%。1-11月全省工业经济效益综合指数为229.4,比上年同期提高11.9个百分点。全年全省工业企业实现利润754.22亿元,增长25.2%;其中大中型企业实现利润500.28亿元,增长15.4%。

建筑业发展步伐加快,全年资质以内建筑企业完成施工产值3409.02亿元,增长30.9%;实现利润128.45亿元,增长37.3%;税金96.55亿元,增长19.2%。建筑单位房屋建筑施工面积20771.2万平方米,其中招投标承包面积16572.0万平方米,招投标面为79.8%。建筑企业劳动生产率为15.89万元/人,减少19.3%;新开工房屋建筑施工面积11228.85万平方米,比上年增加535.65万平方米。

四、固定资产投资

全社会完成固定资产投资8211.85亿元,比上年增长41.6%,其中城镇以上项目投资7569.15亿元,增长41.9%;房地产开发投资1200.44亿元,增长34.5%。按经济类型划分,国有经济投资3124.16亿元,增长37.4%;集体经济投资408.91亿元,增长61.4%;城乡私营个体投资1745.62亿元,增长45.3%;其他经济投资2933.16亿元,增长41.7%。按产业划分,全省三次产业投资分别为321.59亿元、3095.14亿元和4795.12亿元,分别增长39.1%、32.0%和48.8%。

全省159个重点建设项目完成投资1145.68亿元,占城镇以上项目投资的15.1%。新增的主要生产能力有:发电机组容量220.9万千瓦、新建高速公路548.45公里、电气化铁路主线正线交付运营里程1039.45公里。

五、国内贸易

全年实现社会消费品零售总额5928.41亿元,增长19.0%。分城乡看,城市实现零售额4128.16亿元,增长17.9%;县及县以下实现零售额1800.25亿元,增长21.6%。分行业看,批发业实现零售额728.95亿元,增长15.9%;零售业4150.26亿元,增长19.9%;住宿和餐饮业795.18亿元,增长19.7%;其他行业254.03亿元,下降2.8%。

六、对外经济

全年实现外贸进出口总额172.29亿美元,比上年下降16.8%,其中:出口99.78亿美元,下降14.8%;进口72.50亿美元,下降19.4%。新批外商直接投资项目268个。全年外商直接投资及其他投资46.88亿美元,比上年增长13.9%,其中外商直接投资36.58亿美元,增长12.7%;外商其他投资9.7亿美元,增长11.6%。对外经济合作业务完成营业额26.3亿美元,新签合同额53.3亿美元,分别增长73.1%和60.8%。

七、交通、邮电和旅游

全年完成货物周转量2808.46亿吨公里,比上年增长4.1%;旅客周转量1096.31亿人公里,增长3.0%。

邮电通信业完成邮电业务总量841.37亿元,增长17.8%。长途光缆线路总长度29200.0万公里;局用交换机达到1732.8万门;固定电话用户1083.3万户,减少95.4万户;移动电话用户达到3136.9万户,新增608.2万户。全省电话普及率为74部/百人。计算机宽带互联网用户361.3万户。

全年国内旅游人数15065.18万人次，比上年增长29.0%；国内旅游收入969.63亿元，增长35.9%。入境旅游人数133.46万人次，比上年增长12.4%。国际旅游外汇收入5.1亿美元，增长15.3%。

八、财政、金融和保险

全年完成财政总收入1533.89亿元，比上年增长14.6%，其中地方一般预算收入814.78亿元，增长14.7%，其中，税收收入616.03亿元，增长14.7%。全年财政支出2107.31亿元，增长27.2%。

年末全省金融机构各项存款余额17678.05亿元，比年初增加4097.52亿元。其中：城乡居民储蓄存款余额8223.41亿元，增加1422.91亿元。金融机构各项贷款余额12057.17亿元，比年初增加3301.98亿元。其中：短期贷款余额3667.02亿元，增加609.10亿元；中长期贷款7100.42亿元，增加2112.35亿元。

全年保费收入372.42亿元，增长17.4%。其中，财产险公司实现保费收入72.76亿元，增长24.8%；人身险公司保费收入299.66亿元，增长15.8%。支付各类赔款及给付82.63亿元，下降3.8%，其中，财产险公司赔款45.62亿元，增长9.8%；人身险公司赔付37.01亿元，下降16.5%。

九、教育和科学技术

年末全省普通高等教育招生39.6万人，在校生124.9万人，毕业生32.8万人；研究生招生3.5万人，在校研究生9.1万人，毕业生2.6万人；各类中等职业教育招生36.7万人，在校生104.2万人，毕业生30.8万人；普通高中招生42.4万人，在校生128.7万人，毕业生45万人；普通初中在校生236.3万人，小学在校生359.3万人，幼儿园在园幼儿83.1万人。

科学研究和技术开发取得新的成果，全年共取得省部级以上科技成果740项。其中，基础理论成果20项，应用技术成果693项，软科学成果27项。全年共签订技术合同5694项，技术合同成交金额77.9亿元，增长24%。

全省科学研究与实验发展(R&D)经费支出178亿元，增长19.4%，占全省生产总值的1.4%。全年安排"863"计划项目298项(课题)，经费1.8亿元，"973"计划项目120项，经费11692.11万元。争取国家高技术产业发展项目25个，项目总投资22.5亿元，安排国家资金1.73亿元，银行贷款10.5亿元。

全省具备向社会出具检测报告的产品质量监督检验机构有152个，其中国家产品质量监督检验中心9个。全省通过CNAL认可的检测/校准实验室81家。累计有5257家企业通过ISO9000体系认证；企业获得强制性认证证书5771张。法定计量技术机构有106个，强制检定计量器具130万台件。

全省天气雷达观测站点有10个，卫星云图接受站点17个。地震前兆台站网1个，前兆台站20个；数字测震台网1个，测震台站30个。

十、文化、卫生和体育

全省共有艺术表演团体102个，群艺馆、文化馆111个，公共图书馆107个，博物馆111个，电影放映管理机构111个，放映单位1705个。广播电台11座，电视台12座，有线电视用户803.43万户。全年出版全国性和省级报纸17.76亿份，各类期刊2.65亿册，图书1.45亿册(张)。

全省共有卫生机构10826个，卫生技术人员23.4万人，病床床位17.7万张；卫生防疫、防治机构195个(其中：专科疾病防治所(站、中心)88家，疾病预防控制中心(防疫站)107家)，卫生防疫技术人员7473人。

全省运动健儿在国际比赛中共获得冠军17项次、亚军18项次、季军16项次，其中奥运会项目最高水平比赛冠军6项次、亚军3项次、季军1项次；在各类全国比赛中，获冠军56项次、亚军61项次、第三名57项次，其中，全运会项目全国最高水平比赛中冠军14项次、亚军12项次、第三名23项次。全民健身运动蓬勃发展。全年销售体育彩票16.4亿元，居全国第12位。

十一、人口、人民生活和社会保障

年末全省常住人口5720万人(指常住本省半年以上人口)。全年出生人口57.8万人，出生率为9.48‰；死亡人口36.58万人，死亡率为6.0‰，人口自然增长率为3.48‰。

城乡居民收入继续增加，城镇居民人均可支配收入14367元，增长9.2%；农民人均纯收入5035.26元，增长8.1%。

社会保障进一步加强，年末全省参加基本养老保险人数980.7万人，比上年增加48.6万人，其中：在职职工709.2万人，离退休人员271.5万人；参加失业保险人数440.3万人；参加医疗保险人数820.7万人，增加105.9万人。年末全省企业参加基本养老保险离退休人员255万人，100%实现了养老金按时足额发放；全年累计领取失业保险金人数13.3万人。

全省城镇居民最低生活保障对象145.2万人，农村居民最低生活保障人数172.5万人，国家抚恤、补助各类优抚对象38.9万人。

社会福利事业不断发展，年末全省各类社会福利收养床位21.1万张，收养18.2万人，城镇社区服务设施7409个。全年销售社会福利彩票31.88亿元。

十二、资源和环境

年末全省耕地面积3323.46千公顷，比上年增加34.13千公顷，增长1.04%。化学需氧量和二氧化硫排放量分别下降1.7%和3.9%，可望提前一年实现“十一五”主要污染物总量控制目标。

长江干流水质总体较好，15个监测断面的水质Ⅰ～Ⅲ类的占100%。与上年相比，长江水质总体无明显变化。

全省17个市、州、直管市、神农架林区中，按二氧化硫、二氧化氮、总悬浮颗粒物或可吸入颗粒物年均浓度综合评价，神农架林区空气质量符合国家一级标准，占重点城市的5.9%；11个城市符合国家二级标准，占重点城市的64.7%；5个城市符合国家三级标准，占重点城市的29.4%。全省达到一级、二级标准的城市占70.6%。

全省累计已发现矿种150种，累计已查明资源储量的矿种92种。2009年国土资源调查及地质勘查新发现矿产地大型1处，中、小型矿产地3处。

全省自然保护区达到63个，其中国家级生态示范区10个；省级自然保护区17个，自然保护区总面积110.6万公顷。

注：本公报所列数据为初步统计数。

2009年宜昌市国民经济和社会发展统计公报

2009年，宜昌经济在金融危机中继续保持平稳较快发展势头，总量与速度、结构、效益、生态环境的协调进一步改善，居民收入稳步提高，各项社会事业取得新成就。

一、综合

国民经济继续保持平稳快速增长。初步测算，全年全市生产总值1245.61亿元，比上年增长15.1%，连续6年实现两位数以上增长。其中：第一产业增加值150.70亿元，增长5.3%；第二产业增加值685.95亿元，增长17.6%；第三产业增加值408.96亿元，增长14.4%。三次产业结构由上年的13.4:53.7:32.9变化为12.1:55.1:32.8。按常住人口计算，人均生产总值达30815元。

财政收入稳定增长。2009年，全市区域财政总收入完成235.71亿元，比上年增长15.6%。其中：地方一般预算收入54.94亿元，增长24.1%。分区域看，县市收入的快速增长拉动了全市一般预算收入的增长，县市收入增长30.5%；分税种看，增值税、企业所得税、营业税分别增长5.2%、9.2%、14.8%，资源税、车船税、耕地占用税和契税等税种增长幅度超过50%。地方一般预算支出156.46亿元，增长48.6%。

全年物价呈两头高、中间低的"U"型运行态势。2009年，全市居民消费价格总水平比上年上涨0.1%，其中食品价格上涨0.7%，商品零售价格下降0.3%。工业品出厂价格上涨1.3%，其中生产资料价格上涨1.5%，生活资料价格上涨0.3%。原材料、燃料、动力购进价格下降1.4%。农业生产资料价格下降4.8%。房屋销售价格上涨1.4%，其中新建商品住宅价格上涨1.5%；房屋租赁价格上涨14.4%。

2009年，全市实现新增城镇就业8.2万人。帮助失业人员再就业4.4万人。转移农村劳动力8.9万人。支持15万名返乡农民工重新就业。扶持6500人实现创业。年末城镇登记失业率为4.2%。

二、农业

农业丰产丰收。各项惠农政策逐步落实，农业综合生产能力稳步提高，农业实现丰产丰收。2009年，全市粮食种植面积达312.75千公顷，比上年增加20.79千公顷，总产量158万吨，增长4.1%；棉花种植面积19.68千公顷，比上年减少0.57千公顷，总产量2.96万吨，增长10.5%；油料种植面积108.64千公顷，比上年增加4.18千公顷，总产量23.08万吨，增长8.9%；蔬菜种植面积98.87千公顷，比上年增加0.02千公顷，总产量268.23万吨，增长9.6%；水果种植面积114.89千公顷，比上年增加4.15千公顷，总产量181.56万吨，增长8.1%；茶叶种植面积39.96千公顷，比上年增加1.98千公顷，总产量3.40万吨，增长10.8%。肉类、禽蛋总产量分别增长13.1%、5.5%。

全年有效灌溉农田面积103.51千公顷，年末全市自来水受益村达871个，全市拥有农业机械总动力231.57万千瓦，农用拖拉机70954台。全年农村用电量6.27亿千瓦时，增长1.0%。

三、工业和建筑业

工业生产保持较快增长。2009年，全市上下积极应对金融危机，工业经济运行的不稳定因素逐步得到有效化解。2009年，全市规模以上工业完成增加值570.43亿元，增长24.9%。从产业看，电力、化工和食品医药产业进一步做大做强，装备制造业突破性发展，工业由"三大支柱"发展为"四大支柱"，四大支柱产业累计完成工业增加值485.35亿元，占全市工业增加值比重达到85.1%。

主要工业产品产量：发电量1021.36亿千瓦时，下降2.6%；磷矿石1309.98万吨，增长30.9%；季戊四醇7.01万吨，增长10.2%；活性干酵母2.35万吨，下降5.2%；白酒20835万升，增长14.2%；化成箔2965万平方米，下降1.7%。

全年规模以上工业实现主营业务收入1428.09亿元，增长29.0%；利税234.34亿元，增长4.2%；利润149.24亿元，下降0.4%。工业经济效益综合指数为296.06，比上年提高1.65点。

全市建筑业实现增加值54.90亿元，比上年增长12.0%。全市具有资质等级的总承包和专业承包建筑业企业实现利润15亿元，增长15.4%；上缴税金9.8亿元，增长10.0%。

四、固定资产投资

固定资产投资扩张有力。2009年，宜昌积极落实国家宏观调控政策和措施，进一步加大投资力度，全市固定资产投资呈现出增长加快、投资结构进一步优化的发展态势。全市全社会固定资产投资完成750.27亿元，比上年增长43.3%，增幅比上年提高9.2个百分点，其中城镇投资完成657.83亿元，增长44.4%，农村投资完成92.43亿元，增长36.2%。市县属投资占全社会固定资产投资比重为81.9%，比重比上年提高6.0个百分点。分产业看，全社会固定资产投资中，第一产业完成投资31.52亿元，增长83.7%；第二产业完成投资421.80亿元，增长34.4%；其中：工业投资完成418.11亿元，增长34.7%；第三产业完成296.95亿元，增长54.3%，其占全社会固定资产投资的比重为39.6%，比重比上年提高2.8个百分点。

全市完成房地产开发投资79.33亿元，比上年增长40.0%；商品房销售面积（含现房和期房）204.08万平方米，增长42.2%，其中住宅191.95万平方米，增长38.4%；商品房销售额64.58亿元，增长52.6%，其中住宅57.62亿元，增长45.8%。

五、国内贸易

贸易市场交易活跃。全市实现社会消费品零售总额470.41亿元，增长21.1%。分地域看，城市、县及县以下消费品零售额分别完成278.80亿元和191.61亿元，分别增长20.7%和21.7%；分行业看，批发和零售业实现零售额391.66亿元，增长21.2%，住宿和餐饮业实现零售额71.63亿元，增长20.6%。

在限额以上批零贸易企业统计的25类零售商品中，有14类商品销售额保持增长。其中化妆品类（22.3%）、金银珠宝类（35%）、家用电器和音像器材类（22.8%）、中西药品类（33.8%）、文化办公用品类（64.5%）、通讯器材类（71.5%）、建筑及装潢材料类（85%）、机电产品及设备类（27.1%）、汽车类（41.5%）零售额增幅较大。

六、对外经济

对外贸易受金融危机影响较大，全年外贸进出口总额103479万美元，下降24.5%。其中：出口77643万美元，下降14.2%；进口25836万美元，下降44.6%。全年，五大出口基地产品共出口57920万美元，下降13.5%，占全市出口总额的74.6%。其中：机电产品基地出口11760万美元，下降22.9%；电子元器件基地出口9788万美元，下降4.1%；磷化工产品基地出口20107万美元，下降28.7%；纺织品基地出口3663万美元，下降9.4%；农产品基地出口12602万美元，增长35.8%。

全年新批外商投资企业18家。实际直接使用外资18136万美元，增长13.3%。其中，制造业占88.0%；批发零售业占1.8%。

全市对外经济合作业务完成营业额88285万美元，比上年增长33.5%。其中，对外承包工程完成营业额87839万美元，对外劳务合作完成446万美元。全市派出各类劳务人员2700人次，增长26.9%。

七、交通、邮电和旅游

2009年交通运输、仓储和邮政业完成增加值127.48亿元，增长24.5%。

交通事业平稳发展。全年公路、水运完成货物周转量142.18亿吨公里，比上年增长1.2%；旅客周转量43.68亿人公里，增长5.7%。年末全市民用汽车拥有量达到16.21万辆，比上年末增长20.7%。其中私人汽车达到11.81万辆，比上年末增长28.8%。

邮电驶入快车道。全年完成邮电业务收入20.95亿元，比上年增长17.4%，增幅比上年提高5.1个百分点。其中：邮政业务收入1.54亿元，增长13.3%；电信业务收入19.41亿元，增长17.8%。固定电话用户年末达到50.24万户，城市电话普及率33.42部/百人；农村电话普及率20.51部/百人。新增移动电话用户36.3万户，年末达到252.53万户。互联网用户29.29万户。

旅游事业超预期发展。全年接待海外游客17.49万人次，比上年下降21.4%，旅游创汇收入3664.78万美元，下降37.7%。国内旅游发展良好，全年接待国内旅游者1197.22万人次，增长23.4%，国内旅游收入75.95亿元，增长24.5%。全市旅游总收入78.50亿元，增长20.6%。

八、金融和保险

金融业务进一步扩大。年末全市金融机构各项存款余额1607.25亿元，比年初增加600.04亿元，其中城乡居民储蓄存款余额608.85亿元。金融机构各项贷款余额1268.03亿元，比年初增加560.64亿元。

保险业务增长平稳。2009年，全年保费收入32.50亿元，比上年增长9.1%。其中寿险保费收入24.40亿元；健康险和意外伤害险保费收入1.90亿元；财产险保费收入6.20亿元。支付各类赔款及给付6.70亿元，其中寿险给付2.10亿元；健康险和意外伤害险赔款及给付0.80亿元；财产险赔款3.80亿元。

九、教育和科学技术

教育事业稳步发展。2009年，全市共有幼儿园346所，在园幼儿6.61万人，专任教师2991人；小学380所，在校学生16.98万人，毕业生3.32万人，专任教师11177人；普通中学189所，在校学生18.29万人，毕业生6.78万人，专任教师13578人；普通高校5所，在校学生4.91万人（其中研究生1202人），毕业生1.28万人（其中研究生299人），专任教师2940人。

科技事业稳步推进。全市共登记各类科技成果102项，获奖47项，其中省级以上奖22项。国家级高新技术企业43

家。全市专利申请量为2026件，其中发明专利申请达到388件，占专利申请总量的19.2%；专利授权量为1300件。

十、文化、卫生和体育

年末全市共有艺术表演团体11个，艺术文化馆14个，公共图书馆11个，总藏书162.3万册。有线电视用户达到51.93万户，有线电视入户率为35.64%。广播、电视综合覆盖率分别达到96.80%和96.94%。

卫生服务体系逐步完善，医疗卫生力量不断增强。年末，全市共有卫生机构1528个，其中医院、卫生院153个，妇幼保健院（所、站）10个，专科疾病防治院（所、站）2个，疾病预防控制中心（防疫站）10个，卫生监督所（中心）10个。卫生技术人员19799人，其中执业医师和执业助理医师8054人，注册护师和护士7085人。医院和卫生院床位13956张。全年报告甲、乙类传染病发病人数10815例，报告死亡51人；报告传染病发病率277.09/10万，死亡率1.31/10万。

成功举办了世界青年拉丁舞锦标赛（2009）暨中国体育舞蹈公开系列赛（宜昌站）、U19全国足球赛、U18全国篮球赛等重要体育赛事。全年先后组织360名运动员参加了省以上各项比赛，共获得金牌55枚、银牌60枚和铜牌45枚。

十一、人口、人民生活和社会保障

全市年末户籍人口为401.37万人，常住人口为404.55万人。全年出生人口3.06万人，出生率为7.62‰；死亡人口3.13万人，死亡率为7.80‰；人口自然增长率为-0.18‰。

城乡居民收入稳定增加，生活质量进一步提高。城镇居民人均可支配收入达到12843元，比上年增长9.5%。城镇居民恩格尔系数为37.42%。农村居民人均纯收入5186元，比上年增长10.7%。农村居民恩格尔系数为43.67%。

年末全市参加基本养老、基本医疗、失业、工伤保险的人数分别为73.08万人、120.78万人、40.32万人和40.47万人，分别比上年末增加7.18万人、24.85万人、2.06万人和4.90万人。248.49万农民参加了新型农村合作医疗，参合率95.7%。新型农村合作医疗基金累计支出总额为2.24亿元。全市享受城市最低生活保障的居民为10.66万人；享受农村最低生活保障的农民12.60万人，比上年增加2.77万人。

十二、资源和安全生产

年末全市耕地总资源318.15千公顷，其中常用耕地面积230.31千公顷。全年完成造林作业面积14.07千公顷。森林覆盖率为55.3%。截至年底，全市有自然保护区52个，其中国家级自然保护区1个。全市共有矿产资源88种，已开发利用矿种41种。

初步测算，全年规模上工业能源消费总量853万吨标准煤，比上年增长14.1%。原煤消费量817.23万吨，增长25.6%；成品油消费量80057吨，增长53.8%。

全年共发生火灾410起，造成2人死亡。工矿企业生产安全事故发生71起，死亡81人，比上年减少12.9%，损失额1856.80万元，比上年减少15.6%。发生道路交通事故755起，造成243人死亡，直接财产损失160万元。

注：1.本公报中数据均为初步统计数。

2.部分数据因四舍五入的原因，存在着与分项合计不等的情况。

3.地区生产总值、各产业增加值绝对数按现价计算，增长速度按可比价计算。地区生产总值尚未依据2008年经济普查进行调整。

4、金融机构各项存、贷款余额数据为本外币口径。

专　　文

ZHUAN WEN

建国六十年宜昌经济社会发展成就综述

60年来，宜昌经济社会发生了翻天覆地的变化。特别是改革开放以来，宜昌人民在改革开放政策的指引下，解放思想，改革创新，始终坚持用科学的统筹的观点谋求跨越式发展，国民经济和社会发展取得了令人振奋的成就。我们在浩瀚的数海里核算全市经济社会发展的成果，不时闪耀的亮点令人激动；跳跃的数字，展现出60年来宜昌经济社会发展的伟大成就。

综合实力显著增强

60年来，宜昌抓住多轮机遇期加速发展，经济发展亮点和特点相互映衬，经济总量不断攀升，发展速度逐步加快，位次不断前行，综合实力实现历史性跨越。

经济总量连上大台阶，发展速度持续加快。建国初到现在，宜昌经济可谓是飞跃发展。60年来，宜昌致力于经济发展，经济总量加速扩张连上大台阶。1949年，宜昌GDP仅有1.51亿元，到1978年，宜昌GDP达到11.25亿元，1993年首次突破百亿元大关，达101亿元。1996年突破200亿元，2004年突破500亿元，到2009年，宜昌生产总值已达到1272.33亿元，比1949年增长841.6倍。其中，第一产业增加值为150.7亿元，比1949年增长121.5倍；第二产业705亿元，是1949年的8812倍；第三产业416.63亿元，是1949年的2083倍。发展速度不断加快。从建国初到1978年，宜昌经济年均增长5.5%；从1978年至2009年，宜昌经济年均增长13%，改革开放以来的30年比建国初的30年（1949年至1978年）的年均增速快7.5个百分点。宜昌GDP从1亿元至10亿元用了30年，从10亿元到100亿元用了15年时间，但近几年平均每年增长超过100亿元，到2008年，宜昌GDP突破1000亿元，占全省的比重提高到10%左右。区域的带动和辐射作用不断增强，正阔步迈向省域副中心城市。

各项经济指标成倍增长，数字诠释宜昌发展成果。60年，宜昌市GDP增长了841.6倍，人均GDP增长413倍。拿人均GDP来说，1949年宜昌市人均GDP只有76元，到1978年宜昌市人均GDP达到329元，2001年突破一万元，达到10102元。到2007年，宜昌人均GDP已超过2万元达到20355元，2009年达到31475元。第一个一万元用了53年，第二个一万元仅用了6年时间。再拿财政收入来说，1952年宜昌市财政收入仅26万元，到1977年突破1亿元，达到1.07亿元，1994年，突破10亿元达到10.18亿元，到2009年就已经达到235.71亿元。宜昌财力的丰厚积聚为促进经济社会事业的发展提供了有力的资金保障。财政收入、全社会固定资产投资、工业总产值、社会消费品零售总额等主要经济指标比1949年增长均超过千倍。

宜昌在湖北排行榜上的位次大幅提升。2009年，宜昌综合实力位居省内同等城市首位。1978年，宜昌在湖北排名第5，1996年上升到第4位，2001年上升到第3，2004年跃居全省第2，宜昌在湖北排行榜上位次不断前行。至今，宜昌已连续5年在省内位居第2位，在中西部同类城市中宜昌也是名列前茅。各项主要经济指标在全省位次均上升较快。2008年，财政收入、全社会固定资产投资、规模以上工业增加值等指标均位居第2，社会消费品零售总额位居第3。

经济结构明显优化

产业结构优化和升级是保持经济又好又快发展的重要标志。60年来，宜昌在改革和发展中着力推进经济结构调整，在发展中促进结构优化，以调整来促进经济发展，基本实现了经济增长与结构调整良性互动，相得益彰。

经济结构明显优化。60年间，宜昌完成了三次产业优化升级。1949年，宜昌市生产总值为1.51亿元，其中第一产业达到1.23亿元，一产业比重达到81.5%，第二、三产业比重分别只有5.3%和13.2%，呈现出典型的“一三二”结构特征。1978年，三次产业比重分别为42.9%、37.7%和19.4%，三次产业结构转变为“一二三”结构。葛洲坝工程的兴建带动了宜昌工业的长足发展，初步确立了工业的主导地位。1982年，二产业比重首次超过一产业比重，三次产业结构由1978年的“一二三”结构演变为“二一三”结构（三次产业构成为37.1:40.6:22.3）。三峡工程的兴建使宜昌产业实现了第二次升级。1995年，三产业比重上升为24.6%，首次超过一产业比重，三次产业结构升级为“二三一”结构（三次产业构成为23.7:51.7:24.6）。在此期间，宜昌由工业化初级阶段过渡到工业化中期阶段。2009年，三次产业构成为11.8:55.4:32.8，一产业比重持续降低，三产业比重进一步提高，结构性特征越来越呈现出现代经济的特点。

产业内部结构逐步优化。农业以特色和产业化成长。60年来，宜昌突出发展优势特色产业，着力培育特色农业和龙头加工企业，以农业产业化的发展延伸产业链条，为社会主义新农村建设创造了更好的条件与空间。目前已初步形成水果、畜牧、水产、蔬菜、茶叶、中药材六大特色产业。2009

年，六大特色产业占农业总产值的比重达到74%。畜牧业和农产品加工业增势强劲，一批富有潜力的龙头企业迅速成长。2009年，宜昌已拥有国家级农业产业化企业4家，省级45家。工业以新型工业化加速推进，工业化水平明显提高，实现了由工业化初期向中期的历史性跨越。60年来，宜昌大力培育高新技术产业，突出发展支柱产业，培育壮大优势骨干企业，工业园区的产业集聚、辐射、带动和示范功能进一步增强，宜昌工业已经实现了由基础薄弱、技术落后、门类单一向基础显著增强、技术稳步提高、门类逐渐齐全的重大转变，工业对国民经济的贡献显著提高。2009年，宜昌工业经济对GDP贡献达到53.3%。第三产业加快发展。交通运输和邮电通讯等基础产业快速发展，商业和金融保险等行业日趋成熟，旅游、物流、信息、咨询等新兴行业高歌猛进，具有"新技术、新业态、新方式"特点的现代服务业呈现出欣欣向荣的发展态势。

社会就业结构明显改善。伴随着经济结构的大调整，70%的就业人口从事农业的局面有了很大的改观，相当比例的人口转而从事工业和服务业。第一产业就业比重明显降低，第二产业稳步上升，第三产业逐步成为新增劳动力就业的主渠道。2009年，三产业从业人数超过80万人，比1952年增长22.91倍。第一产业就业人口所占比重由1952年的95.4%下降到37.4%，下降了58个百分点；第二产业就业人口所占比重由0.9%上升到24.9%，上升了24个百分点；第三产业就业人口所占比重由3.7%上升到37.7%，上升了34个百分点。

所有制结构明显改善。60年来，宜昌非公有制经济经历了三个发展阶段：发展、稳步发展、快速发展，目前非公有制经济发展规模已实现质的飞跃，呈现出强劲的增长势头，成为经济发展中极具活力的重要增长极。一批中小企业跨入规模企业行列，出现了一大批大型企业集团，一大批国内外知名企业如娃哈哈、均瑶、东阳光等纷纷来我市落户。非公有制经济迅速发展，改变了60年前以单一的公有经济为主导的所有制局面。2009年，全市非公有制经济增加值达到735.40亿元，是1978年的2626倍，在省内仅次于武汉市居第2位；占全市生产总值的比重达到57.8%，比1978年的比重提高54.3个百分点。

民生状况不断改善

关注民生，改善民生，构建和谐社会是60年宜昌民生不变的话题。60年来，宜昌致力于改善民生，居民就业渠道不断拓宽，人民生活水平大幅提高，消费质量大幅提升，生活质量明显改善。改革开放成果已惠及全市人民，人民生活发生了翻天覆地的变化。仅最近5年，宜昌市直接投资民生工程的资金就超过60亿元。城区失地农民享受到养老保险了，空巢老人得到"五心"照料了，留守儿童有了"代理妈妈"了等等一系列民生问题得到了妥善解决。

城乡居民收入水平显著提高。2009年，职工工资总额达到98.25亿元，是1952年的780倍，职工年平均工资由1952年的350元增长到19333元，增长了54倍。城镇居民人均可支配收入达14058元，比1981年增长28.8倍。从8000元跃上10000元的新台阶仅用了两年时间。农村居民人均纯收入超过5000元，达到5186元，比1985年增长10.8倍，农村居民收入来源发生了重大变化，劳务经济成为重要增长点。

城乡居民消费结构发生明显变化。收入提高了，钱袋子鼓起来了，吃、穿、用、住、行的质量明显提高，消费结构日趋合理，绝大部分居民生活消费实现了由"温饱型"向"宽裕型"转化，部分居民开始向更高水平的全面小康生活迈进。2009年，城镇居民人均消费性支出达到9574元，城镇居民恩格尔系数为37.42%，比1980年降低24.62个百分点，大大改变了过去食品消费占据主导的状况，人们的消费开始转向通讯、居住、教育、文化娱乐等方面。农民人均生活消费支出达到4062元，农村居民消费也不再仅仅满足于吃饱穿暖，商品消费支出所占比重由1978年的32.31%提高到75.95%，自给性消费支出所占比重由1978年的67.89%减少为24.05%。

城乡住宅进一步改善。1978年，城镇和农村居民人均居住面积分别为4.2平方米和17.8平方米。到2009年，城镇居民人均建筑面积达33.51平方米，比1978年增长6.98倍，年均增长7.2%；农村居民人均房屋面积达44.60平方米，比1978年增加26.80平方米。

社会事业长足进步

60年来，宜昌市始终坚持以人为本，全面推进各项社会事业发展，文化之花绚丽绽放，文明新风遍吹宜昌，科教事业迈出新步伐，城乡居民健康状况持续改善，全市各项社会事业长足进步。人民从中得到了实惠，社会更加和谐稳定，共享着改革发展的成果，群众幸福度和满意度不断提高。

科教实力明显增强。60年来，宜昌市大力实施"科教兴市"战略，科技进步对经济增长的贡献大幅提高。2009年，全市共登记科技成果102项，获奖47项，其中省级以上奖22项。2009年，全市专利申请量2026件，专利授权量1300件。到2009年底，宜昌共有43家国家级高新技术企业，30家省级以上技术中心。宜昌被评为"全国科技进步先进城市"。

60年来，宜昌持续加大教育投入，教育规模迅速扩大，教育改革全面推进，教育保障机制得到落实，全民文化素质明显提高。2009年，宜昌市拥有各级各类学校共964所，在校学生人数达到59.39万人，其中，普通高等学校4.9万人。小学学龄儿童入学率达到100%，初中毕业生升学率达到98.0%，九年义务教育完成率达到98.9%。文化事业繁荣发展。60年来，宜昌推陈出新，挖掘整理了一大批巴楚文化遗产并汲其精髓，创作了一大批主题鲜明、艺术精湛、富有地方特色和时代特征的优秀文艺作品。继舞剧《土里巴人》首获中宣部"五个一工程"奖后，宜昌先后还有电视剧《家在三峡》等5件作品获中宣部"五个一工程"奖。目前，宜昌市非物质文化遗产共有12个大项120多个子项，62个民间艺术种类，128名民间文化传承的代表人物，2470名民间艺人。其中，长阳的撒叶儿嗬、屈原故里端午习俗等7个项目入选全国非物质文化遗产名录。新闻出版事业和广播电视事业均呈现崭新局面。2009年，宜昌市广播覆盖率达到96.8%，电视覆盖率达到96.94%，有线电视用户超过40万户达到42.60万户。医疗卫生事业进一步加强。60年来，宜昌卫生事业稳步发展，突发公共卫生事件应急和疾病预防控制机制基本建立，新型农村合作医疗全面铺开，卫生服务体系进一步增强，医学水平不断提高。2009年，宜昌共有卫生机构3261个，是1978年的6倍，卫生技术人员1.98万人，是1949年的8倍，医院及卫生院床位数1.46万张，是1949年的170倍。2009年，每千人拥有执业（助理）医师2人，每千人拥有床位数3.6张。卫生事业大发展促市民健康水平大提升。体育事业蒸蒸日上。60年来，宜昌广泛实施全民健身计划，群众性体育活动广泛开展，竞技体育成效显著。2009年，全市专职体育人员达到432人，比1978增长5.4倍，参加省以上运动会获得金牌、银牌、铜牌数分别比1978年增长3.1倍、5.6倍和5.1倍。2008年北京第29届奥运会，宜昌实现了奥运奖牌零的突破。

枢纽功能逐步增强

交通基础设施的建设，大大改善了宜昌的交通状况。宜昌交通链不断延展，日益成为区域性的枢纽城市。

经过60年发展，如今的宜昌已站在西部大开发的前沿，成为中部崛起的支点之一，黄金水道的重要枢纽，在国家路网建设规划中，宜昌是全国公路、铁路的重要节点。除了城市县域交通快速通道外，三峡工程汽车专用公路、西陵长江大桥、三峡机场、夷陵长江大桥等重点设施的建设，汉宜高速、荆宜高速的建成，宜昌火车东站、沪蓉、沪渝高速公路和宜万铁路、汉宜高速铁路等的建设，进一步拓宽了宜昌城市交通大骨架。夷陵长江大桥、宜昌长江公路大桥先后获得全国土木建筑工程最高奖鲁班奖和詹天佑奖。交通基础设施的建设将沿江带状运输激活，立体的宜昌交通新格局呼之欲出。宜昌交通链不断延展，正在成为区域性的交通枢纽、物流枢纽、信息枢纽和旅游枢纽城市。2009年，全市公路通车里程25163公里，比1949年增长227.75倍，年均增长9.6%，其中，高速公路里程达到257公里，一级公路里程达到86公里，二级公路里程达到1639公里；境内航道里程达到678公里，铁路里程达到223公里。交通网络良好改善促进了交通运输业的快速发展。2009年，全社会客运量8705万人，是1950年的378倍，年均增长10.6%，货运量8855万吨，是1950年的354倍，年均增长10.5%。

发展亮点精彩纷呈

60年间，宜昌经济发展亮点纷呈，城区经济、县域经济和开发区经济成为宜昌经济发展中最受瞩目的亮点。

城区经济充满活力。60年来，宜昌以招商引资和项目建设为重点，以体制创新和科技创新为动力，全面提升城区综合实力和竞争力。城区经济的龙头带动作用和骨干支撑作用明显增强。2009年，城区经济总量占全市的比重超过50%，城区经济龙头作用进一步显现。

县域经济实力增强。近几年，进入全省经济综合实力十强县市的城市宜昌所占席位最多。2006年和2007年全省十强宜昌占三席，二十强宜昌占4席，2009年县域经济考核评价宜昌有4个县市区进入前10名。宜都市曾连续两年获得第一，连续4年获得"全省县域经济发展先进县市"称号，成为全省县域经济基本竞争力上升最快的城市之一。枝江市曾连续4年进入全省十强，连续5年获得"全省县域经济发展先进县市""称号，5次入选中国中部百强县市。

开发区成为改革开放排头兵。2009年，宜昌拥有省级开发区13家，园区内企业个数达到3007家。实现规模以上工业增加值278.05亿元，占全市的比重达到48.74%；完成固定资产投资300.8亿元，占全市的比重达到40.1%。

城市形象稳步提升

"金色三峡、银色大坝、绿色宜昌"，是宜昌向世界展示的形象。60年来，宜昌以各种城市创建为抓手，基础设施明显改善，城市功能不断完善，城市品位加速提升。60年来，宜昌曾荣获中国优秀旅游城市、国家园林城市、全国卫生城市、全国环保模范城市、全国林业生态环境建设先进城市、全国科技进步先进城市、中国十佳宜居城市、中国百佳投资城市、中部最佳投资城市等殊荣。

60年来，宜昌按照"拓宽骨架、完善功能、改善环境"的城市建设思路，以道路建设改造为龙头，城市建设不断跃升新台阶。60年来，宜昌中心城区大大拓宽，城市人口稳步增长，公共绿地大幅增加，基础设施逐步改善，城区"五纵十横"道路体系基本形成。如今的宜昌城，供水普及率达到100%，燃气普及率达到92.34%；人均道路面积达到16.22平方米；污水处理率达到84.33%；生活垃圾无害化处理率91%；建成区绿化覆盖率40.64%，人均公园绿地面积10.73平方米。现在，立志"建设世界水电旅游名城，实现全面小康社会"的宜昌，已被评为国家卫生城市，国家环境保护模范城市也在公示阶段，现在正全力向全国文明城市冲刺。随着火车新站、会展中心等一大批基础设施项目的建成，宜昌城市综合服务能力和承载能力将进一步提升，一个宜居、宜旅、宜业的区域中心城市将以全新的面貌出现在世人面前。

国内外影响迅速扩大

60年沧桑巨变，国内外对展现在他们面前的宜昌是震撼！是惊叹！

精品名牌让宜昌走出国门，走向世界。60年科技创新，60年名牌培植，如今的宜昌已拥有安琪等6个中国驰名商标，宜化牌尿素等4个中国名牌产品，兴发牌工业六偏磷酸钠等85个湖北名牌产品，喜旺等65个湖北省著名商标，宜昌精品名牌数量位于全省甚至是中西部同等城市前列。

旅游名片让宜昌从三峡走向世界。宜昌物华天宝，地灵人杰，富集着丰富的有一定品位的旅游资源。然而，建国初乃至改革开放前宜昌旅游业几乎空白。60年后的今天，世界闻名的水电工程、神奇秀美的三峡风光、古朴淳厚的土家风情，世界历史文化名人屈原和中国古代民族团结使者王昭君更增添了宜昌的人文内涵，宜昌就是现代建筑、自然景观、人文景观、科技展现等各方面天然的结合体。不久，宜昌还将融入鄂西生态文化旅游圈，旅游空间将进一步拓展，真正成为三峡旅游的中心城市和旅游目的地。2009年，宜昌已拥有各类旅游资源747处，其中5A级风景区1处，4A级风景区10处，3A级风景区13处。长江三峡还被评为全国著名旅游景点40佳之首。接待国内外游客1214.71万人次，旅游总收入达到78.50亿元，创外汇收入3664.78万美元。

国际合作进一步加强。目前，宜昌已与法国梅斯市和瓦朗谢纳市、瑞典塞德港市、德国路德维希堡县、乌克兰扎波罗热市、澳大利亚查尔斯顿市等6个市、县缔结了国际友好城市关系；与美国华盛顿郡、日本柏崎市、巴西伊瓜苏市、俄罗斯陶里亚吉市、荷兰阿培尔顿等6个城市建立了友好经济合作关系。宜昌在与这些城市的交往合作中既加深了友谊又促进了发展。

上述进步，有力地证明了宜昌建国60年经济社会发展所取得的巨大成就。现在，宜昌市委市政府已站在新的历史起点上，按照科学发展观的要求对今后宜昌的发展作了科学的部署。我们深信，在市委市政府的正确领导下，400多万人民团结奋斗、开拓创新，宜昌"全面建成小康社会，创建世界水电旅游名城"的总体目标就一定能实现。

建国六十年宜昌农业沧桑巨变

建国六十年，宜昌农业发生了沧桑巨变，走过了辉煌的发展历程。六十年来，农村经济实力快速增长，农业生产力水平跨入新的历史阶段，农民生活日新月异，农村经济和社会各项事业取得了令人瞩目的成就。

一、宜昌农村经济发展历程概述

宜昌市农村经济发展的60年，是一部不断探索和创新制度的历史。从土地改革到农业合作化，从人民公社到家庭承包经营，每一步探索和改革，宜昌农业都走过了一条不平凡的道路，也付出了高昂的历史代价。党的十一届三中全会揭开了农村改革的序幕，家庭联产承包责任制得到了推广，农业生产关系得到了极大改善，农民的生产积极性全面迸发出来，农业和农村经济飞速发展，走上了稳定、持续、健康发展的道路。

到2009年，全市实现农林牧渔业总产值250.56亿元，是1949年的201倍，扣除价格因素的影响，60年来年均增长4.1%；粮食总产量增长2.5倍，油料总产量增长33倍，生猪出栏增长10.8倍，保障了城乡居民的"米袋子"、"菜篮子"。全市有350家规模以上农业龙头企业，宜昌市农产品加工产值与农业产值之比达到1.57:1；农民人均纯收入4686元，比1978年增长29倍，年均增长12.5%。

纵观宜昌市农业和农村经济发展的历程，可以分为以下三个阶段。

第一阶段：1949－1957年，为起步阶段。解放初期，经过土地改革运动，农民分得了土地，在政治上和经济上都翻了身的农民以极大的热情投入到农业生产中，农业生产得到了迅速恢复和发展。仅三年时间，粮食和棉花产量都已超过解放前最高年份。1952年全市粮食总产量达到55.98万吨，比1949年增长25.6%；棉花产量达到0.65万吨，比

1949年增长47.7%，油料产量达到1.1万吨，比1949年增长60.8%；大牲畜存栏21.75万头，比1949年增长9.74%，生猪出栏56.13万头，比1949年增长22.5%；第一产业总产值1.58亿元，比1949年增长27.3%。1953－1957年，农村又进行了大规模的农田水利基础建设和农业技术改造，生产条件得到显著改善，保证了农业生产的稳定增长。1957年全市第一产业总产值达到2.25亿元，比1949年增长80.9%；粮食总产量达73.65万吨，油料产量1.59万吨，棉花产量1.16万吨，分别比1949年增长65.3%、1.3倍和1.6倍，生猪出栏达到89.76万头，比1949年增长95.9%。

第二阶段：1957－1976年，为徘徊阶段。1958年农村发动了"大跃进"和人民公社化运动，加上三年自然灾害，农业生产力受到了严重破坏，农产品产量大幅度下降，农业生产进入徘徊阶段。1962年全市粮食总产量仅为65.48万吨，比1957年减产11.1%，油料产量为1.0万吨，比1957年减产37.4%，是农民生活较为困难的时期。经过1963年到1965年的三年调整，农业生产得到了一定的恢复和发展。但随之又受到十年"文化大革命"的影响和破坏，在此期间，农业生产片面强调"以粮为纲"，不仅挤掉了经济作物，也限制了林、牧、渔业生产。到1976全市第一产业总产值6.31亿元，比1957年增长1.8倍，扣除物价因素年均递增3.9%；粮食总产量达到107.8万吨，比1957年增长46.3%；油料产量为1.71万吨，棉花产量为2.85万吨，分别比1957年增长7.68%和1.5倍。

第三阶段，1978－2009年，为快速发展阶段。党的十一届三中全会扭转了农业生产长期徘徊的局面，农业生产进入快速增长阶段，主要农产品产量大幅度增加，市场供应出现了根本性的变化，由过去的供应紧缺变成了供应充足。

这一阶段大致经过了五个时期，一是农村改革的突破时期，时间段为1978－1984年，农村突破了高度集中的人民公社体制，全面推行了家庭联产承包责任制，农业生产有了突飞猛进的发展；二是农村商品经济发展起步时期，时间段为1985－1991年，改革由农村逐步向城市延伸，不断向纵深发展，种植业结构、农林牧渔业结构和整个农村经济结构发生了显著变化；三是农村市场经济快速发展时期，时间段为1992－1998年，全市农村经济逐步转变增长方式，农村经济增长的质量和效益有了很大提高；四是农业结构战略性调整时期，时间段为1999－2002年，为农业结构调整的战略重点放在"调优、调高"上，农业产业化、标准化进一步推进，农业科技得到大力推广和运用，优质无公害农产品生产迅速发展，农业生产的规模、质量和效益全面提升；五是农业生产方式转变时期，时间段为2003－2009年，农业的基础地位得到进一步强化，中央出台了一系列支农惠农政策，农民得到了很大实惠，农业得到大发展。农业产业化、标准化、国际化深入快速发展，优质、高产、高效、生态、安全农业加快推进。

二、农村经济快速发展，经济总量迅猛增长

1.1949年全市农业总产值完成1.25亿元，1978年为6.74亿元，2009年发展到250.56亿元，扣除物价因素年均递增4.1%，其中1949年－1978年全市农业总产值每年平均递增速度为3.3%，1978年－2009年年均递增速度为4.9%，后30年比前30年速度提高1.6个百分点。

2.1949年全市农业增加值完成0.78亿元，1978年为4.15亿元，2009年发展到150.7亿元，扣除物价因素年均递增4.1%，其中1949年－1978年全市农业增加值平均递增速度为3.2%，1978年－2009年年均递增速度为4.9%，后30年比前30年速度提高1.7个百分点。

前30年的平均递增速度低于后30年的主要原因是：生产条件差（生产工具落后、化肥、农药等农用物资短缺）；农业科学技术推广跟不上，科技含量较低。后30年平均递增速度较快主要得益于改革开放后党的各项富民政策的落实，农业生产条件有了很大的改观，科学技术贡献率大幅度提高。改革开放三十年是宜昌市农业发展速度最快、增长速度最高、历史发展最好的时期。

三、农业生产高速发展，市场供给日益丰富

建国以来，特别是党的十一届三中全会以后，在农村实行以家庭联产承包责任制和统分结合的双层经济体制改革，极大地调动了广大农民生产积极性，加强了粮食生产在发展经济中的地位，农村经济蓬勃发展，农产品产量的不断增长，为社会提供了丰富的生产生活资源，极大地保证了市场供给，大大提高了全市人民的物质生活水平，改善了生活质量，绝大多数农民由温饱型向小康型转变。

粮食产量由1949年的44.56万吨，1978年的123.24万吨，提高到2009年的158万吨，2009年比1978年增长28.2%，比1949年增长2.5倍，建国以来年递增2.1%。

棉花产量由1949年的0.44万吨，1978年的2.65万吨，提高到2009年的2.96万吨，2009年比1978年增长11.7%，比1949年增长5.7倍，建国以来年递增3.2%。

油料产量由1949年的0.68万吨，1978年的2.44万吨，提高到2009年的23.1万吨，2009年比1978年增长8.5倍，比1949年增长33倍，60年来年递增6.1%。

生猪出栏由1949年的45.83万头，1978年的109.82万头，提高到2009年的543.07万头，2009年比1978年增长3.9倍，比1949年增长10.8倍，60年来年递增4.2%。

水产品产量由有历史资料记录的1978年0.26万吨，提高到2009年的15万吨，2009年比1978年增长56.7倍，30年来年递增14%。

四、产业结构不断优化，经济质量显著提高

改革开放以来，农业结构调整始终是伴随农村改革的重头戏,经过30年的调整,宜昌农业结构调整取得了明显成效。从农业看,2009年农业总产值占农林牧渔业总产值的比重由1978年的82.6%下降到51.9%,养殖业比重明显提高。从种植业看,2009年粮食作物面积在农作物总播种面积的比重由1978年的69.9%下降到54.6%,经济作物比重不断提高。特别是党的十六大以来,农业结构的调整又有新突破,农业开始向规模化、专业化、区域化、特色化的方向迈进,形成了科学合理的农业生产格局,2009年水果、畜牧、水产、蔬菜、茶叶、中药材等六大特色产业占农林牧渔业的比重达到75.4%。

在结构不断优化的同时,主要农产品品质也得到提升,目前全市粮棉油优质率均达到95%以上,农村经济质量日益提高。

五、生产方式不断进步,产业化经营迸发生机

宜昌市从1997年开始有组织地推进农业产业化经营,经过10多年的努力,产业化的组织形式日益成熟,龙头企业的实力日益增强,农业专业化生产区域日益形成,纳入产业化经营的农户日益增多,农产品市场化的程度日益提高,产业化经营为宜昌农业的健康发展和农民增收起到了重要的促进作用。据统计,2009年宜昌市规模以上农产品加工企业有350家,销售收入(交易额)10亿元以上的龙头企业5个,1亿元以上的龙头企业35个,5000万元以上的龙头企业70个。

全年350家规模以上农产品加工企业实现产值345亿元,销售320.9亿元,宜昌市农产品加工产值与农业产值之比达到1.57:1。

全市农民专业合作社在工商部门注册登记的已达270家,成员总数15390个(社平57个),辐射带动农户15万个,注册资金总额15484.5万元(社平57.35万元),合作社已拥有注册商标52个,农业"三品"认证数52个,无公害和有机食品产地认定数60个,认定总面积82万亩。

六、增长方式逐步转变,综合效益明显提升

改革开放初期,宜昌农业的增长主要依靠人力、土地和物资的投入,属于典型的劳动密集型增长,目前农业的增长在物资投入的基础上,又体现出资本和技术的巨大作用,农业的增长正在从劳动密集型逐步向资本、技术密集型转化。由于增长方式的不断改进,农业综合效益也得到明显提高。2009年,每亩耕地提供的种植业总产值达到3762元,比1978年的106元提高了3656元,每个农林牧渔业劳动力创造的粮食、棉花、油料、肉类和水产品产量分别达到1918公斤、36公斤、280公斤、631公斤、182公斤,比1978年均有较大幅度的提高,农业的综合效益明显提高。

七、机械化水平显著提高,农业现代化进程加快

建国六十年来我市的农业机械化事业经历了从无到有,逐步发展壮大的过程,2009年宜昌农业机械总动力达到231.57万千瓦,比1978年的3.29万千瓦增加了228.28万千瓦,增长69.4倍,大中型拖拉机达到8838台,比1978年的1481台增加了7357台,增长5倍;农村用电量达6.27亿千瓦时,比1978年的0.4亿千瓦增加了5.87亿千瓦时,增长14.7倍;全市机电排灌面积39.71千公顷,占常用耕地面积的17.2%。农业机械和农村用电量的快速增长,使得宜昌农业的现代化进程加快,确保了农村经济的高速发展。

八、农田水利设施改善,抵御风险能力加强

建国六十年来,特别是改革开放后,宜昌不断加强长江、沮漳河堤防建设和大中型水库整险加固,全面提高了农业抗灾能力。2009年,宜昌有效灌溉面积、旱涝保收面积和机电排灌面积分别达到103.51千公顷、94.96千公顷、39.71千公顷,占耕地面积的比重分别达到44.9%、36.9%、17.2%,均比1978年有不同程度的提高。农业基础设施的保驾护航,使宜昌农村经济保持了较高的发展态势。

九、农民收入大幅增长,农民生活日益改善

2009年,宜昌农民人均纯收入达到5186元,比建国增加5141元,增长114倍,年均增加85元。从农民收入结构看,工资性收入占35.18%,家庭经营收入占58.35%,转移性收入占5.24%,财产性收入占1.24%。

收入的不断增长为农村居民生活改善提供了坚实基础。改革开放前,我市农民主要是靠天吃饭,而且大部分的收入都用于生活消费支出,改革开发后,农村居民人均生活消费支出从建国初的32.82元增长到2009年的4061.68元,增长122倍,年均增长67.15元。同时农村居民消费结构不断升级,生活水平向全面建设小康社会目标迈进。

2009年农民家庭年人均消费肉类达到35.77公斤,其中猪肉31.7公斤,农民家庭每百户拥有彩电97台,拥有移动电话119部,拥有电冰箱36台,拥有洗衣机49台。

十、基础设施建设加强,社会事业全面发展

十一届三中全会以来,国家在开放搞活农村经济、制订一系列惠农政策的基础上,加大了农村基础设施建设的投资力度,增加了农村各项社会事业的投入,社会主义新农村建设正在扎实稳步的推进。

一是通过财政补贴建设的"村村通"工程,实现了全市各行政村通柏油路或水泥路;乡村通公交班车工作正在全面开展,农村交通状况明显改善;有线电话、手机和有线电视网络基本覆盖全市农村,彻底改变了通信不畅、文化生活单调贫乏的局面。

二是国家投资的农村电网改造工程已经完成,使全市近三百万农村居民受益。

三是新型合作医疗惠及全市农村居民。通过个人出一点,国家财政和地方财政分别双倍补贴的办法,解决了过去小病不治，大病治不起的困难局面，初步改善了农民的医疗状况。

四是农村义务教育工作全面落实。全部免除了学杂费，并对部分困难家庭子女提供免费教科书。对提高农民子女的受教育程度，提高农村的整体文化素质，起到非常大的促进作用。

五是农村最低生活保障工作正在开展，广大农村居民正逐步与城市居民享受同等待遇。

六十年来，宜昌市农业和农村经济的发展创造了一个又一个奇迹，宜昌农村经济的腾飞，是各级政府部门上下齐心协力，也是全市人民共同努力的结果。

建国六十年
宜昌工业大跨越

建国60年来，宜昌工业实力显著增强，已成为全国能源基地、磷化工基地和酵母基地，形成了以能源、化工、食品医药、装备制造等支柱产业，正以崭新的面貌迈步在21世纪。

一、基本情况

在旧中国，宜昌丛山废置，河水空流，矿物长眠，工业近乎空白。建国60年后的今天，宜昌发生了翻天覆地的变化，工业挟自然资源之丰、基础设施之优、软环境之善，正以铿锵的步伐，昂首迈步。

宜昌自然资源丰富且具有四大优势：一是江河纵横，水量丰富，是中国乃至世界水能资源、水资源最富集区之一，水能可开发量达2500万千瓦以上。二是矿产资源丰富多样，已探明的矿物有57种，占全国已知矿种的1/3，占湖北省的84%以上。主要矿产储量大，品位好，有10多种矿储量居全省首位。其中：磷矿储量达18亿吨以上，品位达30%，为全国六大磷矿区之一；汞、石墨、矿物碘、含钾岩、白云石、银钒等储量几乎占全省总储量的100%；铁矿（高磷铁）储量10亿吨以上，煤矿5.4亿吨，金、锰、硅、铅锌、重晶石、石灰石、花岗石、镁橄榄石、硫铁矿等都具有广阔的工业开采价值。丰富的矿产资源，为宜昌市原材料工业的发展提供了坚实的基础。三是植被十分丰富，系湖北省的重要林业基地。栽柑种茶源远流长，是柑桔和茶叶的重要产区。四是奇特秀丽的山川峡谷、众多的文化古迹，与宏伟壮观的三峡、葛洲坝、隔河岩等现代化水电工程相得益彰，是著名的旅游胜地。这些丰富多样，得天独厚的资源，为发展经济和建设现代工业提供了巨大的物资保障。

宜昌交通便利，通讯畅达，投资环境优越。宜昌交通由古代军事水塞，近代过载码头，逐步形成水路、公路、铁路、航空并举，四通八达的现代化立体交通格局。

宜昌邮电通讯能力跻身全省先进行列。已形成了光缆传递、数字微波、移动电话、无线传呼、程控电话等现代化设备综合利用，联结国内、国际的通信网络。

宜昌在硬环境取得巨大成就的同时，软环境也大有改善。市政府一方面精心制定一系列招商引资优惠政策和办法，1997年先后出台了《宜昌市鼓励外商及港澳台同胞投资优惠办法》、《宜昌市外商投诉处理办法》、《宜昌市人民政府关于进一步改善外商投资软环境的通知》。另一方面大力抓整顿机关作风，改变了“门难进、脸难看、事难办”的官僚习气，形成了“由我来办、马上就办、办就办好”的新风尚，树企业家“老大”观念，行“保姆式”服务，招商引资取得突破性进展。

纵观宜昌60年工业发展历程，成绩是辉煌的，但发展的道路却是曲折的。

二、曲折的发展之路

（一）建立管理体制，推动工业发展。解放初期，宜昌是一个落后的农业地区，工业很不发达，全市只有100余家手工业作坊，主要生产铁制农具、木制农具，竹制农具、酿酒、造土纸、挖煤炭、烧窑、土纺、土织、土染、简易印刷、竹骨雨伞、木制家具等，设备简陋，技术低劣。1949年工业总产值（现价，下同）为1473万元，仅占工农业总产值的3.44%。新中国成立后，旧的生产关系被打破，生产力第一次得到解放。

在党和政府的领导下，宜昌专署和各县政府先后设立工业管理机构，1950年宜昌专署成立企业公司，1952年设立工商科，1954年设立手工工业科，1955年成立工业科，负责全市工业生产建设，使全市工业生产得到较快发展，1957年工业总产值达到9102万元，占工农业总产值的比重上升到12.44%，从1949年到1957年（经济恢复到一五时期）年均增长速度达到27.89%，此为建国后增长速度最快的时期。这一时期宜昌在胜利完成资本主义工商业社会主义改造的基础上，一方面组织部分商业企业转为工业企业，一方面利用各种力量，办起了一批新厂。例如1953年3月对枝江酒业的前身，开办于1817年的百年老字号“谦泰吉”槽坊成功改造为国营酒厂，并有史以来第一次生产了瓶装白酒。那时改造过来的企业还有宜都宜红茶厂、当阳关公酒厂等企业。新办了宜昌日报社等几家印刷厂、长航宜昌船厂、宜昌市机床厂、电池厂、糖果总厂、宜昌药厂、大丰棉纺织厂、宜都连杆厂、当阳粮油综合厂、宜昌县面粉厂等企业。代表产品有白酒、印刷品、饼干、糖果、宜红功夫茶、电池、中成药，船舶修造、机械配件、布、面粉、大米加工等产品。

（二）“五风”危害甚烈

从1958年到1965年(二五时期和调整时期)城市基础建设开始起步,建起了宜昌自来水厂、宜昌供电局,并结合当地资源优势,兴建宜昌磷肥厂、清江河煤矿,当阳马店煤矿,办起了宜昌市电焊厂、水泥厂、宜昌水泵总厂、宜都市铸锅厂等。代表产品有城市供水供电、磷矿石、磷肥、煤炭、水泥、水泵、铁锅。这一时期,违背经济规律的"五风"(共产风、浮夸风、命令风、瞎指挥风和特殊风)对经济工作造成了严重干扰,如1959年工业总产值比1958年增长49.5%,这主要是浮夸风、瞎指挥风(大办钢铁)的结果,当时全市最多有56万人找矿挖矿"大办钢铁"。反右扩大化后,人们不敢讲真话,人祸加天灾,工业连续三年减产。工业生产从1960年开始连年下降,到1962年工业总产值只有10506万元,整个二五时期工业发展速度年均下降5.01%,到1969年工业总产值才基本达到1959年的水平。这是对欲速则不达的真实历史写照。

(三)阶级斗争极端化和"五小工业"兴起

文革期间(1966年到1976年)抓阶级斗争到了极端,用阶级斗争的观点来指导经济建设。从而造成工业上主要是宏观布局上的失误,大而全、小而全的重复建设,"三边"(边勘测、边设计、边施工)工程造成的浪费以及批"白专"使科学技术发展遭受严重挫折。

1966年到1970年(三五时期)为文革前期,这一时期宜昌是国家"三线"建设的重点地区,国家对宜昌进行的投资主要用于"三线"军工企业和与军工有关的科研单位,这些企业壮大了宜昌工业基本骨架,较大提高了技术装备水平和科研水平。文革中后期(1971年到1976年),为宜昌工业的转变时期。举世闻名的葛洲坝工程动工兴建,宜昌丰富的水利资源大规模开发,带来宜昌发展的第一次机遇,给工业注入了活力;国家陆续迁来了一批中央和省属大、中型工业企业,再次壮大了宜昌工业骨架,改变了宜昌工业结构,重工业比重上升,轻重工业比重由1969年的74:26调整到1976年的54:46。同时一批地方骨干企业逐渐发挥经济效益。"三线"军工企业主要有三江航天工业集团公司、华中精密仪器厂、国营三八八厂、国营二三八厂、中南橡胶厂、华强化工厂、江新机械厂、红旗蓄电池厂等;中、省企业有长航红光港机厂、纺机厂、红旗电缆厂、湖北开关厂等;1974年全国学习遵化五小工业遍地开花的经验,全市相继兴建了一些小而全的工业企业,其中成为地方骨干企业的有八一钢铁厂、宜昌叉车厂、棉纺织厂、印染厂、电视机厂、造纸厂、树脂厂、西陵制药厂、旭光棉纺织厂、宜都运输机械厂、当阳卷烟厂、116万吨磷矿群、宜都化肥厂、当阳化肥厂以及星罗棋布的小水电站等。代表产品有钢、钢材、叉车、半导体器件、印染布、针织品、机制纸、输送带、(轮胎、门座)起重机、埋刮板输送机、测绘仪、纱布、卷烟、磷矿石、氮磷肥、树脂粉、烧碱、电线电缆、电器开关、小水电等。

1976年粉碎了"四人帮","宁要社会主义的草,不要资本主义的苗"等谬论受到批判,生产力第二次得到解放,宜昌工业得到了较快发展,1978年工业总产值达到9.51亿元,从1949年到1978年的30年工业年平均增长速度为15.45%;工业总产值占工农业总产值比重上升到43.26%,轻重工业比例为47:53。独立核算乡及乡以上工业企业拥有固定资产原值81250万元,实现销售收入83128万元,实现利税总额12671万元,工业化进程显著加快,宜昌工业发展已经有了一定基础。

三、伟大的转折——铸就辉煌

党的十一届三中全会以后,全党全国的工作重点由抓阶级斗争转到抓经济建设上来,并制定了改革开放政策,生产力第三次得到解放。宜昌工业从小到大,由弱到强,迈上了快速、稳健的跨越式发展大道。宜昌以经济体制改革开道,生产关系——经济体制进行了一系列改革,调整企业组织、产品结构,转换企业经营机制,扎实抓三改一加强,加大科技投入,扩大对外开放,抓住"三峡工程在宜昌"的历史机遇,以开发水利和矿产资源为本,由粗放到集约,优化结构,整合资源,节能减排,新型工业化迅速推进。

(一)六阶段改革,宜昌工业逐步形成科学发展的体系

改革开放以来,全市工业企业不断探索改革的新路子,工业体制改革大体上经历了六个阶段:

第一阶段是1978年十一届三中全会到1984年的十二届三中全会召开,这期间,首先在工业企业实行多种形式的利润留成和盈亏包干,先进行试点,后全面推行,国家开始向企业"放权让利",调整了国家同企业的分配关系。

第二阶段是1984年到1986年底实行"利改税",进一步明确了国家同企业的分配关系。

第三阶段是1987年至1991年,对国有企业实行承包经营责任制,再一次向企业放权。至此,基本上建立了经营权与所有权分立、责权利相结合的工业经营体制,增强了经营者的责任感和风险意识,调动了生产者的积极性和创造性,使工业经济不断发展,后劲不断增强。

第四阶段是1992年至1995年,主要是在进一步完善承包责任制的基础上,先后通过试点组建企业集团9个,建立股份制企业27家。猴王公司作为全市首家上市公司,起到了示范作用,到现在全市共有8家上市公司。

第五阶段是1995年至1998年进行了现代企业制度试点工作,企业改制加速推进,抓大放小,取得了突破。

第六阶段是1998年至今,进一步深化国有企业改革,为建立与社会主义市场经济体制相适应的企业运行机制,加大国有企业改革的力度,采取股权重组,规范运作;剥离辅助,集优重组;资产出让,民有民营;租赁经营,分期转让;属地下

放，无偿划拨；安置职工，破产关闭等六种基本形式，推进国有大中型企业改革，取得了积极的成效。

从1998年至2006年底，全市共有727户国有企业完成改制，占国企总户数的98%，其中，退出国有控股地位的719户，占已改制企业的98%，已改制企业涉及国有资产总量150亿元，改制企业共支付职工安置费25.52亿元，其中，通过资产变现筹集16.72亿元，政府补助3亿元，通过其他途径筹集5.8亿元。其中，市属国有企业"三转"改革和特困企业破产关闭共筹集资金18.76亿元，安置职工77508人。

通过改革改制，企业活动增强，企业不断发展壮大。生产经营方式发生了由粗放到科学发展的根本性转变，企业所有制结构由单一到多种经济成分共同发展的根本性变革。

（二）工业生产快速增长，总量规模迅猛扩张

改革开放30年以来，宜昌以改革促发展，牢牢把握对外开放、体制改革和三峡大坝在宜昌等重大发展机遇，着力推动工业经济的快速发展，大力培植优势产业，全市工业经济总量连跃新台阶。

1. 总量连续跃升

工业总产值30年增长124.89倍，年均增幅17.46%。比前30年15.45%的平均增长速度快2.01个百分点。

1978年，全市工业总值（现价）仅为9.51亿元，到1993年首次突破百亿元大关，达121.69亿元，用了15年；

1999年突破二百亿元，达214.51亿元，用了6年；

2004年突破四百亿元，达412.72亿元，用了5年；

2005年和2006年分别达555.87亿元和691.74亿元，1年新增一百亿元；

2007年突破九百亿元，达到910.39亿元；

2008年突破一千亿元，达到1187.72亿元。

2. 工业增加值占GDP比重提高

2009年全市规模以上工业增加值（现价）570.44亿元，比1993年全部独立核算工业企业工业增加值40.16亿元增长13.2倍，占全市GDP的比重由1993年的39.41%上升到45.8%，提升了6.39个百分点，工业在全市国民经济中占主导地位。

3. 工业增加值占全省的比重提高

1999年，宜昌规模工业增加值76.67亿元，占全省规模工业增加值945.54亿元的8.11%，到2009年宜昌规模工业增加值570.44亿元，占全省规模工业增加值4742.23亿元的12.03%，上升了3.92个百分点。

4. 产值、收入、利润、利税占全省的比重提高，并且利润、利税提高更快

产值：1978年宜昌工业现价产值占全省151.1亿元的5.5%，1980年最低为5.12%，1990年为7.19%，1993年为7.29%，是前15年占比最高的年份。

后15年中，宜昌工业产值（现价）2002年占全省比重最低为6.19%，到2009年工业产值1531.12亿元，占全省的9.84%，比1978年提高4.34个百分点，比1993年提高2.55个百分点。

主营业务收入：2009年1444.54亿元，占全省的9.42%，比1978年的5.5%提高3.92个百分点，比1993年的7.41%提高2.01个百分点。

利润：2009年204.41亿元，占全省的18.71%，比1978年的4.4%提高14.31个百分点，比1993年7.19%提高11.52个百分点。

利税：2009年282.17亿元，占全省的14.19%，比1978年的4.3%提高9.89个百分点，比1993年7.55%提高6.64个百分点。

（三）项目建设成效显著

宜昌以丰富的自然资源和得天独厚的地理条件，进行工业项目建设，重点发展了电力、化工、食品、医药、机械电子、纺织化纤、新型建材等行业。

前15年，宜昌加快了国家重点工程和一批大中型骨干项目的建设步伐。

1980年5月，葛洲坝水力发电厂试运行。1985年，葛洲坝水力发电厂正式作为独立核算工业企业纳入统计口径，实现销售收入2.63亿元，占全市独立核算工业企业销售收入的48.21%。

这一时期，湖北化肥厂、宜昌磷化116工程、酵母基地、樟村坪、桃坪河磷矿、熊渡电站、宜昌热电厂、宜昌煤气工程、宜昌啤酒厂等一批重点骨干工业项目相继建成投产，推动了宜昌工业经济的发展。

葛洲坝水电枢纽的兴建和一批重点工业项目的投产，宜昌市完成了一次产业结构的重大转变。1982年，全市第一产业占GDP的比重由上年的38.88%下降为37.13%，第二产业比重由上年的18.17%上升为40.64%，第二产业增加值首次超过第一产业增加值，实现了"农业市"向"工业市"的历史转变。

后15年中，"十五"是宜昌工业经济的跨越发展时期，主要得益于：

——三峡电站投产发电带来的巨大增量

2003年7月10日三峡左岸电厂第一台机组投产发电，当年下半年先后有6台70万千瓦机组投产，共发电86.07亿千瓦时，送往华东、华中和重庆，实现销售收入18.37亿元，为宜昌2003年工业增加值突破100亿元，达106.72亿元起到了关键作用。

2004年三峡左岸电厂又有5台70万千瓦机组投产，加上2003年下半年的6台机组，共有11台70万千瓦机组投产。2004年发电391.55亿千瓦时，占宜昌市水电总量的

64.9%，拉动全市工业增长46.5个百分点，使全市规模工业增长71%。

2005年9月16日，三峡左岸电厂最后一台70万千瓦机组——9号机组正式投入运行，2005年三峡电站3台机组投产，这标志着三峡左岸电厂14台机组全部并网发电，提前一年实现了投产运行。总装机容量980万千瓦，发电490.90亿千瓦时，实现销售收入108.92亿元，为宜昌在"十五"期末工业增加值突破200亿元大关，达242.83亿元起到了至关重要的作用。

2007年，三峡电站创下发电605.64亿千瓦时新纪录。在2007年长江上游来水偏枯的情况下，拥有全球最大水电站的三峡电站创造了年度发电605.64亿千瓦时的新纪录，比2006年增发113.15亿千瓦时，同比增长22.98%。

三峡电站2007年发电量大增的重要原因，是三峡右岸电厂先后有7台新安装的70万千瓦机组投产，加上电源电站投产的10万千瓦装机，三峡电站一年新增投产装机容量为500万千瓦，创下了单个水利枢纽工程年度投产机组容量的世界纪录。

2008年10月29日上午9时，三峡右岸电站最后一台机组——15号机组结束72小时试运行。标志着三峡工程左右岸电厂26台机组全部结束安装、试运行。10月30日16时30分，15号机组正式移交三峡电站运行管理。2008年三峡右岸电厂共有4台机组投产。

15号机组投产，标志着三峡工程左右岸26台机组全部投产发电，加上电源电站，总装机容量达到设计的1830万千瓦，发电能力居世界水电行业首位，这比2009年三峡工程全部机组投产发电的原计划提前一年。

——优势产业的迅速成长壮大

宜昌继续培植电力、化工、食品医药、机械电子、纺织化纤、新型建材等优势产业和一批有经济实力，有市场竞争力的重点企业及产品，大力调整产业和产品结构，工业经济总量迅速扩张，结束了"九五"时期规模工业增加值在70亿元上下的徘徊局面，2003年工业增加值一举突破100亿元大关，达106.72亿元，2004年达188.13亿元，2005年突破200亿元，达242.83亿元，列全省第二位，比"九五"期末提高一个位次。"十五"时期工业增加值年均增长25.40%，比"九五"的9.68%年均增长率快15.72个百分点。2009年工业增加值突破500亿元，达570.44亿元，占全省工业增加值的12.03%，比1999年的8.11%提升了3.92个百分点。这一时期，一批工业项目投产，一批企业从小到大，由弱到强，茁壮成长。

——重点产品、新产品的高速增长

宜昌工业分布于39个大类行业中，可批量生产6000多种产品，其中高浓度化肥、磷精细化工、酵母系列、化成箔、医药、食品等一批产品从无到有，从小到大，形成了一定规模。2008年全市38种重点产品产量中，有25种增长，有6种是"十五"期间新开发的。其中(2008年与1993年比)：罐头187235吨，增长37.56倍；发电量达1048.16亿千瓦时，增长5.85倍；平板玻璃1132.85万重量箱，增长12.17倍；水泥678.17万吨，增长4.03倍；合成氨180.75万吨，增长3.29倍；磷矿石897.1万吨，增长3.44倍；化学原料药2363吨，增长1.48倍。

有8种是2000年后新开发的产品：其中2002年开发的产品有：化成箔、磷酸氨肥、季戊四醇，2004年产量分别为2014万平方米、37.77万吨和38989吨，年均增长分别为121.97%、85.30%和64.99%。2003年开发的产品有：六偏磷酸钠2004年32550吨，增长35.5%；酵母味素2004年2554吨，增长91.5%；中高档卫生陶瓷2004年301.75万件，增长10.70%。2004年的新产品有NPK复合肥105953吨。2007年的新产品有除草剂原药9594吨。

这些新开发的产品不仅拉动了全市工业经济的高速增长，而且给企业带来了高效益。

(四)非公有制经济规模不断扩大

全市不断加大招商引资力度，出台了一系列促进、鼓励、扶持三资企业和私营经济发展的有效措施，有力地促进了非公有制经济的发展。1978年乡及乡以上企业全是公有制，1993年1730家独立核算企业中，国有企业380家，集体企业1250家，二者占94.22%。2008年纯国有企业39家，集体企业20家，仅占规模工业企业948家的6.22%。国有控股企业92家，占规模工业企业的9.7%。2008年规模以上非公有制企业完成工业增加值191.8亿元，同比增长28.9%，高于全市规模工业增幅6.1个百分点。其中，私营企业增势强劲，增幅达到38.45%，继续领跑于其他各经济类型企业。

(五)创新，宜昌磷矿资源合理开发利用实现历史性突破

技术创新：湖北三新磷酸有限公司首创的世界第一套3万吨窑法磷酸装置，2007年11月在宜昌通过专家鉴定。窑法磷酸从根本上解决了中低品位磷矿利用难题，并实现了磷酸加工无废渣、废气、废水排放，这种世界上回收磷的最高利用方法，对磷化工产业发展具有划时代意义。

诞生在宜昌的窑法磷酸工艺，是继热法磷酸和湿法磷酸之后世界上第三种磷酸生产方法，为宜昌全力打造新型磷化工基地写下新的篇章。就在2006年8月24日，湖北宜化集团投资12亿元兴建的年产100万吨磷酸二铵项目正式投产，这个项目解决了宜昌磷矿不能生产磷酸二铵的难题。

创新，破国内外关注的技术难题，展现出宜昌磷化工产业活力。2007年宜昌规模以上磷化工生产企业达到20家，综合实力、技术开发能力、发展能力、核心竞争力均居全国同

行业前列。磷化工产业实现销售收入99.42亿元,实现利税7.94亿元,实现利润5.11亿元,分别比上年增长47.08%、49.78%、27.52%。宜昌磷化工产业逐步走上规模化、一体化、科学发展的轨道。

管理创新:宜昌磷矿资源有储量10.02亿吨,占湖北省40.09%,占全国5.98%。2004年,宜昌开始下大力解决磷矿资源无证开采、乱采滥挖、采富弃贫问题,决心把宜昌建成中国最大的磷复肥生产基地和中国重要的磷化工基地,促进磷矿资源可持续利用和磷化工产业健康发展。

通过整顿和整合,开采总量得到有效控制,开采企业与加工企业互惠共赢。磷矿开采矿点由114个整合到69个。关闭国家规划矿区内28家采矿企业,保护资源5亿多吨。2007年全市开采磷矿763.95万吨,2006年3个磷矿主产县(区)征收磷矿销售税费4.27亿元,比整治前的2004年增长3.27倍。

富有成效的磷矿资源管理为宜昌磷化工产业发展打下坚实基础。宜昌依托宜化、兴发、新洋丰、东圣等骨干企业,重点发展磷精细化工,适度发展高浓度磷复肥,开发利用窑法磷酸新技术,把资源优势转变为产业优势、经济优势。宜化集团利税由0.22亿元增长到约15亿元,兴发集团销售收入达到30.53亿元,磷精细化工园形成了年产3万吨磷酸、2万吨工业级五钠、1万吨食品级磷酸盐的生产能力,精细磷化工产品80%出口欧美地区。

(六)实施"质量兴市"战略,产品质量提升,产品竞争力增强

宜昌坚持推进"科教兴市、质量立市、名牌强市"战略,市政府2005年出台《企业创名牌奖励办法》,每年拿出200多万元,对名牌产品实施奖励,当年实现了中国名牌零的突破,尔后精品名牌不断涌现,目前已有中国名牌4个。2006年78个产品获"省名牌产品"称号;8个企业的10个产品被评为国家免检产品;获得地理标志保护产品4个,获得驰名商标5个,著名商标48个。这些名牌和驰名商标产品提升了产品质量,增强了竞争力,在节约资源、控制环境污染及节能减排上发挥了重要作用。

(七)坚决淘汰落后产能,节能减排显成效

宜昌坚决贯彻落实科学发展观,以前所未有的力度和得力措施推进节能降耗和淘汰落后产能工作,实施"百家企业节能工程",节能降耗取得重要进展。截止2008年底,在2007年关闭14家小水泥生产企业、淘汰落后产能182万吨的基础上又关闭11家"小水泥",共计20条生产线,产能225.4万吨,分别占小水泥企业和产能的89.3%和92.1%。共可节标准煤超20万吨。关闭小煤矿38处,关闭小造纸厂12家。

推进节能降耗技术改造,节能减排任务完成情况良好。2008年规模工业万元增加值能耗下降12.43%,万元GDP能耗下降5.62%。

宜昌从2002年正式确定为大气污染防治重点城市后,对重点大气污染源实施在线监控,淘汰60台燃烧锅炉,采取集中供热和改用清洁能源,推广使用无铅汽油和乙醇汽油,城市公汽、出租车改用天然气,这一系列改变,使宜昌城区空气质量优良率从2004年的64.5%上升到2007年的94.3%。宜昌已成为天蓝水清地洁的宜居城市。

(八)发展方式逐步转变,自主创新能力增强

高新技术企业快速成长,自主创新能力增强。继武汉、成都之后,宜昌成为全国第三个授牌的"国家知识产权工作示范城市"。2008年,国家级高新技术企业达到22家。省级以上企业技术中心29个,其中国家级4个。2008年实现高新技术产业增加值66亿元。循环经济发展加快。宜昌开发区成为国家级循环经济示范区,宜化、兴发成为全国循环经济先进企业。

(九)部分行业在全国、全省占有一席之地

宜昌市工业结构经过多年的努力,特别是近几年坚持高新技术产业化、用高新技术改造传统产业,化工、机械、医药等传统产业得到进一步发展;电子、新型建材焕发了青春;食品、生物工程行业异军突起。

化学工业宜化是全球最大的季戊四醇生产厂家,占有国内40%以上的市场份额;兴发集团综合实力居全国无机盐行业第一位,主导产品生产能力和产量居国内外前列;六偏磷酸钠产量居全世界第一;三聚磷酸钠、黄磷产量居全国第一;次磷酸钠产量居全国第二。

机电行业是宜昌的传统产业,各项经济指标在全省同行业中处于第三位。宜都东阳光、凯普松电子、湖北南辉等企业的落户,使宜昌中高压化成箔生产能力达到3000万平方米,成为全国最大的化成箔生产基地。电力电缆、大型废钢加工处理设备、数控插齿机、船舶、金属打包机、埋刮板输送机械、音频变压器、背景光源、PTC元器件及粉料、半导体器件、电子石英晶体等十几个产品在全国比较具有一定的竞争优势。

生物工程及新医药前景向好。全市规模内医药工业企业14家,综合实力位居全省前三名。宜昌人福药业是国内定点生产麻醉药品的三大基地之一,国内市场占有率达到30%;三峡药业的硫酸新霉素为世界第二、亚洲第一,氨基酸原料药异亮氨酸、缬氨酸产量、规模居全国第一,国内市场占有率超过30%;民康药业的速效伤风胶囊、VC银翘片等产品占据了省内大部分市场,普腹舒、泰瑞特胶丸国内市场占有率分别达到50%和35%;华强科技的药用丁基橡胶瓶塞在国内市场占有率达35%以上;宜都东阳光生化制药公司为国际上大环内脂类抗生素及衍生物最大生产企业。高活

性干酵母生产能力已达2.5万吨,是亚洲最大的酵母生产基地,国内市场占有率达60%以上。特种高活性干酵母系列属国内首创,独家生产。

建材行业具备了一定的规模。华新水泥宜昌公司、湖北三源水泥年产150万吨新型干法水泥工程,三峡新材公司日产600吨浮法玻璃,惠宜年产60万件中高档卫生洁具项目的竣工投产,宜昌浮法玻璃已达到年产1100万重量箱、年产1300万吨新型干法水泥生产能力,在全省占有重要地位。

食品行业是县域经济的支柱,已初步形成了产品有品牌、销售有市场、竞争有实力的区域优势。涉及食品加工、食品制造、饮料制造、烟草加工等四类的近40个小类。夷陵区进入全国食品工业强县44强,枝江酒业股份公司、稻花香集团有限责任公司白酒产销量连续数年居全省领先地位。全市食品工业一批知名品牌正在快速发展壮大,枝江大曲、稻花香、喜旺乳品、五峰银针、采花毛尖、峡州碧峰、宜红茶等品牌在全省乃至全国都有较高的知名度。娃哈哈、汇源、均瑶、蒙牛乳业、湘宜、荣盛、帝元、亚华等一大批引进的知名品牌在宜昌开花结果,成为宜昌食品工业重要的生力军,走出了一条借力发力、强市富民的经验之路。

建国六十年宜昌固定资产投资持续快速增长

建国六十年来宜昌市固定资产投资快速增长,投资总量剧增。在国家一系列改革政策的指引下,特别是在以三峡工程为代表的一大批重点大中型投资项目带动下,固定资产投资规模不断扩大,投资结构得到进一步改善,投资主体不断发展壮大。基础设施建设不断加快,经济实力明显增强,人民物质生活逐步改善。

一、固定资产投资保持快速增长,固定资产投资规模加速扩大

建国六十年来,全市固定资产投资总体保持了快速增长的态势。1949年到2009年,宜昌市累计完成固定资产投资4081.61亿元,年平均增长15.9%,其中2009年宜昌市完成固定资产投资750.27亿元,而1949年仅完成固定资产投资16万元。

观察建国六十年来固定资产投资的发展情况,可以归纳为三个阶段:

第一个阶段是从1949年到1970年,这个周期是宜昌市固定资产投资总量极少的阶段,22年间全市累计完成投资4.05亿元,平均每年投资额不足亿元,在建国六十年来投资额累计完成的份额中极其微小,不足百分之一。

第二个阶段是从1971年到1994年以前,这个周期中宜昌市固定资产投资较第一阶段有了大幅提升,但规模较小,均为百亿元以下,抗干扰能力偏弱,投资增幅呈现大起大落的现象。1970年到1994年全市累计完成固定资产投资502.77亿元,占建国六十年来累计投资的比重为12.41%,平均每年仅完成投资20.95亿元,这期间受到葛洲坝工程一期完工,二期开、竣工,三峡工程开工因素的影响,投资增幅呈现剧烈的波动态势,波峰(1993年与上年比增幅87.95%)与波谷(1989年与上年比增幅-32.32%)最大差距达到了120.3个百分点,其中起落最严重的两年(1988-1989年),增幅差距达到了77.24个百分点。

第三个阶段从1995年开始到2009年十四年间,这个周期中每年固定资产投资超过百亿元大关,宜昌市固定资产投资规模迅速扩大,抗干扰能力增强,投资增幅虽有波动但幅度趋于平缓。1995年到2009年全市累计完成固定资产投资4448.19亿元,年平均增长11.4%。其间经历2002年三峡工程机组投产发电影响,导致2003年投资增幅出现负增长,波幅差距较前十七年平稳。

二、促进了经济结构优化和产业布局的调整,为宜昌工业化进程提供了坚实的物质基础

建国六十年来宜昌市大力通过投资领域或投资行业的选择及其关联效应,调整产业结构,三大产业均得到了极大的发展和提高,改变了宜昌市产业之间的关系及其相应水平。

(一)农业投资稳步回升,为宜昌产业结构的高级化创造了有利条件

1949年到2009年间,第一产业投资完成累积投资额164.39亿元,其中1949年第一产业完成投资额1万元,2009年投资额31.52亿元,年均增长速度达到15.2%,平均增长速度在三大产业平均增长速度中居第二位。第一产业投资占宜昌全部完成投资额的比重在1989年跌落谷底后逐渐回升,最终增幅稳定在3%左右。第一产业投资快速发展,改善了宜昌市农业基础设施,为农业的稳定发展奠定了良好的基础。对宜昌形成合理的产业结构产生了积极作用,并为宜昌产业结构的高级化创造一定的条件。

(二)提升了第二产业的经济规模,促进了制造业内部结构优化

第二产业是工业化进程中最具活力的产业,建国六十年来宜昌市的第二产业保持了旺盛的投资需求,投资规模、投资强度始终保持着一个极高的水平,并形成了以水电、化工业为龙头的工业体系。1949年到2009年间,宜昌市第二产业累计完成固定资产投资3110.6亿元,占建国六十年来全

部累计完成投资的比重为67%，其中1949年完成投资额7万元，2009年宜昌市第二产业完成投资421.8亿元，年均增长速度达到14.18%，尤以1992年三峡工程开工后第二产业投资规模开始出现陡增。

从第二产业行业结构看，1949年到2009年间，宜昌市第二产业的投资高峰主要出现在1978年到2009年之间。主要受葛洲坝水利枢纽工程和三峡工程影响，宜昌市第二产业投资里的电力、煤气及水生产和供应业始终在投资行业分类中占据着极大的份额，累计完成投资1944.52亿元，其占全部投资累计完成比重的44.22%，占第二产业累计完成投资的比重为66.65%。制造业投资紧随其后，累计完成投资1000.43亿元，其占全部投资累计完成比重的18.9%，占第二产业累计完成投资的比重为28.04%。制造业中的化学工业制造业在三十余年的投资过程中，巩固了在宜昌制造业中的行业规模领先优势，其改革开放三十年间，累计完成投资250亿元，占全市制造业累计完成投资的32.32%。

（三）在全力推进工业化的过程中第三产业投资急速扩张，基础设施加趋完善

建国六十年来，宜昌市第三产业加速发展，累计完成固定资产投资1526.66亿元，建国六十年来全部累计完成投资的比重为30.35%。其中1949年仅完成投资额8万元，2009年完成固定资产投资296.95亿元。年平均增长22.28%，平均增长速度居三大产业之首。其中宜昌市的秭归县和兴山县城镇基础设施建设，因为移民建镇的到了巨大的提高和飞跃。

第三产业中房地产业、交通设施、公共服务等关系到老百姓“衣食住行”基本生计的领域投资进一步加大，极大地改善了城乡居民的生活环境。其中房地产业投资规模不断扩大，2009年完成投资达57.9亿元，是1990年的83倍，年平均增长达15.8 %。房地产开发累计完成投资31.56亿元，占第三产业累计完成投资比重为23.1%，成为第三产业固定资产投资的重要组成部分之一。

三、投资主体多元化趋势更加明显，经济发展的活力明显增强

随着社会主义市场经济体制的经济体制改革的不断深化和逐步完善，投资主体呈多元化趋势。

建国六十年来市县属投资一直呈加速发展，打破了中央属投资一枝独秀的局面。特彼时改革开放三十年来，宜昌市中央属项目投资因葛洲坝工程和三项工程影响，快速增长的同时，省属以及市县属项目投资也实现了加速发展，其中近年来市县属投资的规模开始逐步超越中央属项目投资规模。1978年到2009年间，宜昌市中央属项目累计完成投资1911.9亿元，占全部累计完成投资的比重为47%；省属项目累计完成投资138.83亿元，占全部累计完成投资的比重为4%；市县属项目累计完成投资2730.07亿元，占全部累计完成投资的比重为49%。

非公有制经济投资快速发展，国有经济投资一统天下的局面被打破。特别是改革开放三十余年间，全市进一步加大非公有经济投资力度，敞开了非公有制经济进入的领域，鼓励非公有制经济采用各种投资方式参与宜昌经济建设。非国有经济投资增长迅速，1979年宜昌市非国有经济类型完成投资为零，到2009年宜昌市非公有经济项目完成投资402.73亿元，占全部经济类型项目投资的比重为55%。改革开放三十年间，全市非国有经济累计完成投资1605.85亿元，占全部累计完成投资的比重为29.71%。

自筹和其他投资资金贡献度稳居高位

投资主体多元化更表现在资金来源的结构方面，特别是1995年以来宜昌市资金来源结构方面的变动更具代表性。从资金来源情况可以看出，在外部环境趋好的情况下，资金来源规模不断扩大，同时投资资金结构发生了重要改变：

1、国家预算内资金增速和比重受三峡工程因素制约，比重基本维持在28%附近变动。

2、国内贷款受利益驱动扩张较快，但同时受到政策因素制约，表现为在资金来源中的比重变动较剧烈，1995年其占当年全部资金来源的比重达到38.35%，为当年各资金来源分类占全部资金来源比重之首。2006年仅占当年全部资金来源比重的8.67%，其占资金来源中的比重，在总体趋势上是呈下降态势，尤以2003年到2009年表现最为明显。

3、自筹和其他资金强劲增长，1995年自筹资金占当年全部资金来源比重为21.33%，比重落后于当年国家预算内资金和国内贷款占当年全部资金来源比重。到2004年开始到2009年自筹资金占当年全部资金来源的比重均为当年第一。其他资金来源1995年占当年全部资金来源比重为3.53%，到2009年达到11.95%。

建国六十年宜昌房地产业成就辉煌

新中国成立以来，在党中央、国务院的系列方针政策引导下，特别是经过中国的改革开放及住房改革的发展，宜昌房地产业大步推进，不断科学发展，一步步向前迈进，走向辉煌。同时，在房地产开发投资高速增长态势下，城市基础设施建设得到快速发展，城市面貌焕然一新，居民居住环境大大改善，生活质量大大提高，构建了人与居住的社会和谐发

展。在社会经济发展过程中,房地产业逐渐成为宜昌国民经济社会发展的支柱产业之一,取得了辉煌成就。

一、房地产业快速发展,经济实力及地位增强

随着国家经济建设的发展,宜昌房地产业从90年代正式步入发展轨迹,特别是改革开放以来,房地产业得到飞速发展,投资不仅实现了跨越式高增长,而且在国民经济中的地位显著增强。

投资环境不断改善,企业得到发展。从80年代中期宜昌第一家房地产企业诞生开始,房地产企业随着改革开放的步伐,国民经济的发展,房地产行业的发展壮大,以及居民生活水平的提高,也不断发展走向成熟。2009年宜昌房地产企业达两百六十多家,其中合资、独资企业近二十家,而且中国葛洲坝集团房地产开发有限公司已具有房地产开发的一级资质。

融资渠道多元化,到位资金十分充裕。随着宜昌房地产业的发展,宜昌房地产开发投资的资金来源业发生了巨大变化,由主要依赖国家资金,逐渐转向融资渠道社会多元化,吸纳了更多的社会资金参与房地产业的建设,充裕的资金也为宜昌房地产开发建设健康快速发展奠定了坚实基础。2009年宜昌房地产开发共筹集资金达106.13亿元,其中:本年到位资金98.18元,所筹集的资金远远高于房地产开发投资额。在本年到位资金中:国内贷款资金占总资金的22.5%,比第一轮开发高峰1995年比重32.0 %降低了9.5个百分点;企业自筹资金占总资金的44.2%,比第一轮开发高峰1995年比重34.0%提高了10.2个百分点;其他来源资金占总资金的33.3%,比第一轮开发高峰1995年比重27.1%提高了6.2个百分点。

开发投资高速增长,投资水平屡创新高。宜昌1990年正式实施房地产开发统计制度以来,房地产业呈健康发展态势。1988年国务院下发《关于在全国城镇分期分批推行住房制度改革的实施方案》以后,房地产业发展有了更明确的目标,在国家实施改革开放及房改等一系列政策措施实施下,加速了宜昌房地产业的发展。宜昌房地产开发投资额从1990年的0.69亿元,上升到1995年的12.52亿元,1995年的投资是1990年至2002年的最高值。1996年后房地产业进入了下降调整阶段,1996－2002年房地产开发投资均在较低位水平波动。2003年宜昌市区住房货币分配实施办法实施以后,房地产开发再次启动,“世纪欧洲城”、“南北天城”、“畔山林语”、“名都花园”等一批大型楼盘相继大力投资建设,当年开发投资达12.80亿元再次创下历史新高。从此宜昌房地产业进入了高水平发展阶段,开发投资额年年创新高,2009年房地产开发投资高达79.33亿元,比房地产开发初期阶段1990年投资增长了114倍。

房地产业日益发展,经济实力及地位增强。房地产业是经济发展的基础性产业,随着国家经济建设发展和改革开放的不断深入,市场经济大力推进,宜昌综合实力大幅度提升,经济保持了快速增长,房地产业也日益发展壮大,在经济实力增强,从而有效地促进了宜昌地方经济发展,经济社会中的地位也不断提高。2009年宜昌国内生产总值(GDP)为1245.61亿元,GDP增长率15.1%,固定资产投资对GDP增长拉动15.63个百分点,比1990年提高12.83个百分点。2009年宜昌全社会固定资产投资750.27亿元,其中:房地产开发投资79.33亿元占固定资产投资总额的10.6%,比1990年的比重提高6.8个百分点。建国60年的发展不仅使房地产业得到了大发展,同时也增加了地方财政收入,尤其是近些年显得更为突出。从近年宜昌房地产业的交易税收情况来看,随着房产交易的活跃,房产交易税收收入快速增长,地方财政收入增加,经济地位提升。2009年宜昌房地产业上缴地方税收收入5.89亿元,占地方财政总收入的16.63%,比2000年所占比重提高了十多个百分点。

二、建设规模迅速扩张,结构协调发展。

建国以来,宜昌房地产业随着国家经济建设及房改政策的进一步深化和房地产市场多元化的发展,房地产开发建设规模迅速扩张,建设结构也日益多元化,房地产业呈理性开发、健康协调发展态势。

建设规模迅速扩大化,新建楼盘层出不穷。建国以来,特别是历经20年的住房改革,宜昌商品房建设发生了巨大变化,投资力度大,建设规模迅速扩张,商品房建设突飞猛进,“世纪花园”、“东山花园”、“世纪欧洲城”、“畔山林语”、“香居丽景”、“长江画廊”、“都市田园”、“中心商务区”等楼盘建设如雨后春笋层出不穷,城市面貌焕然一新。1990年来全市商品房总施工面积达4789.05万平方米,竣工面积达1489.75万平方米。其中:2009年全市房地产开发在建销售楼盘多达152个,建设规模在10万平方米以上楼盘16个,5万平方米以上楼盘49个,全市商品房开发建设总施工面积785.93万平方米,比1990年建设施工面积48.9万平方米增长了15倍。2009年商品房竣工面积144.36万平方米,比1990年22.5万平方米增长了5倍。

建设结构多元化,各类商品房建设协调发展。商品房开发建设结构合理是房地产业健康、持续发展的重要条件,也是市场多元化所需,民心所向。随着宜昌城市的社会经济发展,商品房住宅、商业营业用房、办公楼等各类房屋需求增加,从而促使了宜昌商品房建设呈多元化发展态势。1990年来,宜昌商品房总投资364.47亿元,总施工面积4789.05万平方米。其中:2009年商品房建设投资创历史之最,开发投资79.33亿元,施工面积785.93万平方米,从投资建设结构看,住宅投资51.78亿元占商品房投资的65.3%,住宅建设施工面积568.53万平方米占总施工面积的72.3%,两项指标的比重均低于1990年的水平;2009年商业用房施工面积177.9万平方米、办公楼施工面积6.1万平方米,它们的建设规模均远远高于1990年水平。各类商品房建设在社会经济发展中及房地产业发展中不断调整,建设结构更加多元化、市场化、合理化。

经济适用房建设波澜起伏，再次推进。经济适用房是在房改过程中为适应新的经济社会形势、由政府推出的新型房产种类的住房，主要是解决中低收入家庭住房困难问题，具有社会保障性质的商品房。宜昌自从1994年启动经济适用房计划后，一路走来起伏不定，近几年根据国家宏观调控再次加大了经济适用房建设，多年来，宜昌共投资经济适用房20.55亿元，施工总面积471.19万平方米。从发展阶段看，1995年宜昌经济适用房建设施工面积27.2万平方米，以后建设规模逐年扩大建设情况良好，2000年迎来了经济适用房高速发展期，建设施工面积达到了最高峰54.7万平方米。随后逐年减少2003年减少至20万平方米以下。2006年宜昌房地产市场在开发结构多元化大力开发住宅建设的同时，认真贯彻落实党的方针政策，再次大力推进了经济适用住房和廉租保障房建设，为构建和谐社会，实现住有所居，全面实现小康社会迈出了坚实一步。2006－2007年宜昌经济适用房投资分别为1.83亿元、1.76亿元；建设施工面积分别为26.59万平方米、29.36万平方米。

城市建设步伐加快，旧城改造突飞猛进。建国以来，宜昌城市建设发生了翻天覆地变化，特别是改革开放为发展宜昌世界水电旅游名城，以及省域副中心城市地位起到了积极作用，也为宜昌城市发展及房地产开发掀起了一次次建设高潮，尤其是市区城市建设，步伐加快，大面积的拆迁旧城改造工作一步步推进。特别是2002年以来，旧城改造成效尤为显著，棚户区港务新村改造建设了“南北天城”小区，民主路旧城区改建成了“世纪欧洲城”小区，解放路旧城区改造动迁建设的“宜昌商业步行街”也正在加紧，沿江改造工程大型楼盘“长江画廊”建设已颇见规模，旧的商业城已陆续拆迁建成了大型“中心商务区”。湖北震寰实业的旧址现拆迁改造为“柏林馨苑”小区，“金凤朝阳”楼盘也是由原宜昌县酒厂厂区及居民住地改造而建。1995年来城区旧城总拆迁面积达213.58万平方米，2004年及2007年为高峰期，2007年达到最高房屋拆迁面积达45.6万平方米比1995年增长2.6倍。旧城改造突飞猛进，城市框架不断拓宽扩大，建设步伐加快，低矮狭小陈旧的老屋小街，现已变成了高楼大厦、花园别墅，宽广大道，城市面貌焕然一新。

三、市场需求旺盛，商品房销售快速增长

改革开放的深入不仅促进了宜昌房地产开发投资高速增长，同时，逐步实现了商品房完全市场化，销售快速增长，房价大幅攀升。

市场需求增加销售量剧增，生活水平不断提高。随着国家社会经济发展及改革开放的深入，宜昌经济实力增强，居民收入增加，住房消费质量日益提高，购房支出增加。同时，也促使了房地产开发建设规模迅速扩张，商品房销售高速增长。从宜昌房地产开发的主要地市区90年代以来居民生活水平可比指标来看，居民收入成倍增加，生活水平大幅度提高，2009年居民人均可支配收入14058元，比1990年增长8.35倍，2009年居民人均住房面积28.03平方米，比1990年增长1.74倍。高增长的居民收入及住房需求带来了商品房销售量剧增，2009年全市商品房销售面积204.08万平方米，比1990年增长11倍。同时，随着政策、市场的变化及居民消费观念的转变，商品房的消费结构及形式也发生了巨大变化，购房消费由少部分个人购房消费，逐步实现了购房消费完全商品化；消费形式也实现了现在的以期房消费为主的新格局，居民人均居住面积也大大增加、居住环境大大改善、生活质量大大提高。

商品房档次提升，房价不断攀升。如今与商品房建设初期相比，规模越来越大，楼盘档次越来越高，建设成本不断提高，商品房销售价格不断上涨。随着房地产市场需求变化，宜昌房地产开发逐渐走向了规模化、生态化建设的主流，“世纪花园”、“东山花园”、“山水芙蓉”“南北天城”、“畔山林语”、“长江画廊”、“商业步行街”、“黄金居”等规模大、环境好、生活便利的高档次楼盘不断涌现，加上开发建设中的土地出让价格、拆迁成本、建筑材料、人工费用等建设中的成本不断提高，以及诸多因素的影响，房价随之不断攀升。2009年宜昌商品房销售平均价格为3164元/平方米，比1990年均价407元/平方米增长了6.8倍。

从宜昌房地产业走过的历程来看，祖国的建设发展，特别是改革开放的推进，使宜昌房地产业已获得了长足发展，由此带动了地方社会发展及国民经济增长。今后房地产业将会继续发挥它的积极作用，成为国民经济发展的重要支柱产业之一，促进国民经济增长。构建和谐社会，实现“居住有房”的国策也是今后宜昌房地产业发展的根本，在宏观经济不断增长的大趋势下，宜昌房地产业将会继续保持持续、健康发展态势，同时，为地方经济、社会发展作出更大贡献。

建国六十年宜昌国内外贸易摆脱束缚发展壮大

建国60年来，国内商品市场经历了一个逐步发展壮大的历史过程，在国民经济持续、稳定、快速发展的大环境下，商品市场始终保持着繁荣活跃、稳定增长的良好运行态势。

解放初期，经过社会主义改造和经济恢复，宜昌形成了以国营商业为主体有计划的社会主义统一市场，商业贸易兴旺起来。1950年宜昌市零售商业、饮食业和服务业网点已恢复发展到6385个，从业人员超过1万人；社会商品零售总额1727万元。从1950年到1965年，由于新中国刚诞生，生产力虽然较低，贸易不发达，消费水平低下，但是随着人口的快速增长，商品消费逐步提高，社会商品零售总额年均增长17.3%。从1966年到1977年，十年“文化大革命”的非常时期，对商业和市场的发展起到一定的阻碍作用，尤其是个体商业的发展，基本上处于被遏制状态，社会商品零售总额增长速度减慢，年均增长8.4%，年均增幅下降了8.9个百分点。

改革开放以来市场快速发展时期，党的十一届三中全会的胜利召开，为我国经济与社会发展树立了一个新的里程碑。改革开放方针的确立给经济与市场的发展开辟了前所未有的广阔空间。宜昌市国内外贸易发展速度空前加快，计划经济体制下的流通格局逐步形成，新的适应社会主义市场经济发展需要的流通格局在不断建设之中，一批新型业态快速发展，商品市场供应充裕，消费规模不断扩大，城乡市场呈现持续、稳定、快速增长的态势。宜昌市对外开放程度不断提高，对外贸易持续快速增长，为全市经济发展做出了重要贡献。

一、商品供应日益丰富，供求结构趋于合理

随着经济的快速发展，供应市场的商品品种、数量增多，质量档次明显提高。市场上吃穿用各类商品琳琅满目，极大地满足了居民多层次、多样化的消费需求。以市场需求为导向组织生产经营取得了丰硕成果，市场有效供给不断增加，买方市场占主导地位的市场格局已得到确立，消费者的购物自由度和选择空间达到了前所未有的高度。从80年代的彩电、冰箱、洗衣机发展到90年代后的以手机、计算机为代表的IT商品，再到2000年后方便出行的家用轿车，用于改善人们居住条件和生活质量的住房装饰商品、家用电器等商品大量增加，市场商品丰富多彩，供求结构趋于合理。

二、市场规模不断扩大，城乡市场开拓成效显著

随着居民收入大幅提高，消费品市场总体保持了平稳较快的增长势头。社会消费品零售总额由1978年的5.6亿元增加到2009年的470.4亿元，年均增长15.4%，80年代，由于经济体制改革首先从农村展开，随着农业生产的增长，农民收入的增加，农村市场快速发展起来，到2009年农村社会消费品零售总额达到191.6亿元，比1978年的4.3亿元，年均增长13.0%。1990年以后，经济体制改革的重点由农村转移到城市，城市化进程加快，城市市场增速开始加快，在规模上迅速扩大并超过农村市场。城市消费品市场零售额由1978年的1.3亿元增加到278.8亿元，年均增长18.9%。城市市场对消费品零售额增长的贡献率由1978年的16.7%提高到2009年的61.5%，拉动消费品零售额增长由1978年的1.8个百分点提高到2009年的11.9个百分点。城市消费量占主导地位，但是农村消费也逐步扩大，城乡市场呈现出同步增长，共同繁荣的可喜局面。

三、消费结构加快升级，消费热点频现

从80年代初期的电风扇、黑白电视机、录音机，到80年代末彩色电视机、电冰箱、洗衣机、电炊具，到90年代的空调器、录像机、淋浴热水器、排油烟机、吸尘器等，一些大型耐用消费品快速进入城市居民家庭。2000年至今，以体现提升生活质量的汽车、住宅、通讯等为主的消费热点基本形成，消费结构发生了很大改变，消费结构升级明显加快。拉动社会消费品零售总额快速增长的商品，也就是居民消费中扩张最快的一些新兴领域主要集中在：以移动通讯和信息为代表的通讯信息消费；以私人汽车为代表的交通消费；与住房相关的商品消费；以教育、旅游为代表的精神文化消费。

四、流通各行业齐头并进，大中型企业领跑市场

从行业结构看，批发和零售业零售额由1978年的5亿元增加到2009年的391.7亿元，年均增长15.1%；住宿和餐饮业零售额由0.2亿元增加到71.6亿元，年均增长20.9%。从增量上看，批发和零售业零售额与零售总额同步增长，2009年对社会消费品零售总额增长的贡献率达到83.3%，拉动零售总额增长20.9个百分点，成为市场商品销售的主体。大中型企业商品销售增长仍居领先地位。在近十年的市场竞争中，涌现出一批规模大、市场竞争能力强的骨干企业，它们充分发挥规模大、环境优、信誉好的优势，成为城乡居民特别是城镇居民的首选消费场所，在竞争中领跑消费品市场。2009年限额以上批发零售企业实现商品销售额146.1亿元，占批发零售业商品销售总额的比重达到25.6%，在市场中仍居于领先地位。餐饮消费的市场份额不断扩大，保持持续快速增长的格局，呈现淡季不淡、旺季更旺的销售局面，成为消费品市场的一大亮点。

五、流通体制改革不断深化，新兴业态蓬勃发展

党的十一届三中全会以来，流通领域以开拓市场、扩大消费为主线，深化了商品流通体制全面改革，加快了市场建设步伐。

一是商业经营形式发生巨大变革，多种业态共同发展。专卖店、专业店、超级市场、便利店、百货店、折扣店等各种业态遍地开花，显示了强大的生命力，均保持稳定发展的态势。其中专卖店和专业店显示出较强的增长势头，大卖场已成为国内零售市场的主力业态。作为现代流通手段之一的连锁经营成为商业企业采用的主要经营组织方式，连锁商业从少到多、从小到大，逐步发展壮大起来。2009年超级市场零售额8.3亿元，占社会消费品零售总额的比重由2000年的0.6%提高到1.8%。

二是农村现代流通网络得到不断完善。为了改变广大农村长期以来购物难的问题，在2005年开始了以发展农村现代流通网络为主要内容的“万村千乡市场工程”的试点工作，截止到2009年全市共建农家店1294家，其中日用品农家店788家、农资农家店506家，占农家店建设总数的97.3%。目前在全市已有94个乡镇的1006个村建有农家店，乡镇和村的覆盖率分别达到87.9%和71.3%。新增营业面积6091平方米。通过这一系列措施，农村现代流通网络不断得到完善，并进入全面加速发展阶段。

三是市场建设加快，规模不断扩大。经过多年的培育和发展，商品交易市场已成为日用消费品和生产资料的重要集散地，在活跃商品流通、方便居民生活、扩大城乡就业、推动国民经济发展等方面发挥了积极的作用。全市亿元以上商品交易市场成交额由2001年35.9亿元增加到2009年81.7亿元，年均增长9.6%。

六、开放程度不断提高，对外贸易快速发展

改革开放以来，宜昌市加大招商引资力度，外向型企业蓬勃发展，形成了以一般贸易为主加工贸易为辅的贸易格局。据海关统计，外贸出口由1998年的0.3亿美元增加到2009年的7.8亿美元，年均增长34.5%。

出口商品结构进一步优化，机电产品和高新技术产品成为主要的贸易增长点。90年代期间宜昌外贸出口商品主要是纺织品和磷化工产品，属劳动密集型产品，出口廉价，附加值低。为了优化出口商品结构，2002年以来全市实施科技兴贸和品牌战略，加大自主研发力度，轻工、纺织等传统产业的比较优势得以保持，五矿类、化工类、医药类、船舶类、机械类、家电类等新兴产业的竞争力不断上升，产品综合竞争力明显提高，出口商品的主体由劳动密集型的轻纺产品逐步转向机电产品和高新技术产品。2009年机电产品和高新技术产品分别出口11759.6万美元和5936.1万美元，占出口总额的15.1%和7.7%。重点出口商品主要有活性酵母、三聚磷酸钠、化肥、季戊四醇、棉纱、棉布、服装、发动机零配件、船舶等。

市场多元化战略见成效，对新兴市场的开拓取得较大进展。当前宜昌已跟亚洲、北美洲、大洋洲、拉丁美洲、欧洲、非洲主要30个国家和地区具有贸易往来。随着贸易市场多元化战略的实施，宜昌不仅与美国、欧盟、日本等传统贸易伙伴的贸易额稳步增长，与印度、东盟等周边国家(地区)对外贸易也蓬勃发展。2009年，美国、印度、秘鲁、德国、韩国、巴基斯坦、日本为宜昌前10位贸易国，对香港地区的出口位居第一。

外向型企业蓬勃发展，外资企业添后劲。在90年代有自主出口经营权的企业很少，出口规模小，出口商品单一。随着开放程度不断提高，对外贸易快速发展，2005年外贸经营权全面放开，给对外贸易发展增添了生机与活力。外贸主体进一步向多样化发展，外商投资企业稳定增长，集体、私营和个体等非国有内资企业迅速崛起。有出口业绩的企业从1998年的20多家增加到2009年的134家。其中，国有企业20家，外资企业36家，民营企业78家。以化工产品为主的宜化集团、兴发集团出口双双过亿美元，成为全市出口的第一和第二大户。达门船舶、凯普松电子、东阳光化成箔、安琪酵母、宜昌船舶柴油机厂等企业出口过2000万美元。

建国六十年宜昌农民生活质量翻天覆地

建国六十年来，宜昌各级党委、政府带领干部群众艰苦创业，开拓进取，不断解放和发展生产力，特别是在十一届三中全会以后，坚持以改革总揽全局，统筹城乡发展，加大对“三农”的扶持力度，为农村经济和社会发展注入了新的活力，全市农村经济进入了一个全新的发展期，农民收入保持持续快速增长，生活水平不断提高，生活质量发生了翻天覆地的变化。

一、建国六十年宜昌农民收入增长迅速

建国六十年来，宜昌农民经历了从土地革命到农业合作化，从人民公社到农村家庭联产承包责任制，农民收入经历了一个较长的发展期。2009年全市农民人均纯收入达到5186元，比建国初增加了5141元，增长了114倍，年均增加85元。

农民收入整体水平迅速增长的同时，收入结构发生明显变化：

1. 工资性收入成为农民收入增加的亮点

建国初，由于农村经济基础薄弱和计划经济的桎梏，农民收入来源较单一，工资性收入水平相对低下。党的十一届三中全会以后，随着经济体制改革的纵深发展和社会主义市场经济体制的建立与完善，农民摆脱了“日出而作，日落而息”的传统生产方式，逐渐参与到国民经济各个领域的生产活动中来，极大地解放了生产力，到2009年全市农村外出务工人员已经达到60万人，农民工资性收入不断增加。2009年，全市农民人均工资性收入达到1737.61元，六十年来年均增加29元，2009年已占农民纯收入的比重达33.51%，对农民纯收入增量的贡献率高达40.60%，已是六十年来农民各项收入增长的领头雁。

2. 生产力的大解放是建国六十年农民家庭经营性收入稳步增加的主要源泉

建国六十年来，全市农村虽然经历了农业合作化、人民公社的历史变迁，但党的十一届三中全会后农村大刀阔斧地推行家庭联产承包责任制，从而激发了农业和农村经济内部活力,极大地调动了农民的生产积极性,农业由过去形式单一的传统农业向农、林、牧、渔全面发展。极具宜昌地方特色的水果、畜牧、水产、茶叶、蔬菜、中药材等六大特色产业生产在产业结构调整的推动下得到了持续快速的增长,2009年六大特色现价产值已占全市农林牧渔业总产值的69%。2009年全市农民人均家庭经营性收入4568.34元,比上年增加502.15元,增长3.81%;占农民总收入的67.89%。其中,2009年农民人均农林牧渔业收入达到4210.81元,是建国初农民全年收入的111倍,占农民家庭经营收入的92.18%。

3.农民财产性收入的出现标志着农民收入来源的多元化和家庭财富的积累已经产生质的飞跃

建国初期,农民的收入分配形式比较单一,股息、利息、土地转让补偿、租金等收益几乎为零,经过几十年的发展,农民收入渠道不断拓展,农民的财产性收入走过了从无到有的发展道路,财产性收入已成为农民家庭财富积累的一个重要标志。2009年,全市农民人均财产性收入61.22元,已占全市农民人均纯收入的1.18%。

4.国家政策性补贴为农民转移性收入增长提供了强力支撑

建国初期,工农业产品价格的"剪刀差"和城乡二元结构不利于农民转移性收入的增长,但伴随着十一届三中全会以后,经济体制改革的不断深入,这种不利格局正在不断被改善,国家不仅全面取消了"三提五统"等收费,还加大了对农民的各项政策性补贴,如粮食直接补贴、良种补贴、农机补贴等,农民生产积极性得到极大调动的同时,农民转移性收入也不断增加。2009年,宜昌农民人均转移性收入362.68元,比上年增加72.37元,增长24.93%,已占农民家庭总收入的7.94%;其中农民人均政策性补贴91.69元,占农民人均转移性收入的25.29%。

二、建国六十年宜昌农民生活水平经历了四个历史性阶段

建国六十年来,在全市农村经济迅速的发展过程中,农民得到了越来越多的实惠,农民生活发生了翻天覆地的变化。生活整体水平实现了四个历史性阶段:一是上世纪五十年代初的"贫困型消费向温饱节省型消费"(恩格尔系数在80%左右);二是上世纪七十年到八十年代温饱型消费(恩格尔系数在60-70%);三是上世纪九十年代的"温饱型消费向小康型消费"跨越(恩格尔系数下降到50-60%);四是新世纪以来的"小康型消费正向全面小康型消费"跨越(恩格尔系数进一步下降到50%以下)。农民生活在经历四个阶段的同时,呈现以下几个特点:

1.农民人均生活消费水平增长较快。2009年全市农民人均生活消费支出为4061.68元,比建国初增加了4028.86元,增长了122倍,年均增加67.15元。

2."民以食为天"让农民食品消费支在生活消费中位居前列。2009年全市农民人均食品消费支出为1773.59元,与建国初期相比增加了1749.6元,增长73倍,年均增加29元。

3."安居乐业"让农民居住和家庭设备、用品消费紧随其后。2009年全市农民人均居住和家庭设备、用品消费支出为711.2元,与建国初期相比增加了706.01元,增长136倍,年均增加11.76元。

4.信息化的迅速普及让农民家庭交通通讯消费支出呈现后来居上的趋势。2009年全市农民人均交通通讯消费支出为378.18元,建国初期这一支出几乎为零。

5.九年义务教育的全面普及农民文化素质的整体提高是农村农民文化教育及服务支出逐年提高的有力证据。2009年全市农民人均文化教育及服务消费支出为309.59元;农民中享受各类高等教育的人口比重逐年增加,职业技术学校也为农民进入城市打工、就业补充了后劲。

三、建国六十年宜昌农民生活质量显著提高

随着农民收入的不断增长,生活水平明显提高,农民生活消费结构不断优化,生活质量显著提高。农民生活消费结构已由小康水平向全面小康型生活水平转变,吃讲营养、穿讲时尚、住讲舒适、行讲便捷、闲暇时间追求健康丰富的文化生活已逐渐成为社会消费的主流。

建国六十年来,宜昌农民生活质量改善特点明显:

1. 全市农民整体消费能力明显增强

建国初,由于生产力水平低下,农民的消费水平仍然不高。经过几年经济恢复,随着农民收入的增加和市场物价日趋平稳,农民的实际消费水平迅速提高。

2009年全市农村社会消费品零售额达到191.58亿元,比建国初期增加189.58亿元,增长了95倍,年均增加3.16亿元。

2. 农民消费结构升级加快,消费领域进一步拓宽和延伸

——恩格尔系数下降,食品消费更趋合理。2009年全市农民人均食品消费支出1773.59元,占农民生活消费支出的43.67%,与建国初期相比恩格尔系数下降了近37.73个百分点,农民在吃饱的同时更加注重营养。在食品消费结构中,副食的消费比重达到70%以上,与建国初期相比提高了近60个百分点。农民人均消费肉类食品35.77公斤,其中,猪肉31.70公斤,人均蛋白质摄入量已达到了小康水平,已表现出全面小康社会初期阶段的特征。

——衣着消费发生结构性变化,服装成衣制品已成为城乡居民消费的主流。建国初期的农民衣着消费一般是穿手工制作的布鞋、手工缝制的衣服为主。新一代年轻农民衣着消费观念已发生根本转变:由穿暖逐渐向时尚成衣消费转

变。2009 年全市农民人均衣着消费达到 228.91 元，是建国初期农民收入的总和的 5.64 倍，其中，2009 年全市农民服装成衣消费已占农民衣着消费的比重达到 71.94%。一些国际知名品牌也进入到全市农村千家万户，部分率先富裕起来的农民服装消费水平正与国际消费时尚接轨。

——住房消费方兴未艾，农民居住质量不断提高。建国初期的农村，90% 以上的农民住的是土坯房，楼房在农村是不可想象的。改革开放以后，农民在解决温饱的同时，开始逐步改善居住条件。富起来的农村住房呈现两个特点：一是土坯房大量消失，砖瓦房、钢筋混凝土的楼房如雨后春笋般的涌现，外墙贴上瓷砖，内部进行简单装修，房子的质量有了显著提高。二是农民居住的地点逐步向小城镇集中，一些通过到沿海打工、经商、办企业富裕起来的农民，搬迁到县城居住的比比皆是。

2009 年在农村 99.56% 的住户拥有自己的住宅。其中，拥有 1 处住宅的 75.96 万户，占 96.8%。2009 年全市农民人均居住面积达 44.63 平方米，其中，钢筋混凝土和砖木面积的比重达到 68.37%。

——交通便捷和通讯工具的普及让农民交通和文教娱乐消费增长速度加快。在农村，三星、诺基亚、摩托罗拉等高档手机已成为农民的主要通讯工具；“水路空”运输工具的便捷为农民出行提供了较大的选择空间。

2009 年全市农民人均交通通讯和文教娱乐消费 687.76 元，比改革开放前增加了 676.97 元，增长了 63 倍。今后几年农村农民交通通讯和文教娱乐消费依然是农村农民的消费热点。

——农民更加注重身体健康，这反映出全市人民生活质量在向更高阶段迈进。随着社会医疗保障体系的逐渐完善，农村基本公共服务水平得到进一步提高，农民参加新型合作医疗的人数不断增加，农民的常见病基本上能够得到及时医治，农民参与各类社会医疗保险的人数也在不断增加。2009 年全市农民人均医疗保健支出 254.8 元，比 1978 年前增加了 249.57 元，增长 49.65 倍。其中，2009 年农民医疗费人均支出达到184.57元，占医疗保健支出的 72.44%。医疗保障问题始终是农民生活中的热门话题。

3. 农村家庭高档耐用品普及率不断提高

国民经济实力不断增强，人民收入逐步提高，农民耐用品消费层次不断提升。2009 年全市农民每百户购置耐用消费品彩色电视机、洗衣机、电冰箱、摩托车分别是 97 台、49 台、36 台、67 辆，就连在城市居民家庭才有的生活用汽车已悄然落户农家。

4. 农村家庭信息化程度正逐渐向更高层次发展

2009 年全市农民每百户拥有移动电话 119 部、家用电脑 5 台、彩色电视机 97 台，农户每百户家庭中就有 2 台电脑接入互联网。

5. 人民民主意识进一步增强

扩大基层民主是社会主义民主建设的基础性工作。2008 年全市 1389 个村委会实行了民主选举，并在村级管理上实行了财务公开。目前，有些乡镇正在积极推行成立由农民组成的村级民主理财小组，通过村民的民主推荐，让农民直接参与到村级经济的民主决策和管理中来。这些措施为紧密联系干群关系，为建设和谐文明的社会主义新农村起到了积极的促进作用。

6. 社会安全更加有保障

农民对社会公共安全的感受日益好转，对于目前的社会治安环境感觉满意，全市农村发生刑事案件次数正在呈逐年下降的趋势，良好的社会治安环境为农民增收保驾，为农村经济的发展护航。

回首建国六十年，是全市农民收入增长最快，生活水平快速提高、生活质量发生翻天覆地的时期。在新的世纪里，全市各级党委政府正积极落实党中央十七大的各项方针政策，以科学的发展观为指导，积极调整产业结构，全力推动全市经济有好又快的健康发展，全市农民收入必将持续增长，生活水平再上新的台阶。

统 计 资 料

TONG JI ZI LIAO

一 综合

GENERAL SURVEY

1—1 自然状况及资源

（2009年）

项　　目	单　位	2009	项　　目	单　位	2009
一、国土面积	平方公里	21084	森林覆盖率	%	55.3
山区	平方公里	14215	3. 水利资源		
丘陵	平方公里	4788	水资源总量	亿立方米	105.91
平原	平方公里	2081	年平均降水量	毫米	1125.7
二、资源			水能资源总量	万千瓦	175
1. 土地资源			#可开发量	万千瓦	80
常用耕地面积	千公顷	230.3	4. 矿产资源		
林业用地面积	千公顷	1395	矿产种类	种	88
2. 林木资源			#已探明资源储量	种	57
活林木总蓄积量	万立方米	3250.3	5. 旅游资源		
森林蓄积量	万立方米	3183.3	各类旅游资源	处	747
森林面积	千公顷	1007.5	对外开放重点旅游景区	处	49

1—2 分县市行政区划

（2009年）

地　区　名	乡 政 府	镇 政 府	办 事 处	村民委员会	居民委员会
合　计	**25**	**62**	**20**	**1367**	**261**
宜 都 市	4	5	1	123	21
枝 江 市		8	1	198	16
当 阳 市		7	3	158	18
远 安 县	1	6		102	15
兴 山 县	2	6		90	11
秭 归 县	5	7		186	7
长阳自治县	3	8		154	5
五峰自治县	3	5		97	11
市　　区	7	10	15	259	157
#夷陵区	3	8	1	182	18

1—3 主要年份宜昌市国民经济主要指标

指 标	1949	1952	1957	1962	1965	1970	1975	1978	1980
年末总人口(万人)	**197.37**	**208.12**	**233.93**	**247.29**	**267.31**	**303.14**	**331.74**	**343.53**	**349.95**
常用耕地面积(千公顷)	291.09	294.8	294.8	291.09	294.8	291.09	294.8	291.09	288.75
地区生产总值(亿元)	1.51	2.05	3.14	3.66	4.51	4.99	6.92	8.81	10.28
第一产业	1.23	1.61	2.39	2.73	3.37	3.54	4.43	5.27	5.91
第二产业	0.08	0.12	0.26	0.31	0.41	0.62	1.22	1.83	2.20
第三产业	0.20	0.32	0.49	0.62	0.73	0.83	1.27	1.71	2.17
人均地区生产总值(元)	76	99	137	150	171	167	210	258	295
规模以上工业增加值(亿元)									
全社会固定资产投资(亿元)		0.02	0.07	0.06	0.18	0.99	2.6	5.73	7.27
地方财政一般预算收入(亿元)			0.12	0.26	0.38	0.44	0.9	1.38	1.49
地方财政一般预算支出(亿元)		0.04	0.16	0.28	0.34	0.44	0.79	1.09	1.37
社会消费品零售总额(亿元)		0.74	1.31	1.63	1.9	2.92	4.38	5.60	7.31
进出口总额(万美元)									
#出口									
实际外商直接投资(万美元)									
入境旅游人数(万人次)									
金融机构存款余额(亿元)		0.07	0.28	0.71	0.77			3.01	4.75
#居民储蓄存款余额(亿元)		0.01	0.06	0.14	0.17			0.55	0.90
金融机构贷款余额(亿元)		0.03	0.85	1.53	1.7			5.77	7.72
商品零售价格总指数(上年=100)								100.5	103.2
居民消费价格指数(上年=100)								100.3	103.1
城镇居民人均可支配收入(元)									
农村居民人均纯收入(元)								137	186
农林牧渔业总产值(亿元)	1.25	1.58	2.25	2.72	3.63	5.22	6.31	6.74	7.52
职工平均工资(元)		350	516	492	548	434	568	569	716

注:地方一般预算收入2002年以前口径为地方财政收入。

1-3 续表

指 标	1985	1990	1992	1995	2000	2005	2007	2008	2009
年末总人口(万人)	**363.73**	**386.20**	**392.10**	**398.39**	**397.49**	**398.78**	**401.46**	**400.83**	**401.37**
常用耕地面积(千公顷)	279.78	275.72	269.98	264.98	257.70	227.53	227.89	227.63	230.31
地区生产总值(亿元)	24.14	62.51	80.68	187.87	358.27	605.77	837.01	1043.13	1272.33
第一产业	11.34	19.89	22.70	45.58	61.98	84.98	110.32	136.99	150.70
第二产业	7.96	29.27	35.41	94.25	180.62	317.66	443.16	563.73	705.00
第三产业	4.83	13.34	22.56	48.04	115.67	203.13	283.53	342.41	416.63
人均地区生产总值(元)	666	1625	2065	4728	8993	14924	20754	25855	31475
规模以上工业增加值(亿元)		20.95	28.69	48.31	78.29	247.01	374.56	452.22	570.44
全社会固定资产投资(亿元)	13.53	18.35	30.50	133.79	229.37	295.80	390.36	523.46	750.27
地方财政一般预算收入(亿元)	2.89	5.75	6.96	12.71	26.37	22.53	35.57	44.27	54.94
地方财政一般预算支出(亿元)	2.63	5.92	7.11	11.90	25.66	47.63	79.78	105.30	156.46
社会消费品零售总额(亿元)	15.87	24.52	31.80	75.19	139.03	226.50	311.34	388.19	470.41
进出口总额(万美元)		396		5395	9813	43968	85516	137128	103479
#出口		396		5326	7216	32011	61153	90502	77643
实际外商直接投资(万美元)				1016	4067	10498	13615	16013	18136
入境旅游人数(万人次)				4.0	13.0	18.2	34.1	22.3	17.5
金融机构存款余额(亿元)	13.71	35.19	51.16	139.18	299.70	596.99	886.39	1002.40	1607.25
#居民储蓄存款余额(亿元)	4.41	20.36	30.69	75.29	149.90	335.60	397.11	50.48	611.18
金融机构贷款余额(亿元)	34.76	71.96	91.23	168.54	307.60	494.04	675.18	698.41	1268.03
商品零售价格总指数(上年=100)	106.2	103.7	106.4	118.9	99.2	102.0	105.6	105.6	99.7
居民消费价格指数(上年=100)	106.2	105.4	108.7	126.0	99.1	102.6	106.1	105.5	100.1
城镇居民人均可支配收入(元)	746	1503	1752	4436	5854	8711	11401	12839	12843
农村居民人均纯收入(元)	439	591	695	1452	2363	3108	4022	4686	5186
农林牧渔业总产值(亿元)	14.90	29.86	34.00	80.26	95.79	138.60	182.68	226.75	250.56
职工平均工资(元)	1084	2032	2463	5081	7905	11826	15651	17310	19333

注:地方一般预算收入2002年以前口径为地方财政收入。

1—4 宜昌市主要经济指标与全国全省比较

（2009年）

指　　标		单　位	宜昌市	湖北省	全　国
生 产 总 值	总量	亿元	1272.33	12961.10	340507
	增速	%	15.1	13.5	9.1
地方财政一般预算收入	总量	亿元	54.94	814.78	
	增速	%	24.1	14.7	
城镇居民人均可支配收入	总量	元	12843	14367	17175
	增速	%	9.5	9.2	8.8
农民人均纯收入	总量	元	5186	5035	5153
	增速	%	10.7	8.1	8.2
全社会固定资产投资	总量	亿元	750.27	8212	224846
	增速	%	43.3	41.6	30.1
规模上工业增加值	总量	亿元	570.44	4742.23	
	增速	%	24.9	20.1	11
社会消费品零售总额	总量	亿元	470.41	5928.41	125343
	增速	%	21.1	19.0	15.5
外贸进出口总额	总量	亿美元	10.35	172.29	22072
	增速	%	-24.5	-16.8	-13.9
#出 口 额	总量	亿美元	7.76	99.78	12017
	增速	%	-14.2	-14.8	-16.0
居民消费价格指数		%	100.1	99.6	99.3

1—5 分县市区国民经济主要指标

(2009年)

指标	单位	全市	宜都市	枝江市	当阳市	远安县	兴山县
一、国土面积	万平方公里	2.10	0.14	0.13	0.22	0.18	0.23
二、行政建制							
乡政府	个	25	4			1	2
镇政府	个	62	5	8	7	6	6
村民委员会	个	1367	123	198	158	102	90
居民委员会	个	261	21	16	18	15	11
三、人口							
总人口	万人	401.37	39.53	50.22	48.53	19.49	18.12
人口出生率	‰	7.6	7.6	7.4	7.4	7.7	8.3
人口死亡率	‰	7.8	8.9	5.6	14.0	7.2	5.5
人口自然增长率	‰	-0.2	-1.3	1.8	-6.6	0.5	2.8
四、综合							
地区生产总值	亿元	1272.33	145.50	128.58	133.05	53.05	38.55
一般预算收入	万元	549391	68509	46910	46076	25498	16871
一般预算支出	万元	1564579	157343	140674	150702	83181	71059
城乡居民储蓄存款余额	万元	6088545	470961	627436	629874	233603	159231
五、农业							
年末常用耕地面积	千公顷	230.31	15.80	45.14	43.95	11.37	12.98
农林牧渔业从业人员	万人	80.94	4.29	12.95	9.83	3.81	5.28
农林牧渔增加值	万元	2505614	282450	474324	511140	122740	103322
粮食产量	吨	1579957	124759	312958	439570	97649	65259
棉花产量	吨	29578	34	21826	7698	1	0
油料产量	吨	230819	18176	56462	73667	13440	7272
生猪年末存栏	万头	406.91	48.13	69.99	63.65	19.88	21.74
六、工业							
规模内工业企业单位数	个	1095	194	167	168	70	12
规模内工业增加值	万元	5704358	695700	522056	483354	331596	188395
利润总额	万元	2044149	102402	98825	162480	24753	25961
利税总额	万元	2821656	169329	173493	265083	52074	82562
七、投资							
固定资产投资完成额	万元	7502664	1004097	812289	629774	329100	200117
#市县属	万元	6140973	994500	801678	629774	329100	196635
八、贸易							
社会消费品零售额	万元	4704116	417246	530827	481890	165679	124215
#批发零售业	万元	3916607	383051	451328	441147	144994	100110
住宿餐饮业	万元	716229	33875	68768	40280	20308	16997
九、人民生活							
城镇居民人均可支配收入	元	12843	12589	12052	12611	11788	10748
农民人均纯收入	元	5186	6516	6559	6514	5815	3851

1—5 续表

指标	单位	秭归县	长阳自治县	五峰自治县	市区	#夷陵区
一、国土面积	万平方公里	0.24	0.34	0.21	0.42	0.34
二、行政建制						
乡政府	个	5	3	3	7	3
镇政府	个	7	8	5	10	8
村民委员会	个	186	154	97	259	182
居民委员会	个	7	5	11	157	18
三、人口						
总人口	万人	38.35	41.39	20.95	124.79	52.14
人口出生率	‰	7.8	8.7	9.1	7.1	6.9
人口死亡率	‰	14.9	4.3	5.7	5.6	7.7
人口自然增长率	‰	-7.0	4.3	3.3	1.4	-0.8
四、综合						
地区生产总值	亿元	43.76	52.78	23.67		145.54
一般预算收入	万元	17418	19354	7000	301755	66058
一般预算支出	万元	100268	110706	69144	681502	189585
城乡居民储蓄存款余额	万元	253109	294125	134149	3286057	623716
五、农业						
年末常用耕地面积	千公顷	18.96	31.64	17.69	32.78	26.98
农林牧渔业从业人员	万人	11.38	10.80	6.31	16.29	12.25
农林牧渔增加值	万元	151079	231403	135945	493211	376185
粮食产量	吨	97087	113646	87559	241470	214938
棉花产量	吨				19	19
油料产量	吨	13935	13858	5929	28080	24149
生猪年末存栏	万头	37.01	44.47	28.43	73.61	61.21
六、工业						
规模内工业企业单位数	个	61	66	19	338	174
规模内工业增加值	万元	109311	75080	51661	3247205	665666
利润总额	万元	5371	6079	8064	1610212	160837
利税总额	万元	15341	16467	14078	2033231	255188
七、投资						
固定资产投资完成额	万元	288597	197845	101797	3939048	888363
#市县属	万元	248843	192195	100058	2648190	888363
八、贸易						
社会消费品零售额	万元	168039	192304	86451	2537464	501094
#批发零售业	万元	130019	171075	75446	2019438	357061
住宿餐饮业	万元	31043	18293	10125	476541	128249
九、人民生活						
城镇居民人均可支配收入	元	10515	10844	8950	14058	12691
农民人均纯收入	元	3177	3282	2968		6048

1—6 湖北省各市州生产总值

单位:亿元、%

项　　目	2009	比上年增长
宜昌市生产总值	1272.33	15.1
第一产业	150.70	5.3
第二产业	705.00	17.6
工　业	650.10	18.0
建筑业	54.90	12.0
第三产业	416.63	14.4
湖北省各市州生产总值		
湖　北　省	12961.10	13.5
武　汉　市	4620.18	13.7
黄　石　市	571.59	10.7
十　堰　市	550.96	14.1
宜　昌　市	1272.33	15.1
襄　樊　市	1201.01	15.0
鄂　州　市	323.71	15.2
荆　门　市	600.12	14.8
孝　感　市	672.88	15.1
荆　州　市	709.58	13.5
黄　冈　市	730.19	15.0
咸　宁　市	418.45	15.2
随　州　市	341.91	13.5
恩　施　州	294.29	12.8
仙　桃　市	242.55	14.9
潜　江　市	234.01	10.8
天　门　市	186.86	14.8
神农架林区	10.29	13.5

注:本表生产总值按当年价格计算,增长速度按可比价格计算。

1—7 近五年宜昌市各县市区生产总值

单位:万元

项 目	2005	2006	2007	2008	2009
生产总值(当年价)					
全 市	6057700	6925500	8370100	10431300	12723300
宜都市	544659	696209	843813	1104042	1454974
枝江市	597617	652608	811548	1031920	1285761
当阳市	577381	656384	815149	1063401	1330532
远安县	211620	244920	296784	405490	530459
兴山县	185433	196521	234727	316872	385464
秭归县	217654	255598	296445	369707	439642
长阳自治县	267577	280522	330449	401812	474534
五峰自治县	135950	148806	168180	210743	249170
夷陵区	626573	746632	880403	1069576	1404411
西陵区	2021486	1941362	2198607	2589637	2606880
伍家岗区	434616	511584	604612	720099	830069
点军区	127470	155155	191716	223608	234717
猇亭区	182373	225423	290020	358464	582346
宜昌开发区	230265	292965	380238	577709	840862
第一产业					
全 市	849800	903400	1103200	1369900	1507000
宜都市	80890	90308	114685	143045	168467
枝江市	146558	161405	207550	254299	288524
当阳市	177952	191738	231856	281514	299972
远安县	48101	50210	58909	76618	79167
兴山县	43181	39451	44900	56798	59702
秭归县	52991	56158	67275	83391	92956
长阳自治县	72414	74230	95018	129618	142380
五峰自治县	45714	48535	54277	70265	79991
夷陵区	132253	141176	166228	199693	224258
西陵区	3485	3671	4511	4040	4088
伍家岗区	8676	7061	7382	8717	8295
点军区	26710	28126	36452	44279	45335
猇亭区	9595	10802	13505	17405	13685
宜昌开发区	433	562	628	264	223

1—7 续表

单位:万元

项　　目	2005	2006	2007	2008	2009
第二产业					
全　　市	3176600	3531900	4431600	5637300	7050000
宜都市	261861	348947	429350	567572	821075
枝江市	230267	268787	337232	446720	602658
当阳市	204912	245852	324324	445964	605960
远安县	102735	127399	160913	230897	340673
兴山县	73002	81436	105361	156578	199556
秭归县	48316	57998	75125	105721	140436
长阳自治县	61982	60749	75590	94080	119694
五峰自治县	38660	41014	47724	57109	70389
夷陵区	230603	298964	364319	514823	760799
西陵区	1576125	1416388	1578688	1906621	1797993
伍家岗区	147317	170428	204745	247204	275310
点军区	42450	59316	93083	114140	117330
猇亭区	141974	178913	237208	290682	507768
宜昌开发区	165450	210926	277833	410335	636684
第三产业					
全　　市	2031300	2490200	2835300	3424100	4166300
宜都市	201908	256954	299778	393425	465432
枝江市	220792	222416	266766	330901	394579
当阳市	194517	218794	258969	335923	424599
远安县	60784	67311	76962	97975	110619
兴山县	69250	75634	84466	103496	126207
秭归县	116347	141442	154045	180595	206250
长阳自治县	133182	145543	159841	178114	212460
五峰自治县	51549	59257	66179	83369	98790
夷陵区	263717	306492	349586	355060	419355
西陵区	441876	521303	615408	678976	804800
伍家岗区	278623	334094	392486	464178	546463
点军区	58310	67713	62181	65189	72052
猇亭区	30804	35708	39307	50377	60893
宜昌开发区	64382	81477	101777	167110	203955

1—8　分县市区生产总值构成及指数

（2009年）

单位:%

项　　目	生产总值	第一产业	第二产业	第三产业
生产总值构成				
全　　市	100	11.8	55.4	32.8
宜都市	100	11.6	56.4	32.0
枝江市	100	22.4	46.9	30.7
当阳市	100	22.5	45.5	31.9
远安县	100	14.9	64.2	20.9
兴山县	100	15.5	51.8	32.7
秭归县	100	21.1	31.9	46.9
长阳自治县	100	30.0	25.2	44.8
五峰自治县	100	32.1	28.2	39.6
夷陵区	100	16.0	54.2	29.9
西陵区	100	0.2	69.0	30.9
伍家岗区	100	1.0	33.2	65.8
点军区	100	19.3	50.0	30.7
猇亭区	100	2.3	87.2	10.5
宜昌开发区	100		75.7	24.3
生产总值指数				
全　　市	115.1	105.3	117.6	114.4
宜都市	117.9	102.3	129.0	106.5
枝江市	116.2	104.2	125.5	111.1
当阳市	116.3	102.0	129.6	109.8
远安县	116.7	100.8	125.1	106.3
兴山县	115.8	104.3	120.4	114.2
秭归县	113.6	104.2	127.8	109.0
长阳自治县	112.5	105.1	120.2	112.9
五峰自治县	110.8	104.6	116.3	111.2
夷陵区	117.8	103.2	129.6	109.4
西陵区	103.6	94.1	100.4	112.9
伍家岗区	112.0	91.0	109.6	113.6
点军区	103.7	103.1	99.3	111.6
猇亭区	125.7	80.7	129.3	117.4
宜昌开发区	128.4	84.5	133.4	116.4

1—9 湖北省各市州主要经济指标完成情况

（2009年）

地区名	地区生产总值(亿元)		地方财政一般预算收入(亿元)		规模以上工业增加值(亿元)	
	2009	比上年增长(%)	2009	比上年增长(%)	2009	比上年增长(%)
湖北省	**12961.10**	**13.5**	**814.78**	**14.7**	**4742.23**	**20.1**
武汉市	4620.18	13.7	316.07	14.1	1656.14	18.5
黄石市	571.59	10.7	26.03	9.5	269.40	11.3
十堰市	550.96	14.1	25.76	30.9	242.14	24.2
宜昌市	1272.33	15.1	54.94	24.6	570.43	24.9
襄樊市	1201.01	15.0	37.02	23.3	461.49	27.6
鄂州市	323.71	15.2	13.02	22.9	150.03	23.9
荆门市	600.12	14.8	18.14	24.0	259.29	27.5
孝感市	672.88	15.1	26.97	27.5	221.40	26.9
荆州市	709.58	13.5	22.36	21.3	216.70	27.1
黄冈市	730.19	15.0	32.16	22.7	192.96	27.6
咸宁市	418.45	15.2	18.14	27.9	147.38	27.3
随州市	341.91	13.5	7.60	17.4	107.35	22.2
恩施州	294.26	12.8	18.29	18.7	56.58	26.9
仙桃市	242.55	14.9	5.05	20.8	102.33	26.2
潜江市	234.01	10.8	4.86	4.5	117.26	10.1
天门市	186.86	14.8	3.53	28.3	65.82	26.3
神农架林区	10.29	13.5	0.87	19.8	2.31	8.6

1—9 续表1

地区名	城镇固定资产投资(亿元)		社会消费品零售总额(亿元)		外贸出口额(万美元)	
	2009	比年年增长(%)	2009	比上年增长(%)	2009	比上年增长(%)
湖北省	**7569.15**	**41.9**	**5928.41**	**19.0**	**997840**	**-14.8**
武汉市	2921.76	34.4	2164.09	17.0	582523	-16.0
黄石市	321.96	48.9	256.09	18.8	47309	-33.8
十堰市	259.21	51.1	254.25	20.5	18228	47.4
宜昌市	657.83	44.4	470.41	21.1	77643	-14.2
襄樊市	519.93	53.6	500.56	21.1	32943	-12.2
鄂州市	213.40	46.4	126.68	20.8	7367	-21.4
荆门市	275.20	51.3	228.82	21.2	17301	-17.4
孝感市	341.47	49.6	326.89	20.9	19207	-17.9
荆州市	384.76	50.7	445.42	20.5	45461	-25.7
黄冈市	484.61	53.4	340.07	20.6	40550	-29.2
咸宁市	249.10	51.4	165.88	21.3	9421	-13.8
随州市	165.75	45.8	182.05	19.5	46466	38.0
恩施州	161.29	29.8	114.04	21.0	8671	51.2
仙桃市	106.81	44.8	127.87	20.8	25118	32.9
潜江市	112.69	42.5	86.36	19.4	15551	-21.3
天门市	105.86	40.1	135.21	20.5	3082	-22.7
神农架林区	10.37	43.1	3.72	17.7	1002	

1—9 续表2

地区名	城镇居民人均可支配收入(元)		农民人均纯收入(元)	
	2009	比上年增长(%)	2009	比上年增长(%)
湖北省	**14367**	**9.2**	**5035**	**8.1**
武汉市	18389	10.0	7161	12.8
黄石市	13897	9.1	4811	10.0
十堰市	14454	5.6	3110	9.5
宜昌市	14058	9.5	5186	10.7
襄樊市	13409	9.1	5440	11.5
鄂州市	13408	9.5	5718	12.2
荆门市	13857	9.4	5956	11.7
孝感市	13562	9.2	5131	10.7
荆州市	13304	9.1	5464	11.8
黄冈市	11336	13.9	4130	9.4
咸宁市	12589	9.2	4873	10.5
随州市	13461	16.1	5457	9.9
恩施州	11875	8.9	2818	11.9
仙桃市	11783	9.5	5856	11.6
潜江市	12571	10.0	5531	12.2
天门市	11242	7.6	5326	11.9
神农架林区	10116	10.4	3707	11.3

1—10 长江沿岸同等城市主要经济指标完成情况

(2009年)

城市名称	地区生产总值(亿元)		地方一般预算收入(亿元)		规模以上工业增加值(亿元)	
	2009	比上年增长(%)	2009	比上年增长(%)	2009	比上年增长(%)
湖北宜昌市	1272.33	15.1	54.94	24.1	570.43	24.9
湖北黄石市	571.59	10.7	26.03	9.5	269.40	11.3
湖北荆州市	709.58	13.5	22.36	21.3	216.70	27.1
湖北鄂州市	323.71	15.2	13.02	22.9	150.03	23.9
湖北黄冈市	730.19	15.0	32.16	22.7	192.96	27.6
重庆万州区	386.45	25.7	11.54	28.4	171.90	44.6
重庆涪陵区	355.04	18.1	16.53	33.1	151.00	27.3
四川宜宾市	720.78	14.9	41.04	21.4	350.60	24.1
四川攀枝花	424.08	11.2	34.90	10.4	268.10	13.0
四川泸州市	587.60	15.2	32.10	30.5	265.70	31.9
安徽铜陵市	343.70	13.7	33.10	38.9	181.30	18.5
安徽芜湖市	902.00	15.4	69.40	27.6	464.60	26.4
安徽马鞍山	665.90	12.1	63.70	47.1	357.60	15.2
安徽安庆市	802.70	12.3	41.60	8.0	250.10	25.3
湖南岳阳市	1272.15	14.0	43.55	1.4	576.01	18.9
江苏镇江市	1672.08	13.7	101.57	18.6	790.03	15.3
江苏南通市	2872.80	14.0	198.99	24.7	1546.57	16.9
江苏扬州市	1856.39	13.8	128.08	22.2	1131.30	16.5
江西九江市	831.36	13.8	50.50	31.4	271.66	20.7

注:表中湖北省5个地市生产总值数据为经济普查调整后数据。

1—10 续表1

城市名称	全社会固定资产投资(亿元)		社会消费品零售总额(亿元)		外贸出口(万美元)	
	2009	比上年增长(%)	2009	比上年增长(%)	2009	比上年增长(%)
湖北宜昌市	750.27	43.3	470.41	21.1	77643	-14.2
湖北黄石市	343.05	47.4	256.09	18.8	47309	-33.8
湖北荆州市	435.20	49.3	445.42	20.5	45461	-25.7
湖北鄂州市	220.60	47.1	126.68	20.8	7367	-21.4
湖北黄冈市	553.29	49.2	340.07	20.6	40550	-29.2
重庆万州区	272.40	37.5	107.00	22.1	4707	-3.2
重庆涪陵区	181.00	38.1	87.00	21.8	8600	-28.9
四川宜宾市	470.69	41.3	254.29	18.8	33400	-11.2
四川攀枝花	264.80	40.6	119.20	18.4	8458	-67.1
四川泸州市	351.20	57.0	213.60	18.6	11840	0.9
安徽铜陵市	282.94	61.6	83.80	18.7	17700	-7.9
安徽芜湖市	900.69	46.5	241.50	18.9	90000	-39.5
安徽马鞍山	546.14	35.0	125.70	18.7	36000	-67.6
安徽安庆市	601.55	37.0	287.90	19.1	39000	10.4
湖南岳阳市	640.00	58.4	431.16	19.5	51000	7.4
江苏镇江市	1010.57	40.6	488.50	19.1	354000	-16.7
江苏南通市	1802.38	19.7	1086.11	18.7	1118000	-4.9
江苏扬州市	1063.92	33.8	618.97	18.7	401300	-12.1
江西九江市	658.96	43.9	240.51	19.1	46228	75.4

1—10 续表 2

城市名称	城镇居民人均可支配收入(元)		农民人均纯收入(元)	
	2009	比上年增长(%)	2009	比上年增长(%)
湖北宜昌市	14058	9.5	5186	10.7
湖北黄石市	13897	9.1	4811	10.0
湖北荆州市	13304	9.1	5464	11.8
湖北鄂州市	13408	9.5	5718	12.2
湖北黄冈市	11306	13.9	4130	9.4
重庆万州区	14840	11.0	4430	10.8
重庆涪陵区	15109	13.0	4651	13.5
四川宜宾市	13452	13.4	4874	8.0
四川攀枝花	14961	12.1	5475	8.2
四川泸州市	13550	12.3	4679	8.0
安徽铜陵市	16769	10.5	6194	11.1
安徽芜湖市	16747	12.1	6738	9.8
安徽马鞍山	20390	11.2	7947	9.8
安徽安庆市	13454	8.3	4246	9.0
湖南岳阳市	15680	12.4	5339	11.0
江苏镇江市	20949	10.4	9642	11.4
江苏南通市	21001	11.1	8696	11.3
江苏扬州市	19416	11.6	8295	11.3
江西九江市	14203	10.2	4819	17.9

注:本表城镇居民人均可支配收入为城区口径。

1—11 中西部同等城市主要经济指标完成情况

（2009年）

城市名称	地区生产总值（亿元）		地方财政一般预算收入（亿元）		规模以上工业增加值（亿元）	
	2009	比上年增长（%）	2009	比上年增长（%）	2009	比上年增长（%）
湖北省宜昌市	1272.33	15.1	54.94	24.1	570.43	24.9
湖北省襄樊市	1201.01	15.0	37.02	23.3	461.49	27.6
河南省洛阳市	2075.00	13.0	120.29	3.2	830.00	15.9
河南省南阳市	1780.00	11.0	56.17	9.5	486.38	14.0
河南省许昌市	1150.00	11.5	47.08	13.1	540.00	17.9
河南省焦作市	1115.90	11.6	54.42	10.7	583.20	13.4
河南省平顶山市	1140.00	12.1	70.30	12.5	531.10	10.6
河南省周口市	1111.70	12.0	30.86	21.1	287.41	17.7
河南省商丘市	1032.94	11.2	35.37	12.0	291.44	13.3
河南省安阳市	1106.00	12.2	55.19	10.3	532.30	15.2
河南省新乡市	1054.57	13.0	55.89	14.6	430.15	16.1
湖南省岳阳市	1272.15	14.0	43.55	1.4	576.10	18.9
湖南省常德市	1239.23	12.1	51.17	15.5	384.44	15.1
湖南省衡阳市	1168.01	14.7	46.59	22.8	370.39	24.4
江西省九江市	831.36	13.8	50.50	31.4	271.66	20.7
内蒙古鄂尔多斯市	2161.00	23.8	162.04	37.1	1031.65	22.6
内蒙古包头市	2168.80	17.6	130.31	35.1	904.05	24.5
山西省临汾市	763.10	4.2	62.92	16.0	372.62	3.0

1—11　续表1

城市名称	城镇固定资产投资(亿元)		社会消费品零售总额(亿元)		外贸出口额(万美元)	
	2009	比上年增长(%)	2009	比上年增长(%)	2009	比上年增长(%)
湖北省宜昌市	657.83	44.4	470.41	21.1	77643	-14.2
湖北省襄樊市	519.93	53.6	500.56	21.1	32943	-12.2
河南省洛阳市	1280.49	31.4	687.29	19.1	65275	-51.9
河南省南阳市	929.52	31.2	676.65	19.0	42950	-38.0
河南省许昌市	557.81	31.2	297.01	19.5	85957	25.2
河南省焦作市	695.02	27.1	263.70	18.9	69346	-23.6
河南省平顶山市	475.10	35.9	295.85	20.4	43625	156.8
河南省周口市	494.11	30.4	413.59	20.2	13695	11.5
河南省商丘市	560.99	30.9	343.36	19.3	8902	11.1
河南省安阳市	622.56	31.5	292.52	19.0	28000	-77.0
河南省新乡市	904.51	30.8	330.28	19.0	56900	-28.8
湖南省岳阳市	542.87	58.2	431.16	19.5	11528	-18.8
湖南省常德市	496.00	74.1	405.26	18.6	12067	-11.8
湖南省衡阳市	375.00	58.8	399.23	18.9	58919	-33.8
江西省九江市	647.00	46.1	240.51	19.1	46200	75.4
内蒙古鄂尔多斯市	1562.41	46.0	321.01	19.0	22298	-68.0
内蒙古包头市	1500.30	38.9	617.72	19.0	67000	-55.8
山西省临汾市	404.40	59.3	272.55	21.7	8687	-72.9

1—11　续表 2

城市名称	城镇居民人均可支配收入(元)		农民人均纯收入(元)	
	2009	比上年增长(%)	2009	比上年增长(%)
湖北省宜昌市	14058	9.5	5186	10.7
湖北省襄樊市	13008	9.1	5440	11.5
河南省洛阳市	15949	9.7	4961	8.9
河南省南阳市	13498	8.9	4931	7.9
河南省许昌市	13610	9.3	6250	7.0
河南省焦作市	14282	8.2	6590	7.5
河南省平顶山市	14721	8.8	4778	8.1
河南省周口市	11363	10.9	3908	8.1
河南省商丘市	12715	8.2	4054	8.1
河南省安阳市	14809	8.6	5595	7.8
河南省新乡市	14170	10.3	5431	7.6
湖南省岳阳市	15680	12.4	5339	11.0
湖南省常德市	14000	10.0	4909	10.4
湖南省衡阳市	13911	12.0	6327	12.6
江西省九江市	14203	10.2	4819	9.1
内蒙古鄂尔多斯市	21883	10.9	7803	10.6
内蒙古包头市	23089	10.7	7826	10.6
山西省临汾市	12247	9.3	4749	8.1

注:本表城镇居民人均可支配收入为城区口径。

主要统计指标解释

行政区划 指国家对行政区域的划分。根据宪法规定，我国的行政区域划分如下：⑴全国分为省、自治区、直辖市；⑵省、自治区分为自治州、县、自治县、市；⑶自治州分为县、自治县、市；⑷县、自治县分为乡、民族乡、镇；⑸直辖市和较大的市分为区、县；⑹国家在必要时设立的特别行政区。

国土 指一个主权国家管辖下的领土、领海和领空。

自然资源 指人类可以直接从自然界获得，并用于生产和生活的物质资源。自然资源一般可以分成可再生资源和非再生资源两大类。可再生资源指在较短时间内可以再生、可以循环利用的资源，包括土地资源、水资源、气候资源、生物资源和海洋资源等。非再生资源指在使用后不能再生的资源，包括矿产资源和地热能源。

土地资源 土地指陆地的表层部分，它主要由岩石、岩石的风化物和土壤构成。土地资源按利用类型可以分为农用地、建筑用地和未利用地。农用地包括耕地、园地、林地、牧草地和水面。建筑用地包括居民点及工矿用地、交通用地和水利设施用地。未利用地指农用地和建筑用地以外的土地，包括滩涂、荒漠、戈壁、冰川和石山等。

耕地面积 指经过开垦用以种植各种农作物并经常进行耕耘的土地面积，包括种有作物的土地面积、休闲地、新开荒地和抛荒未满三年的土地面积。灌溉水田、望天田、水浇地、旱地、菜地等。

林业用地面积 指生长乔木、竹类、灌木、沿海红树林等林木的土地面积，包括有林地、灌木林、疏林地、未成林造林地、迹地、苗圃等。

森林资源 指森林、林木、林地以及依托森林、林木、林地生存的野生动物、植物和微生物。林木指树木和竹子。森林指以乔木为主体的植物群落，是集生的乔木及与共同作用的植物、动物、微生物和土壤、气候等的总体。

活立木总蓄积量 指一定范围内土地上全部树木蓄积的总量，包括森林蓄积、疏林蓄积、散生木蓄积和四旁树蓄积。

森林面积 指由乔木树种构成，郁闭度 0.2 以上（含 0.2）的林地或冠幅宽度 10 米以上的林带的面积，即有林地面积。森林面积包括天然起源和人工起源的针叶林面积、阔叶林面积、针阔混交林面积和竹林面积，不包括灌木林地面积和疏林地面积。

森林蓄积量 指一定森林面积上存在着的林木树干部分的总材积。它是反映一个国家或地区森林资源总规模和水平的基本指标之一，也是反映森林资源的丰富程度、衡量森林生态环境优劣的重要依据。

森林覆盖率 指一个国家或地区森林面积占土地面积的百分比。在计算森林覆盖率时，森林面积包括郁闭度 0.2 以上的乔木林地面积和竹林地面积，国家特别规定的灌木林地面积、农田林网以及四旁（村旁、路旁、水旁、宅旁）林木的覆盖面积。森林覆盖率是反映森林资源的丰富程度和生态平衡状况的重要指标。计算公式为：

森林覆盖率（%）= 森林面积/土地总面积 × 100%

水资源 水在自然界中以固体、液体和气态三种聚集状态存在，分布于海洋、陆地（包括土壤）以及大气之中，通过水循环形成水资源。水资源包括经人类控制并直接可供灌溉、发电、给水、航运、养殖等用途的地表水和地下水，以及江河、湖泊、井、泉、潮汐、港湾和养殖水域等。水资源是发展国民经济不可缺少的重要自然资源。

地表水和地下水 陆地上的水因空间分布不同，可以分为地表水和地下水。地表水指分别存在于河流、湖泊、沼泽、冰川和冰盖等水体中水分的总称，又称陆地水。地下水指储存在地面以下饱和岩土孔隙、裂隙及溶洞中的水。

矿产资源 矿产指由地质作用形成，富集于地壳中或出露于地表达到工农业利用要求的有用矿物。矿产是一种重要的自然资源，是社会发展的重要物质基础。从某种意义上讲，一个国家对矿产资源开发利用的广度和深度，可以作为这个国家经济发展水平的标志。

矿产保有储量 指探明的矿产储量（包括工业储量和远景储量），扣除已开采部分和地下损失量后的年末实有储量，是反映国家矿产资源现状的重要指标。

可比价格 指计算各种总量指标所采用的扣除了价格变动因素的价格，可进行不同时期总量指标的对比。按可比价格计算总量指标有两种方法：一种是直接用产品产量乘某一年的不变价格计算；另一种是用价格指数进行缩减。

不变价格 指以同类产品某年的平均价格作为固定价格，用于计算各年的产品价值。按不变价格计算的产品价值消除了价格变动因素,不同时期对比可以反映生产的发展速度。新中国成立后,随着工农业产品价格水平的变化,国家统计局先后五次制定了全国统一的工业产品不变价格和农业产品不变价格。从1952年到1957年使用1952年工(农)业产品不变价格,从1957年到1970年使用1957年不变价格,从1971年到1980年使用1970年不变价格,从1981年到1990年使用1980年不变价格,从1991年开始使用1990年不变价格。从2000年到2005年使用2000年不变价格;从2005年至今使用2005年不变价格。

国民生产总值(GNP) 指一个国家(或地区)所有常住单位在一定时期内收入初次分配的最终结果。一国常住单位从事生产活动所创造的增加值在初次分配中主要分配给该国的常住单位,但也有一部分以生产税及进口税(扣除生产和进口补贴)、劳动者报酬和财产收入等形式分配给非常住单位;同时,国外生产所创造的增加值也有一部分以生产税及进口税(扣除生产和进口补贴)、劳动者报酬和财产收入等形式分配给该国的常住单位,从而产生了国民生产总值的概念。它等于国内生产总值加上来自国外的净要素收入。与国内生产总值不同,国民生产总值是个收入概念,而国内生产总值是个生产概念。

国内生产总值(GDP) 指一个国家(或地区)所有常住单位在一定时期内生产活动的最终成果。国内生产总值有三种表现形态,即价值形态、收入形态和产品形态。从价值形态看,它是所有常住单位在一定时期内生产的全部货物和服务价值超过同期中间投入的全部非固定资产货物和服务价值的差额,即所有常住单位的增加值之和;从收入形态看,它是所有常住单位在一定时期内创造并分配给常住单位和非常住单位的初次收入分配之和;从产品形态看,它是所有常住单位在一定时期内最终使用的货物和服务价值与货物和服务净出口价值之和。在实际核算中,国内生产总值有三种计算方法,即生产法、收入法和支出法。三种方法分别从不同的方面反映国内生产总值及其构成。

三次产业 是根据社会生产活动历史发展的顺序对产业结构的划分,产品直接取自自然界的部门称为第一产业,对初级产品进行再加工的部门称为第二产业,为生产和消费提供各种服务的部门称为第三产业。它是世界上较为通用的产业结构分类,但各国的划分不尽一致。

我国的三次产业划分是:

第一产业:农业(包括种植业、林业、牧业、渔业和农林牧渔服务业)。

第二产业:工业(包括采掘业,制造业,电力、煤气及水的生产和供应业)和建筑业。

第三产业:除第一、第二产业以外的其他各业。由于第三产业包括的行业多、范围广,根据我国的实际情况,第三产业可分为两大部分;一是流通部门,二是服务部门。具体又可分为四个层次:

第一层次:流通部门,包括交通运输、仓储及邮电通信业,批发和零售贸易、餐饮业。

第二层次:为生产和生活服务的部门,包括金融、保险业,地质勘查业、水利管理业,房地产业,社会服务业,农、林、牧、渔服务业,交通运输辅助业,综合技术服务业等。

第三层次:为提高科学文化水平和居民素质服务的部门,包括教育、文化艺术及广播电影电视业,卫生、体育和社会福利业,科学研究业等。

第四层次:为社会公共需要服务的部门,包括国家机关、政党机关和社会团体以及军队、警察等。

二 人口与计划生育

POPULATION AND THE PLAN OF BIRTH

2—1 主要年份总人口

单位:万人、万户

年份	总人口	总户数	按性别分	
			男	女
1949	197.37	50.53	98.85	98.52
1950	202.03	51.52	101.41	100.62
1951	205.71	52.56	103.13	102.58
1952	208.12	53.85	104.38	103.74
1955	220.18	54.77	110.25	109.93
1957	233.93	56.43	117.01	116.92
1962	247.29	59.09	122.93	124.36
1965	267.31	59.61	134.07	133.24
1970	303.14	62.70	152.58	150.56
1975	331.74	66.96	169.01	162.73
1976	336.01	68.96	171.40	164.61
1977	340.57	70.39	173.65	166.92
1978	343.53	71.24	174.91	168.63
1979	347.73	73.02	177.44	170.29
1980	349.95	74.45	178.55	171.40
1981	353.14	77.75	180.37	172.77
1982	357.48	80.79	182.60	174.43
1983	359.29	82.93	184.23	175.06
1984	361.63	89.03	185.40	176.23
1985	363.73	88.45	186.31	177.42
1986	369.71	91.52	189.90	179.81
1987	373.74	95.55	192.06	181.68

续表

单位:万人、万户

年　　份	总 人 口	总 户 数	按 性 别 分	
			男	女
1988	378.48	98.83	194.52	183.96
1989	383.23	102.47	196.96	186.27
1990	386.20	104.99	198.51	187.69
1991	389.34	107.82	200.12	189.22
1992	392.10	110.38	201.85	190.25
1993	394.93	112.62	203.73	191.20
1994	396.34	118.27	204.34	192.00
1995	398.39	116.93	205.61	192.78
1996	399.12	118.21	205.81	193.31
1997	399.67	119.74	206.23	193.44
1998	399.10	121.07	205.64	193.46
1999	399.31	124.32	205.56	193.75
2000	397.49	127.30	204.87	192.62
2001	397.51	129.84	204.45	193.06
2002	397.27	132.57	204.54	192.72
2003	396.89	132.40	204.52	192.37
2004	398.52	136.84	205.66	192.86
2005	398.78	139.93	205.30	193.48
2006	400.23	142.25	205.84	194.38
2007	401.46	144.11	206.37	195.09
2008	400.83	145.68	205.88	194.95
2009	401.37	147.81	205.88	195.49

2—2　主要年份全市人口自然变动

年　份	人口变动数(万人)			变动系数(‰)		
	出生数	死亡数	自然增长数	出生率	死亡率	自然增长率
1955	7.18	2.52	4.66	32.60	11.45	21.15
1957	8.21	1.88	6.33	35.66	8.17	27.49
1962	10.35	2.42	7.93	42.53	9.94	32.59
1965	9.31	3.05	6.26	35.24	11.54	23.70
1970	9.30	2.56	6.74	28.14	8.57	19.57
1975	6.17	2.82	3.35	18.72	8.56	10.16
1976	6.03	2.72	3.31	17.94	8.09	9.85
1977	6.04	2.82	3.22	17.74	8.28	9.46
1978	5.90	2.59	3.31	17.22	7.57	9.68
1979	6.73	2.69	4.04	19.36	7.73	11.63
1980	5.15	2.72	2.43	14.79	7.80	6.97
1981	5.69	2.79	2.90	16.19	7.94	8.25
1982	6.10	2.79	3.31	17.15	7.83	9.38
1983	5.27	2.79	2.48	14.71	7.79	6.92
1984	4.88	2.83	2.05	13.54	7.89	5.69
1985	5.45	2.80	2.65	15.03	7.72	7.31
1986	6.69	2.65	4.04	18.16	7.23	11.02
1987	7.11	2.75	4.36	19.10	7.40	11.73
1988	6.93	2.87	4.06	18.43	7.63	10.80
1989	7.19	2.77	4.42	18.76	7.24	11.46

续表

年份	人口变动数(万人)			变动系数(‰)		
	出生数	死亡数	自然增长数	出生率	死亡率	自然增长率
1990	6.22	2.90	3.32	18.58	7.27	11.42
1991	4.91	2.73	2.18	12.66	7.04	5.62
1992	4.49	2.83	1.66	11.50	7.20	4.30
1993	4.41	2.82	1.59	11.21	7.16	4.05
1994	4.02	2.77	1.25	10.15	7.01	3.69
1995	3.82	2.89	0.93	9.62	7.27	2.35
1996	3.31	2.82	0.49	8.30	7.08	1.22
1997	3.21	2.69	0.52	8.02	6.74	1.28
1998	3.11	2.87	0.24	7.80	7.20	0.60
1999	2.76	2.49	0.27	6.91	6.24	0.67
2000	3.13	3.00	0.13	7.86	7.54	0.32
2001	2.57	2.35	0.22	6.47	5.92	0.55
2002	2.64	2.14	0.50	6.65	4.56	2.09
2003	2.62	2.37	0.25	6.60	5.97	0.63
2004	2.67	2.46	0.21	6.70	6.17	0.53
2005	2.41	2.09	0.32	6.05	5.24	0.81
2006	2.96	2.00	0.96	7.40	5.00	2.40
2007	3.06	2.77	0.29	7.62	6.90	0.72
2008	3.08	3.17	-0.09	7.69	7.90	-0.21
2009	3.06	3.13	-0.07	7.62	7.8	-0.18

2—3 主要年份分县市年末总人口

单位:万人、万户、‰

项目	2000	2005	2006	2007	2008	2009
总人口	**397.49**	**398.78**	**400.23**	**401.46**	**400.83**	**401.37**
宜都市	38.29	39.27	39.33	39.41	39.46	39.53
枝江市	51.04	50.69	50.91	50.49	50.07	50.22
当阳市	48.22	48.11	48.32	48.55	48.69	48.53
远安县	20.93	19.50	19.40	19.43	19.42	19.49
兴山县	18.86	18.25	18.26	18.27	18.10	18.12
秭归县	39.81	39.00	38.83	38.73	38.54	38.35
长阳自治县	41.49	41.11	41.46	41.77	41.24	41.39
五峰自治县	20.77	20.62	20.75	20.84	20.90	20.95
市区	118.08	122.23	122.97	123.97	124.41	124.79
#夷陵区	57.89	51.64	51.75	51.91	51.96	52.14
男性	**204.87**	**205.30**	**205.84**	**206.37**	**205.88**	**205.88**
宜都市	19.45	20.00	20.02	20.04	20.05	20.05
枝江市	25.62	25.47	25.57	25.35	25.09	25.13
当阳市	24.49	24.39	24.50	24.59	24.62	24.49
远安县	10.83	10.11	10.05	10.07	10.07	10.11
兴山县	9.85	9.52	9.52	9.53	9.45	9.44
秭归县	20.66	20.24	20.12	20.07	19.95	19.83
长阳自治县	21.87	21.64	21.80	21.93	21.66	21.71
五峰自治县	10.86	10.80	10.85	10.88	10.90	10.92
市区	61.24	63.12	63.42	63.92	64.09	64.20
#夷陵区	30.05	26.71	26.74	26.79	26.80	26.85
女性	**192.62**	**193.48**	**194.38**	**195.09**	**194.95**	**195.49**
宜都市	18.84	19.27	19.31	19.37	19.41	19.48
枝江市	25.42	25.22	25.34	25.14	24.98	25.09
当阳市	23.73	23.73	23.82	23.96	24.06	24.04
远安县	10.10	9.40	9.34	9.36	9.35	9.39
兴山县	9.01	8.73	8.74	8.74	8.65	8.67
秭归县	19.15	18.76	18.71	18.67	18.58	18.51
长阳自治县	19.62	19.46	19.66	19.84	19.59	19.67
五峰自治县	9.91	9.82	9.90	9.96	9.99	10.02
市区	56.84	59.11	59.56	60.05	60.34	60.62
#夷陵区	27.84	24.93	25.00	25.12	25.17	25.29

2—3 续表1 单位:万人、万户、‰

项目	2000	2005	2006	2007	2008	2009
总户数	**127.30**	**139.93**	**142.25**	**144.11**	**145.68**	**147.81**
宜都市	13.18	14.39	14.54	14.62	14.72	14.83
枝江市	17.87	18.75	18.97	19.06	19.13	19.49
当阳市	15.60	17.44	17.95	18.29	18.60	18.97
远安县	5.48	6.22	6.48	6.69	6.88	7.2
兴山县	5.56	6.61	6.67	6.74	6.79	6.85
秭归县	12.75	13.33	13.4	13.54	13.70	13.94
长阳自治县	12.54	13.95	14.12	14.37	14.43	14.39
五峰自治县	6.14	6.65	6.75	6.85	6.95	7.14
市区	38.18	42.6	43.39	43.95	44.48	45.00
#夷陵区	19.23	18.39	18.61	18.85	19.06	19.31
出生人口	**3.13**	**2.41**	**2.96**	**3.06**	**3.08**	**3.06**
宜都市	0.26	0.21	0.27	0.30	0.28	0.30
枝江市	0.33	0.31	0.37	0.35	0.35	0.37
当阳市	0.37	0.29	0.43	0.38	0.36	0.36
远安县	0.21	0.08	0.12	0.14	0.14	0.15
兴山县	0.13	0.12	0.11	0.12	0.13	0.15
秭归县	0.27	0.24	0.21	0.26	0.28	0.30
长阳自治县	0.31	0.23	0.42	0.45	0.41	0.36
五峰自治县	0.13	0.12	0.19	0.18	0.17	0.19
市区	1.12	0.82	0.85	0.88	0.96	0.88
#夷陵区	0.49	0.30	0.34	0.33	0.37	0.36
人口出生率	**7.86**	**6.05**	**7.40**	**7.62**	**7.69**	**7.62**
宜都市	6.82	5.35	6.85	7.61	7.06	7.58
枝江市	6.35	6.11	7.19	6.93	6.97	7.35
当阳市	7.65	6.01	8.91	7.83	7.39	7.51
远安县	10.08	4.10	6.11	7.21	7.31	7.72
兴山县	6.59	6.52	5.89	6.57	7.39	8.30
秭归县	6.75	6.14	5.37	6.71	7.24	7.82
长阳自治县	7.55	5.62	10.20	10.77	9.96	8.64
五峰自治县	6.44	5.82	9.03	8.64	8.00	8.92
市区	9.50	6.73	6.94	7.10	7.74	7.04
#夷陵区	8.46	5.80	6.63	6.36	7.19	6.99

2—3　续表2　　　　单位:万人、万户、‰

项　　目	2000	2005	2006	2007	2008	2009
死亡人口	**3.00**	**2.09**	**2.00**	**2.77**	**3.17**	**3.13**
宜 都 市	0.32	0.19	0.18	0.25	0.36	0.35
枝 江 市	0.33	0.35	0.15	0.76	0.56	0.28
当 阳 市	0.34	0.09	0.32	0.24	0.31	0.68
远 安 县	0.23	0.13	0.15	0.15	0.18	0.14
兴 山 县	0.14	0.10	0.11	0.10	0.24	0.10
秭 归 县	0.37	0.26	0.32	0.32	0.44	0.57
长阳自治县	0.36	0.25	0.13	0.25	0.17	0.18
五峰自治县	0.15	0.11	0.11	0.14	0.12	0.12
市　　区	0.76	0.62	0.53	0.56	0.79	0.70
#夷 陵 区	0.46	0.29	0.28	0.30	0.48	0.39
人口死亡率	**7.54**	**5.24**	**5.00**	**6.90**	**7.90**	**7.80**
宜 都 市	8.26	4.84	4.47	6.34	9.18	8.89
枝 江 市	6.53	6.90	2.99	15.05	11.24	5.61
当 阳 市	7.07	1.86	6.72	4.94	6.27	13.96
远 安 县	11.06	6.66	7.85	7.72	9.38	6.94
兴 山 县	7.40	5.44	5.77	5.47	13.27	5.79
秭 归 县	9.23	6.65	8.26	8.26	11.42	14.95
长阳自治县	8.55	6.10	3.15	5.99	4.09	4.44
五峰自治县	7.14	5.33	5.10	6.72	5.60	5.93
市　　区	6.45	5.09	4.35	4.52	6.34	5.60
#夷 陵 区	8.01	5.61	5.41	5.78	9.25	7.57
人口自然增长率	**0.32**	**0.81**	**2.40**	**0.72**	**-0.21**	**-0.18**
宜 都 市	-1.44	0.51	2.38	1.27	-2.12	-1.31
枝 江 市	-0.18	-0.79	4.21	-8.12	-4.26	1.74
当 阳 市	0.58	4.15	2.20	2.88	1.12	-6.45
远 安 县	-0.98	-2.56	-1.74	-0.51	-2.08	0.78
兴 山 县	0.80	1.08	0.12	1.09	-5.87	2.51
秭 归 县	-2.48	-0.51	-2.89	-1.55	-4.18	-7.13
长阳自治县	-1.00	-0.48	7.05	4.79	5.87	4.20
五峰自治县	-0.70	0.49	3.93	1.92	2.40	2.99
市　　区	3.05	1.64	2.59	2.58	1.40	1.44
#夷 陵 区	0.45	0.19	1.22	0.58	-2.06	-0.58

2—4　分县市符合政策生育率

单位:%

年　份	全　市	宜都市	枝江市	当阳市	远安县	兴山县	秭归县	长阳自治县	五峰自治县	市　区	夷陵区
1991	96.81	96.78	96.26	99.14	96.91	91.51	97.21	96.94	92.77	99.78	97.09
1992	98.78	98.79	98.84	99.31	99.31	98.47	98.93	98.41	96.06	99.27	98.63
1993	98.64	99.33	99.21	98.57	98.15	98.6	98.36	96.76	97.76	99.65	97.89
1994	98.46	99.34	98.95	98.26	98.83	98.61	98.76	98.56	96.43	99.77	96.93
1995	98.74	99.78	98.26	98.96	98.94	99.08	99.23	98.02	97.42	99.81	98.15
1996	98.84	99.69	97.76	99.16	98.81	98.32	99.00	98.58	97.83	99.72	99.02
1997	98.89	99.56	98.47	99.33	98.22	98.12	99.31	98.83	98.56	99.48	98.14
1998	99.08	99.19	99.14	99.52	99.01	99.17	99.41	98.62	98.50	99.62	98.52
1999	99.15	99.43	99.07	99.07	99.59	98.29	99.25	98.83	98.39	99.70	99.13
2000	99.04	99.43	98.79	99.07	99.01	99.38	99.23	97.79	99.12	99.40	99.00
2001	99.11	99.50	98.78	99.02	99.12	99.2	99.53	97.53	98.61	99.63	99.56
2002	98.96	99.41	98.46	99.03	98.82	99.02	99.19	97.16	98.51	99.57	99.48
2003	98.73	98.81	98.57	98.58	98.26	97.90	99.19	97.59	97.75	99.67	98.83
2004	98.69	98.98	97.03	98.48	98.58	97.84	99.01	98.19	98.69	99.32	98.79
2005	98.12	98.48	97.35	97.79	97.75	97.22	98.57	97.24	96.86	98.83	98.20
2006	98.02	98.23	98.21	97.13	97.04	95.76	98.02	97.59	96.92	98.94	98.38
2007	99.21	98.70	99.34	99.29	99.43	98.28	99.40	99.11	98.52	99.49	99.17
2008	99.21	99.26	98.95	98.99	99.08	98.97	99.57	99.11	98.60	99.45	99.10
2009	99.08	99.48	98.65	99.32	99.48	98.70	99.20	98.25	98.60	99.35	99.10

注:2002 年以后"计划生育率"改称为"符合政策生育率"。

主要统计指标解释

人口数 指一定时点、一定地区范围内的有生命的个人的总和。

本篇中的人口数取自市公安局《人口统计年报》表。

出生率(又称粗出生率) 指在一定时期内(通常为一年)平均每千人所出生的人数的比率,一般用千分率表示。计算公式为:

出生率 = 年出生人数/年平均人数 × 1000‰

式中:出生人数指活产婴儿,即胎儿脱离母体时(不管怀孕月数),有过呼吸或其他生命现象。年平均人数指年初、年底人口数的平均数,也可用年中人口数代替。

死亡率(又称粗死亡率) 指在一定时期内(通常为一年)一定地区的死亡人数与同期平均人数(或期中人数)之比,一般用千分率表示。计算公式为:

死亡率 = 年死亡人数/年平均人数 × 1000‰

人口自然增长率 指在一定时期内(通常为一年)人口自然增加数(出生人数减死亡人数)与该时期内平均人数(或期中人数)之比,一般用千分率表示。计算公式为:

人口自然增长率 = (本年出生人数 - 本年死亡人数)/年平均人数 × 1000‰ = 人口出生率 - 人口死亡率

总负担系数 指被抚养人口(0 - 14 岁和 65 岁以上人口)与 15 - 64 岁人口的比例。计算公式为:

总负担系数 = 被抚养人口/15 - 64 岁人口 × 100%

负担老年系数 指老年人口(65 岁以上人口)与 15 - 64 岁人口的比例。计算公式为:

负担老年系数 = 老年人口/15 - 64 岁人口 × 100%

负担少年系数 指少年儿童与 15 - 64 岁人口的比例。计算公式为:

负担少年系数 = 少年儿童人口/15 - 64 岁人口 × 100%

三 财政金融

FINANCE

3—1 历年分县市财政收入

（1953—2009 年）

单位：万元

年份	全市	宜都市	枝江市	当阳市	远安县	兴山县	秭归县	长阳自治县	五峰自治县	市区	#夷陵区
1953	146	28	37	28	7	7	6	9	7	17	17
1954	96	15	17	12	3	2	2	3	6	36	16
1955	687	143		57	21	13	31	30	13	379	83
1956	862	233		94	33	27	70	64	21	320	91
1957	1157	265		134	60	44	86	113	44	411	159
1958	2234	332			120	99	211	134	88	1250	172
1959	6545	1174		570	257	161	274	314	188	3607	461
1960	4289	727		277	135	135	235	249	150	2381	318
1961	2860	506		214	78	62	141	147	84	1628	225
1962	2632	599		275	93	76	175	192	113	1109	243
1963	3747	451	615	530	165	111	238	296	181	1160	439
1964	3665	460	727	550	162	108	226	287	184	961	433
1965	3873	485	670	561	152	119	202	228	187	1269	422
1966	3682	370	666	538	137	99	151	158	154	1409	414
1967	3597	391	644	510	138	102	142	159	147	1364	402
1968	2699	346	600	487	125	90	147	167	117	620	423
1969	2886	399	629	494	118	88	84	175	112	787	452
1970	4403	521	683	622	162	105	198	181	136	1795	553
1971	4974	633	754	585	237	80	161	164	133	2227	605
1972	7072	714	791	689	289	134	279	255	191	3730	641
1973	8743	793	878	726	308	183	393	306	218	4938	720
1974	8031	783	964	782	317	140	306	354	213	4172	691
1975	9014	898	993	834	339	194	176	237	201	5142	648
1976	9372	945	1057	1021	282	208	304	351	231	4973	635
1977	10674	1033	1079	1112	317	245	365	398	265	5860	728
1978	13830	1174	1177	1053	423	289	470	437	314	8493	910
1980	14873	1238	1198	1124	411	319	403	420	335	9425	910
1981	16308	1363	1249	1327	462	338	440	514	382	10233	1055

3—1 续表

年 份	全 市	宜都市	枝江市	当阳市	远安县	兴山县	秭归县	长 阳 自治县	五 峰 自治县	市 区	#夷陵区
1982	18696	1526	1504	2402	548	398	538	662	471	10647	2380
1983	20390	1539	1383	3192	621	385	346	621	352	11951	3282
1984	21942	1628	1542	3536	775	420	523	781	421	12316	3091
1985	28862	1949	1979	5024	1516	535	694	986	541	15638	2677
1986	34301	2133	2937	6240	1545	820	815	1059	696	18056	3220
1987	41877	2546	3006	9323	1490	930	1030	1339	919	21294	4006
1988	48929	3075	3536	10218	2061	1361	1259	1854	1259	24306	6094
1989	55056	3582	4407	10130	2596	1665	1488	2232	1577	27379	7252
1990	57548	3789	4819	10552	2958	1932	1526	2428	1621	27923	8163
1991	61851	4020	5304	11191	3290	2301	1889	2642	1699	29515	9152
1992	69555	4376	5333	11748	3458	2605	2479	3930	1869	33757	10117
1993	86570	5343	6586	12513	4185	3411	3050	4642	2142	44698	12125
1994	101781	6236	7692	14791	4505	3996	3702	3749	2181	54929	16166
1995	127067	7790	9942	17202	5172	5095	4932	5996	2708	68230	19078
1996	153826	10362	12591	20224	5739	6557	6436	7124	3507	81286	22838
1997	184427	11121	14773	24288	6967	7610	8075	8835	4275	98483	26198
1998	221318	12749	17015	30588	8417	9157	9567	10448	5020	118357	32267
1999	241550	14410	19149	33096	9019	9808	9824	11818	5580	128846	36516
2000	263664	15744	20562	35890	9526	10686	10099	12289	6070	142798	40566
2001	287766	17966	22464	38436	10018	11548	10927	11001	6629	158777	43916
2002	157320	11408	11189	14738	5025	5198	6141	7724	3339	92558	17250
2003	167412	12801	12330	15776	5604	6042	6063	8034	3355	97407	16781
2004	191296	16510	14189	18441	6506	6035	6690	8727	3276	110922	17851
2005	225251	20164	17509	18780	7808	7698	7709	9600	3636	132347	21674
2006	273685	26772	22767	20721	10018	8308	8690	11287	4161	160961	26979
2007	355709	37954	29618	26588	13056	10758	11261	13364	4782	208328	39128
2008	442701	49803	37458	34128	18226	13111	14236	16841	6002	252896	50619
2009	504963	57280	43125	39260	21000	14950	15950	19200	6850	301755	66058

注:2002 年以后各年数据口径为地方财政一般预算收入。

3—2 历年分县市财政支出

单位:万元

年份	全市	宜都市	枝江市	当阳市	远安县	兴山县	秭归县	长阳自治县	五峰自治县	市区	#夷陵区
1953	671	87	82	85	44	54	78	93	49	99	99
1954	759	80	79	79	42	49	71	82	43	234	89
1955	1181	188		94	52	60	87	101	54	545	112
1956	1753	384		160	87	92	146	159	78	647	172
1957	1640	281		150	80	90	138	159	83	659	155
1958	4280	409		280	121	198	219	248	135	2670	226
1959	6715	508		255	169	180	295	370	172	4766	307
1960	6261	617		391	172	229	353	536	173	3790	479
1961	4575	649		471	194	244	440	388	196	1993	473
1962	2782	361		230	111	133	203	206	113	1425	216
1963	3012	214	204	243	134	154	234	252	147	1430	255
1964	2938	243	302	298	129	158	225	230	147	1206	197
1965	3439	255	301	262	132	169	218	225	134	1743	289
1966	4195	308	318	357	160	189	280	280	175	2128	345
1967	4020	306	273	276	194	222	325	331	191	1902	370
1968	3473	355	256	252	220	220	330	332	214	1294	397
1969	3915	439	354	403	219	243	339	432	239	1247	435
1970	4425	395	345	342	220	279	424	390	236	1794	500
1971	9403	614	4444	562	299	335	518	525	343	1763	750
1972	5897	520	482	547	308	365	539	532	368	2236	615
1973	6647	593	495	571	322	373	573	525	405	2790	704
1974	6687	643	536	620	428	376	549	584	350	2601	839
1975	7921	694	671	854	406	456	792	821	424	2803	922
1976	8376	771	700	902	524	521	778	685	463	3032	934
1977	9087	791	653	787	559	705	828	816	618	3330	996
1978	10897	931	871	1204	563	631	978	889	640	4190	1118
1980	13724	1179	1174	1228	793	894	1138	1098	825	5395	1361
1981	14017	1135	1160	1157	745	905	1133	1067	744	5971	1358

3—2 续表

年份	全市	宜都市	枝江市	当阳市	远安县	兴山县	秭归县	长阳自治县	五峰自治县	市区	#夷陵区
1982	18835	1247	1338	1988	849	1049	1361	1346	961	8696	2596
1983	21521	1434	1552	2489	1070	1059	1595	1452	1055	9815	2920
1984	23587	1570	1557	2851	1254	1384	1511	1732	1211	10517	3022
1985	26320	1852	2008	3803	1972	1222	1887	1977	1322	10277	2810
1986	35549	2437	2642	5324	2244	1793	2233	2712	864	15300	3458
1987	38929	2663	2863	6632	1963	1797	2340	2742	2049	15880	3718
1988	47607	3172	3622	9161	2609	2058	2790	3384	2324	18487	4656
1989	57058	3693	4629	9763	3256	2725	3397	3919	2785	22891	7282
1990	59241	3869	5051	9487	3540	3018	3399	4112	2819	23946	7912
1991	62303	4141	5036	9932	3627	3286	3948	4408	2812	25113	7858
1992	71078	4786	5307	10818	3888	3644	4928	5878	2940	28889	9856
1993	89660	5516	7189	11696	4773	4410	5444	6612	4248	39772	11366
1994	107663	6685	9333	13190	5251	5498	6846	7661	5477	47722	15387
1995	119004	7388	10500	14825	5215	5302	7148	8117	5445	55064	17052
1996	144675	8468	12110	18362	6294	7249	9553	9380	6569	66690	20353
1997	173259	10667	14458	21626	7525	8651	10909	11606	7040	80777	22255
1998	201087	11809	16018	26655	8189	9051	12057	13298	7423	96587	26204
1999	229961	13832	18106	28975	9604	10268	14990	15918	9641	108627	29625
2000	256635	15919	20053	31064	10794	11875	15512	16932	10384	124102	32165
2001	291893	19781	22098	33739	12698	13403	19496	18613	14136	137929	35680
2002	315385	23856	23324	32119	14390	16969	19475	21830	16158	147264	39435
2003	343033	29333	26235	34194	15057	17895	22217	23027	16049	159026	40049
2004	389204	34474	29791	40359	16160	18696	24169	26305	17095	182155	43575
2005	476280	41556	40696	47823	21474	22420	29888	32762	20621	219040	52927
2006	627607	65253	55490	58924	34557	24306	36014	43140	26192	283731	72433
2007	797794	73502	70694	75214	37080	34132	48945	55515	37461	365251	91753
2008	1052989	107304	92525	103482	53059	47936	66228	72310	47064	463081	120516
2009	1564579	157343	140674	150702	83181	71059	100268	110706	69144	681502	189585

3—3 分县市区地方财政一般预算收入

（2009年）

单位：万元

指标	全市	宜都市	枝江市	当阳市	远安县	兴山县	秭归县	长阳自治县	五峰自治县
一般预算收入	**549391**	**68509**	**46910**	**46076**	**25498**	**16871**	**17418**	**19354**	**7000**
税收收入	436540	49621	32331	33696	19147	13059	12790	14187	5536
增值税	64716	7093	4670	3891	2967	2855	1557	2402	970
营业税	117178	7861	6068	4724	2270	2801	4667	5646	1624
企业所得税	40369	2059	2120	2842	1698	2520	665	1331	230
个人所得说	12491	505	644	975	412	501	341	609	123
资源税	19685	1750	269	1075	8758	1652	841	661	206
城市维护建设税	33773	2476	2663	2421	769	929	629	1336	307
房产税	15344	970	941	1128	858	187	319	279	150
印花税	8607	405	423	298	114	242	136	226	61
城镇土地使用税	20175	3374	2191	1783	989	106	474	284	115
土地增值税	15804	4542	1613	422	19	15	225	162	41
车船税	4670	233	291	242	120	104	126	162	82
耕地占用税	44513	16313	7677	11326	40	6	825	139	117
契税	35711	2040	2761	2569	133	31	944	815	292
烟叶税	3504					1110	1041	135	1218
非税收收入	112851	18888	14579	12380	6351	3812	4628	5167	1464
专项收入	28471	1698	1738	1316	1481	731	562	1441	405
行政事业性收费收入	26318	4036	2406	3207	914	494	714	1328	454
罚没收入	11832	679	1899	1050	619	130	415	918	449
国有资本经营收入	21735	10731	5001	6440		700		438	
国有资源(资产)有偿使用收入	17280	1544	3137	367	3322	84	2773	96	55
其他非税收入	7215	200	398		15	1673	164	946	101

3—3 续表

单位:万元

指　　标	市　区	夷陵区	西陵区	伍家岗区	点军区	猇亭区	宜昌开发区	市　直
一般预算收入	**301728**	**66058**	**17868**	**13095**	**3743**	**7977**	**17658**	**175329**
税收收入	256173	49142	16423	10941	2816	7740	16147	152964
增值税	38311	7829	1752	1754	596	494	1690	24196
营业税	81517	14917	8122	4864	1166	1248	2045	49155
企业所得税	26904	6117	2339	874	62	305	745	16462
个人所得说	8381	1236	622	190	58	192	189	5894
资源税	4473	4373	3		4	9		84
城市维护建设税	22243	4889						17354
房产税	10512	706	1074	595	218	368	473	7078
印花税	6702	756	411	314	132	139	164	4786
城镇土地使用税	10859	1274	888	761	331	485	799	6321
土地增值税	8765	1962	954	1259	36	17	394	4143
车船税	3310	390	41	107	57	70	42	2603
耕地占用税	8070	18		6		2647	5399	
契税	26126	4675	217	217	156	1766	4207	14888
烟叶税								
非税收收入	45582	16916	1445	2154	927	237	1538	22365
专项收入	19099	9706						9393
行政事业性收费收入	12765	2339	273	358	142	31	187	9435
罚没收入	5673	1222	401	1330	129	53	93	2445
国有资本经营收入	-1575	2100		188	73	6	18	-3960
国有资源(资产)有偿使用收入	5902	1156	771	84	28	118	96	3649
其他非税收入	3718	393		194	555	29	1144	1403

3—4　分县市区财政一般预算支出

（2009年）

单位:万元

指　　标	全　市	宜都市	枝江市	当阳市	远安县	兴山县	秭归县	长　阳 自治县	五　峰 自治县
一般预算支出	**1564579**	**157343**	**140674**	**150702**	**83181**	**71059**	**100268**	**110706**	**69144**
一般公共服务	217401	20893	14928	20058	16231	12157	14156	16540	12323
国防	37					37			
公共安全	77494	4906	5325	5874	4065	2429	4134	5072	2886
教育	221988	19322	24894	20817	11512	10684	16020	17035	9846
科学技术	22823	2861	1316	1950	716	610	827	482	562
文化体育与传媒	25548	1709	1839	1453	1018	1154	1465	1993	970
社会保障和就业	200442	26305	16118	18471	9385	8143	13225	13639	6049
医疗卫生	96915	9667	6579	7396	7243	3796	6624	10406	7016
环境保护	80896	11616	6133	5628	3973	7494	11457	5672	3333
城乡社区事务	120551	30440	11092	4482	1387	1463	2680	2253	2181
农林水事务	196372	19826	22824	24786	10179	13196	16880	18540	13703
交通运输	74741	3588	2804	2853	2047	3127	7645	12224	3498
采掘电力信息等事物	67369	2423	16633		7019	2824	1357	769	721
粮油物资储备等管理事务	42135	2655	4958	799	1983	1554	1992	2866	2129
金融监管支出	135	25		5138	15	32		48	
地震灾后恢复重建支出	1700			15					
债务付息支出	2130					676	397		1057
其他支出	115902	1107	5276	30982	6408	1683	1409	3167	2870

3—4 续表

指标	市区	夷陵区	西陵区	伍家岗区	点军区	猇亭区	宜昌开发区	市直
一般预算支出	**681502**	**189585**	**32484**	**24170**	**22091**	**19401**	**21455**	**372316**
一般公共服务	90115	27801	6644	4767	5371	2869	2120	40543
国防								
公共安全	42803	8539	2567	880	842	848	112	29015
教育	91903	29664	10051	4723	4873	2682	816	39094
科学技术	13499	2215	489	443	156	113	5000	5083
文化体育与传媒	13947	1999	324	380	123	111	18	10992
社会保障和就业	89107	16819	3086	4532	1359	2386	733	60192
医疗卫生	38188	15397	1772	1418	997	824	267	17513
环境保护	25590	10304	64	238	595	224	18	14147
城乡社区事务	64573	13978	620	2192	1002	3077	11594	32110
农林水事务	56438	26651	743	897	3034	1165	101	23847
交通运输	36955	6840	88	64	2887	555		26521
采掘电力信息等事物	34824	6441	472	66	35	3641	4	24165
粮油物资储备等管理事务	18860	9712	7	10	55	11	6	9059
金融监管支出								
地震灾后恢复重建支出	1700							1700
债务付息支出								
其他支出	63000	13225	5557	3560	762	895	666	38335

3—5 主要年份金融机构各项存贷款余额

单位:万元

指　　标	2000	2005	2006	2007	2008	2009
各项存款	**2997003**	**5969919**	**7156996**	**8863934**	**10024023**	**16020708**
企业存款	1230072	1704499	2052878	2836205	3092246	4350201
财政存款	35217	68457	110315	180683	228409	354454
机关团体存款	14297	266687	362986	329987	441223	564617
储蓄存款	1498956	3355989	3796309	3971098	5047820	6088545
农业存款	39456	70143	86698	97212	98868	155132
委托存款	122125	82753	220189	964255	501346	3668897
其他存款	71177	421391	527621	484494	614111	838862
各项贷款	**3075964**	**4940402**	**5476834**	**6751790**	**6984114**	**12594900**
短期贷款	1503660	1552367	1682094	2163633	1957816	2395112
工业贷款	560358	403642	539096	847816	670378	793076
商业贷款	424578	361622	344008	369649	336939	305128
建筑业贷款	67837	184279	250493	302830	270281	209134
私营企业及个体贷款	4808	40352	38307	37906	38864	119738
农业贷款	88795	222695	266223	295178	335980	437120
三资企业贷款	22892	5257	14000	14470	20268	1000
中长期贷款	1079383	3058579	3326740	3789655	4219504	6252627
基本建设贷款	802331	1491320	1529136	1624628	1834285	2340922
技术改造贷款	144280	47201	30715	31372	33052	88370
其他中长期贷款	132772	1520058	1766889	2133655	2352167	3823335
委托贷款	129473	82696	218579	559127	485064	3560000

注:本表数据口径为人民币口径。

3—6 主要年份金融机构现金收支

单位:万元

指　　标	2000	2004	2005	2006	2007	2008
收入总计	**6048065**	**13258628**	**13779800**	**15405577**	**14187636**	**15246467**
商品销售收入	620129	1124788	1250643	1294800	1236134	1172485
服务业收入	347013	647281	780526	768229	766444	738736
税款收入	55383	123108	140877	193078	216299	214487
城乡个体经营收入	178960	164756	143453	152344	153645	187525
储蓄收入	4009877	10142532	10540677	12032980	10955836	12146720
其他金融机构收入	141353	83972	76474	72367	53615	40008
居民归还贷款收入	49574	277226	261699	232198	193869	196965
汇兑收入	62234	40046	23742	15945	8975	11345
有价证券收入	3596	21270	10275	10942	6290	7744
其他收入	579946	633649	551434	632694	596529	530456
支出总计	**6154108**	**13383627**	**13902815**	**15402809**	**14135241**	**15229004**
工资支出	453396	756879	877470	971397	747796	643373
农副产品采购支出	100752	340551	369636	404630	267134	250196
工矿及其他产品采购支出	69103	161197	162166	161217	133638	90451
行政企事业管理费支出	500495	870711	968396	978787	889087	841457
城乡个体经营支出	213337	193047	200843	195436	195121	240964
储蓄存款支出	4021540	10118504	10549470	11993781	11293252	12667735
其他金融机构支出	82239	71026	89950	83583	77289	50610
居民提取贷款支出	57084	230445	143364	25111	25341	23697
汇兑支出	53465	14136	5654	5037	3389	2865
有价证券支出	1942	7352	5950	5520	3033	2338
其他支出	600755	619779	529916	578310	500161	415320
投放(+)回笼(-)差额	**106043**	**124999**	**123015**	**-2768**	**-52395**	**-17463**

3—7 分行业大中小型企业贷款余额

（2009年）

单位：万元

行业	大型	中型	小型
总计	**3104808**	**1478773**	**1166886**
农、林、牧、渔业	15000	9718	96335
采矿业	41000	91892	68129
制造业	904284	720861	376439
电力、燃气及水的生产和供应业	1524600	109715	52905
建筑业	327926	17977	52359
交通运输、仓储和邮政业	43000	98975	114394
信息传输、计算机服务和软件业			1529
批发和零售业	80097	125279	156929
住宿和餐饮业		3500	8508
金融业			
房地产业	115500	134566	69104
租赁和商务服务业	7000	22910	30884
科学研究、技术服务和地质勘查业			2960
水利、环境和公共设施管理业	44400	126045	58113
居民服务和其他服务业		4000	2950
教育	2000	3935	5883
卫生、社会保障和社会福利业		1900	1870
文化、体育和娱乐业		500	919
公共管理和社会组织		7000	66677

注：本表为企业贷款。不含委托贷款和票据融资。

3—8 主要年份分县市城乡居民储蓄存款余额

单位：万元

县市区	2000	2005	2006	2007	2008	2009
合计	**1494137**	**3347060**	**3787270**	**3959585**	**5047820**	**6088545**
宜都市	114411	248627	284511	322691	424738	494448
枝江市	157212	307464	358191	411567	527795	627436
当阳市	168028	329681	381061	420708	549970	629874
远安县	65254	115650	134952	152058	200706	233603
兴山县	33780	72264	85209	97933	126665	159231
秭归县	55810	110061	129921	158574	201703	234503
长阳自治县	50818	129271	155427	188914	240173	279605
五峰自治县	24605	55632	67736	83611	105548	125184
市区	824219	1978410	2190262	2123529	2368664	3304661
#夷陵区	141402	310306	358240	396900	301858	

3—9 国税局税收完成情况

（2009年）

单位:万元

县市区	税收收入合计	增值税	消费税	涉外企业所得税	企业所得税
全市	**1002629**	**394022**	**59460**	**13633**	**506726**
夷陵区	75998	46174	19853	535	9023
宜都市	49879	43197	11	2443	3788
枝江市	39770	28708	8324	278	2032
当阳市	44411	22923	13861	1149	5547
远安县	23590	17727	237	4	5408
兴山县	22405	16792	9	0	5469
秭归县	10693	9272	37	61	1040
长阳自治县	18306	14322	2	6	3675
五峰自治县	6190	5703	48	0	318
西陵区	53243	33535	1524	3063	15097
伍家岗区	32075	26037	0	147	5891
点军区	9106	8886	1	9	151
猇亭区	11131	8700	0	711	1701
宜昌开发区	34764	25185	5540	848	3191
三峡坝区	546722	86861	10013	4379	444395

县市区	个人储蓄利息所得税	出口退税	其他收入	省级收入	本级收入
全市	**2900**	**-56100**	**429**	**47798**	**554259**
夷陵区	292	-771	25	5244	75585
宜都市	267	-7810	19	4497	49435
枝江市	320	-4889	25	2772	39345
当阳市	334	-381	37	2972	43484
远安县	124	-527	45	2280	23376
兴山县	80	-1161	17	2195	22270
秭归县	141	-2276	26	963	10410
长阳自治县	170	-108	20	1766	18005
五峰自治县	74	-193	6	534	6069
西陵区	24	-15165	77	5417	53219
伍家岗区	0	-9383	47	2948	31804
点军区	0	-2262	6	733	9039
猇亭区	0	-9341	7	1058	11113
宜昌开发区	0	-1833	34	2621	34764
三峡坝区	1074	0	38	11798	126341

3—10 地税局税收完成情况

（2009年）

单位：万元

县市区	税收收入合计	中央级收入	省级收入	地方级收入	教育费附加
全市	**479853**	**66404**	**66821**	**346628**	**16976**
夷陵区	60208	11914	9371	38923	2431
宜都市	47359	2416	3973	40970	1298
枝江市	36243	5247	3913	27083	1535
当阳市	36586	5144	3311	28131	891
远安县	18069	1816	1427	14826	727
兴山县	15000	3969	2193	8838	624
秭归县	15149	1753	2438	10958	409
长阳自治县	16346	2448	3032	10866	1063
五峰自治县	6001	656	860	4485	232
三峡分局	94419	15903	13827	64689	4527
西陵分局	51823	6872	10420	34531	1062
伍家分局	31719	2927	5943	22849	858
开发区分局	28687	3011	2944	22732	888
猇亭分局	14666	1706	1764	11196	214
点军分局	7578	622	1405	5551	217

主要统计指标解释

财政收入 指国家财政参与社会产品分配所取得的收入，是实现国家职能的财力保证。财政收入所包括的内容几经变化，目前主要包括：

(1)各项税收：包括增值税、营业税、消费税、土地增值税、城市维护建设税、资源税、城市土地使用税、印花税、个人所得税、企业所得税、关税、农牧业税和耕地占用税等。

(2)专项收入：包括征收排污费收入、征收城市水资源费收入、教育费附加收入等。

(3)其他收入：包括基本建设贷款归还收入、基本建设收入、捐赠收入等。

(4)国有企业计划亏损补贴：这项为负收入，冲减财政收入。

财政支出 国家财政将筹集起来的资金进行分配使用，以满足经济建设和各项事业的需要，主要包括：

(1)基本建设支出：指按国家有关规定，属于基本建设范围内的基本建设有偿使用、拨款、资本金支出以及经国家批准对专项和政策性基建投资贷款，在部门的基建投资额中统筹支付的贴息支出。

(2)企业挖潜改造资金：指国家预算内拨给的用于企业挖潜、革新和改造方面的资金。包括各部门企业挖潜改造资金和企业挖潜改造贷款资金，为农业服务的县办“五小”企业技术改造补助，挖潜改造贷款利息支出。

(3)地质勘探费用：指国家预算用于地质勘探单位的勘探工作费用，包括地质勘探管理机构及其事业单位经费、地质勘探经费。

(4)科技三项费用：指国家预算用于科技支出的费用，包括新产品试制费、中间试验费、重要科学研究补助费。

(5)支援农村生产支出：指国家财政支援农村集体(户)各项生产的支出。包括对农村举办的小型农田水利和打井、喷灌等的补助费，对农村水土保持措施的补助费，对农村举办的小水电站的补助费，特大抗旱的补助费，农村开荒补助费，扶持乡镇企业资金，农村农技推广和植保补助费，农村草场和畜禽保护补助费，农村造林和林木保护补助费，农村水产补助费，发展粮食生产专项资金。

(6)农林水利气象等部门的事业费用：指国家财政用于农垦、农场、农业、畜牧、农机、林业、森工、水利、水产、气象、乡镇企业的技术推广、良种推广(示范)、动植物(畜禽、森林)保护、水质监测、勘探设计、资源调查、干部训练等项费用，园艺特产场补助费，中等专业学校经费，飞播牧草试验补助费，营林机构、气象机构经费，渔政费以及农业管理事业费等。

(7)工业交通商业等部门的事业费：指国家预算支付给工交商各部门用于事业发展的经费，包括勘探设计费、中等专业学校经费、技术学校经费、干部训练费。

(8)文教科学卫生事业费：指国家预算用于文化、出版、文物、教育、卫生、中医、公费医疗、体育、档案、地震、海洋、通讯、电影电视、计划生育、党政群干部训练、自然科学、社会科学、科协等项事业的经费支出和高技术研究专项经费。主要包括工资、补助工资、福利费、离退休费、助学金、公务费、设备购置费、修缮费、业务费、差额补助费。

(9)抚恤和社会福利救济费：指国家预算用于抚恤和社会福利救济事业的经费。包括由民政部门开支的烈士家属和牺牲病残人员家属的一次性、定期抚恤金，革命伤残人员的抚恤金，各种伤残补助费，烈军属、复员退伍军人生活补助费，退伍军人安置费，优抚事业单位经费，烈士纪念建筑物管理、维修费，自然灾害救济事业费和特大自然灾害灾后重建补助费等。

(10)国防支出：指国家预算用于国防建设和保卫国家安全的支出，包括国防费、国防科研事业费、民兵建设以及专项工程支出等。

(11)行政管理费：包括行政管理支出，党派团体补助支出，外交支出，公安安全支出，司法支出，法院支出，检察院支出和公检法办案费用补助。

(12)价格补贴支出：指经国家批准，由国家财政拨给的政策性补贴支出。主要包括粮食加价款，粮、棉、油差价补贴，棉花收购价外奖励款，副食品风险基金，市镇居民的肉食价格补贴，平抑市价肉食、蔬菜价差补贴等以及经国家批准的教材课本、报刊新闻纸等价格补贴。

中央财政收入和地方财政收入 指按财政体制划分的中央本级收入和地方本级收入。1994 年分税制财政体制以后，属于中央财政的收入包括关税、海关代征消费税和增值税，消费税，中央企业所得税，地方银行和外资银行及非银行金融企业所得税，铁道、银行总行、保险总公司等集中缴纳的营业税、所得税、利润和城市维护建设税，增值税的75%部分，证券交易税（印花税）50%部分和海洋石油资源税。属于地方财政的收入包括营业税，地方企业所得税，个人所得税，城镇土地使用税，固定资产投资方向调节税，城镇维护建设税，房产税，车船使用税，印花税，屠宰税，农牧业税，农业特产税，耕地占用税，契税，增值税25%部分，证券交易税（印花税）50%部分和除海洋石油资源税以外的其他资源税。

中央财政支出和地方财政支出 指根据政府在经济和社会活动中的不同职责，划分中央和地方政府的责权，按照政府的责权划分确定的支出。中央财政支出包括国防支出，武装警察部队支出，中央级行政管理费和各项事业费，重点建设支出以及中央政府调整国民经济结构、协调地区发展、实施宏观调控的支出。地方财政支出主要包括地方行政管理和各项事业费，地方统筹的基本建设、技术改造支出，支援农村生产支出，城市维护和建设经费，价格补贴支出等。

预算外资金收支 预算外资金指国家机关、事业单位和社会团体为履行或代行政府职能，依据国家法律、法规和具有法律效力的规章而收取、提取和安排使用的未纳入国家预算管理的各种财政性资金。其范围主要包括：法律、法规规定的行政事业性收费、基金和附加收入等；国务院或省级人民政府及其财政、计划（物价）部门审批的行政事业性收费；国务院及财政部审批建立的基金、附加收入等；主管部门所属单位集中上缴资金；用于乡镇政府开支的乡自筹和乡统筹资金；其他未纳入预算管理的财政性资金。社会保障基金在国家财政尚未建立社会保障预算制度以前，先按预算外资金管理制度进行管理，专款专用。财政部门在银行开设统一的专户，用于预算外资金收入和支出管理。部门和单位的预算外收入必须上缴同级财政专户，支出由同级财政按预算外资金收支计划和单位财务收支计划统筹安排，从财政专户中拨付，实行收支两条线管理。

信贷资金 指金融机构以信用方式积聚和分配的货币资金。金融机构信贷资金的来源有各项存款、对国际金融机构负债、流通中货币、银行自有资金及当年结益等；信贷资金的运用有各项贷款、黄金占款、外汇占款、财政借款及在国际金融机构中的资产等。

存款 指企业、机关、团体或居民根据资金必须收回的原则，把货币资金存入银行或其他信用机构保管并取得一定利息的一种信用活动形式。根据存款对象的不同可划分为企业存款、财政存款、机关团体存款、基本建设存款、城镇储蓄存款、农村存款等科目。它是银行信贷资金的主要来源。

贷款 指银行或其他信用机构根据资金必须归还的原则，按一定利率，为企业、个人等提供资金的一种信用活动形式。我国银行贷款分为流动资金贷款、固定资产贷款、城乡个体工商户贷款以及农业贷款等科目。

四　从业人员和工资

EMPLOYMENT AND WAGES

4—1 主要年份全市就业基本情况

单位:万人、%

指　　标	2000	2004	2005	2006	2007	2008	2009
从业人员合计	**201.1**	**212.3**	**215.2**	**216.8**	**216.9**	**217.1**	**217**
第一产业	97.2	98.2	92.6	91.8	86.5	81.9	81.2
第二产业	42.1	45.5	49.1	50.1	52.0	53.9	54
第三产业	61.9	68.6	73.5	74.9	78.4	81.3	81.8
城镇从业人员	76.1	84.9	89.1	90.1	92.4	93.9	96.0
职工人数	37.70	36.88	38.46	39.85	47.77	49.42	51.1
女职工人数	13.84	13.84	14.26	15.05	18.02	18.36	19.23
城镇登记失业率	3.50	4.27	4.30	4.21	4.14	4.30	4.24

4—2 历年职工人数与工资

（1978—2009 年）

单位:万人,元

年　份	职工人数	人均工资	#企业人均工资
1978	33.70	569	
1979	33.32	631	
1980	34.31	716	
1981	35.36	752	
1982	37.42	776	
1983	39.13	785	
1984	41.62	936	
1985	45.53	1084	
1986	46.75	1227	
1987	48.53	1353	
1988	50.32	1597	
1989	50.38	1809	
1990	51.48	2032	
1991	53.39	2174	
1992	55.13	2463	
1993	54.42	3228	
1994	54.05	4401	4153
1995	54.57	5081	4972
1996	53.88	5550	5464
1997	52.96	5876	5749
1998	44.73	6586	6390
1999	41.99	7157	6693
2000	37.70	7905	7512
2001	35.95	8777	8380
2002	36.38	9299	8511
2003	36.42	9954	9229
2004	36.88	10636	9808
2005	38.46	11826	10984
2006	39.85	12731	11834
2007	46.75	15651	14531
2008	49.42	17310	16099
2009	51.10	19333	17998

注:1998 年起为在岗职工口径;2007 年起含全部私营单位。

4—3 全市城镇全部在岗职工人数与工资

（2009年）

指　　标	年末人数（人）	工资总额（万元）	职工平均工　资（元/人）
合计	**510995**	**982452**	**19333**
其中：企业	399782	715348	17998
按国民经济行业分组			
农、林、牧、渔业	2736	3600	13200
采矿业	23033	39046	16967
制造业	161889	251984	15668
电力、煤气及水的生产供应业	28889	108876	38136
建筑业	72689	138013	19061
交通运输、仓储及邮政业	21790	35359	16342
信息传输、计算机服务和软件业	4421	7857	18248
批发和零售业	33336	40264	12209
住宿和餐饮业	12051	14368	11900
金融业	12786	39522	31012
房地产业	10834	17209	16034
租赁和商务服务业	9776	13443	13761
科学研究、技术服务和地质勘查业	8525	18580	21679
水利、环境和公共设施管理业	5381	9448	17674
居民服务和其他服务业	3140	3908	12512
教育	37148	87786	23646
卫生、社会保障和社会福利业	20503	49608	24417
文化、体育和娱乐业	5301	9765	18389
公共管理和社会组织	36769	93816	25620

4—4 全市城镇单位在岗职工人数与工资(不含私营)

(2009年)

指　　标	年末人数 (人)	工资总额 (万元)	职工平均工资 (元/人)
合　计	**337418**	**746453**	**22309**
其中:企业	227387	480928	21367
按国民经济行业分组			
农、林、牧、渔业	1813	2682	14849
采矿业	6230	10687	17166
制造业	104593	175484	16987
电力、煤气及水的生产供应业	23235	101336	44224
建筑业	40147	91473	22885
交通运输、仓储及邮政业	11454	20720	18302
信息传输、计算机服务和软件业	2691	5667	21819
批发和零售业	12944	17184	13636
住宿和餐饮业	5531	6640	11942
金融业	12314	38568	31407
房地产业	5644	10503	18930
租赁和商务服务业	4210	6433	15283
科学研究、技术服务和地质勘查业	6768	15746	23104
水利、环境和公共设施管理业	4614	8627	18837
居民服务和其他服务业	790	1209	15585
教育	34431	83625	24302
卫生、社会保障和社会福利业	19464	48082	24944
文化、体育和娱乐业	4729	9115	19238
公共管理和社会组织	35816	92674	25987

4—5　全市城镇私营单位从业人员人数与工资

（2009 年）

指　　标	年末人数 （人）	工资总额 （万元）	从业人员 平均工资 （元/人）
合　　计	**159013**	**213820**	**13460**
其中:企业	159013	213820	13460
按国民经济行业分组			
农、林、牧、渔业	920	915	9960
采矿业	16788	28327	16890
制造业	50052	64952	12990
电力、煤气及水的生产供应业	2696	3075	11417
建筑业	31948	45515	14261
交通运输、仓储及邮政业	9849	13991	14220
信息传输、计算机服务和软件业	1090	1317	12092
批发和零售业	19245	21645	11258
住宿和餐饮业	6516	7723	11865
金融业	134	334	24925
房地产业	5185	6702	12939
租赁和商务服务业	5561	7005	12610
科学研究、技术服务和地质勘查业	1745	2814	16141
水利、环境和公共设施管理业	764	817	10717
居民服务和其他服务业	2349	2698	11496
教育	2661	4071	15317
卫生、社会保障和社会福利业	691	990	14347
文化、体育和娱乐业	558	631	11333
公共管理和社会组织	263	297	11297

4—6 城镇单位派遣工人数与工资(不含私营)

(2009年)

指　　标	年末人数 (人)	工资总额 (万元)	派遣工 平均工资 (元/人)
合　　计	**14564**	**22179**	**15069**
其中:企业	13382	20601	15223
按国民经济行业分组			
农、林、牧、渔业	3	4	12000
采矿业	15	32	21267
制造业	7244	11548	15368
电力、煤气及水的生产供应业	2958	4466	15178
建筑业	594	1025	19666
交通运输、仓储及邮政业	487	649	13600
信息传输、计算机服务和软件业	640	874	14097
批发和零售业	1147	1436	12461
住宿和餐饮业	4	5	12000
金融业	338	620	18779
房地产业	5	5	9200
租赁和商务服务业	5	6	11200
科学研究、技术服务和地质勘查业	12	20	16667
水利、环境和公共设施管理业	3	4	12000
居民服务和其他服务业	1	1	11000
教育	56	90	16143
卫生、社会保障和社会福利业	348	535	15248
文化、体育和娱乐业	14	18	12133
公共管理和社会组织	690	845	12189

主要统计指标解释

经济活动人口　指在16岁以上，有劳动能力，参加或要求参加社会经济活动的人口；包括从业人员和失业人员。从业人员指从事一定社会劳动并取得劳动报酬或经营收入的人员，包括全部职工、再就业的离退休人员、私营业主、个体户主、私营和个体从业人员、乡镇企业从业人员、农村从业人员、其他从业人员（包括民办教师、宗教职业者、现役军人等）。这一指标反映了一定时期内全部劳动力资源的实际利用情况，是研究我国基本国情国力的重要指标。

各单位的从业人员　指在各级国家机关、政党机关、社会团体及企业、事业单位中工作，取得工资或其他形式的劳动报酬的全部人员。包括在岗职工、再就业的离退休人员、民办教师以及在各单位中工作的外方人员和港澳台方人员、兼职人员、借用的外单位人员和第二职业者。不包括离开本单位仍保留劳动关系的职工。各单位的从业人员反映了各单位实际参加生产或工作的全部劳动力。

城镇私营和个体从业人员　城镇私营从业人员指在工商管理部门注册登记，其经营地址设在县城关镇（含城关镇）以上的私营企业从业人员；包括私营企业投资者和雇工。城镇个体从业人员指在工商管理部门注册登记，并持有城镇户口或在城镇长期居住，经批准从事个体工商经营的从业人员；包括个体经营者和在个体工商户劳动的家庭帮工和雇工。

城镇登记失业人员　指有非农业户口，在一定的劳动年龄内，有劳动能力，无业而要求就业，并在当地就业服务机构进行求职登记的人员。

城镇登记失业率　指城镇登记失业人数同城镇从业人数与城镇登记失业人数之和的比。计算公式为：

城镇登记失业率＝城镇登记失业人数/（城镇从业人数＋城镇登记失业人数）×100%

职工　指在国有经济、城镇集体经济、联营经济、股份制经济、外商和港、澳、台投资经济、其他经济单位及其附属机构工作，并由其支付工资的各类人员，不包括返聘的离退休人员、民办教师、在国有经济单位工作的外方人员和港、澳、台人员（1998年以后的数据均为在岗职工数据，其他相关指标如职工工资总额，职工平均工资等指标也从1998年按此口径进行了相应调整）。

在岗职工　指在本单位工作并由单位支付工资的人员，以及有工作岗位，但由于学习、病伤产假等原因暂未工作，仍由单位支付工资的人员。

职工工资总额　指各单位在一定时期内直接支付给本单位全部职工的劳动报酬总额。工资总额的计算原则应以直接支付给职工的全部劳动报酬为根据。各单位支付给职工的劳动报酬以及其他根据有关规定支付的工资，不论是计入成本的还是不计入成本的，不论是按国家规定列入计征奖金税项目的，还是未列入计征奖金税项目的，不论是以货币形式支付的还是以实物形式支付的，均包括在工资总额内。

奖金　指支付给职工的超额劳动报酬和增收节支的劳动报酬。

津贴和补贴　指为了补偿职工特殊或额外的劳动消耗和因其他特殊原因支付给职工的津贴，以及为了保证职工工资水平不受物价影响支付给职工的物价补贴。

职工平均工资　指企业、事业、机关单位的职工在一定时期内平均每人所得的货币工资额。它表明一定时期职工工资收入的高低程度，是反映职工工资水平的主要指标。计算公式为：

职工平均工资＝报告期实际支付的全部职工工资总额/报告期全部职工平均人数

职工平均工资指数　指报告期职工平均工资与基期职工平均工资的比率，是反映不同时期职工货币工资水平变动情况的相对数。计算公式为：

职工平均工资指数＝报告期职工平均工资/基期职工平均工资

职工平均实际工资指数　职工平均实际工资指扣除物价变动因素后的职工平均工资。职工平均实际工资指数是反映实际工资变动情况的相对数，表明职工实际工资水平提高或降低的程度。计算公式为：

职工平均实际工资指数＝报告期职工平均工资指数/报告期城镇居民消费价格指数×100%

五 物价指数

PRICE INDICES

5—1 主要年份各种价格指数

（上年=100）

单位:%

指　　标	2000	2005	2006	2007	2008	2009
商品零售价格总指数	**99.2**	**102.0**	**102.7**	**105.6**	**105.6**	**99.7**
宜　都　市	97.5	102.1	102.2	105.8	105.1	100.8
枝　江　市	97.3	102.5	101.6	104.5	104.2	99.2
当　阳　市	98.4	101.8	103.0	104.6	105.6	98.7
远　安　县	98.8	101.6	101.5	105.1	106.5	99.7
兴　山　县	95.9	103.3	101.9	105.7	108.3	99.3
秭　归　县	99.3	102.9	101.7	105.5	108.5	99.5
长阳自治县	98.3	101.8	101.9	105.3	105.7	99.1
五峰自治县	99.3	101.2	102.6	105.4	107.0	99.6
夷　陵　区	97.3	101.3	102.0	106.0	106.4	99.7
市　　　区	101.7	102.1	101.2	104.8	105.1	99.8
居民消费价格总指数	**99.1**	**102.6**	**102.0**	**106.1**	**105.5**	**100.1**
宜　都　市	98.0	102.7	102.3	105.7	105.7	101.5
枝　江　市	97.2	102.3	100.5	105.4	104.6	100.1
当　阳　市	98.8	102.3	101.5	104.9	104.9	99.1
远　安　县	100.1	102.1	100.6	105.5	106.2	100.5
兴　山　县	96.3	102.4	100.5	105.6	107.2	99.9
秭　归　县	98.8	103.0	101.3	105.7	106.5	100.7
长阳自治县	99.2	102.1	101.7	105.7	105.4	99.8
五峰自治县	99.8	102.0	102.0	106.7	106.2	100.0
夷　陵　区	97.9	102.0	101.3	105.6	105.3	100.4
市　　　区	101.3	102.4	101.2	106.4	105.1	100.1
服务项目价格指数	**103.9**	**102.6**	**100.9**	**102.0**	**101.3**	**99.4**
宜　都　市	103.1	100.7	100.7	100.4	103.1	102.1
枝　江　市	100.2	102.4	97.9	103.2	100.9	100.1
当　阳　市	109.4	104.0	97.7	101.5	100.5	100.1
远　安　县	108.6	103.5	98.7	103.6	102.1	100.4
兴　山　县	104.4	100.7	95.8	100.7	101.2	99.9
秭　归　县	94.9	104.1	103.1	102.6	98.5	100.9
长阳自治县	108.1	103.4	102.1	101.8	101.0	99.9
五峰自治县	103.4	105.4	101.6	103.7	102.2	100.7
夷　陵　区	103.5	101.7	99.0	99.9	99.7	99.9
市　　　区	107.2	102.0	100.4	103.7	102.4	98.3
农业生产资料价格指数	**96.7**	**109.7**	**97.9**	**109.8**	**120.3**	**95.2**
宜　都　市	95.7	109.0	101.5	108.4	122.5	96.1
枝　江　市	99.7	112.8	100.1	106.0	119.0	85.7
当　阳　市	95.3	107.4	99.5	109.4	114.8	97.6
远　安　县	92.8	113.5	96.7	107.8	115.1	98.6
兴　山　县	91.6	106.1	99.4	105.1	128.2	94.8
秭　归　县	94.0	111.0	101.8	106.8	116.1	100.2
长阳自治县	96.8	112.4	98.0	105.8	116.7	99.9
五峰自治县	92.3	113.2	100.2	114.9	126.2	94.7
夷　陵　区	97.2	111.1	100.5	114.0	124.9	91.5
市　　　区						

5—2 主要年份各种价格定基指数

（1990 年 = 100）

单位：%

指　　标	2000	2005	2006	2007	2008	2009
商品零售价格总指数	**198.7**	**210.6**	**219.5**	**231.8**	**244.8**	**244.0**
宜 都 市	187.6	199.2	199.5	211.0	221.8	223.6
枝 江 市	196.0	209.7	210.7	220.2	229.5	227.7
当 阳 市	194.8	203.5	209.8	219.4	231.7	228.7
远 安 县	178.3	190.6	195.5	205.5	218.9	218.2
兴 山 县	189.3	202.6	206.6	218.4	236.5	234.8
秭 归 县	213.7	230.2	233.9	246.8	267.7	266.4
长阳自治县	188.6	198.3	201.8	212.5	224.6	222.5
五峰自治县	194.8	206.2	213.2	224.7	240.4	239.5
夷 陵 区	201.7	214.1	213.6	226.4	240.9	240.2
市　　区	218.6	231.2	245.4	257.1	270.3	269.7
居民消费价格总指数	**249.9**	268.7	**288.8**	**306.4**	**323.3**	**323.6**
宜 都 市	216.6	233.1	242.3	256.1	270.7	274.8
枝 江 市	247.2	268.6	267.5	281.9	294.9	295.2
当 阳 市	233.7	248.9	257.9	270.6	283.8	281.3
远 安 县	242.4	260.4	263.9	278.4	295.6	297.1
兴 山 县	226.1	242.9	257.5	271.9	291.5	291.2
秭 归 县	265.7	290.9	299.3	316.4	337.0	339.3
长阳自治县	229.9	244.8	258.2	272.9	287.7	287.1
五峰自治县	241.6	259.7	278.6	297.3	315.7	315.7
夷 陵 区	235.8	249.4	250.4	264.4	278.5	279.6
市　　区	282.2	300.5	320.0	340.5	357.9	358.2
服务项目价格指数	**683.1**	726.8	**812.7**	**829.0**	**839.7**	**834.7**
宜 都 市	546.5	566.8	594.8	597.1	615.7	628.6
枝 江 市	824.7	897.7	881.2	909.4	917.5	918.5
当 阳 市	494.9	543.0	585.7	594.5	597.4	598.0
远 安 县	636.8	681.5	689.9	714.8	729.8	732.7
兴 山 县	573.6	600.7	610.1	614.3	621.7	621.1
秭 归 县	639.7	708.5	697.0	715.1	704.4	710.8
长阳自治县	569.1	598.5	648.0	659.6	666.2	665.6
五峰自治县	590.5	665.3	830.4	861.1	880.0	886.2
夷 陵 区	693.7	723.1	779.1	778.3	776.0	775.2
市　　区	682.7	704.1	756.4	784.4	803.2	789.5
农业生产资料价格指数	**168.6**	198.6	**197.7**	**217.1**	**261.2**	**248.6**
宜 都 市	167.5	199.2	205.6	222.9	273.0	262.4
枝 江 市	165.2	206.3	194.4	206.1	245.2	210.2
当 阳 市	161.4	182.2	196.1	214.5	246.2	240.3
远 安 县	164.1	204.7	199.1	214.6	247.0	243.6
兴 山 县	180.0	200.1	195.3	205.3	263.2	249.5
秭 归 县	174.4	211.4	239.4	255.7	296.8	297.4
长阳自治县	149.8	179.2	178.8	189.2	220.8	220.5
五峰自治县	161.3	207.8	212.5	244.2	308.1	291.8
夷 陵 区	165.4	202.0	199.6	227.6	284.3	260.1
市　　区						

5—3　分县市区商品零售价格指数

（2009年，上年＝100）　　　　单位：%

项　　目	全　市	宜都市	枝江市	当阳市	远安县	兴山县
商品零售价格总指数	**99.7**	**100.8**	**99.2**	**98.7**	**99.7**	**99.3**
一、食品类	100.9	104.4	99.2	98.2	103.3	99.0
1. 粮食	104.2	101.5	104.9	100.3	104.6	103.8
2. 淀粉	102.9	101.7	108.1	100.8	100.0	100.0
3. 干豆类及豆制品	101.2	98.9	110.1	97.6	109.7	101.5
4. 油脂	76.2	75.2	71.2	80.9	94.7	83.2
5. 肉禽及其制品	91.2	92.6	87.2	88.4	92.8	82.7
(1)食用畜肉及副产品	86.6	89.9	81.0	84.5	89.1	79.4
(2)禽	98.2	95.4	99.8	99.4	106.4	83.9
(3)肉禽加工制品	102.2	104.1	103.3	98.2	98.2	100.3
6. 蛋	99.9	103.7	98.0	101.4	103.2	101.6
7. 水产品	101.6	116.8	99.5	98.9	100.2	102.9
(1)鱼	100.1	116.2	97.3	98.9	98.3	101.8
(2)其它水产品	108.3	119.6	111.3	98.8	108.3	111.1
8. 菜	119.1	126.0	109.1	111.4	120.1	116.7
9. 调味品	101.2	105.4	100.9	99.2	98.6	102.9
10. 糖	101.6	100.2	105.5	100.0	99.2	102.9
11. 干鲜瓜果	107.9	114.0	100.0	110.1	116.2	110.3
12. 糕点饼干面包	101.3	100.5	105.1	100.0	100.0	104.7
13. 液体乳及乳制品	100.1	103.0	99.4	100.5	99.8	105.2
14. 在外用膳食品	103.1	111.7	106.3	99.5	101.2	100.9
15. 其它食品	102.2	100.0	100.0	100.0	121.6	101.4
二、饮料、烟酒	100.4	100.1	100.5	100.2	100.3	100.6
1. 茶及饮料	101.2	101.0	102.4	100.7	101.1	104.1
(1)茶叶	101.3	99.6	101.3	102.1	97.2	111.2
(2)饮料	101.2	101.6	102.8	100.2	102.7	102.1
2. 烟草	100.0	100.0	100.0	100.0	100.0	100.0
3. 酒	100.4	99.4	100.0	100.1	100.0	98.9
三、服装、鞋帽类	101.1	99.0	104.9	98.1	99.8	100.1
1. 服装	101.1	99.5	106.4	97.8	99.4	99.9
(1)男式服装	101.6	98.7	110.5	96.6	98.9	99.9
(2)女式服装	101.4	100.0	105.0	98.4	99.5	99.9
(3)儿童服装	98.8	99.8	99.0	98.7	100.0	100.0
2. 鞋袜帽	101.1	97.9	101.5	98.8	100.8	100.6
(1)鞋	101.4	97.8	101.6	98.7	100.4	100.7
(2)袜子	99.0	97.9	101.0	99.6	103.8	100.0
(3)帽子	102.9	100.0	100.0	98.9	100.0	100.0
3. 其它	101.4	100.0	100.0	99.0	100.0	100.0

5—3 续表1

单位:%

项目	秭归县	长阳自治县	五峰自治县	夷陵区	市区
商品零售价格总指数	**99.5**	**99.1**	**99.6**	**99.7**	**99.8**
一、食品类	100.2	98.4	98.5	101.1	101.8
1. 粮食	104.2	101.9	103.7	106.5	105.6
2. 淀粉	97.4	100.0	100.0	100.0	112.2
3. 干豆类及豆制品	98.7	101.3	95.5	99.9	100.0
4. 油脂	82.4	74.5	72.3	70.3	74.3
5. 肉禽及其制品	85.5	88.2	85.7	93.0	94.0
(1)食用畜肉及副产品	80.7	83.4	80.8	90.3	89.5
(2)禽	97.5	100.2	95.7	92.6	100.6
(3)肉禽加工制品	99.8	101.0	103.0	104.3	102.5
6. 蛋	101.3	96.6	93.0	101.9	98.8
7. 水产品	103.9	108.2	99.6	99.8	98.2
(1)鱼	102.8	110.3	99.5	100.1	94.8
(2)其它水产品	109.8	97.3	98.7	100.5	110.2
8. 菜	126.3	110.3	111.3	120.8	123.8
9. 调味品	109.8	100.4	99.3	98.9	100.5
10. 糖	102.3	102.0	100.0	101.2	101.7
11. 干鲜瓜果	98.4	102.8	107.2	111.3	107.7
12. 糕点饼干面包	110.2	100.7	100.0	100.0	100.6
13. 液体乳及乳制品	99.2	100.8	103.9	100.3	99.6
14. 在外用膳食品	103.6	100.8	104.1	101.7	102.6
15. 其它食品	111.9	100.0	110.1	100.0	100.2
二、饮料、烟酒	102.6	100.6	100.0	100.0	100.4
1. 茶及饮料	105.7	100.9	100.0	100.0	100.7
(1)茶叶	108.1	100.0	100.0	100.0	101.1
(2)饮料	104.8	101.3	100.0	100.0	100.6
2. 烟草	100.1	100.0	100.0	100.0	100.1
3. 酒	103.4	101.2	100.0	100.0	100.7
三、服装、鞋帽类	99.8	100.3	101.3	99.9	101.8
1. 服装	99.1	100.2	100.8	99.9	101.8
(1)男式服装	96.5	100.5	100.7	99.7	101.8
(2)女式服装	100.3	100.2	100.9	100.1	102.7
(3)儿童服装	101.6	99.5	100.6	100.0	96.7
2. 鞋袜帽	101.5	100.8	102.7	100.0	102.2
(1)鞋	102.0	100.8	103.2	100.0	102.7
(2)袜子	98.4	101.1	100.0	100.0	97.4
(3)帽子	100.8	100.0	100.0	100.0	108.6
3. 其它	100.0	100.0	100.0	100.0	103.4

项 目	全 市	宜都市	枝江市	当阳市	远安县	兴山县
四、纺织品类	**99.4**	**100.6**	**101.1**	**99.4**	**98.5**	**100.0**
1.衣着材料	100.8	102.9	99.7	99.7	103.3	100.0
2.床上用品	98.7	99.3	101.7	99.3	96.2	100.0
五、家用电器及音像器材	98.2	98.5	100.6	98.9	91.0	101.5
1.家庭设备	99.5	99.8	101.4	99.4	98.5	102.6
2.文娱用耐用消费品	96.3	96.3	99.5	98.1	79.3	100.1
3.音像器材类	97.7	98.5	100.0	98.6	95.1	100.0
六、文化办公用品	95.6	97.9	98.9	99.4	97.4	93.7
七、日用品	101.0	104.3	100.1	99.9	100.4	101.9
1.日用百货	100.4	101.2	100.0	100.0	99.7	101.1
2.日用杂品	101.5	100.0	100.5	100.0	101.7	100.5
3.洗涤用品	102.1	114.2	100.0	100.0	101.0	104.7
4.其它日用品	100.1	100.1	100.0	99.7	99.9	100.2
八、体育娱乐用品	101.1	100.0	106.7	99.6	99.2	100.0
1.体育用品	102.6	100.0	115.5	100.0	100.0	100.0
2.娱乐用品	100.1	100.0	100.0	99.3	98.5	100.0
九、交通、通信用品	93.1	93.0	90.2	97.9	90.4	98.5
1.交通运输机械	100.8	100.0	100.0	100.0	96.1	100.3
2.通讯器材类	84.7	86.7	81.3	96.0	85.3	97.0
十、家具	99.1	99.2	99.3	100.7	99.5	100.0
十一、化妆品类	100.5	100.5	100.0	100.0	101.5	102.7
十二、金银珠宝类	87.4	99.4	82.0	90.4	98.4	82.9
十三、中西药品及医疗保健用品类	102.4	102.5	100.8	100.3	104.2	101.3
1.医疗器具及用品	99.5	85.8	95.3	100.5	131.4	105.4
2.中药材及中成药	102.7	102.6	100.0	98.8	107.0	100.5
3.西药	102.7	103.8	101.2	101.2	101.8	101.7
4.保健器具及用品	99.4	98.0	103.4	100.0	99.5	99.9
十四、书报杂志及电子出版物类	109.9	104.7	103.6	104.5	100.4	109.2
1.教材及参考书	103.3	103.9	102.5	104.7	96.8	101.6
2.书报杂志	121.3	108.9	106.7	107.5	105.6	124.9
3.电子音像制品	98.8	97.6	100.0	100.0	100.0	100.0
十五、燃料类	91.3	91.3	88.7	94.8	91.1	92.6
1.煤炭及制品类	109.9	100.0	98.5	115.4	104.9	108.7
2.石油及制品类	87.1	87.7	85.9	87.4	86.8	87.0
十六、建筑材料及五金电料类	99.3	97.6	99.6	100.4	100.5	97.0
1.建筑装璜材料	98.7	96.9	99.3	100.5	100.9	96.0
2.五金电料类	101.0	100.0	100.2	100.2	99.7	100.0

5—3 续表3

单位:%

项　　目	秭归县	长阳自治县	五峰自治县	夷陵区	市　区
四、纺织品类	**102.1**	**99.7**	**100.0**	**100.0**	**98.3**
1.衣着材料	102.9	100.2	100.0	100.0	100.6
2.床上用品	101.7	99.5	100.0	100.0	97.3
五、家用电器及音像器材	99.6	97.5	96.6	99.8	97.3
1.家庭设备	100.7	97.8	99.3	100.1	98.8
2.文娱用耐用消费品	99.0	96.7	91.8	99.2	95.6
3.音像器材类	94.9	99.5	100.0	100.0	94.1
六、文化办公用品	91.7	98.6	100.0	97.2	93.7
七、日用品	100.9	100.3	100.0	100.1	101.2
1.日用百货	99.5	100.2	100.0	100.0	100.9
2.日用杂品	105.3	99.8	100.0	100.0	102.9
3.洗涤用品	99.2	101.0	100.0	100.2	101.5
4.其它日用品	102.5	100.0	100.0	100.0	100.0
八、体育娱乐用品	100.3	100.0	100.0	100.0	101.0
1.体育用品	101.1	100.0	100.0	100.0	102.0
2.娱乐用品	99.7	99.9	100.0	100.0	100.5
九、交通、通信用品	97.1	99.9	100.0	96.0	91.5
1.交通运输机械	99.6	100.0	100.0	100.0	101.3
2.通讯器材类	95.1	99.7	100.0	93.1	78.6
十、家具	99.5	100.0	100.0	100.0	98.5
十一、化妆品类	104.4	100.1	100.0	100.0	100.5
十二、金银珠宝类	95.8	93.7	102.4	91.2	82.3
十三、中西药品及医疗保健用品类	101.2	101.6	106.5	101.4	103.5
1.医疗器具及用品	93.1	99.7	96.9	100.0	101.6
2.中药材及中成药	103.4	103.8	107.0	104.5	103.3
3.西药	101.0	100.4	106.3	100.0	104.6
4.保健器具及用品	96.7	100.4	109.9	100.0	98.9
十四、书报杂志及电子出版物类	109.3	106.8	112.4	103.9	117.5
1.教材及参考书	108.7	108.2	110.1	103.4	101.3
2.书报杂志	115.3	109.8	123.5	107.4	134.0
3.电子音像制品	100.1	100.0	100.0	99.7	96.8
十五、燃料类	91.0	91.8	90.6	92.2	91.4
1.煤炭及制品类	109.4	108.9	101.0	114.7	115.5
2.石油及制品类	86.2	86.5	87.1	85.2	87.7
十六、建筑材料及五金电料类	98.7	99.8	101.1	99.9	99.0
1.建筑装璜材料	97.8	99.7	101.5	99.9	97.8
2.五金电料类	101.0	100.0	100.0	100.0	101.8

5—4 分县市区居民消费价格指数

（2009年，上年=100）

单位：%

项目	全市	宜都市	枝江市	当阳市	远安县	兴山县
居民消费价格总指数	**100.1**	**101.5**	**100.1**	**99.1**	**100.5**	**99.9**
非食品价格指数	99.9	100.4	100.6	99.9	100.2	100.5
服务项目价格指数	99.4	102.1	100.1	100.1	100.4	99.9
扣除鲜菜鲜果总指数	100.1	100.7	101.2	99.9	100.2	100.6
消费品价格指数	100.3	101.4	100.1	98.9	100.5	99.9
一、食品	100.7	104.0	99.1	97.8	101.3	98.7
1. 粮食	103.8	101.5	104.8	100.4	101.2	103.9
2. 淀粉	103.3	101.7	108.1	100.8	100.0	100.0
3. 干豆类及豆制品	100.6	98.9	109.8	96.8	106.3	98.2
4. 油脂	76.2	75.3	71.6	80.8	89.3	84.0
5. 肉禽及其制品	90.7	93.8	87.7	88.8	89.8	83.3
(1)食用畜肉及副产品	86.1	89.9	81.7	85.5	85.3	80.1
(2)禽	97.9	95.4	99.8	99.4	107.3	83.8
(3)肉禽加工制品	102.3	104.1	103.1	98.2	98.2	100.3
6. 蛋	100.0	103.7	98.1	101.3	104.4	101.6
7. 水产品	101.8	116.6	99.6	98.8	99.1	103.2
(1)鱼	100.6	116.2	97.3	98.9	96.9	101.8
(2)其它水产品	107.2	119.0	111.3	98.8	106.8	111.2
8. 菜	118.8	124.0	108.8	110.8	121.4	116.3
鲜菜	121.6	131.2	110.1	113.6	124.5	118.7
9. 调味品	101.4	105.4	100.8	99.2	98.5	103.0
10. 糖	101.7	100.2	106.0	99.9	99.1	102.4
11. 茶及饮料	101.2	100.9	101.8	100.8	100.6	105.7
(1)茶叶	101.5	99.6	101.3	102.1	97.2	111.2
(2)饮料	101.1	101.6	102.0	100.2	102.3	103.0
12. 干鲜瓜果	107.8	113.4	99.9	109.3	115.8	109.7
鲜果	112.8	121.5	101.0	113.9	119.6	113.5
13. 糕点饼干	101.3	100.5	104.8	100.0	100.0	104.6
14. 液体浮及乳制品	99.6	102.9	97.6	100.5	99.8	104.6
15. 在外用膳食品	103.3	112.2	106.3	99.5	101.2	100.9
16. 其它食品	102.6	100.0	100.0	100.0	121.6	101.4
二、烟酒及用品	100.2	100.0	100.0	100.0	100.6	99.6
1. 烟草	100.0	100.0	100.0	100.0	100.0	100.0
2. 酒	100.5	99.4	100.0	100.1	100.0	98.9
3. 吸烟饮酒用品	101.0	103.6	100.0	100.0	111.6	100.0
三、衣着	100.9	99.1	105.1	98.1	99.8	100.1
1. 服装	101.0	99.5	106.7	97.7	99.1	99.9
(1)男式服装	101.3	98.9	110.5	96.7	98.2	99.9
(2)女式服装	101.2	99.9	104.7	98.3	99.7	99.9
(3)儿童服装	98.5	99.9	98.9	98.7	100.0	100.0
2. 衣着材料	100.6	102.9	99.6	99.7	103.2	100.0
3. 鞋袜帽	101.0	97.9	101.5	98.9	100.8	100.6
(1)鞋	101.2	97.9	101.6	98.8	100.4	100.7
(2)袜子	99.4	97.9	101.0	99.6	103.8	100.0
(3)帽子	102.8	100.0	100.0	98.9	100.0	100.0
4. 衣着加工服务	101.6	97.0	107.3	100.0	104.3	100.0

单位:%

项　　　目	秭归县	长阳自治县	五峰自治县	夷陵区	市　　区
居民消费价格总指数	**100.7**	**99.8**	**100.0**	**100.4**	**100.1**
非食品价格指数	100.5	100.6	100.9	100.1	99.3
服务项目价格指数	101.0	99.9	100.7	99.9	98.3
扣除鲜菜鲜果总指数	100.6	100.7	101.2	100.3	99.5
消费品价格指数	100.7	99.7	99.8	100.6	100.6
一、食品	101.5	98.1	98.2	101.2	101.8
1. 粮食	103.3	101.9	103.7	106.2	105.6
2. 淀粉	97.4	100.0	100.0	100.0	112.2
3. 干豆类及豆制品	98.6	99.9	92.9	97.9	100.0
4. 油脂	84.1	74.5	72.4	69.9	74.4
5. 肉禽及其制品	85.5	88.6	86.5	92.5	93.9
(1)食用畜肉及副产品	81.4	84.3	81.9	88.8	89.7
(2)禽	97.4	100.2	95.8	93.7	100.5
(3)肉禽加工制品	99.9	101.0	103.0	106.0	102.5
6. 蛋	101.4	96.5	92.9	101.8	98.9
7. 水产品	104.3	108.0	99.5	99.9	97.7
(1)鱼	102.9	110.4	99.5	100.2	94.7
(2)其它水产品	108.8	97.3	98.7	100.6	108.5
8. 菜	126.8	110.0	110.7	120.0	124.1
鲜菜	129.4	110.8	112.1	123.4	127.1
9. 调味品	109.9	100.4	99.3	99.5	100.5
10. 糖	102.1	102.2	100.0	101.0	101.8
11. 茶及饮料	105.9	100.7	100.0	100.0	100.8
(1)茶叶	108.1	100.0	100.0	100.0	101.1
(2)饮料	104.7	101.1	100.0	100.0	100.7
12. 干鲜瓜果	98.9	102.7	107.2	109.8	108.3
鲜果	101.7	104.0	108.1	116.1	114.5
13. 糕点饼干	109.9	100.7	100.0	100.0	100.6
14. 液体乳及乳制品	95.8	100.5	103.4	100.2	99.3
15. 在外用膳食品	103.5	100.8	104.1	101.9	102.9
16. 其它食品	111.9	100.0	110.1	100.0	100.2
二、烟酒及用品	102.0	100.4	100.0	100.0	100.3
1. 烟草	100.3	100.0	100.0	100.0	100.1
2. 酒	104.6	101.2	100.0	100.0	100.8
3. 吸烟饮酒用品	100.2	100.0	100.0	100.0	100.0
三、衣着	99.8	100.3	101.2	99.9	101.8
1. 服装	99.0	100.1	100.8	99.9	101.9
(1)男式服装	96.8	100.4	100.6	99.6	102.2
(2)女式服装	100.4	100.0	101.0	100.1	102.7
(3)儿童服装	101.3	99.5	100.6	100.0	96.1
2. 衣着材料	103.0	100.2	100.0	100.0	100.4
3. 鞋袜帽	101.5	100.8	102.7	100.0	102.4
(1)鞋	101.8	100.8	103.2	100.0	102.7
(2)袜子	98.7	101.1	100.0	100.0	97.4
(3)帽子	100.8	100.0	100.0	100.0	108.7
4. 衣着加工服务	107.2	100.0	100.0	100.0	102.0

5—4 续表2

单位:%

项　　目	全　市	宜都市	枝江市	当阳市	远安县	兴山县
四、家庭设备用品及维修服务	**100.6**	**101.3**	**100.7**	**99.9**	**99.9**	**102.0**
1. 耐用消费品	99.5	99.6	100.7	99.9	98.8	101.7
(1)家具	99.3	99.2	99.2	100.7	99.5	100.0
(2)家庭设备	99.6	99.8	101.4	99.4	98.4	102.5
2. 室内装饰品	100.5	100.1	100.0	99.5	101.1	100.0
3. 床上用品	98.9	99.3	101.8	99.2	95.9	100.0
4. 家庭日用杂品	101.4	104.7	100.0	99.8	100.2	103.1
5. 家庭服务及加工维修服务	106.6	94.7	104.7	102.9	110.9	100.0
五、医疗保健和个人用品	102.0	103.8	100.9	100.0	104.8	100.9
1. 医疗保健	102.2	103.2	100.5	100.4	104.4	100.8
(1)医疗器具及用品	99.0	85.8	95.3	100.5	118.6	105.4
(2)中药材及中成药	102.7	102.3	99.5	99.0	111.8	100.1
(3)西药	103.0	103.8	101.2	101.5	102.3	101.6
(4)保健器具及用品	99.7	98.0	103.4	100.0	98.6	99.9
(5)医疗保健服务	100.8	104.2	100.0	100.0	100.0	100.0
2. 个人用品及服务	101.7	104.9	101.7	99.4	105.5	101.0
(1)化妆美容用品	100.7	100.1	100.0	100.0	102.7	104.1
(2)清洁化妆用品	101.2	102.1	106.5	100.0	100.3	100.3
(3)个人饰品	99.0	101.6	99.3	97.0	99.0	100.1
(4)个人服务	105.9	113.9	100.0	100.0	118.0	100.0
六、交通和通讯	97.5	98.0	96.4	99.3	95.9	99.2
1. 交通	99.1	99.1	97.5	99.2	95.2	99.1
(1)交通工具	99.9	100.0	100.0	100.0	94.7	100.6
(2)车用燃料及零配件	90.8	91.0	90.0	92.0	90.3	89.7
(3)车辆使用及维修	101.8	102.6	103.9	99.7	100.0	100.0
(4)市区公共交通	100.1	104.2	100.0	100.0	92.0	100.0
(5)城市间交通	99.7	96.3	94.1	101.6	102.4	102.3
2. 通信	96.2	96.8	95.5	99.3	96.6	99.2
(1)通信工具	83.5	86.0	78.6	96.0	84.2	96.6
(2)通信服务	100.0	100.0	100.0	100.0	100.0	100.0
七、娱乐教育文化用品及服务	100.1	99.7	100.3	100.4	98.9	100.2
1. 文娱用耐用消费品及服务	95.3	95.5	99.0	98.0	83.4	97.2
2. 教育	100.5	100.7	100.2	100.9	102.2	100.2
(1)教材及参考书	104.2	104.7	102.2	104.2	115.7	101.5
(2)学杂托幼费	100.1	100.0	100.0	100.5	100.5	100.0
3. 文化娱乐用品	106.6	102.5	102.6	101.7	105.1	105.6
(1)文化娱乐	100.1	99.5	103.3	100.1	99.2	100.2
(2)书报杂志	121.6	109.7	106.7	108.0	126.0	126.5
(3)文娱费	104.2	100.0	100.0	100.0	100.0	100.0
4. 旅游及外出	96.6	100.0	100.0	100.0	100.0	100.0
八、居住	98.6	100.9	100.0	100.8	101.5	101.4
1. 建房及装修材料	101.4	100.1	104.0	101.6	103.0	99.5
2. 租房	100.7	102.0	112.9	100.0	91.5	100.0
3. 自有住房	89.1	116.5	99.9	96.9	97.7	96.7
4. 水、电、燃料	99.2	98.2	95.7	101.0	101.5	104.2

5—4　续表3　　　　单位:%

项　　目	秭归县	长阳自治县	五峰自治县	夷陵区	市　区
四、家庭设备用品及维修服务	**101.0**	**98.9**	**99.8**	**100.3**	**100.8**
1.耐用消费品	100.2	98.5	99.5	100.1	98.7
(1)家具	99.2	100.0	100.0	100.0	98.6
(2)家庭设备	100.6	97.8	99.3	100.1	98.7
2.室内装饰品	100.0	100.6	100.0	100.0	101.3
3.床上用品	101.7	99.4	100.0	100.0	97.3
4.家庭日用杂品	102.1	99.0	100.0	100.7	102.3
5.家庭服务及加工维修服务	103.4	100.0	100.0	100.0	112.9
五、医疗保健和个人用品	102.1	101.2	103.8	100.8	102.7
1.医疗保健	101.0	101.5	104.0	101.1	103.2
(1)医疗器具及用品	93.1	99.7	96.9	100.0	101.6
(2)中药材及中成药	102.2	105.0	102.8	104.7	103.2
(3)西药	100.5	100.3	106.0	100.0	105.0
(4)保健器具及用品	97.1	100.3	108.3	100.0	98.9
(5)医疗保健服务	103.0	100.0	101.5	100.0	100.6
2.个人用品及服务	104.6	100.7	103.4	100.2	101.5
(1)化妆美容用品	102.5	100.1	100.0	100.0	100.9
(2)清洁化妆用品	106.5	102.2	100.0	100.0	99.8
(3)个人饰品	103.1	100.3	100.6	101.0	97.4
(4)个人服务	106.4	100.0	111.4	100.0	109.1
六、交通和通讯	100.0	99.0	99.7	98.4	96.4
1.交通	101.3	98.0	99.5	99.0	99.7
(1)交通工具	99.9	100.2	100.0	100.0	100.5
(2)车用燃料及零配件	90.3	89.1	90.0	89.0	91.8
(3)车辆使用及维修	100.6	100.0	100.0	100.0	102.8
(4)市区公共交通	102.2	100.0	100.0	100.0	100.0
(5)城市间交通	106.0	98.2	104.4	101.8	99.7
2.通信	98.5	100.0	100.0	97.9	93.8
(1)通信工具	94.2	100.0	100.0	91.9	74.1
(2)通信服务	100.1	100.0	100.0	100.0	100.0
七、娱乐教育文化用品及服务	100.4	100.5	100.3	100.0	100.0
1.文娱用耐用消费品及服务	93.9	97.3	94.3	97.7	93.1
2.教育	101.3	101.2	100.9	100.3	100.1
(1)教材及参考书	107.8	107.3	108.7	103.2	101.0
(2)学杂托幼费	100.9	100.5	100.0	100.0	100.0
3.文化娱乐用品	104.1	102.1	107.2	101.8	110.6
(1)文化娱乐	102.0	100.0	100.0	99.8	99.2
(2)书报杂志	112.5	110.4	125.1	108.7	133.1
(3)文娱费	100.0	100.0	103.5	100.0	108.0
4.旅游及外出	100.0	100.0	100.0	100.0	93.8
八、居住	99.8	102.4	100.8	100.9	95.4
1.建房及装修材料	98.5	102.5	101.9	100.0	100.9
2.租房	103.0	100.0	100.0	100.0	100.0
3.自有住房	95.5	97.1	97.0	96.4	80.9
4.水、电、燃料	101.6	103.5	100.6	102.5	98.0

5—5 分县市区农业生产资料价格指数

(2009 年,上年 = 100) 单位:%

项　　目	全　市	宜都市	枝江市	当阳市	远安县	兴山县	秭归县	长　阳 自治县	五　峰 自治县	夷陵区
农业生产资料价格指数	**95.2**	**96.1**	**85.7**	**97.6**	**98.6**	**94.8**	**100.2**	**99.9**	**94.7**	**91.5**
一、农用手工工具	105.8	100.0	101.0	100.9	105.0	108.9	107.9	110.3	123.7	100.0
二、饲料	103.6	107.7	95.2	101.2	101.7	103.7	103.4	104.0	124.8	103.3
混合饲料	106.0	112.7	95.1	101.9	100.0	105.0	108.4	102.7	142.6	101.5
其　他	99.6	100.5	95.3	100.0	104.3	101.6	97.8	105.8	96.0	107.2
三、产品畜	87.4	76.2	65.5	90.7	97.6	79.0	99.1	91.0	86.1	103.9
四、半机械化农具	100.1	100.0	100.0	100.0	100.0	101.8	100.1	100.1	100.0	100.0
五、机械化农具	99.9	100.0	100.0	100.0	100.0	101.0	100.1	99.4	100.0	100.0
六、化学肥料	90.7	91.1	76.5	97.6	92.9	91.4	99.0	98.7	87.0	81.3
氮　肥	88.1	82.3	79.2	91.6	90.6	86.4	94.8	96.8	83.1	82.8
磷　肥	84.5	101.9	62.0	86.2	89.6	90.8	101.0	95.2	76.7	72.3
钾　肥	108.7	106.1	93.7	127.6	102.3	103.7	102.9	122.5	117.6	93.6
复合肥料	95.0	99.1	71.7	109.8	94.3	98.4	106.9	97.9	96.1	81.2
七、农药及农药械	100.3	100.6	99.1	99.2	109.4	100.7	98.5	101.0	99.1	101.5
1. 化学农药	100.2	100.6	99.0	99.1	106.7	100.8	98.3	101.1	99.4	101.8
杀虫剂	100.9	100.9	98.2	100.0	107.4	100.9	102.8	101.4	100.0	100.5
杀菌剂	99.1	100.0	102.6	100.0	107.4	99.8	80.7	100.8	104.2	95.3
除草剂	98.6	100.0	97.6	93.9	103.1	101.4	99.4	100.0	91.0	102.0
2. 农药器械	101.7	101.3	100.0	100.0	136.9	100.0	100.1	100.0	95.6	98.0
八、农用机油	93.6	101.9	93.3	84.4	95.8	98.5	99.8	92.2	92.3	95.8
九、其他农业生产资料	102.5	101.8	100.0	100.9	106.9	100.0	102.9	109.0	98.7	99.5
1. 农用种子	104.1	100.0	100.0	101.1	110.3	100.0	105.8	114.4	101.6	100.0
2. 其他	97.4	106.0	100.0	100.3	96.7	100.0	94.6	92.4	89.8	97.0
农用薄膜	96.1	108.9	100.0	100.4	94.9	100.0	91.9	88.3	86.9	95.5
其　他	99.8	101.1	100.0	100.0	100.0	100.0	100.0	100.0	95.1	100.0
十、农业生产服务	107.0	109.1	117.2	102.3	115.9	106.2	106.6	100.0	106.1	100.0
排灌费	104.8	100.0	123.5	100.0	100.0	109.1	100.0	100.0	100.0	100.0
机械作业费	104.9	107.5	120.0	100.0	107.5	100.0	100.0	100.0	100.0	100.0
其　他	110.3	115.4	110.1	105.5	134.9	107.7	116.8	100.0	115.2	100.0

5—6 主要年份工业品出厂价格指数

（上年＝100）

单位:%

项　　目	2000	2005	2006	2007	2008	2009
全部工业品	**99.03**	**103.89**	**101.37**	**104.08**	**107.67**	**101.34**
其中:轻工业	98.09	99.18	99.43	106.14	108.15	98.49
以农产品为原料	96.43	98.86	99.13	106.83	108.63	99.34
以非农产品为原料	106.38	99.52	99.96	104.99	107.30	97.00
重工业	99.90	106.63	102.13	103.28	107.48	102.40
采　掘	100.05	135.03	115.33	104.92	105.81	97.06
原　料	100.49	100.99	101.84	103.26	105.65	105.53
加　工	99.43	110.62	101.46	103.16	112.09	95.56
其中:生产资料	100.41	105.34	101.91	103.32	107.21	101.54
采　掘	100.05	135.03	115.33	104.92	105.81	97.06
原　料	102.52	101.30	101.82	103.15	105.48	104.81
加　工	98.66	106.80	101.15	103.48	110.23	96.43
生活资料	96.99	95.53	98.61	107.99	109.98	100.28
食品	90.33	97.00	98.94	110.23	110.03	100.43
衣着	106.32	102.04	100.45	99.84	98.93	96.09
一般日用品	103.45	89.62	96.93	99.49	111.38	100.18
耐用消费品	84.85	101.43	99.98	100.44	100.02	99.87
按工业部门分:						
冶金工业	109.31	107.26	94.45	102.19	110.50	91.91
电力工业	102.52	100.74	102.43	102.85	103.53	107.19
煤炭及炼焦工业	101.00	117.19	93.25	113.06	135.37	93.13
石油工业		106.48				
化学工业	95.09	110.89	99.73	102.82	117.06	91.92
机械工业	96.20	106.64	108.59	103.74	103.79	98.63
建筑材料工业	107.78	98.80	101.50	111.46	105.43	100.04
森林工业	97.20	92.84	100.10	101.23	99.37	97.53
食品工业	89.73	97.07	98.94	109.40	110.12	100.66
纺织工业	111.77	99.60	99.78	98.42	103.90	96.22
缝纫工业	101.83	103.03	99.98	99.81	98.85	96.45
皮革工业	98.02	97.86	109.21	100.30	100.59	89.24
造纸工业	109.80	107.45	99.38	101.69	107.97	93.09
文教艺术用品工业		94.00	97.28	98.02	101.59	97.06
其它工业	93.81	104.10	99.91	103.04	115.00	102.38
按新行业分						
煤炭采选业	101.13	128.89	99.80	101.78	121.47	102.44
石油和天然气开采业						
黑色金属矿采选业					82.21	

5—6 续表

单位:%

项目	2000	2005	2006	2007	2008	2009
有色金属矿采选业		**107.15**	**106.21**	**106.46**	**106.39**	
非金属矿采选业	102.22	138.16	124.83	104.61	101.04	99.33
其他矿采选业						
木材及竹材采选业	96.97	92.80	100.08	100.97	99.34	
食品加工业	80.28	94.65	96.53	119.45	114.34	89.08
食品制造业	97.79	95.22	101.99	102.41	107.96	101.15
饮料制造业	100.76	98.45	99.93	100.05	105.47	104.02
烟草加工业	103.31					
纺织业	109.96	99.60	99.78	98.42	103.90	96.11
服装及其他纤维制品制造业	101.83	103.03	99.98	99.81	98.85	96.45
皮革、毛皮、羽绒及其他制造业	98.02	97.86	109.21	100.30	100.59	89.24
木材加工及竹、藤、棕、草制品	97.50	92.80	100.08	100.97	99.34	97.41
家具制造业	96.90	100.95	100.75	108.58	100.38	100.91
造纸及纸制品业	103.95	107.45	99.38	101.69	107.97	90.87
印刷业、记录媒介的复制	135.85	94.00	97.02	97.83	101.74	96.80
文教体育用品制造业			100.00	100.00	100.00	
石油加工及炼焦业	102.27	99.01	89.14	120.13	144.07	87.31
化学原料及化学制品制造业	95.19	110.38	97.32	103.38	120.02	92.14
医药制造业	79.57	95.46	93.54	103.42	127.55	103.16
化学纤维制造业	116.48	105.28	101.15	99.30	99.07	78.58
橡胶制品业	103.87	101.34	103.61	94.28	107.61	91.89
塑料制品业	97.70	108.42	102.95	101.21	109.79	98.24
非金属矿物制品业	107.84	99.89	101.17	110.44	107.18	97.85
黑色金属冶炼及压延加工业		100.60	91.68	105.28	135.99	92.31
有色金属冶炼及压延加工业	109.31	108.53	96.85	98.70	99.27	107.81
金属制品业	95.90	145.92	102.23	105.34	100.14	91.58
普通机械制造业	98.97	103.14	104.29	101.06	105.27	102.17
专业设备制造业	102.56	104.34	109.05	101.58	101.28	100.16
交通运输设备制造业	90.78	101.27	99.55	100.26	104.13	98.24
武器弹药制造业						
电器机械及器材制造业	96.71	113.14	137.27	116.38	102.22	99.00
电子及通信设备制造业		99.30	98.14	100.08	98.23	
其他制造业		100.00				
电力、蒸汽、热水生产供应业	102.52	100.74	102.43	102.85	103.53	107.19
煤气生产和供应业	98.78	100.00	100.00	100.00	100.00	
自来水的生产和供应业	100.07	100.02	102.46	109.00	104.07	105.28

5—7 主要年份原材料、燃料、动力购进价格指数

(上年=100)

单位:%

项目	2000	2005	2006	2007	2008	2009
全部原材料	**102.76**	**107.10**	**105.50**	**106.40**	**111.86**	**98.61**
(一)燃料、动力类	97.46	107.98	108.41	107.67	107.69	103.20
(二)黑色金属材料类	101.16	103.56	95.65	103.38	130.88	89.10
其中:钢材	102.08	103.28	93.97	104.16	125.36	87.08
其它	98.85	104.62	98.00	102.27	138.23	92.15
(三)有色金属材料和电线类	108.47	102.60	117.73	108.10	97.72	88.76
(四)化工原料类	111.41	113.92	101.25	106.97	114.87	84.61
(五)木材及纸浆类	99.94	101.02	100.60	104.79	112.16	92.75
(六)建筑材料及非金属矿类	94.42	135.45	106.58	102.03	140.59	89.79
(七)其它工业原材料及半成品类	109.64	103.45	108.06	111.19	110.49	100.63
(八)农副产品类	102.45	99.56	101.24	102.35	107.06	101.87
(九)纺织原材料	113.41	94.54	102.07	102.29	101.84	99.27

5—8 主要年份建筑安装工程价格指数

(上年=100)

单位:%

项目	2000	2005	2006	2007	2008	2009
报告期施工产值价格指数	**102.30**	**108.10**	**103.80**	**105.50**	**102.40**	**102.10**
人工费	106.10	109.40	108.50	109.50	107.40	106.90
材料费	101.30	108.30	102.40	104.80	100.60	100.40
机械费用	101.70	103.30	105.70	103.70	105.80	105.30

5—9 主要年份固定资产投资价格指数

(上年=100)

单位:%

项目	2000	2005	2006	2007	2008	2009
总指数	100.90	107.60	105.50	105.70	104.80	106.70
建安工程	102.30	108.10	103.80	105.50	102.40	102.10
设备、工器具购置	98.90	104.00	103.40	103.40	104.50	104.10
其它费用	100.40	108.90	108.50	107.50	107.40	112.90

主要统计指标解释

商品零售价格指数 是反映城乡商品零售价格变动趋势的一种经济指数。零售物价的调整变动直接影响到城乡居民的生活支出和国家的财政收入,影响居民购买力和市场供需平衡,影响消费与积累的比例。因此,计算零售价格指数,可以从一个侧面对上述经济活动进行观察和分析。

居民消费价格指数 是反映一定时期内城乡居民所购买的生活消费品价格和服务项目价格变动趋势和程度的相对数,是对城市居民消费价格指数和农村居民消费价格指数进行综合汇总计算的结果。利用居民消费价格指数,可以观察和分析消费品的零售价格和服务价格变动对城乡居民实际生活费支出的影响程度。

城市居民消费价格指数 是反映城市居民家庭所购买的生活消费品价格和服务项目价格变动趋势和程度的相对数。城市居民消费价格指数可以观察和分析消费品的零售价格和服务项目价格变动对职工货币工资的影响,作为研究职工生活和确定工资政策的依据。

农村居民消费价格指数 是反映农村居民家庭所购买的生活消费品价格和服务项目价格变动趋势和程度的相对数。农村居民消费价格指数可以观察农村消费品的零售价格和服务项目价格变动对农村居民生活消费支出的影响,直接反映农民生活水平的实际变化情况,为分析和研究农村居民生活问题提供依据。

农产品收购价格指数 是反映国有商业、集体商业、个体商业、外贸部门、国家机关、社会团体等各种经济类型的商业企业和有关部门收购农产品价格的变动趋势和程度的相对数。农产品收购价格指数可以观察和研究农产品收购价格总水平的变化情况,以及对农民货币收入的影响,作为制订和检查农产品价格政策的依据。

农村工业品零售价格指数 是反映农村市场工业品零售价格水平变动趋势和程度的相对数。通过农村工业品零售价格指数,可以观察工业品零售价格变动对农民货币支出的影响。

工业品出厂价格指数 是反映全部工业产品出厂价格总水平的变动趋势和程度的相对数,包括工业企业售给本企业以外所有单位的各种产品和直接售给居民用于生活消费的产品。通过工业品出厂价格指数能观察出厂价格变动对工业总产值的影响。

固定资产投资价格指数 是反映固定资产投资额价格变动趋势和程度的相对数。固定资产投资额是由建筑安装工程投资完成额、设备、工器具购置投资完成额和其他费用投资完成额三部分组成的。编制固定资产投资价格指数应首先分别编制上述三部分投资的价格指数,然后采用加权算术平均法求出固定资产投资价格总指数。

编制固定资产投资价格指数可以准确地反映固定资产投资中涉及的各类商品和取费项目价格变动趋势和变动幅度,消除按现价计算的固定资产投资指标中的价格变动因素,真实地反映固定资产投资的规模、速度、结构和效益,为国家科学地制定、检查固定资产投资计划并提高宏观调控水平,为完善国民经济核算体系提供科学的、可靠的依据。

六 人民生活

PEOPLE'S LIVELIHOOD

6—1 市区不同收入层次居民家庭情况

（2009年）

指标	总平均	最低收入户	困难户	低收入户	中下收入户	中等收入户	中上收入户	高收入户	最高收入户
调查户数	**100**	**10**	**5**	**10**	**20**	**20**	**20**	**10**	**10**
平均每户家庭人口(人)	2.95	3.6	4.2	2.8	3.13	3.05	6.03	2.3	2.4
平均每户就业人口(人)	1.44	1.5	1	1.2	1.3	1.6	1.52	1.4	1.4
每一就业者负担人口(人)	2.05	2.40	4.20	2.33	2.41	1.91	3.97	1.64	1.71
平均每户就业面(%)	48.81	41.67	23.81	42.86	41.53	52.46	25.21	60.87	58.33
期初手存现金	367	149	97	106	272	304	632	516	593
家庭总收入	15706	4600	3626	8887	11239	14617	18441	25253	38687
可支配收入	14058	4012	3320	7383	9663	13059	16610	22075	36798
财产收入	150	20		131	117	215	50	231	459
#红利	33			29		65	7	10	175
转移性收入	3124	659	672	1760	2424	1667	3507	5617	10580
#离退休金	2417	306	525	1246	2173	1405	3070	3481	7490
赠送收入	297	36		159	102	117	319	848	1229
借贷收入	4033	233	185	2287	1625	4422	3262	2209	20759
提取储蓄存款	3764	225	172	2037	1585	4391	3080	2184	18423
借入款	199	8	13	250	40	28	181	26	1486
兑售有价证券									
家庭总支出	14317	418	3277	9746	10862	15496	15557	19953	32330
消费性支出	10577	3468	2727	7165	8076	12083	11895	12460	22792
赠送支出	1096	116	129	536	717	1078	1360	2467	2270
赡养支出	671	58	94	502	453	716	420	1743	1846
购房与建房支出	261								3208
借贷支出	5346	650	460	1383	1684	3344	6313	7464	27189
存入储蓄款	4106	598	400	811	1599	2764	4030	6610	20957
借出款	124	1	18			2	137	100	1064
购买有价证券	132					128	51	157	1020
期末手存现金	542	146	166	169	598	503	923	586	525

6—2 市区不同收入层次居民家庭人均消费支出

(2009年)

单位:元

指标	总平均	最低收入户	困难户	低收入户	中下收入户	中等收入户	中上收入户	高收入户	最高收入户
消费支出	**9989**	**3224**	**2582**	**6675**	**7568**	**11349**	**11490**	**11847**	**21297**
食品	3527	1910	1438	3339	3257	3350	4020	4442	5201
粮食	525	299	224	456	504	514	615	673	661
油脂类	118	86	63	113	123	113	129	115	143
肉类	459	272	208	393	447	437	180	672	651
禽类	143	84	64	122	136	137	130	225	240
蛋类	64	45	28	66	67	59	67	66	92
水产品类	123	77	54	113	116	102	146	181	158
蔬菜类	395	232	165	332	388	365	447	510	566
糖烟酒饮料类	295	130	101	255	245	278	405	360	427
干鲜瓜果类	254	140	101	203	245	251	305	308	341
奶及奶制品	237	131	75	203	211	235	234	440	316
在外饮食	626	271	253	840	470	572	747	558	1207
衣着	1207	335	356	513	846	1199	1710	2022	2230
服装	855	188	197	325	592	843	1245	1502	1589
衣着材料	4	5	8	0	2	10	6		2
衣着加工费	9	0	0	4	4	14	6	12	28
居住	759	298	264	463	430	692	719	977	2718
住房	163	64				31	31		1754
水电燃料及其它	528	228	262	450	399	540	597	833	914
家庭设备用品及服务	730	161	133	220	479	971	915	571	1910
耐用消费品	337			55	183	626	298	86	1179
家庭日用杂品	319	159	133	162	232	303	429	404	655
医疗保健	576	127	131	461	471	646	889	611	653
药品费	293	83	110	78	253	368	452	324	344
医疗费	234	39	15	376	171	268	350	221	164
交通和通讯	1447	190	103	695	623	2755	944	1277	4473
交通	950	93	28	379	247	2108	468	397	3546
通信	497	97	75	316	376	647	476	880	927
教育文化娱乐服务	1455	162	99	895	1275	1517	1749	1565	3518
文化娱乐用品	452	25	1	164	459	342	666	245	1355
文化娱乐服务	425	48	22	76	243	495	434	615	1493
教育	578	89	77	654	573	680	648	705	670
其它商品和服务	288	41	58	89	187	218	543	382	596

6—3 分县市城镇居民人均收支

（2009年）

单位:元

指　　标	全　市	宜都市	枝江市	当阳市	远安县	兴山县
一、期初手存现金	596	443	1589	638	874	132
二、家庭总收入	14161	13176	13462	13720	13050	11858
其中:可支配收入	12843	12589	12052	12611	11788	10748
㈠工资性收入	10691	8560	11036	10783	10421	9358
#工资及补贴收入	9721	8268	10680	9369	10062	9153
其它劳动收入	970	292	356	1415	359	205
㈡经营性收入	682	1697	694	737	1275	1245
㈢财产性收入	164	251	71	276	217	131
㈣转移性收入	2624	2668	1662	1923	1138	1124
#养老金或离退休金	2116	1773	1386	1724	732	956
三、出售财物收入	53	0		27	1754	
四、借贷收入	2968	2739	1077	1251	7137	1352
五、家庭总支出	13106	12124	11273	12655	16337	11835
㈠财产性支出	22		6	1	21	
㈡转移性支出	2040	2739	1956	1456	2169	2273
㈢社会保障支出	1219	544	1307	1062	1125	1031
㈣购房与建房支出	252	382			3690	
#购房	251	382			3690	
㈤消费支出	9574	8460	8003	10135	9332	8531
其中:#服务性消费支出	2129	1437	1548	1975	1985	1789
#食品	3582	3457	3300	4089	3359	3347
衣着	1330	1265	1146	1745	1308	1234
居住	761	860	687	644	834	712
家庭设备用品及服务	726	646	658	816	546	571
医疗保健	546	311	349	662	366	597
交通和通讯	1117	590	774	947	1245	959
教育文化娱乐服务	1219	1048	869	1019	1259	734
其它商品和服务	293	282	220	213	416	377
六、借贷支出	4033	3853	3630	1774	5231	1411
七、期末手存现金	693	381	1235	1266	1252	146

6—3 续表　　　　单位:元

指　　标	秭归县	长阳自治县	五峰自治县	市　区	夷陵区
一、期初手存现金	292	460	566	367	968
二、家庭总收入	11572	11962	10034	15706	13543
其中:可支配收入	10515	10839	8950	14058	12691
(一)工资性收入	9333	8841	8469	12057	8375
#工资及补贴收入	9187	8601	7847	10481	8013
其它劳动收入	146	240	621	1576	362
(二)经营性收入	876	1150	629	376	483
(三)财产性收入	74	155	118	150	228
(四)转移性收入	1289	1816	819	3124	4457
#养老金或离退休金	1028	1559	632	2417	4187
三、出售财物收入				3	1
四、借贷收入	941	3255	3406	4033	1949
五、家庭总支出	10868	12068	11876	14317	12231
(一)财产性支出		199	11	21	0
(二)转移性支出	1784	2174	2880	1942	2294
(三)社会保障支出	994	1044	1014	1516	776
(四)购房与建房支出			20	261	
#购房				261	
(五)消费支出	8090	8650	7952	10577	9161
#服务性消费支出	1396	1901	2312	2582	2008
#食品	3446	3015	2991	3735	3505
衣着	1500	1203	1114	1294	1460
居住	565	806	786	796	771
家庭设备用品及服务	542	927	455	781	684
医疗保健	266	474	463	630	709
交通和通讯	603	808	927	1510	756
教育文化娱乐服务	823	1136	972	1520	985
其它商品和服务	345	280	243	311	291
六、借贷支出	1707	2833	1622	5346	3457
七、期末手存现金	262	769	612	542	773

注:城区数据不包含夷陵区。

6—4 主要年份市区居民家庭基本情况

年　　份	人均可支配收入(元)	人均消费性支出		就业者负担人数(人)	人均居住面积(平方米)
		小计(元)	恩格尔系数(%)		
1981	472	431	51.95	1.68	5.99
1982	481	412	56.03	1.72	5.94
1983	519	459	57.65	1.68	7.28
1984	623	525	54.94	1.68	5.16
1985	746	678	49.45	1.74	8.10
1986	903	741	53.04	1.72	7.70
1987	972	811	54.26	1.75	8.62
1988	1202	1214	46.06	1.68	8.87
1989	1219	1107	56.84	1.75	9.39
1990	1503	1321	53.48	1.68	10.22
1991	1752	1560	51.66	1.69	11.04
1992	2050	1840	48.32	1.57	11.21
1993	2967	2552	42.77	1.59	11.24
1994	4325	3216	43.07	1.52	11.88
1995	4436	4121	44.28	1.59	12.78
1996	4784	4455	43.10	1.56	12.09
1997	5438	4759	41.99	1.63	11.81
1998	5130	4728	40.13	1.66	15.13
1999	5479	4889	37.91	1.69	12.52
2000	5854	4934	37.55	1.65	14.49
2001	6295	5121	37.05	1.61	16.07
2002	6773	5763	35.85	1.61	20.26
2003	7301	6175	34.90	1.65	20.30
2004	8075	6829	37.10	1.70	20.39
2005	8711	7458	37.73	1.78	22.10
2006	9624	8002	36.10	1.74	22.85
2007	11401	9099	37.32	1.81	27.43
2008	12839	9869	38.52	2.04	27.72
2009	14058	9989	35.31	2.05	28.03

注:人均居住面积从2007年起统计口径为建筑面积。

6—5 主要年份全市居民家庭基本情况

年份	人均可支配收入(元)	人均消费性支出		就业者负担人数(人)	人均建筑面积(平方米)
		小计(元)	恩格尔系数(%)		
1998	5016	4419	39.28	1.63	
1999	5434	4551	37.81	1.65	
2000	5828	4800	35.51	1.66	
2001	6187	4990	34.99	1.68	
2002	6647	5531	34.87	1.69	29.37
2003	7033	5666	34.99	1.71	29.79
2004	7592	6208	36.27	1.74	29.86
2005	8156	6642	37.47	1.81	30.82
2006	8926	7155	35.55	1.80	31.49
2007	10241	7808	37.75	1.80	32.62
2008	11733	8841	39.09	1.93	33.51
2009	12843	9574	37.42	1.90	33.24

6—6　主要年份市区居民消费性支出构成

单位:%

指　　标	2000	2004	2005	2006	2007	2008	2009
消费性支出(%)	**100**	**100**	**100**	**100**	**100**	**100**	**100**
食品	37.55	37.00	37.73	36.10	37.32	38.52	35.30
#粮食	2.50	6.94	6.85	6.20	5.74	5.79	5.26
油脂类	1.15	1.32	1.15	1.06	1.01	1.38	1.18
肉禽及制品	7.29	7.10	9.29	7.83	6.98	7.86	6.03
蛋类	1.05	0.92	0.79	0.74	0.61	0.69	0.64
水产品类	1.68	1.60	1.56	1.31	1.36	1.33	1.23
鲜菜	3.82	3.40	3.04	2.90	3.38	3.84	3.96
糖类	0.32	0.30	0.31	0.37	0.26	0.22	0.30
烟草	1.44	1.46	2.3	1.95	0.87	1.50	1.31
酒及饮料	1.31	1.39	1.42	1.29	1.22	1.24	1.36
干鲜瓜果	1.93	2.35	2.54	2.75	2.98	2.41	2.55
糕点	0.73	0.73	0.91	0.97	0.63	0.71	0.66
奶及奶制品	1.37	2.60	2.47	2.69	2.58	2.28	2.37
在外用餐	9.87	4.75	5.38	5.98	7.98	7.26	6.26
衣着	10.70	13.34	13.76	15.87	15.88	12.12	12.08
#服装	6.76	9.73	9.87	11.71	11.72	8.12	8.56
衣着材料	0.54	0.04	0.08	0.05	0.06	0.11	0.04
鞋袜帽及其他	3.23	3.57	3.8	4.10	3.96	3.80	3.39
设备用品	11.57	5.54	6.12	5.65	5.23	5.67	7.31
#耐用消费品	7.11	2.63	2.95	2.61	1.40	1.32	3.37
家庭日用杂品	3.81	2.20	2.42	2.42	2.76	3.66	3.20
医疗保健	5.22	6.61	5.26	4.82	5.41	5.16	5.77
交通通讯	7.92	10.17	10.05	10.62	10.09	14.37	14.49
#交通	4.22	4.10	4.44	4.93	4.35	8.87	9.51
通讯	3.70	6.07	5.61	5.69	5.74	5.50	4.97
娱乐文教	14.47	17.03	15.56	15.46	15.23	13.73	14.57
#耐用消费品	1.18	3.80	3.49	4.11	4.38	2.83	4.53
教育	9.55	9.40	8.77	6.94	7.22	6.73	5.78
文化娱乐	3.74	3.80	3.31	4.41	3.63	4.18	4.26
居住	8.50	7.04	8.79	7.28	7.10	7.40	7.60
#住房	2.68	0.65	2.56	0.98	1.42	0.84	1.63
水电燃料	5.82	4.30	5.73	5.77	5.26	5.81	5.29
杂项商品	4.08	3.18	2.72	4.22	3.75	3.02	2.88

6—7 主要年份市区居民家庭人均全年购买商品数量

商品名称	单位	2000	2004	2005	2006	2007	2008	2009
粮食	千克	56.92	95.40	95.96	82.99			
食用植物油	千克	8.16	10.25	9.74	9.34	8.27	8.97	9.82
鲜菜	千克	110.06	114.08	101.51	92.72	98.92	118.91	106.04
猪肉	千克	18.26	21.97	22.54	19.34	19.31	18.11	15.88
牛羊肉	千克	2.65	2.91	2.47	3.08	4.01	3.12	1.95
家禽	千克	5.98	6.16	7.43	6.32	5.91	5.33	6.66
鲜蛋	千克	7.95	7.32	7.47	6.6	5.35	7	5.86
鱼	千克	10.35	9.18	10.22	8.92	9.81	9.39	7.98
白酒	千克	1.80	2.52	2.53	1.76	1.39	2.53	1.87
啤酒	千克	2.26	1.99	1.98	2.36	1.32	1.32	1.9
茶叶	千克	0.17	0.15	0.17	0.26	0.06	0.17	0.17
鲜瓜果	千克	48.39	54.11	53.88	53.55	60.75	43.77	43.87
糕点	千克	3.06	3.64	4.69	5.24	3.44	4.73	3.96
鲜奶	千克	7.87	20.98	21.76	17.68	15.97	16.84	15.11
各种服装	件	5.58	7.52	6.68	7.36	7.64	13.53	7.3
各种鞋	件	2.67	3.15	2.72	2.85	2.52	3.26	2.96
水	吨	57.17	50.53	55.12	55.26	61.60	46.27	46.32
电	度	276.70	388.78	448.76	492.19	496.85	562.75	540.27
煤炭	千克	56.32	43.35	47.43	28.46	3.24	11.56	9.6
液化石油气	千克	14.62	13.27	10.08	4.69	2.34	4.15	2.93
管道煤气	立方米	55.66	56.03	54.3	53.74	60.89	49.71	40.44

6—8 主要年份每百户市区居民家庭主要耐用消费品拥有量

商品名称	单位	2000	2004	2005	2006	2007	2008	2009
成套家具	套	82	95	89	92			
摩托车	辆	6	5	7	9	14	15	17
自行车	辆	96	69	47	45			
家用汽车	辆		1	1	2	2	1	3
洗衣机	台	95	100	94	97	96	90	91
电风扇	台	192	197	166	161			
电冰箱	台	91	93	94	97	101	90	90
冰柜	台	2	5	12	14			
彩色电视机	台	113	133	129	138	136	125	126
影碟机	台	43	87	90	90			
录放像机	台	21	39	7	21			
家用电脑	台	11	50	41	51	65	68	74
组合音响	套	32	36	46	43	47	35	35
录音机	台	46	39	25				
摄像机	台	1	4	3	6	6	4	5
照相机	架	38	53	44	47	41	39	40
钢琴	架		1	3	4	7	5	5
其他中高档乐器	件	9	2	4	7	4	3	3
微波炉	台	16	50	50	57	58	54	56
空调器	台	44	81	96	113	124	112	118
取暖器	台		75	78	85			
电炊具	个	110	88	90	87			
淋浴热水器	台	55	78	84	84	83	78	80
抽排油烟机	台	31	57	72	79			
消毒碗柜	台		9	9	11	8	8	9
洗碗机	台					1	1	1
吸尘器	台	3	11	12	15			
健身器材	件	1	4	4	7	4	3	2
移动电话	部	8	147	158	169	180	169	176

6—9 市区居民居住情况

(2009年)

指　　　标	调查户数(%)	家庭常住人口(%)	指　　　标	调查户数(%)	家庭常住人口(%)
总计	**100**	**100**	公用自来水	2.00	1.71
按居住面积分	**100**	**100**	**按卫生设备拥有情况分**	**100**	**100**
无房户			无卫生设备	2.00	2.05
8平方米以下	1.00	1.37	有厕所浴室	80.00	76.71
8-12平方米	3.00	2.74	有厕所无浴室	14.00	16.78
12-16平方米	9.00	10.96	公用卫生设备	4.00	4.45
16-20平方米	12.00	13.70	按取暖设备拥有情况分	100	100
20-24平方米	14.00	14.73	无取暖设备	25.00	27.40
24-28平方米	13.00	13.36	空调设备	75.00	72.60
28-30平方米	6.00	6.16	其它		
30-35平方米	12.00	11.64	按燃料使用情况分	100	100
35-40平方米	14.00	12.67	管道天然气	56.00	51.37
40平方米以上	16.00	12.67	液化石油气	35.00	39.04
按房屋产权分	**100**	**100**	煤	9.00	9.59
租赁公房	8.00	8.22	其他		
租赁私房	2.00	1.37	**按住宅建筑式样分**	**100**	**100**
原有私房	1.00	1.03	单栋住宅		
房改私房	64.00	61.64	四居室	3.00	3.08
商品房	23.00	25.69	三居室	36.00	33.90
其它	2.00	2.05	二居室	43.00	44.86
按自来水使用情况分	**100**	**100**	一居室	9.00	8.22
无自来水			普通楼房	5.00	6.16
独用自来水	98.00	98.29	平房及其它	4.00	3.77

6—10 历年分县市农民人均纯收入

（1985－2009 年）

单位:元

年　份	全　市	宜都市	枝江市	当阳市	远安县	兴山县	秭归县	长　阳 自治县	五　峰 自治县	夷陵区
1985	439	458	522	548	494	382	378	371	375	385
1986	455	490	555	614	437	420	397	378	340	435
1987	481	517	629	672	442	437	404	408	358	468
1988	501	543	686	720	485	446	404	438	392	501
1989	575	578	689	780	603	542	501	440	376	556
1990	591	580	771	816	644	496	339	456	395	585
1991	643	590	757	897	674	543	386	464	403	649
1992	695	669	798	928	820	569	462	519	452	699
1993	757	738	855	1071	888	676	480	494	510	850
1994	1120	1099	1458	1755	1252	909	700	858	657	1208
1995	1452	1468	2068	2059	1456	1109	988	917	698	1603
1996	1796	1802	2406	2466	1799	1478	1148	1168	1035	2032
1997	2100	2168	2722	2820	2126	1780	1343	1544	1270	2403
1998	2229	2273	2788	2984	2277	1916	1497	1506	1404	2559
1999	2314	2369	2830	3074	2349	2021	1625	1762	1526	2664
2000	2363	2428	2871	2920	2357	1888	1647	1808	1438	2717
2001	2413	2506	2959	2980	2408	1916	1669	1810	1464	2797
2002	2440	2537	2975	2980	2436	1928	1705	1809	1467	2827
2003	2588	2735	3150	3132	2587	2038	1795	1879	1575	2983
2004	2938	3163	3150	3653	3551	2339	1950	2045	1698	3383
2005	3108	3491	3970	3815	3318	2560	1999	2095	1798	3703
2006	3433	4009	4300	4180	3654	2760	2199	2296	1996	4072
2007	4022	4860	5143	5024	4232	3069	2507	2601	2298	4780
2008	4686	5846	5931	5815	5220	3483	2874	2969	2664	5426
2009	5186	6516	6559	6515	5815	3851	3177	3282	2968	6048

6—11 分乡镇农民人均纯收入

单位:元

乡镇名称	2009	2008	增减额
夷陵区小溪塔街办	6476	5840	636
夷陵区樟村坪镇	6646	5788	858
夷陵区雾渡河镇	5162	4548	614
夷陵区分乡镇	5475	4818	657
夷陵区太平溪镇	5744	5138	589
夷陵区三斗坪镇	5409	4852	539
夷陵区乐天溪镇	5357	4970	373
夷陵区龙泉镇	7139	5346	793
夷陵区鸦鹊岭镇	7121	6313	808
夷陵区下堡坪乡	5623	5075	538
夷陵区邓村乡	5695	5108	587
夷陵区黄花乡	5393	5108	534
宜都市红花套镇	7592	6545	1047
宜都市高坝洲镇	7254	6266	988
宜都市姚家店乡	6880	5982	898
宜都市五眼泉乡	6662	5784	878
宜都市聂家河镇	5775	5022	753
宜都市潘家湾乡	5481	4765	716
宜都市王家畈乡	5410	4704	706
宜都市松木坪镇	6715	5836	879
宜都市枝城镇	7038	5987	1051
宜都市陆城办	7851	6827	1024
枝江市安福寺镇	6074	6748	674
枝江市顾家店镇	5090	5748	658
枝江市董市镇	6040	6630	590
枝江市仙女镇	5800	6385	585
枝江市问安镇	5969	6616	647
枝江市七星台镇	5600	6315	715
枝江市百里洲镇	5290	5980	690
枝江市马家店街道	6874	7468	594
枝江市白洋镇	5750	6335	585
当阳市玉阳办事处	6168	6969	801
当阳市坝陵办事处	5710	6664	954

6—11　续表1　　　　单位:元

乡　镇　名　称	2009	2008	增减额
当阳市玉泉办事处	5782	6534	752
当阳市两河镇	5228	6018	790
当阳市河溶镇	5710	6509	799
当阳市育溪镇	5455	6255	800
当阳市庙前镇	5730	6575	845
当阳市王店镇	5857	6791	934
当阳市半月镇	6000	6850	850
当阳市草埠镇	5509	6214	705
远安县鸣凤镇	6582	5836	746
远安县花林寺镇	5227	4645	581
远安县旧县镇	5656	5049	607
远安县洋坪镇	5668	5047	621
远安县河口乡	5511	4910	600
远安县茅坪场镇	6049	5372	677
远安县荷花镇	5225	4660	565
兴山县古夫镇	3930	3574	356
兴山县高阳镇	3818	3470	348
兴山县峡口镇	3587	3213	374
兴山县高桥乡	2802	2420	382
兴山县南阳镇	3480	3130	350
兴山县榛子乡	4188	3718	470
兴山县黄粮镇	3864	3513	351
兴山县水月寺镇	4083	3704	379
秭归县茅坪镇	3464	3250	214
秭归县屈原镇	2778	2460	318
秭归县归洲镇	3054	3400	-346
秭归县水田坝乡	2751	2432	319
秭归县泄滩乡	2831	2887	-56
秭归县沙溪镇	3031	2700	331
秭归县两河口镇	2811	2700	111
秭归县梅家河乡	2780	2418	362
秭归县磨坪乡	2671	2450	221

6—11 续表2 单位:元

乡镇名称	2009	2008	增减额
秭归县郭家坝镇	3195	2780	415
秭归县九畹溪镇	2907	2550	357
秭归县杨林桥镇	2853	2760	93
长阳土家族自治县龙舟坪镇	3538	3305	233
长阳土家族自治县高家堰镇	2848	2662	186
长阳土家族自治县磨市镇	2650	2500	150
长阳土家族自治县大堰乡	2570	2400	170
长阳土家族自治县都镇湾镇	2080	1980	100
长阳土家族自治县鸭子口乡	2248	2020	228
长阳土家族自治县资丘镇	2350	2200	150
长阳土家族自治县火烧坪乡	4184	3830	354
长阳土家族自治县渔峡口镇	2450	2230	220
长阳土家族自治县榔坪镇	2500	2312	188
长阳土家族自治县贺家坪镇	2778	2588	190
五峰土家族自治县五峰镇	2453	2223	230
五峰土家族自治县长乐坪镇	2499	2251	248
五峰土家族自治县渔洋关镇	2940	2671	269
五峰土家族自治县仁和坪镇	2508	2276	232
五峰土家族自治县付家堰乡	2328	2115	213
五峰土家族自治县牛庄乡	2845	2542	303
五峰土家族自治县采花乡	2439	2210	229
五峰土家族自治县湾潭镇	2380	2148	232
西陵区窑湾乡	6400	5876	524
点军区街办	5632	5082	550
点军区联棚乡	5305	4622	683
点军区土城乡	4432	3928	504
点军区桥边镇	5204	4675	529
点军区艾家镇	5486	4926	560
伍家岗区伍家乡	6304	5695	609
猇亭区云池街办	5880	5242	638
猇亭区虎牙街办	5835	5201	634
猇亭区古老背街办	5871	5235	636

6—12　主要年份农村居民家庭基本情况

指　　标	单　位	2000	2004	2005	2006	2007	2008	2009
户数、人口、劳动力								
调查户数	户	910	910	920	920	920	920	920
调查户常住人口	人	3349	3248	3231	3265	3275	3260	3239
调查户劳动力	人	2332	2336	2347	2448	2504	2502	2564
户均劳动力	人	2.59	2.57	2.55	2.66	2.72	2.71	2.79
户均常住人口中								
乡村企业人数	人	0.02	0.03					
在外从事其他人数	人	0.16		0.36				
耕地、山地面积								
期初实际经营土地面积	亩	1.44	2.59	4.27	4.42	5.20	5.48	5.30
有效灌溉面积	亩	0.08	2.00	2.1	0.57	0.59	1.40	1.59
人均经营山地面积	亩	1.67	3.72			3.37	3.50	3.46
平均每户年末生产性固定资产原值	元	**2824**	**3685**	**4519**	**1533**	**1804**	**1884**	**2150**
#役畜、产品畜	元	582	502	698	198	229	248	340
大中型铁木农具	元	204	174	261	68	82	150	89
农林牧渔业机械	元	301	317	448	134	174	858	182
工业机械	元	133				217	290	76
运输机械	元	312				73	176	177
房　　屋								
年内人均新建房面积	平方米	1.06	0.51	2.09	0.40	0.27	0.24	0.48
每平方米新建房屋价值	元	179	116	269	58	362	110	233
人均年末使用房屋面积	平方米	39.69	41.80	67.23	43.29	44.47	44.60	44.63
#钢筋混凝土面积	平方米	11.30	14.94	58.37	0.36	16.94	16.93	16.12

6—13 主要年份农村居民家庭人均现金收支情况

单位:元

指　　标	2000	2004	2005	2006	2007	2008	2009
期内现金收入合计	**1945**	**2711**	**3165**	**3463**	**4131**	**4957**	**5318**
基本收入	1787	2544	3026	3267	3905	4629	4902
工资性收入	531	718	854	1026	1268	1533	1733
在非企业组织上劳动得到收入	117	101	118	108	119	150	163
在企业劳动得到的	118	162	120	89	68	86	174
在其他单位劳动中得到	156	122	221	278	374	481	526
家庭经营现金收入	1256	1826	2171	2241	2637	3096	3169
出售农产品	648	986	1116	1224	1450	1518	1681
出售林业产品	51	23	41	64	70	60	72
出售牧业产品	288	586	671	570	740	1057	845
出售渔业产品	9	25	41	71	76	103	151
建筑业收入	34	3	25	23	26	26	44
运输业收入	53	32	56	50	63	67	67
商业收入	51	85	100	110	109	127	153
其他经营现金收入	42	33	29	21	10	12	15
转移性现金收入	142	145	130	169	200	290	358
#在外人口寄回和带回	26	20	26	30	20	36	26
财产性现金收入	16	22	18	27	26	39	58
#利息收入	5	1	3	3	6	7	18
期内现金支出合计	**1683**	**2498**	**3040**	**3482**	**3997**	**4698**	**4989**
生产费用支出现金	359	672	940	693	1102	1438	1396
家庭经营费用支出	325	633	888	902	1021	1342	1317
购置生产性固定资产支出	34	38	50	59	78	97	78
税费支出	89	32	37	13	3	1	0.4
生活消费支出现金	1049	1566	1866	2190	2567	2903	3148
期末手存现金	**655**	**505**		**476**	**692**	**669**	**832**
期末存款余额	**636**	**941**		**1749**	**2345**	**2826**	**2402**

6—14 分县市农村居民家庭基本情况

(2009年)

指　　标	单　位	全　市	夷陵区	宜都市	枝江市	当阳市
户数、人口、劳动力						
调查户数	户	920	100	100	110	110
调查户常住人口	人	3239.00	334.00	345.00	375.00	364.00
调查户劳动力	人	2564.00	273.00	285.00	295.00	288.00
户均劳动力	人	2.79	2.73	2.85	2.68	2.62
耕地、山地面积						
期初人均实际经营土地面积	市亩	5.30	2.39	3.15	2.25	8.93
人均有效灌溉面积	市亩	0.63	0.81	0.42	1.25	1.77
调查户人均年末生产性固定资产原值	元	**2149.81**	**3736.68**	**2839.86**	**3133.76**	**3218.54**
#农业	元	943.74	703.74	992.32	1534.56	1966.90
林业	元					
牧业	元	857.73	2359.28	1343.19	993.07	1005.49
渔业	元	13.43			54.13	59.62
年内人均新建房面积	平方米	0.48	0.75	1.77		0.71
每平方米新建房屋价值	元	233.41	497.01	1110.14		357.14
人均年末使用房屋面积	平方米	44.63	46.60	62.40	36.24	40.84
#钢筋混凝土面 积	平方米	16.12	18.91	45.57	23.01	17.18

6—14 续表

指标	单位	远安县	兴山县	秭归县	长阳自治县	五峰自治县
户数、人口、劳动力						
调查户数	户	100.00	100.00	100.00	100.00	100.00
调查户常住人口	人	338.00	385.00	381.00	365.00	352.00
调查户劳动力	人	293.00	285.00	307.00	272.00	266.00
户均劳动力	人	2.93	2.85	3.07	2.72	2.66
耕地、山地面积						
期初人均实际经营土地面积	市亩	5.22	8.66	2.49	2.99	11.52
人均有效灌溉面积	市亩	0.94	0.11	0.28	1.33	9.80
调查户人均年末生产性固定资产原值	元	**910.24**	**1747.27**	**1175.76**	**1994.55**	**660.17**
#农业	元	516.33	711.30	709.07	1093.97	199.29
林业	元					
牧业	元	364.32	521.69	359.61	592.9	324.52
渔业	元				4.11	
年内人均新建房面积	平方米			0.84		0.34
每平方米新建房屋价值	元			157.48		48.30
人均年末使用房屋面积	平方米	41.80	46.06	44.36	47.08	37.15
#钢筋混凝土面 积	平方米	5.33	5.73	15.62	12.75	1.96

6—15　分县市农村居民家庭人均现金收支情况

（2009年）

单位:元

指　　标	全　市	夷陵区	宜都市	枝江市	当阳市
期内现金收入合计	**5318.15**	**6733.84**	**6485.19**	**7997.01**	**8407.06**
工资性收入	1733.02	2031.21	3555.00	1615.01	1592.20
在非企业组织中劳动得到收入	162.79	175.78	357.13	253.24	241.06
在企业劳动得到的	173.62	481.13	197.54	235.81	117.19
在其他单位劳动得到	526.1	493.35	934.49	614.13	440.82
家庭经营现金收入	3168.64	4219.39	2488.21	6056.47	6213.22
出售农产品	1680.74	1701.69	875.12	3509.88	3451.64
出售林业产品	71.75	41.12	75.15	60.74	154.86
出售牧业产品	845.01	1751.39	1162.89	1549.58	1056.53
出售渔业产品	151.3	97.91	95.08	232.92	764.72
建筑业收入	44.08	208.62		40.00	83.19
运输业收入	66.81	78.68	32.70	145.40	48.82
商业收入	152.95	38.57	150.14	320.16	537.01
其他经营现金收入	15.48	14.67		77.41	4.18
转移性现金收入	358.17	419.35	353.16	253.53	588.70
#在外人口寄回和带回	25.62	27.25		18.13	52.07
财产性收入	58.32	63.90	88.82	71.99	12.95
#利息收入	17.52	49.56	44.71	13.27	8.74
期内现金支出合计	**4989.28**	**5423.68**	**6800.59**	**6304.18**	**7492.07**
生产费用支出现金	1396.38	1664.17	969.24	2061.59	3002.45
家庭经营费用支出	1317.17	1547.20	949.92	2034.23	2922.79
购置生产性固定资产支出	78.02	116.97	19.32	27.35	79.66
税费支出	0.35	1.20		1.39	0.30
生活消费支出现金	3147.73	3427.54	4350.40	3999.05	4197.03

6—15 续表 单位:元

指标	远安县	兴山县	秭归县	长阳自治县	五峰自治县
期内现金收入合计	**5534.35**	**3919.64**	**3019.74**	**3237.07**	**2672.67**
工资性收入	1985.21	1299.42	1109.50	1441.45	1145.00
在非企业组织中劳动得到收入	27.09	146.15	27.39	101.05	142.10
在企业劳动得到的	244.20	64.87	10.76	248.81	
在其他单位劳动得到	1053.89	127.99	545.69	342.19	249.48
家庭经营现金收入	3266.34	1917.58	1612.67	1524.72	1276.90
出售农产品	1690.26	1554.70	827.35	526.98	919.32
出售林业产品	66.56	28.03	28.93	69.95	124.29
出售牧业产品	815.72	174.36	313.15	707.37	184.10
出售渔业产品	107.69		58.97		
建筑业收入	62.62	3.90	4.72	9.15	
运输业收入	49.69	53.04	120.98	17.68	47.64
商业收入	156.48	48.55	94.76	20.55	
其他经营现金收入	4.47	10.92	14.71	9.24	
转移性现金收入	246.50	554.64	287.34	260.75	248.10
#在外人口寄回和带回	26.92	46.44	3.64	54.16	
财产性收入	36.30	147.99	82.22	10.15	2.67
#利息收入	8.04	9.81	20.33	3.90	2.67
期内现金支出合计	**3977.70**	**4112.92**	**3427.16**	**3912.72**	**3549.85**
生产费用支出现金	1256.20	825.19	964.95	1184.36	637.60
家庭经营费用支出	1154.52	759.30	879.73	1055.98	545.21
购置生产性固定资产支出	101.21	65.89	80.07	123.58	92.39
税费支出				0.29	
生活消费支出现金	2568.83	2739.94	2396.83	2276.16	2429.85

6—16 分县市农村家庭购置建材、生产资料和耐用消费品拥有量

(2009年)

指标	单位	全市	夷陵区	宜都市	枝江市	当阳市
平均每百户购置						
水泥	公斤	31947	51249	31005	35127	15745
木材	立方米	64.67	31.00	247.00	300.00	13.00
钢材	公斤	922.00	4.00	219.00	166.00	138.00
水泥预制件	件	462.00	3310.00	390.00	83.00	
玻璃	平方米	1.64				2.10
砖瓦	块	48116	96610	61290.00	53017	114353.00
平均每百户购置						
化肥	公斤	77352	45329	34048	103236	274892
微量元素肥	克	44429	500		2980	381174
饼肥	公斤	21	90		60	
农用薄膜	公斤	258	537	33.5	117.45	70.13
每百户耐用品拥有量						
自行车	辆	20	26	6	47	28
电冰箱	台	36	44	61	53	74
空调机	台	10	11	36	21	20
移动电话	部	119	109	153	122	166
洗衣机	台	49	71	74	46	28
摩托车	台	68	64	89	86	118
黑白电视机	台	9	9	4		
彩色电视机	台	97	102	116	94	125
影碟机	台	45	41	55	45	68
照相机	架	2	2		9	2

6—16 续表

指标	单位	远安县	兴山县	秭归县	长阳自治县	五峰自治县
平均每百户购置						
水泥	公斤	31175	26034		35650	105050
木材	立方米	2				2
钢材	公斤	6		1000	1320	5635
水泥预制件	件	5	360		29	160
玻璃	平方米				3	10
砖瓦	块	52000	8700		52553	4151
平均每百户购置						
化肥	公斤	40997	39251	61121	54802	57963
微量元素肥	克	20230	120	1650	2095	
饼肥	公斤				50	
农用薄膜	公斤	100	436	158	399	526
每百户耐用品拥有量						
自行车	辆	36	7	13	21	3
电冰箱	台	49	14	36	5	1
空调机	台		3	2	3	
移动电话	部	102	94	115	87	147
洗衣机	台	31	50	45	29	79
摩托车	台	90	22	37	42	61
黑白电视机	台		23	3	33	8
彩色电视机	台	92	86	98	87	92
影碟机	台	67	13	55	32	43
照相机	架			3	2	1

6—17 主要年份农村居民家庭平均每人主要消费品和消费量

指　　标	单 位	2000	2004	2005	2006	2007	2008	2009
粮食	千克	261.94	197.64	211.49	193.15	222.03	155.07	182.08
#稻谷	千克	154.15	143.36	140.60	136.36	138.46	110.74	131.23
小麦	千克	18.07	8.08	9.39	8.07	9.66	11.78	8.45
蔬菜	千克	174.66	134.73	155.46	208.75	184.38	114.12	131.19
食用油	千克	10.91	3.23	3.01	2.49	2.62	3.70	3.73
植物油	千克	7.66	3.13	2.92	1.97	2.13	2.83	2.91
动物油	千克	3.25	0.10	0.08	0.52	0.50	0.88	0.82
肉类	千克	31.37	33.13	36.13	33.87	33.20	33.10	35.77
#猪肉	千克	28.81	30.16	32.87	31.19	29.77	29.85	31.70
牛肉类	千克	0.11	0.15	0.18	0.23	0.34	0.21	0.27
家禽	千克	2.19	2.34	2.51	1.9	2.34	2.31	2.90
蛋类	千克	2.97	3.51	2.95	2.43	2.41	2.64	4.02
鱼虾	千克	2.83	3.05	2.95	3.33	3.12	3.02	3.56
食糖	千克	0.93	0.80	0.73	0.63	0.45	0.45	0.56
烟叶消费	公斤						0.10	0.05
酒	千 克	10.51	9.52	11.22	14.12	14.59	13.17	13.20
茶叶	千克	0.19	2.89	0.83	0.76	0.82	0.69	1.01
糖果糕点	千克	0.7	0.80					
水果	千克	25.86	4.37	27.54	25.43	26.57	23.04	17.21

6—18 主要年份农村每百户居民家庭主要耐用消费品拥有量

指　　标	单　位	2000	2004	2005	2006	2007	2008	2009
自行车	辆	60	43.63	39.89	32.65	22.94	24.00	20
电风扇	台	110	135.60	137.17	65.30			
洗衣机	台	24.7	31.43	29.78	32.65	39.56	45.00	49
摩托车	辆	27	46.92	50.76	65.3	61.00	64.00	68
收录机	台	18	10.88	9.4				
移动电话	部		35	50	78	93.00	104.00	119
黑白电视机	台	71	49.45	35.33	20.43	14.00	11.00	9
彩色电视机	台	32	67.69	75.33	85	92.00	93.00	97
照相机	架	1.6	4.18	3.37	2.28	2.39	2.50	2
大型家具	件	1289	180.11	255				

6—19 主要年份分县市农民商品性、自给性生活消费情况

单位：%

指标	2000	2004	2005	2006	2007	2008	2009
商品消费支出比重							
全市	**64.14**	**69.05**	**72.57**	**75.69**	**74.36**	**75.95**	**77.5**
夷陵区	51.91	68.81	71.17	82	76.03	81.25	80.4
宜都市	63.59	71.86	74.15	80.88	81.64	80.19	82.98
枝江市	71.63	77.44	85.12	76.09	82.61	85.61	87.54
当阳市	73.14	70.38	68.53	81.03	75.60	83.01	77.58
远安县	65.79	66.84	68.55	69.42	68.22	62.36	66.95
兴山县	62.34	68.52	71.66	70.48	66.10	79.11	82.03
秭归县	68.89	62.71	71.86	72.63	71.02	70.85	73.54
长阳自治县	55.52	69.36	64.42	73.83	74.42	60.37	69.47
五峰自治县	59.58	72.24	72.01	71.68	76.61	71.19	70.13
自给性比重							
全市	**36.86**	**30.95**	**27.43**	**24.31**	**25.64**	**24.05**	**22.5**
夷陵区	48.09	31.19	28.83	18	23.97	18.75	19.6
宜都市	36.41	28.14	25.85	19.12	18.36	19.81	17.02
枝江市	28.37	22.56	14.88	33.91	17.39	14.39	12.46
当阳市	26.86	29.62	31.47	28.97	24.40	16.99	22.42
远安县	34.21	33.16	31.45	30.58	31.78	37.64	33.05
兴山县	37.66	31.48	28.34	29.52	33.80	20.89	17.97
秭归县	31.11	37.29	28.14	27.37	29.98	29.15	26.46
长阳县	44.48	30.64	35.58	26.17	25.58	39.63	30.53
五峰县	40.42	27.76	27.99	28.32	23.39	28.81	29.89

6—20 主要年份农村居民家庭人均生活消费支出

单位:元

指　　标	1992	1995	2000	2002	2004
农民生活消费支出	**372.26**	**1312.45**	**1634.78**	**1897.25**	**2267.61**
食品消费	128.12	267.35	879.82	960.33	1168.94
衣着消费	50.12	83.01	73.69	110.76	103.75
居住消费	48.88	102.20	208.62	251.33	214.03
家庭设备用品及服务	78.83	71.86	74.89	100.18	108.94
医疗保健消费	5.08	42.91	71.80	97.37	134.64
交通通讯消费	30.83	49.66	68.77	110.31	196.28
文教娱乐用品及服务	31.25	108.67	214.44	229.91	276.87
其它商品和服务	13.41	15.11	42.76	56.61	64.16

指　　标	2005	2006	2007	2008	2009
农民生活消费支出	**2570.60**	**2893.63**	**3451.24**	**3821.82**	**4061.68**
食品消费	1255.98	1349.74	1609.29	1772.99	1773.59
衣着消费	126.35	158.35	187.94	202.89	228.91
居住消费	265.92	290.19	392.30	600.25	711.20
家庭设备用品及服务	128.97	180.69	233.23	261.22	320.52
医疗保健消费	139.63	164.05	194.81	237.25	254.80
交通通讯消费	274.41	330.67	349.89	363.16	378.18
文教娱乐用品及服务	319.75	340.82	362.31	274.42	309.59
其它商品和服务	59.59	79.13	121.48	109.65	84.88

6—21 历年农村居民家庭基本情况

（1985—2009 年）

年份	调查户数（户）	常住人口（人）	平均每户常住人口（人）	平均每个劳动力负担人口（人）	人均年末使用房屋面积（平方米）
1985	856	4169	4.90	2.03	29.27
1986	900	4141	4.6	2.74	29.94
1987	900	4081	4.53	2.74	30.79
1988	900	4056	4.51	1.63	32.22
1989	900	4037	4.49	2.71	32.83
1990	900	3961	4.40	1.66	33.89
1991	900	3961	4.40	1.75	35.90
1992	900	3711	4.12	1.64	36.83
1993	900	3611	4.01	1.57	32.53
1994	800	3175	3.97	1.56	32.92
1995	850	3440	4.05	1.55	31.32
1996	900	3510	3.90	1.55	34.12
1997	900	3470	3.86	1.55	34.81
1998	900	3461	3.85	1.55	37.21
1999	900	3405	3.78	1.52	37.65
2000	910	3349	3.68	1.44	36.69
2001	910	3262	3.58	1.47	39.68
2002	910	3263	3.59	1.50	38.69
2003	910	3261	3.58	1.40	40.97
2004	910	3248	3.57	1.39	41.80
2005	920	3231	3.51	1.38	67.23
2006	920	3265	3.55	1.33	43.29
2007	920	3275	3.56	1.31	44.47
2008	920	3260	3.54	1.30	44.60
2009	920	3239	3.52	1.26	44.63

主要统计指标解释

城镇居民家庭全部收入 指被调查城镇居民家庭全部的实际收入，包括经常或固定得到的收入和一次性收入。不包括周转性收入，如提取银行存款、向亲友借款、收回借出款以及其他各种暂收款。

城镇居民家庭可支配收入 指被调查的城镇居民家庭在支付个人所得税、财产税及其他经常性转移支出后所余下的实际收入。

城镇居民家庭消费性支出 指被调查的城镇居民家庭用于日常生活的全部支出，包括购买商品支出和文化生活、服务等非商品性支出。不包括罚没、丢失款和缴纳的各种税款（如个人所得税、牌照税、房产税等），也不包括个体劳动者生产经营过程中发生的各项费用。

城镇居民家庭购买商品支出 指被调查的城镇居民家庭为自用或赠送亲友而购买商品的全部支出，包括从商店、工厂、饮食业、工作单位食堂、集市以及直接从农民手中购买各种商品的开支。商品支出分为以下八类：食品；衣着；家庭设备用品及服务；医疗保健；交通与通信；娱乐、教育、文化服务；居住；杂项商品和服务。

农村居民家庭纯收入 指农村常住居民家庭总收入中，扣除从事生产和非生产经营费用支出、缴纳税款和上交承包集体任务金额以后剩余的，可直接用于进行生产性、非生产性建设投资、生活消费和积蓄的那一部分收入。农村居民家庭纯收入包括从事生产性和非生产性的经营收入，取自在外人口寄回带回和国家财政救济、各种补贴等非经营性收入；既包括货币收入，又包括自产自用的实物收入。但不包括向银行、信用社和向亲友借款等属于借贷性的收入。

农村居民家庭生活消费支出 指农村常住居民家庭用于日常生活的全部开支，是反映和研究农民家庭实际生活消费水平高低的重要指标。

七 农业

AGRICULTURE

7—1 历年农林牧渔业总产值

（1978—2009 年）

单位:万元

年份	农林牧渔业总产值	农业	林业	牧业	渔业	农林牧渔服务业
1978	67383	55657	1835	9653	238	
1979	73187	59865	1919	11154	249	
1980	75158	56892	3101	14796	369	
1981	85958	66535	3735	15239	449	
1982	100143	75415	4758	19458	512	
1983	111514	80578	8599	21577	760	
1984	126798	88284	9413	26951	2150	
1985	148980	98080	9994	37443	3463	
1986	170941	115594	11514	39149	4684	
1987	198600	129965	13806	48843	5986	
1988	228003	140257	14694	65991	7061	
1989	251130	157244	15077	71522	7287	
1990	298647	181747	19814	87463	9623	
1991	316314	199931	23105	82715	10563	
1992	339962	215598	21706	90785	11873	
1993	392928	253524	23137	102769	13498	
1994	624522	402100	26191	175018	21213	
1995	802585	526981	32025	211455	32124	
1996	932638	597389	35632	257346	42271	
1997	988659	618894	31329	302572	45864	
1998	999495	612241	37371	298927	50956	
1999	918390	564183	39026	261285	53896	
2000	957858	579077	39020	285871	53890	
2001	989116	595483	21905	314306	57422	
2002	946036	552982	21921	312801	58332	
2003	1056102	622106	22644	341183	62752	
2004	1281373	732590	19752	449732	72704	6595
2005	1385982	778611	22755	496107	81643	6866
2006	1481386	877921	23252	473967	98311	7935
2007	1826825	992704	23703	676645	125085	8688
2008	2267465	1157277	29600	899294	166248	15046
2009	2505614	1299568	31316	944100	213761	16869

7—2 主要年份农林牧渔业总产值

单位:万元

指　　标	2000	2004	2005	2006	2007	2008	2009
农林牧渔业总产值(可比价)			**1346182**	**1498584**	**1607858**	**1917400**	**2438925**
农业总产值			**754674**	**839949**	**944189**	**1000481**	**1219770**
粮食作物			243067	245997	270512	274384	346406
经济作物			133038	145405	156783	160418	216205
蔬菜瓜类			227470	249395	280905	298762	372070
茶、桑、果			146608	195108	232358	264234	283709
其他农作物			4491	4044	3631	2683	1380
采集野生植物							
林业产值			**20970**	**21812**	**22449**	**25882**	**27144**
竹木采伐			12239	12251	11538	14001	14385
牧业产值			**484552**	**523166**	**512268**	**745448**	**985518**
牲猪产值			399875	427382	406776	618969	816837
家禽产值			36231	40362	43016	48946	66126
活的畜禽产品产值			25507	29237	30624	33736	44266
捕猎野兽、野禽产值			50	56	31	13	20
渔业产值			**79203**	**105946**	**120712**	**133887**	**190015**
农林牧渔业总产值(现价)	**957858**	**1281373**	**1385982**	**1481386**	**1826825**	**2267465**	**2505614**
农业总产值	**579077**	**732590**	**778611**	**877921**	**992704**	**1157277**	**1299568**
粮食作物	202455	244924	241503	252461	291715	319326	359852
经济作物	81226	130055	133608	149855	180238	202017	220779
蔬菜瓜类	197029	231822	240297	266308	287212	380527	412373
茶、桑、果	87016	121575	158712	205209	229908	251805	305169
其他农作物	10831	4214	4491	4088	3631	3602	1395
采集野生植物	520						
林业产值	**39020**	**19752**	**22755**	**23252**	**23703**	**29600**	**31316**
竹木采伐	11722	11061	13205	12907	12420	16286	15240
牧业产值	**285871**	**449732**	**496107**	**473967**	**676645**	**899294**	**944100**
牲猪产值	225361	367368	406092	377131	563045	743176	762726
家禽产值	26747	34783	38110	40200	47563	60485	71359
活的畜禽产品产值	20174	25688	27695	28940	33423	39488	46179
捕猎野兽、野禽产值	394	37	52	56	31	14	20
渔业产值	**53890**	**72704**	**81643**	**98311**	**125085**	**166248**	**213761**

7—3 分县市农林牧渔业总产值

（2009年）

单位:万元

指　　标	全　市	宜都市	枝江市	当阳市	远安县	兴山县
农林牧渔业总产值(可比价)	**2438925**	**266191**	**450314**	**510508**	**126405**	**105532**
农业总产值	**1219770**	**106864**	**193063**	**272660**	**67519**	**53805**
粮食作物	346406	26106	66589	91089	19409	13830
经济作物	216205	10508	59456	43564	29411	10479
蔬菜瓜类	372070	18891	31685	95344	15010	19917
茶、桑、果	283709	51278	35050	42551	3582	9425
其他农作物	1380	81	283	112	107	154
林业产值	**27144**	**1939**	**1502**	**2548**	**4168**	**3556**
竹木采伐	14385	667	336	1842	3280	2307
牧业产值	**985518**	**138768**	**169938**	**181148**	**51908**	**47781**
牲猪产值	816837	113943	139878	136884	45043	43810
家禽产值	66126	9974	19155	19060	807	779
活的畜禽产品产值	44266	3643	8522	19300	1270	575
捕猎野兽、野禽产值	20			4	2	
渔业产值	**190015**	**17987**	**79894**	**53552**	**2064**	**139**
农林牧渔业总产值(现价)	**2505614**	**282450**	**474324**	**511140**	**122740**	**103322**
农业总产值	**1299568**	**124171**	**213390**	**279970**	**70973**	**54952**
粮食作物	359852	27510	72081	94668	20105	13591
经济作物	220779	7447	67114	44673	30904	11149
蔬菜瓜类	412373	22606	40431	103667	16320	21561
茶、桑、果	305169	66527	33478	36847	3534	8496
其他农作物	1395	81	286	115	110	155
林业产值	**31316**	**2370**	**1927**	**3136**	**4416**	**3876**
竹木采伐	15240	712	358	1971	3428	2458
牧业产值	**944100**	**128561**	**166889**	**168749**	**44368**	**44105**
牲猪产值	762726	104175	134094	120034	37061	40213
家禽产值	71359	9329	19755	22782	811	784
活的畜禽产品产值	46179	3662	9774	19801	1277	578
捕猎野兽、野禽产值	20			4	2	
渔业产值	**213761**	**26715**	**86118**	**58675**	**2237**	**139**

7—3 续表

单位:万元

指标	秭归县	长阳自治县	五峰自治县	市区	#夷陵区
农林牧渔业总产值(可比价)	**149337**	**225074**	**131775**	**473789**	**356262**
农业总产值	**86768**	**107433**	**79003**	**252655**	**183643**
粮食作物	22010	29651	23176	54546	48703
经济作物	15010	13950	11478	22349	17848
蔬菜瓜类	20271	52901	19678	98373	55731
茶、桑、果	29461	10882	24298	77182	61161
其他农作物	16	49	373	205	200
林业产值	**3467**	**3854**	**2845**	**3265**	**2672**
竹木采伐	458	2050	2039	1406	1015
牧业产值	**55981**	**85845**	**49599**	**204550**	**159754**
牲猪产值	52351	72489	45676	166763	129712
家禽产值	1113	1585	529	13124	7721
活的畜禽产品产值	1275	1647	768	7266	5684
捕猎野兽、野禽产值		2		12	12
渔业产值	**2262**	**24558**	**108**	**9451**	**7100**
农林牧渔业总产值(现价)	**151079**	**231403**	**135945**	**493211**	**376185**
农业总产值	**88012**	**111373**	**85698**	**271029**	**199108**
粮食作物	22178	30037	23982	55700	49805
经济作物	12717	13084	12677	21014	17325
蔬菜瓜类	22041	57519	23128	105100	58916
茶、桑、果	31060	10683	25538	89006	72858
其他农作物	16	50	373	209	204
林业产值	**3924**	**4210**	**3658**	**3799**	**3126**
竹木采伐	483	2170	2176	1484	1085
牧业产值	**55581**	**84042**	**46242**	**205563**	**164449**
牲猪产值	51961	71047	42272	161869	128857
家禽产值	1120	1595	533	14650	9056
活的畜禽产品产值	1282	1656	772	7377	5687
捕猎野兽、野禽产值		2		12	12
渔业产值	**2620**	**28289**	**108**	**8860**	**6352**

7—4 主要年份农林牧渔业增加值

单位:万元

指　　　标	2000	2004	2005	2006	2007	2008	2009
农林牧渔业总产值	**957858**	**1281373**	**1385982**	**1481386**	**1826825**	**2267465**	**2505614**
中间消耗	343290	490098	536187	577953	723609	897519	998571
中间物质消耗	275716	397755	437022	476233	595758	728712	738261
生产服务支出	67574	92343	99165	101720	127851	168807	252469
农林牧渔业增加值	**614568**	**791275**	**849795**	**903433**	**1103216**	**1369946**	**1507043**
农业							
总产值	579077	732590	778611	877921	992704	1157277	1299568
中间消耗	188036	253632	277596	315148	371778	414967	474181
物资消耗	149640	197613	222726	255732	294400	334401	342979
生产服务支出	38396	56019	54870	59416	77378	80566	131202
增加值	391041	478958	501015	562773	620926	742310	825387
林业							
总产值	39020	19752	22755	23252	23703	29600	31316
中间消耗	13847	8481	10116	10714	10132	11719	11363
物资消耗	10334	6349	7568	7760	8304	9759	9905
生产服务支出	3513	2132	2548	2954	1828	1960	1458
增加值	25173	11271	12639	12538	13571	17881	19953
牧业							
总产值	285871	449732	496107	473967	676645	899294	944100
中间消耗	118622	189383	203372	201850	278764	395343	417289
物资消耗	99619	165319	173935	175276	240250	318383	316097
生产服务支出	19003	24064	29437	26574	38514	76960	101192
增加值	167249	260349	292735	272117	397881	503951	526811
渔业							
总产值	53890	72704	81643	98311	125085	166248	213761
中间消耗	22785	36030	41994	46597	58963	69022	87897
物资消耗	16123	28474	32793	33821	48832	59701	69307
生产服务支出	6662	7556	9201	12776	10131	9321	18590
增加值	31105	36674	39649	51714	66122	97226	125864
农林牧渔服务业							
总产值		6595	6866	7935	8688	15046	16869
中间消耗		2572	3109	3644	3972	6468	7841
增加值		4023	3757	4291	4716	8578	9028

7—5 分县市农林牧渔业增加值

（2009年）

单位:万元

指　　　标	全　市	宜都市	枝江市	当阳市	远安县	兴山县
农林牧渔业总产值	**2505614**	**282450**	**474324**	**511140**	**122740**	**103322**
中间消耗	998571	113983	185800	211168	43573	43620
中间物质消耗	738261	104018	175314	120372	35706	42847
生产服务支出	252469	9900	7829	90519	7560	635
农林牧渔业增加值	**1507043**	**168467**	**288524**	**299972**	**79167**	**59702**
农业						
总产值	**1299568**	**124171**	**213390**	**279970**	**70973**	**54952**
中间消耗	474181	50945	69925	108557	23279	21688
物资消耗	342979	47545	69065	58264	16791	21615
生产服务支出	131202	3400	860	50293	6488	73
增加值	**825387**	**73226**	**143465**	**171413**	**47694**	**33264**
林业						
总产值	**31316**	**2370**	**1927**	**3136**	**4416**	**3876**
中间消耗	11363	1011	892	852	1724	1905
物资消耗	9878	911	876	703	1644	1850
生产服务支出	1485	100	16	149	80	55
增加值	**19953**	**1359**	**1035**	**2284**	**2692**	**1971**
牧业						
总产值	**944100**	**128561**	**166889**	**168749**	**44368**	**44105**
中间消耗	417289	51375	75731	76201	17191	19827
物资消耗	316097	47775	72928	46581	16259	19325
生产服务支出	101192	3600	2803	29620	932	502
增加值	**526811**	**77186**	**91158**	**92548**	**27177**	**24278**
渔业						
总产值	**213761**	**26715**	**86118**	**58675**	**2237**	**139**
中间消耗	87897	10587	36595	25281	1072	62
物资消耗	69307	7787	32445	14824	1012	57
生产服务支出	18590	2800	4150	10457	60	5
增加值	**125864**	**16128**	**49523**	**33394**	**1165**	**77**
农林牧渔服务业						
总产值	**16869**	**633**	**6000**	**610**	**746**	**250**
中间消耗	7841	65	2657	277	307	138
增加值	**9028**	**568**	**3343**	**333**	**439**	**112**

7—5 续表

单位:万元

指标	秭归县	长阳自治县	五峰自治县	市区	#夷陵区
农林牧渔业总产值	**151079**	**231403**	**135945**	**493211**	**376185**
中间消耗	58123	89023	55954	197327	151927
中间物质消耗	52997	73046	48189	85772	45641
生产服务支出	4752	14133	7608	109533	104736
农林牧渔业增加值	**92956**	**142380**	**79991**	**295884**	**224258**
农业					
总产值	**88012**	**111373**	**85698**	**271029**	**199108**
中间消耗	32862	35429	30354	101142	75576
物资消耗	30129	28516	27188	43866	20100
生产服务支出	2733	6913	3166	57276	55476
增加值	**55150**	**75944**	**55344**	**169887**	**123532**
林业					
总产值	**3924**	**4210**	**3658**	**3799**	**3126**
中间消耗	1398	1661	529	1391	1155
物资消耗	1317	1106	486	985	761
生产服务支出	81	555	43	406	394
增加值	**2526**	**2549**	**3129**	**2408**	**1971**
牧业					
总产值	**55581**	**84042**	**46242**	**205563**	**164449**
中间消耗	21507	41182	24887	89388	71367
物资消耗	19643	34682	20504	38400	23268
生产服务支出	1864	6500	4383	50988	48099
增加值	**34074**	**42860**	**21355**	**116175**	**93082**
渔业					
总产值	**2620**	**28289**	**108**	**8860**	**6352**
中间消耗	1982	8907	27	3384	2279
物资消耗	1908	8742	11	2521	1512
生产服务支出	74	165	16	863	767
增加值	**638**	**19382**	**81**	**5476**	**4073**
农林牧渔服务业					
总产值	**942**	**3489**	**239**	**3960**	**3150**
中间消耗	374	1844	157	2022	1550
增加值	**568**	**1645**	**82**	**1938**	**1600**

7—6 主要年份现价非农行业产值

单位:万元

项目	2000	2004	2005	2006	2007	2008	2009
农村非农行业产值合计	**4503552**	**5187010**	**6181948**	**6565904**	**7260011**	**7779820**	**9502373**
农村工业总产值	**2492597**	**2933049**	**3828076**	**4153935**	**5212016**	**5923444**	**7307369**
集体办工业产值	1419095	614483	636182	476118	1597286	2055419	2763678
私营工业产值	1073502	2318566	3191894	3677817	3614730	3868025	4543691
农村建筑业总产值	**549675**	**570331**	**521544**	**577723**	**521856**	**441164**	**527462**
建筑安装工程产值	529872	544714	480518	536067	480043	422253	499847
兴建房屋产值	412804	403991	357442	384678	334525	276071	332714
农田水利工程产值	67749	94764	71294	92978	86321	99984	130231
其他建筑安装工程产值	49319	45959	51782	58411	59197	46198	36902
其它基本建设产值	19803	25617	41026	41656	41813	18911	27615
#开垦荒地产值	3724	2895	5236	1934	1580	1812	2313
农村运输业总产值	**453395**	**510695**	**520060**	**581446**	**520040**	**460244**	**528743**
集体运输企业货运产值	30316	38802	6965	15438	14881	11746	15725
私营运输企业货运产值	423079	471893	513095	566008	505159	448498	513018
农村批发、零售贸易业	**1007885**	**1172935**	**1312268**	**1252800**	**1006099**	**954968**	**1138799**
批发、零售贸易业	593139	847588	887646	886186	707030	685920	889252
餐饮业产值	414746	325347	424622	366614	299069	269048	249547

7—7 分县市现价非农行业产值

（2009年）

单位:万元

项　　目	全　市	宜都市	枝江市	当阳市	远安县	兴山县
农村非农行业产值合计	**9502373**	**2649688**	**1849333**	**2137964**	**718313**	**148147**
农村工业总产值	**7307369**	**2519784**	**1003689**	**1856717**	**559847**	**79582**
集体办工业产值	2763678	2519784	57664	11414		
私营工业产值	4543691		946025	1845303	559847	79582
农村建筑业总产值	**527462**	**73257**	**206848**	**43119**	**5426**	**22099**
建筑安装工程产值	499847	73257	202418	39799	5296	19886
兴建房屋产值	332714	73257	94461	24714	4860	16421
农田水利工程产值	130231		107325	12904	298	1542
其他建筑安装工程产值	36902		632	2181	138	1923
其他基本建设产值	27615		4430	3320	130	2213
#开垦荒地产值	2313		146	332	130	
农村运输业总产值	**528743**	**13728**	**208000**	**70665**	**59310**	**13312**
集体运输企业货运产值	15725		4500			
私营运输企业货运产值	513018	13728	203500	70665	59310	13312
农村批发、零售贸易业	**1138799**	**42919**	**430796**	**167463**	**93730**	**33154**
批发、零售贸易业	889252	34159	369957	129635	83510	29452
餐饮业产值	249547	8760	60839	37828	10220	3702

7—7 续表 单位:万元

项目	秭归县	长阳自治县	五峰自治县	市区	#夷陵区
农村非农行业产值合计	**462707**	**271287**	**279299**	**985635**	**355898**
农村工业总产值	**258048**	**248886**	**158345**	**622471**	**158130**
集体办工业产值	2222	54755		117839	18957
私营工业产值	255826	194131	158345	504632	139173
农村建筑业总产值	**50222**	**5469**	**24994**	**96028**	**39831**
建筑安装工程产值	43220	5469	24994	85508	35856
兴建房屋产值	34701	5361	21156	57783	24746
农田水利工程产值	1324	108	1035	5695	3228
其他建筑安装工程产值	7195		2803	22030	7882
其他基本建设产值	7002			10520	3975
#开垦荒地产值	1591			114	89
农村运输业总产值	**66340**	**3320**	**20802**	**73266**	**38289**
集体运输企业货运产值	3218			8007	4753
私营运输企业货运产值	63122	3320	20802	65259	33536
农村批发、零售贸易业	**88097**	**13612**	**75158**	**193870**	**119648**
批发、零售贸易业	64958	13398	42305	121878	70817
餐饮业产值	23139	214	32853	71992	48831

7—8 历年农作物播种面积

（1978—2009 年）

单位：千公顷

年 份	总播种面积	粮食	棉花	油料	烟叶	茶叶	柑桔
1978	555.92	414.55	33.56	28.03	2.07	12.19	6.45
1979	547.03	415.39	32.83	28.80	0.89	12.31	6.48
1980	526.39	407.30	33.13	25.75	1.78	11.93	6.56
1981	499.29	380.97	31.47	35.12	1.12	11.85	6.81
1982	533.70	395.78	31.65	44.33	6.07	11.72	6.98
1983	533.03	397.65	30.73	41.53	3.21	11.60	7.87
1984	531.99	393.81	26.82	43.47	3.71	11.52	9.52
1985	534.83	381.02	22.83	59.26	4.74	11.08	14.48
1986	530.57	370.24	19.81	74.77	4.11	11.48	15.92
1987	538.05	382.67	21.73	65.14	4.60	8.09	14.82
1988	543.79	386.49	21.93	66.81	6.47	12.66	19.79
1989	540.52	389.07	21.32	63.28	8.07	12.62	21.85
1990	556.35	395.68	22.74	69.89	7.29	13.06	22.93
1991	564.09	398.43	23.43	70.49	11.30	13.52	26.32
1992	558.15	391.57	25.08	66.58	12.21	15.32	28.60
1993	552.86	379.43	24.36	69.93	13.68	17.37	30.41
1994	554.26	378.43	23.79	76.81	8.41	17.60	32.90
1995	563.74	372.03	23.59	85.65	8.11	17.90	33.30
1996	571.18	378.03	23.33	83.24	9.13	18.05	33.70
1997	575.53	375.39	21.68	83.30	11.89	18.12	34.70
1998	575.62	370.33	21.28	87.59	6.81	19.10	34.60
1999	579.99	362.69	15.37	96.61	8.16	19.30	39.50
2000	574.17	335.00	14.49	109.96	8.04	19.20	38.20
2001	568.27	327.60	14.49	106.61	7.72	19.00	38.30
2002	545.81	310.39	10.90	104.38	6.58	19.40	41.60
2003	537.93	291.66	15.28	103.19	6.01	21.10	47.80
2004	537.52	296.07	17.57	102.93	6.32	22.90	54.40
2005	544.41	303.29	17.16	104.52	6.82	26.60	66.10
2006	497.32	267.79	22.05	88.59	4.80	29.90	78.60
2007	495.31	269.55	22.71	82.82	4.86	34.20	94.40
2008	545.81	291.96	20.25	104.46	6.70	37.98	105.91
2009	572.86	312.75	19.68	108.64	8.25	39.96	110.67

7—9 历年主要农产品产量

（1978—2009 年）

单位：吨

年　份	粮食	棉花	油料	茶叶	柑桔
1978	1232405	26475	24352	2160	3723
1979	1246765	26636	23389	2320	12363
1980	1059068	15981	17801	2556	12614
1981	1271296	15029	37451	2788	12615
1982	1396372	15683	58197	3055	18358
1983	1429081	16103	48202	3295	33919
1984	1562696	34320	61822	3344	26111
1985	1568411	28100	89750	3568	40160
1989	1493012	15783	89639	5216	124786
1990	1594365	32980	110018	5198	40844
1991	1578401	30037	116423	5450	142785
1992	1651424	36734	105968	5907	114326
1993	1553649	26069	119473	6287	191314
1994	1633753	27936	136903	6081	184638
1995	1673339	34312	174065	6606	329863
1996	1668229	29719	155908	6973	288605
1997	1726821	31781	173161	7607	435669
1998	1709279	15017	180932	8374	326852
1999	1730951	17554	178351	8984	554574
2000	1671269	16770	232377	9248	519352
2001	1634435	19842	232229	9662	617206
2002	1441574	14551	171620	9945	490337
2003	1314538	19157	201908	11137	743966
2004	1456449	21859	214800	13178	748824
2005	1456232	22356	213328	16100	911739
2006	1323300	29517	189534	18752	1132720
2007	1422907	30425	184964	22345	1347967
2008	1517408	26779	212004	30654	1634493
2009	1579957	29578	230819	33955	1766757

7—10 分县市农业主要产品生产情况

（2009年）　　　　单位：千公顷、吨、千克

指　　标	全　市	宜都市	枝江市	当阳市	远安县	兴山县
农作物总播种面积	**572.86**	**39.27**	**104.9**	**119.85**	**26.16**	**32.54**
粮食作物面积	312.75	24.75	54.24	63.77	15.63	17.81
总产量	1579957	124759	312958	439570	97649	65259
单产	27054	5041	412		6248	244
夏收粮食面积	86.02	5.4	17.04	17.12	3.28	7.02
总产量	271006	14231	54698	75610	12306	
单产	19294	2632	2103		3752	165
小麦面积	40.39	1.05	15.29	13.77	1.1	1.54
总产量	138352	3243	48359	61209	4272	4374
单产	14204	3085	206		3884	189
蚕豌豆面积	5.26	0.62	0.6	0.44	0.24	0.47
总产量	10095	1143	1428	1678	621	482
单产	10303	1832	159		2588	69
杂粮面积	3.52		0.3	2.25	0.83	
总产量	12626		1243	8170	2879	
单产	6475		278		3469	
#大麦面积	3.38		0.3	2.25	0.83	
总产量	12292		1243	8170	2879	
单产	3927		278		3649	
马铃薯面积	36.85	3.73	0.85	0.66	1.11	5.01
总产量	109933	9845	3668	4553	4534	12492
单产	18704	2639	287		4085	166
秋收粮食面积	226.73	19.35	37.2	46.65	12.35	10.79
总产量	1308951	110528	258260	363960	85343	47911
单产	29686	5712	463		6910	296
稻谷面积	86.75	4.87	28.39	27.92	7.72	2.2
总产量	686403	37428	218219	245878	60339	13132
单产	37623	7671	513		7816	397
早稻面积	6.98	0.02	6.96			
总产量	48414	140	48274			
单产	4567	4105	462			
中稻面积	71.53	4.82	13.22	27.92	7.72	2.2
总产量	579788	37090	111942	245878	60339	13132
单产	37693	7688	566		7816	397
双季晚稻面积	8.24	0.03	8.21			
总产量	58201	198	58003			
单产	6633	6162	471			
玉米面积	99.91	9.81	6.53	14.62	3.59	7.13
总产量	495568	62446	30202	95717	19947	31878
单产	28507	6363	308		5556	298

7—10 续表1 单位:千公顷、吨、千克

指标	秭归县	长阳自治县	五峰自治县	市区	#夷陵区
农作物总播种面积	**47.81**	**64.7**	**49.03**	**88.6**	**72.5**
粮食作物面积	24.39	36.08	29.48	46.6	40.13
总产量	97087	113646	87559	241470	214938
单产	292	3511	264	11042	5511
夏收粮食面积	7.03	9.54	11.13	8.46	7.73
总产量	20342	22728	26611	27132	24746
单产	193	2384	141	7924	3430
小麦面积	2.76	3.06	0.84	0.98	0.55
总产量	6753	5786	1780	2576	1362
单产	163	1892	141	4644	2476
蚕豌豆面积	0.91	0.8	0.14	1.04	0.91
总产量	1692	868	172	2011	1845
单产	123	1089	83	4360	2027
杂粮面积	0.01			0.13	0.12
总产量	33			301	301
单产	220			2508	2508
#大麦面积					
总产量					
单产					
马铃薯面积	3.35	5.68	10.15	6.31	6.15
总产量	11864	16074	24659	22244	21238
单产	236	2831	142	8318	3448
秋收粮食面积	17.36	26.54	18.35	38.14	32.4
总产量	76745	90918	60948	214338	190192
单产	332	3916	269	11788	5963
稻谷面积	2.41	2.57	0.32	10.35	9.55
总产量	17438	15467	1512	76990	72604
单产	457	6030	320	14419	7603
早稻面积					
总产量					
单产					
中稻面积	2.41	2.57	0.32	10.35	9.55
总产量	17438	15467	1512	76990	72604
单产	457	6030	320	14419	7603
双季晚稻面积					
总产量					
单产					
玉米面积	9.63	16.09	13.61	18.9	16
总产量	43386	53483	55386	103123	89608
单产	335	4132	306	11209	5601

单位:千公顷、吨、千克

指　　标	全　市	宜都市	枝江市	当阳市	远安县	兴山县
大豆面积	10.08	0.42	0.65	2.3	0.29	0.81
总产量	19334	784	1881	6660	655	990
单产	9465	1867	193		2259	82
杂豆面积	1.12	0.17	0.04	0.09	0.04	0.17
总产量	1871	289	87	271	66	311
单产	7718	1713	135		1650	124
薯类面积	28.86	4.08	1.59	1.72	0.71	0.48
总产量	105765	9581	7871	15434	4336	1600
单产	26163	3085	330		6107	225
红薯面积	27.91	4.08	1.46	1.26	0.71	0.48
总产量	99947	9581	7147	11725	4336	1600
单产	26235	3085	327		6107	225
马铃薯面积	0.95		0.13	0.46		
总产量	5818		724	3709		
单产	4776		371			
棉花面积	19.68	0.03	14.64	5		
总产量(皮棉)	29578	34	21826	7698	1	
单产	1384	1285	99			
油料作物面积	108.64	9.07	22.29	30.65	6.65	4.33
总产量	230819	18176	56462	73667	13440	7272
单产	10441	2138	169		2098	112
油菜籽面积	93.03	8.35	20.06	26.04	6.3	3.73
总产量	196257	17152	51279	59217	12728	6413
单产	10820	2200	170		2102	115
花生面积	12.06	0.69	1.54	3.55	0.33	0.21
总产量	29624	977	4275	13098	679	393
单产	9919	1409	185		2058	122
芝麻面积	2.81	0.03	0.69	1.06	0.02	0.11
总产量	2.81	0.03	0.69	1.06	0.02	0.11
单产	7288	1667	88		1650	92
烟叶面积	8.25	0.02				2.61
总产量	18242	55			3	5383
单产	5789	2957				133
烤烟面积	4.68					2.58
总产量	9657					5350
单产	432					134
白肋烟面积	3.22					
总产量	8026					33
单产	2713					88
晒烟面积	0.35	0.02				0.03
总产量	559	55			3	
单产	4646	2957				
药材类播种面积	2.2			0.06	0.03	0.28
蔬菜、瓜类面积	104.6	4.85	10.6	19.04	2.57	5.99
#蔬菜面积	98.87	4.78	8.92	17.48	2.53	5.95
总产量	2682345	146163	252692	671809	121318	125495
其他作物面积	16.39	0.55	3.01	1.29	1.28	1.52
青饲料面积	11.64	0.53	2.46	0.81	0.69	1.29
绿肥面积	3.03	0.02	0.55	0.48	0.59	0.22
其他作物面积	1.72					0.01

7—10 续表3 单位:千公顷、吨、千克

指标	秭归县	长阳自治县	五峰自治县	市区	#夷陵区
大豆面积	1.16	1.62	1.35	1.48	1.38
总产量	2504	2001	1143	2716	2602
单产	144	1236	56	3628	1886
杂豆面积	0.05	0.23	0.01	0.32	0.23
总产量	91	263	14	479	387
单产	128	1124	93	2751	1683
薯类面积	4.11	6.03	3.05	7.09	5.24
总产量	13326	19704	2883	31030	24991
单产	297	3267	194	12658	5342
红薯面积	4.03	6.03	3.05	6.81	4.96
总产量	13076	19704	2883	29895	23856
单产	299	3267	194	12731	5415
马铃薯面积	0.08			0.28	0.28
总产量	250			1135	1135
单产	201			4204	4204
棉花面积				0.01	0.01
总产量(皮棉)				19	19
单产					
油料作物面积	7.41	9.71	3.98	14.55	12.39
总产量	13935	13858	5929	28080	24149
单产	125	1427	99	4273	2019
油菜籽面积	5.56	7.88	3.54	11.57	10.01
总产量	10803	11453	5279	21933	19170
单产	129	1453	99	4552	2000
花生面积	1.37	1.64	0.33	2.4	1.85
总产量	2357	2224	499	5122	4012
单产	115	1357	100	4573	2169
芝麻面积	0.39	0.04	0.02	0.45	0.4
总产量	0.39	0.04	0.02	0.45	0.4
单产	109	632	66	2984	1835
烟叶面积	2.12	0.85	2.61	0.04	0.04
总产量	4239	1920	6513	129	129
单产	134	2270	166	129	129
烤烟面积	2.04		0.06		
总产量	4143		155	9	9
单产	135		163		
白肋烟面积	0.01	0.69	2.52		
总产量		1684	6305	4	4
单产		2458	167		
晒烟面积	0.07	0.16	0.03	0.04	0.04
总产量	96	236	53	116	116
单产	96	1466	127		
药材类播种面积	0.04	0.26	0.89	0.64	0.63
蔬菜、瓜类面积	13.83	17.2	6.66	23.86	16.57
#蔬菜面积	13.76	17.16	6.64	21.65	14.36
总产量	235228	371572	149405	608663	380594
其他作物面积	0.02	0.57	5.41	2.74	2.68
青饲料面积	0.02	0.42	3.66	1.76	1.74
绿肥面积		0.15	0.1	0.92	0.88
其他作物面积			1.65	0.06	0.06

7—11 历年乡村基本情况

（1978—2009 年）

年　份	乡村户数（万户）	乡村人口（万人）	乡村从业人员（万人）	#农林牧渔业	年末常用耕地面积（千公顷）	农村用电量（万千瓦时）	农业机械总动力（万千瓦）
1978	60.62	287.45	101.85	76.39	291.09	3855.00	32.93
1979	62.66	293.33	106.76	80.07	294.80	5236.00	40.25
1980	62.36	292.77	115.24	86.43	288.75	5079.00	46.06
1981	64.57	289.67	117.69	88.27	288.39	5011.00	47.14
1982	66.26	291.61	121.13	90.85	287.86	5188.00	46.82
1983	67.55	292.58	125.65	94.24	286.92	6082.00	45.23
1984	67.74	287.33	127.59	95.69	281.13	7818.00	47.50
1985	70.12	292.10	132.91	108.65	279.68	9164.00	53.73
1986	69.57	287.01	130.57	97.93	275.86	9450.00	58.36
1987	75.43	296.90	135.83	110.47	277.15	11397.00	68.88
1988	77.79	292.99	134.75	101.06	274.08	13845.00	77.41
1989	78.10	294.05	133.96	109.42	273.89	16763.00	72.16
1990	82.30	302.97	139.36	112.94	275.72	19774.00	78.89
1991	83.56	301.90	148.46	113.39	274.97	22613.00	79.58
1992	83.99	300.30	147.05	112.07	269.98	23128.36	78.89
1993	84.73	298.11	138.67	111.45	267.36	27474.28	79.22
1994	84.44	294.20	139.00	110.12	265.80	31098.02	78.98
1995	83.76	288.61	135.95	105.71	264.98	34635.00	87.45
1996	83.08	285.79	132.83	102.14	264.82	36308.26	92.56
1997	82.84	282.35	130.05	96.36	264.19	34801.60	96.90
1998	82.97	278.01	130.98	94.31	261.59	31470.37	98.94
1999	83.19	275.97	131.45	93.51	259.98	30327.13	103.58
2000	81.68	275.43	133.47	92.16	257.70	32610.92	111.06
2001	81.81	272.69	134.34	95.85	253.32	31374.46	114.88
2002	82.58	273.11	136.74	96.25	233.66	31415.53	119.92
2003	82.89	272.71	140.20	97.23	224.91	31839.00	126.84
2004	83.62	270.77	141.72	94.47	227.18	33560.89	155.41
2005	82.48	269.90	145.57	91.14	227.53	36199.97	183.88
2006	83.13	271.74	149.37	90.32	226.73	40870.02	192.75
2007	83.76	271.72	151.03	85.02	227.89	47157.21	204.44
2008	84.67	272.20	156.75	80.08	227.63	62059.80	217.77
2009	85.64	271.27	159.84	80.94	230.31	62691.30	231.57

7—12 分县市农村基层组织及户数、人口及从业人员情况

（2009年）

单位：个、万人、万户

项　　目	全　市	宜都市	枝江市	当阳市	远安县	兴山县
一、农村基层组织情况						
（一）乡镇政府个数	87	9	8	7	7	8
1. 乡政府	22	2			1	2
2. 镇政府	65	7	8	7	6	6
（二）办事处	21	1	1	3		
（三）村民委员会	1389	123	198	158	102	89
（四）村民小组	8215	827	871	935	497	505
自来水受益村数	871	106	124	50	44	32
通汽车村数	1387	123	198	158	102	87
通电村数	1389	123	198	158	102	89
通电话村数	1389	123	198	158	102	89
三、乡村户数	85.64	9.33	10.33	10.89	5.03	4.27
四、乡村人口数	271.27	29.08	35.12	34.29	15.35	13.2
五、乡村劳动力资源合计	167.09	18.72	21.9	20.50	10.17	8.75
#劳动年龄内	152.51	17.11	20.29	18.78	8.96	7.74
六、乡村从业人员合计	159.84	17.10	21.09	20.21	9.01	8.11
#劳动年龄内	145.06	16.24	19.64	18.29	8.35	7.29
男	84.65	8.87	10.95	10.50	4.73	4.40
女	75.19	8.23	10.14	9.71	4.28	3.71
1. 农林牧渔业劳动力	80.94	4.29	12.95	9.83	3.81	5.28
2. 工业劳动力	17.42	4.06	2.37	2.80	0.96	0.25
3. 建筑业劳动力	10.38	2.10	0.76	1.17	0.63	0.23
4. 交通运输业劳动力	4.95	0.82	0.51	0.78	0.27	0.17
5. 仓储及邮电业通讯业劳动力	0.28	0.08	0.01	0.03	0.01	
6. 信息传输. 计算机服务和软件业	0.60	0.09	0.02	0.16	0.05	0.02
7. 批发与零售贸易业	6.07	0.84	0.57	1.21	0.25	0.16
8. 住宿和餐饮业	4.57	0.66	0.33	0.67	0.23	0.35
9. 其他非农行业	34.63	4.16	3.57	3.56	2.80	1.65
七、国营农林牧渔场从业人员	1.58	0.01	0.02	1.47		
1. 农业从业人员	1.42	0.01	0.01	1.33		
2. 非农业从业人员	0.16		0.01	0.14		

7—12　续表　　　　　　　　　　　　　　　　　　　　　　　　单位:个、万人、万户

项　　目	秭归县	长阳自治县	五峰自治县	市　区	#夷陵区
农村基层组织情况					
(一)乡镇政府个数	12	11	8	17	11
1. 乡政府	4	3	3	7	3
2. 镇政府	8	8	5	10	8
(二)办事处				16	2
(三)村民委员会	186	154	97	282	183
(四)村民小组	1111	968	743	1758	1096
自来水受益村数	186	125	46	158	79
通汽车村数	186	154	97	282	183
通电村数	186	154	97	282	183
通电话村数	186	154	97	282	183
三、乡村户数	10.35	10.47	5.72	19.25	13.76
四、乡村人口数	31.57	35.56	18.77	58.33	40.48
五、乡村劳动力资源合计	19.45	22.92	11.12	33.56	22.41
#劳动年龄内	18.10	20.77	9.98	30.78	20.39
六、乡村从业人员合计	19.32	21.33	10.31	33.36	22.94
#劳动年龄内	17.83	19.18	9.16	29.08	19.20
男	10.46	11.38	5.53	17.83	12.29
女	8.86	9.95	4.78	15.53	10.65
1. 农林牧渔业劳动力	11.38	10.80	6.31	16.29	12.25
2. 工业劳动力	1.98	1.12	0.20	3.68	2.13
3. 建筑业劳动力	1.08	2.03	0.29	2.09	1.37
4. 交通运输业劳动力	0.40	0.46	0.16	1.38	0.88
5. 仓储及邮电业通讯业劳动力	0.03	0.02		0.10	0.05
6. 信息传输.计算机服务和软件业	0.05	0.07		0.14	0.09
7. 批发与零售贸易业	0.68	0.54	0.18	1.64	0.81
8. 住宿和餐饮业	0.62	0.50	0.11	1.10	0.59
9. 其他非农行业	3.10	5.79	3.06	6.94	4.77
七、国营农林牧渔场从业人员		0.03	0.02	0.03	0.03
1. 农业从业人员		0.02	0.02	0.03	0.03
2. 非农业从业人员		0.01			

7—13 分县市农业生产条件

（2009 年）

单位：千公顷、吨

项目	全市	宜都市	枝江市	当阳市	远安县	兴山县
一、耕地情况						
（一）年初耕地总资源	318.71	22.82	44.91	63.7	16.26	22.15
（二）年内增加	1.30	0.16	0.29	0.43	0.04	
其中：新开荒地	0.64	0.12	0.07	0.07	0.03	
园地改耕地	0.30		0.22	0.05		
（三）年内减少	1.86	0.21	0.01	0.72	0.06	0.04
其中：国家基建占地	0.59	0.13			0.01	0.04
其他基建占地	0.18	0.04		0.12		
退耕还林还草	0.52			0.18		
退耕还渔						
退耕改园地	0.05					
（四）年末实有耕地面积	318.15	22.77	45.19	63.41	16.24	22.11
1. 常用耕地面积	230.31	15.80	45.14	43.95	11.37	12.98
（1）水田	87.39	6.62	22.68	28.43	8.18	2.41
（2）旱地	142.92	9.18	22.46	15.52	3.19	10.57
其中：水浇地	15.30	0.15	13.49	1.47		
2. 临时性耕地	87.84	6.97	0.05	19.46	4.87	9.13
#25 度以上坡耕地	18.12			0.04		2.66
二、农村主要能源及物资消耗						
（一）乡、村办水电站数	138	7			12	18
装机容量	14	1.05			0.40	1.96
发电量	39205	2567			1826	6452
（二）农村用电量	62691.30	6993.50	7408	7687	3143.80	3123
（三）农用化肥施用量（按折纯法计算）	354306	18149	70809	90182	8194	6788
1. 氮肥	143832	7399	26049	39114	4064	1983
2. 磷肥	69538	1991	12514	25911	1293	847
3. 钾肥	26860	1862	6006	8281	668	405
4. 复合肥	114076	6897	26240	16876	2169	3553
（四）农用塑料薄膜使用量	5209	308	622	896	287	300
其中：地膜使用量	3054	238	391	388	38	178
地膜覆盖面积	36.68	0.70	2.30	5.97	0.36	3.37
（五）农用柴油使用量	36777	6043	8646	9862	2503	526
（六）农药使用量	10076	1291	2557	1642	412	265
三、农田水利建设情况						
有效灌溉面积	103.51	8.45	34.52	27.08	8.04	4.29
旱涝保收面积	84.96	7.50	25.98	23.60	6.78	4.05
机电排灌面积	39.71	3.49	20.54	11.62	1.12	

7—13 续表

单位:千公顷、吨

指标	秭归县	长阳自治县	五峰自治县	市区	#夷陵区
一、耕地情况					
(一)年初耕地总资源	27.06	50.67	26.93	44.21	36.43
(二)年内增加	0.08	0.09		0.21	0.19
其中:新开荒地	0.06	0.08		0.21	0.19
园地改耕地	0.02	0.01			
(三)年内减少	0.41	0.02	0.02	0.37	0.18
其中:国家基建占地	0.03	0.01	0.01	0.36	0.17
其他基建占地	0.01		0.01		
退耕还林还草	0.33	0.01			
退耕还渔					
退耕改园地	0.04			0.01	0.01
(四)年末实有耕地面积	26.73	50.74	26.91	44.05	36.44
1.常用耕地面积	18.96	31.64	17.69	32.78	26.98
(1)水田	3.45	2.77	0.38	12.47	11.27
(2)旱地	15.51	28.87	17.31	20.31	15.71
其中:水浇地	0.04			0.15	
2.临时性耕地	7.77	19.10	9.22	11.27	9.46
#25度以上坡耕地	2.64		7.33	5.45	4.74
二、农村主要能源及物资消耗					
(一)乡、村办水电站数		38	53	10	9
装机容量		2.15	7.48	0.96	0.90
发电量		6105	19942	2313	2283
(二)农村用电量	5422	4806	3198	20910	11174
(三)农用化肥施用量(按折纯法计算)	31931	21612	27085	79556	59714
1.氮肥	13024	9802	13059	29338	23061
2.磷肥	6037	2303	6285	12357	8909
3.钾肥	2224	645	1809	4960	3112
4.复合肥	10646	8862	5932	32901	24632
(四)农用塑料薄膜使用量	574	596	698	928	421
其中:地膜使用量	323	450	475	573	356
地膜覆盖面积	4.06	6.62	7.82	5.48	4.43
(五)农用柴油使用量	1859	613	260	6465	5289
(六)农药使用量	679	460	103	2667	1902
三、农田水利建设情况					
有效灌溉面积	4.99	2.42	0.52	13.2	10
旱涝保收面积	2.45	1.64	2.21	10.75	8.02
机电排灌面积	0.13	0.18	0.04	2.59	1.73

7—14 分县市茶叶、水果生产情况

（2009年）

单位:吨、公顷

指 标	全 市	宜都市	枝江市	当阳市	远安县	兴山县
一、茶叶产量	**33955**	**7020**	**46**	**98**	**554**	**419**
(一)红毛茶	4807	950				
(二)绿毛茶	29103	6070	46	98	554	418
(三)紫压茶原料	44					
(四)其他茶	1					1
二、园林水果合计	**1815589**	**385906**	**301180**	**270181**	**8813**	**56426**
(1)苹果	580					342
其中:红富士苹果						
国光苹果	17					
(2)柑桔	1766757	384708	274794	262201	7009	53544
其中:柑	566267	15646	245481	138004		1976
桔	961538	366887	16034	122826	7009	3630
橙	234856	964	12324	684		47816
柚	4096	1211	955	687		122
(3)梨子	16526	50	11294	2730	393	701
其中:雪花梨	221					
鸭梨	236					
(4)其它园林水果	31726	1148	15092	5250	1411	1839
其中:桃	22869	710	14061	4070	735	662
猕猴桃	906		659	2		161
葡萄	1297	10	212	763	96	59
红枣	192	41	4	6		74
柿子	3016	16	156	10	215	883
三、年末实有茶园面积	**39957**	**5344**	**59**	**171**	**1270**	**1615**
其中:本年采摘面积	30218	4924	58	170	1108	1083
四、年末果园面积	**114888**	**20181**	**13752**	**21410**	**2167**	**5603**
(一)苹果园面积	65					51
(二)柑桔园面积	110672	20074	12460	21001	1828	5139
(三)梨园面积	1173	10	625	130	100	69
(四)葡萄园面积	95	1	17	45	6	4
(五)桃园面积	1293	82	549	201	131	62
(六)猕猴桃面积	234		27			3
(七)其他果园面积	1356	14	74	33	102	275

7—14 续表

单位:吨、公顷

项目	秭归县	长阳自治县	五峰自治县	市区	#夷陵区
一、茶叶产量	**1682**	**1102**	**13325**	**9709**	**9151**
(一)红毛茶	3	0	3847	7	0
(二)绿毛茶	1679	1058	9478	9702	9151
(三)紫压茶原料	0	44	0	0	0
(四)其他茶					
二、园林水果合计	**175260**	**50907**	**2356**	**564560**	**395887**
(1)苹果	96	62	80	0	0
其中:红富士苹果					
国光苹果	0	17	0	0	0
(2)柑桔	174459	48813	1428	559801	392139
其中:柑	4850	12463	356	147491	108788
桔	4147	34247	1016	405742	277702
橙	165431	1941	39	5657	5288
柚	31	162	17	911	361
(3)梨子	32	802	262	262	262
其中:雪花梨	0	59	0	162	162
鸭梨	0	136	0	100	100
(4)其它园林水果	673	1230	586	4497	3486
其中:桃	381	431	59	1760	781
猕猴桃	0	57	20	7	1
葡萄	63	54	0	40	32
红枣	0	59	0	8	8
柿子	229	457	0	1050	1035
三、年末实有茶园面积	**3578**	**4108**	**11614**	**12198**	**11598**
其中:本年采摘面积	2153	3301	8789	8632	8123
四、年末果园面积	**14978**	**8714**	**474**	**27609**	**22219**
(一)苹果园面积	4	4	6	0	0
(二)柑桔园面积	14623	8299	287	26961	21709
(三)梨园面积	23	149	35	32	32
(四)葡萄园面积	3	16	0	3	0
(五)桃园面积	31	98	0	139	94
(六)猕猴桃面积	0	10	0	194	194
(七)其他果园面积	294	138	146	280	190

7—15 分县市林业生产情况

（2009年）

单位:公顷、吨

指　　标	全　市	宜都市	枝江市	当阳市	远安县	兴山县
(一)当年造林面积合计	13877	1024	2050	2333	723	297
其中:竹林面积						
退耕还林面积	1480	558	14	200		
其中:当年人工造林面积	13877	1024	2050	2333	723	297
当年飞机播种面积						
其中:用材林	2869	194	384	780	547	6
其中:速生丰产林面积	909	154	75	480	173	
经济林	6018	830	519	353	126	278
防护林	4841		1147	1200		13
薪炭林	149				50	
特种用途林						
(二)迹地更新面积	285		3		2	
(三)零星(四旁)植树	614.97	131	11		101.42	44
(四)当年育苗面积	289	21	29	113	21	3
(五)幼林抚育作业面积	12532	1433	319		17	2888
(六)成林抚育作业面积	13597	6867	2640		62	600
主要林产品产量						
生漆(千克)	8734	57				510
油桐籽	427	167			8	72
油茶籽	110	3				13
乌桕籽	28	9			3	
五倍籽	175	10				63
棕片	1056	479			28	26
松脂(千克)	231000			24000	207000	0
竹笋干(鲜笋应折成干笋)	30					13
核桃	1081	11			23	154
板栗	5827	266	9	1	292	328
白果(公斤)	199914				35000	50621
其它	4858					118
村及村以下竹木采伐量	128466	7555	3749	19641	24720	19237
1.木材	95556	7555	3749	17421		19237
其中:村及村以下采伐	1249.5	14.4	10.2	10	651.3	118
2.竹材	522.6	14.4	6.6	10		118
其中:村及村以下采伐	807.19	14.4	8.19	10		73

7—15 续表

单位:公顷、吨

项目	秭归县	长阳自治县	五峰自治县	市区	#夷陵区
(一)当年造林面积合计	1299	1280	2150	2721	2310
其中:竹林面积					
退耕还林面积	333			375	375
其中:当年人工造林面积	1299	1280	2150	2721	2310
当年飞机播种面积					
其中:用材林	37	126	635	160	33
其中:速生丰产林面积	27				
经济林	1167	932	57	1756	1513
防护林		222	1458	801	764
薪炭林	95			4	
特种用途林					
(二)迹地更新面积	200	54	26		
(三)零星(四旁)植树	170	88	27.88	41.67	36
(四)当年育苗面积	27	26	28	21	18
(五)幼林抚育作业面积	2667	3757	1176	275	
(六)成林抚育作业面积		2978	93	357	65
主要林产品产量					
生漆(千克)		4031	4101	35	35
油桐籽		157	9	14	14
油茶籽		5	86	3	3
乌桕籽		14	0	2	2
五倍籽		26	52	24	10
棕片		176	213	134	118
松脂(千克)					
竹笋干(鲜笋应折成干笋)		3		14	6
核桃	686	99	53	55	53
板栗	3213	368	153	1197	1167
白果(公斤)	10200	9974	3457	90662	90662
其它		24	409	4307	4262
村及村以下竹木采伐量	3095	17929	20805	11735	10560
1.木材		15054	20805	11735	10560
其中:村及村以下采伐	61.6	172	54	158	31
2.竹材	61.6	172		140	13
其中:村及村以下采伐	315	226.6		160	45

7—16　分县市畜牧业生产情况

（2009年）

指　　　标	全　市	宜都市	枝江市	当阳市	远安县	兴山县
畜禽当年出栏（笼）数						
大牲畜出栏（头）	43173	16365	4743	7468	2797	2707
牛	43169	16365	4743	7468	2797	2707
马	4					
驴						
骡						
猪（万头）	543.07	75.13	86.69	86.29	28.51	31.09
羊（只）	1088504	262505	20144	134055	33871	89381
兔（只）	54554	10237		9521	255	80
家禽（万只）	2884.48	406.14	801.1	915.71	35.43	34.11
鸡	2624.32	404.14	773.88	724.14	34.65	34.11
鸭	198.45	2	21.57	145.09	0.77	
鹅	52.42		5.45	46.48	0.01	
畜禽期末存栏（笼）数						
大牲畜存栏（头）	152529	25018	31749	23230	7604	5617
牛	152392	25018	31742	23220	7601	5617
马	124		7	3		
驴	7			4	3	
骡	6			3		
猪（万头）	406.91	48.13	69.99	63.65	19.88	21.74
羊（只）	742950	138270	10167	82748	24907	71631
兔（只）	41202	4762	300	10017	350	100
家禽（万只）	1356.67	139.57	291.36	440.71	32.31	28.01
鸡	1248.36	138.57	281.58	355.26	31.54	27.98
鸭	74.75	1	8.88	60.71	0.77	0.03
鹅	25.69		0.85	24.74		
能繁殖的母畜						
牛（头）	67334	8699	15938	11757	3779	3205
马（头）	9					
驴（头）	1				1	
猪（万头）	49.79	3.31	15.4	10.41	1.84	1.45
羊（只）	409638	109502	3465	31434	12459	26031
当年生仔畜（头）						
牛	18071	3897	3962	3137	1018	1448
马	1					
驴						
骡						
猪（万头）	206.09	5.69	48.11	27.37	3.51	20.29
畜禽肉产量（吨）	519895	69918	88589	93361	22067	25864
牛	6714	2455	855	1136	475	370
猪	441365	56094	71402	71995	20251	23236
羊	20006	5250	497	3057	579	1754
家禽	51570	6092	15835	17029	762	504
奶类产量（吨）	16368	15		3090		
山羊毛产量（千克）						
绵羊毛产量（千克）						
禽蛋产量（吨）	47160	4422	9525	23132	1596	722
鸡蛋	40572	4382	9097	17281	1564	719
鸭蛋	5116	40	421	4466	32	3
鹅蛋	1398		7	1385		
蜂蜜产量（千克）	732507	232000	121050	88017	69500	24006
蚕茧产量（吨）	2954	453			1788	
其他动物产品（吨）	91					
其他动物饲料（只）	5384					
野　兔	3130		50	743	954	
野　鸡	720		50	320	120	
野　鸭	235			235		

7—16 续表

项目	秭归县	长阳自治县	五峰自治县	市区	#夷陵区
畜禽当年出栏(笼)数					
大牲畜出栏(头)	1942	2124	1196	3831	3003
牛	1942	2120	1196	3831	3003
马		4			
驴					
骡					
猪(万头)	46.41	49.21	30.13	109.61	86.11
羊(只)	38480	351805	85617	72646	64247
兔(只)	30950	267	2779	465	465
家禽(万只)	48.1	69.33	23.16	551.4	299.73
鸡	48.1	69.14	23.16	513	268.17
鸭		0.09		28.93	22.09
鹅		0.1		0.38	0.38
畜禽期末存栏(笼)数					
大牲畜存栏(头)	7227	16807	12755	22522	18622
牛	7224	16742	12706	22522	18622
马		65	49		
驴					
骡	3				
猪(万头)	37.01	44.47	28.43	73.61	61.21
羊(只)	38723	243162	82832	50510	43544
兔(只)	20668	1128	3060	817	817
家禽(万只)	62.03	56.12	42.23	264.33	198.95
鸡	62.03	55.96	42.23	253.21	188.63
鸭		0.16		3.2	2.4
鹅				0.1	0.1
能繁殖的母畜					
牛(头)	2566	7179	2371	11840	10207
马(头)		5	4		
驴(头)					
猪(万头)	4.38	4.02	2.41	6.57	5.95
羊(只)	13980	154088	36605	22074	18939
当年生仔畜(头)					
牛	563	1150	974	1922	1369
马			1		
驴					
骡					
猪(万头)	28.73	11.00	1.17	60.22	54.17
畜禽肉产量(吨)	37910	51854	27855	102477	80284
牛	243	310	199	671	553
猪	35750	45160	25969	91508	74090
羊	756	5278	1319	1516	1371
家禽	1114	1094	364	8776	4264
奶类产量(吨)				13263	11223
山羊毛产量(千克)					
绵羊毛产量(千克)					
禽蛋产量(吨)	1603	1570	865	3725	2701
鸡蛋	1603	1565	865	3496	2472
鸭蛋		5		149	149
鹅蛋				6	6
蜂蜜产量(千克)	34032	53786	16851	93265	78745
蚕茧产量(吨)	33	1		679	535
其他动物产品(吨)		1		90	90
其他动物饲料(只)		2899		2485	2350
野　免	20	300		1063	1055
野　鸡		230			
野　鸭					

7—17 非农户畜牧业生产情况

(2009年)

项目	全市	宜都市	枝江市	当阳市	远安县	兴山县	秭归县	长阳自治县	五峰自治县	市区	#夷陵区
非农户单位个数(个)	**1059**	**61**	**136**	**633**	**57**	**10**		**12**	**13**	**137**	**121**
生猪出栏(头)	239427	65569	81792	32268	98	5256		4964	413	49067	30117
生猪存栏(头)	90497	24312	29302	16596	119	2369		3043	1971	12785	5135
#能繁殖母猪(头)	12548	4841	3960	1105		275		582	266	1519	410
仔猪(头)	20246	3353	2698	5999		302		150	829	6915	4725
牛出栏(头)	255			78		30				147	
牛存栏(头)	1878	30		68		32			33	1715	1261
羊出栏(只)	3683	900	837	1047					99	800	800
羊存栏(只)	2786	930	240	796					420	400	400
家禽出笼(万只)	296.3	19.63	26.23	26.85	0.11	1.32		0.75	0.02	221.39	160.69
#鸡	291.88	19.63	26.23	22.43	0.11	1.32		0.75	0.02	221.39	160.69
家禽存笼(万只)	103.54	5.17	0.76	13.02	0.09	0.95		0.45	0.05	83.05	71.55
#鸡	65.75	5.17	0.76	10.23	0.09	0.95		0.45	0.05	48.05	36.55
禽蛋产量(吨)	1482	188	392	321	2	2		72		505	396
牛奶产量(吨)	3878	15		1273						2590	1880

7—18 分县市渔业生产情况

（2009年）

单位：吨、公顷

项目	全市	宜都市	枝江市	当阳市	远安县	兴山县	秭归县	长阳自治县	五峰自治县	市区	#夷陵区
水产品产量	**150092**	**11360**	**62498**	**45017**	**2260**	**214**	**1545**	**17544**	**95**	**9559**	**7541**
淡水捕捞产量	**18884**	**1177**	**8698**	**5692**	**268**	**178**	**501**	**1757**	**55**	**558**	**452**
鱼类	14228	1014	5762	4712	262	166	435	1360	53	464	359
虾蟹类	4461	163	2936	797	6	12	66	387		94	93
贝类	84			84							
其他类	111			99				10	2		
淡水养殖产量	**131208**	**10183**	**53800**	**39325**	**1992**	**36**	**1044**	**15787**	**40**	**9001**	**7089**
鱼类	127953	10167	51371	38705	1824	36	1044	15774	40	8992	7080
虾蟹类	3157	11	2384	575	165			13		9	9
贝类											
其他类	98	5	45	45	3						
#龟鳖类	98	5	45	45	3						
牛蛙											
珍珠											
淡水养殖面积	**25637**	**3138**	**8254**	**9646**	**1138**	**5**		**1452**	**45**	**1959**	**1434**
池塘养殖	11774	518	4680	4359	662	2		21	16	1516	1048
湖泊养殖	1996	7	1844	131						14	
河沟养殖	205	27	113							65	65
水库养殖	11465	2548	1607	5156	426	3		1337	29	359	316
其他养殖	197	38	10		50			94		5	5

7—19　分县市农业机械化情况

（2009年）　　　　动力单位:千瓦

指　　标	全　市	宜都市	枝江市	当阳市	远安县	兴山县
农业机械总动力合计	**2315702**	**175955**	**686743**	**442281**	**180246**	**87468**
柴油发动机动力	1621262	136501	457037	388494	130862	51409
汽油发动机动力	73776	6631	25053	10077	722	2477
电动机动力	620664	32823	204653	43710	48662	33582
耕地机械						
大中型拖拉机械(台)	8838	920	2662	2272	534	318
动力	237146	18734	89144	70494	11127	5870
小型拖拉机械	62116	730	18868	32789	5127	1408
动力	433367	5446	140432	209909	38516	10434
大中型拖拉机配套农具(台)	14078	1983	7013	4310	439	26
小型拖拉机配套农具(台)	186493	2233	49097	92940	24182	4481
农用排灌溉机械						
柴油机(台)	7991	4308	1044	448	219	758
动力	61529	27482	16060	4643	1896	2018
电动机(台)	83562	2499	27280	4891	11944	465
动力	213599	8598	110790	22536	19052	1457
农用水泵(台)	93799	7544	28198	5354	12132	1308
节水灌溉类机械(台)	2619	21	1282	26	2	0
收获机械						
联合收割机(台)	1440	28	427	775	177	0
动力	53491	759	16963	27789	6597	0
机动脱粒机(台)	18224	1277	1833	203	0	812
植保机械						
机动喷雾(粉)器(部)	53737	4834	25227	8390	830	1194
动力	61517	5458	24517	9682	414	2388
推土机(台)	373	14	125	150	0	0
动力	22409	691	6740	8723	0	0

7—19 续表

指　　标	秭归县	长阳自治县	五峰自治县	市　区	#夷陵区
农业机械总动力合计	**147873**	**143329**	**119708**	**332099**	**247167**
柴油发动机动力	79258	120136	40716	216849	158303
汽油发动机动力	3281	2219	6679	16637	6860
电动机动力	65334	20974	72313	98613	82004
耕地机械					
大中型拖拉机械(台)	1204	153	184	591	497
动力	22425	2833	3866	12653	10870
小型拖拉机械	219	64	590	2321	2184
动力	1610	474	4744	21802	20511
大中型拖拉机配套农具(台)	18	4	28	257	249
小型拖拉机配套农具(台)	2295	5066	988	5211	4877
农用排灌溉机械					
柴油机(台)	587	239	9	379	282
动力	2793	2102	49	4486	4080
电动机(台)	5232	453	186	30612	25198
动力	10291	1359	569	38947	29251
农用水泵(台)	7422	692	235	30914	25090
节水灌溉类机械(台)	4	15	3	1266	18
收获机械					
联合收割机(台)		3	5	25	25
动力		109	330	944	944
机动脱粒机(台)		3759	9517	823	823
植保机械					
机动喷雾(粉)器(部)	2973	2062	279	7948	1872
动力	3217	2062	279	13500	3960
推土机(台)				84	46
动力				6255	3168

7—20 分乡镇基本情况

（2009年）

乡镇名称	居委会个数（个）	村委会个数（个）	其中：通电的村（个）	通电话的村（个）	通公路的村（个）	通有线电视的村（个）	通自来水的村（个）
西陵区窑湾乡		9	9	9	9	9	9
伍家区伍家乡		16	16	16	16	16	16
点军区点军街道办事处	3	6	6	6	6	6	6
点军区艾家镇	1	5	5	5	5	4	4
点军区桥边镇	1	14	14	14	14	6	6
点军区联棚乡		7	7	7	7	4	7
点军区土城乡		14	14	14	14	5	4
猇亭区古老背办事处	7	7	7	7	7	7	7
猇亭区虎牙办事处	4	2	6	6	6	6	6
猇亭区云池办事处	6	2	8	8	8	8	8
夷陵开发区	6	6	6	6	6	6	5
夷陵区小溪塔街办	9	12	12	12	12	8	5
夷陵区樟村坪镇	1	14	14	14	14	6	9
夷陵区雾渡河镇	1	8	8	8	8	2	1
夷陵区分乡镇	1	16	16	16	16	6	2
夷陵区太平溪镇	1	12	12	11	12	2	2
夷陵区三斗坪镇	1	19	19	19	19	8	7
夷陵区乐天溪镇	1	14	14	14	14	9	10
夷陵区龙泉镇		20	20	20	20	12	8
夷陵区鸦鹊岭镇	1	19	19	19	19	11	5
夷陵区下堡坪乡		8	8	8	8	1	2
夷陵区邓村乡		16	16	16	16	1	1
夷陵区黄花乡		19	19	19	19	8	3
宜都市陆城街道办事处	8	9	9	9	9	9	9
宜都市红花套镇	1	9	9	9	9	9	9
宜都市高坝洲镇	1	11	11	11	11	11	11
宜都市聂家河镇	1	9	9	9	9	9	2
宜都市松木坪镇	1	10	10	10	10	10	10
宜都市枝城镇	3	28	28	28	28	28	18
宜都市姚家店乡	1	10	10	10	10	10	10
宜都市五眼泉乡	1	11	11	11	11	7	10
宜都市潘家湾土家族乡	1	9	9	9	9	3	9

7—20 续表1

乡镇名称	居委会个数（个）	村委会个数（个）	其中：通电的村（个）	通电话的村（个）	通公路的村（个）	通有线电视的村（个）	通自来水的村（个）
宜都市王家畈乡	3	17	17	17	17	1	1
枝江市马家店街道	5	10	10	10	10	10	10
枝江市安福寺镇	3	25	25	25	25	12	17
枝江市白洋镇	1	15	15	15	15	12	9
枝江市顾家店镇	1	17	17	17	17	17	5
枝江市董市镇	2	24	24	24	24	24	19
枝江市仙女镇	1	22	22	22	22	22	2
枝江市问安镇	3	23	23	23	23	10	15
枝江市七星台镇	1	21	21	21	21	7	15
枝江市百里洲镇	1	41	41	41	41	41	30
当阳市玉阳办事处	6	12	12	12	12	7	9
当阳市坝陵办事处	2	20	20	20	20	4	5
当阳市玉泉办事处	1	15	15	15	15	6	8
当阳市两河镇	1	12	12	12	12	12	
当阳市河溶镇	1	19	19	19	19	4	9
当阳市育溪镇	2	23	23	23	23	3	3
当阳市庙前镇	2	18	18	18	18	5	3
当阳市王店镇	1	15	15	15	15	7	
当阳市半月镇	1	10	10	10	10	10	5
当阳市草埠湖镇	1	14	14	14	14	3	6
远安县鸣凤镇	8	6	6	6	6	6	6
远安县花林寺镇	2	15	15	15	15	7	6
远安县旧县镇	1	15	15	15	15	15	9
远安县洋坪镇	1	22	22	22	22	22	12
远安县茅坪场镇	1	16	16	16	16	2	2
远安县荷花镇	1	16	16	16	16	1	9
远安县河口乡	1	12	12	12	12	5	
兴山县古夫镇	3	7	7	7	7	5	7
兴山县高阳镇	2	9	9	9	9	4	6
兴山县峡口镇	1	15	15	15	13	4	11
兴山县南阳镇		10	10	10	10	4	7
兴山县黄粮镇		14	14	14	14	4	11
兴山县水月寺镇	1	17	17	17	17	5	13

7—20 续表2

乡 镇 名 称	居委会个数（个）	村委会个数（个）	其中：通电的村（个）	通电话的村（个）	通公路的村（个）	通有线电视的村（个）	通自来水的村（个）
兴山县高桥乡		9	9	9	9	3	6
兴山县榛子乡		8	8	8	8	2	4
秭归县茅坪镇	3	18	18	18	18	18	18
秭归县归州镇	1	11	11	11	11	11	11
秭归县屈原镇	1	12	12	12	12	12	6
秭归县沙镇溪镇	1	15	15	15	15	15	15
秭归县两河口镇		20	20	20	20	11	19
秭归县郭家坝镇	1	20	20	20	20	18	20
秭归县杨林桥镇		14	14	14	14	8	14
秭归县水田坝乡		25	25	25	25	9	25
秭归县泄滩乡		13	13	13	13	13	13
秭归县梅家河乡		13	13	13	13	13	13
秭归县磨坪乡		12	12	12	12	8	12
秭归县九畹溪镇		14	14	14	14	8	12
长阳县龙舟坪镇	4	21	21	21	21	21	21
长阳县高家堰镇		11	11	11	11	11	9
长阳县磨市镇		12	12	12	12	12	12
长阳县都镇湾镇		26	26	26	26	26	18
长阳县资丘镇		19	19	19	19	19	14
长阳县渔峡口镇		16	16	16	16	16	12
长阳县榔坪镇		12	12	12	12	12	12
长阳县贺家坪镇		9	9	9	9	9	9
长阳县大堰乡		15	15	15	15	15	5
长阳县鸭子口乡		10	10	10	10	10	10
长阳县火烧坪乡		3	3	3	3	3	3
五峰县五峰镇	3	12	12	12	12	12	1
五峰县长乐坪镇	1	16	16	16	16	16	1
五峰县渔洋关镇	3	12	12	12	12	12	4
五峰县仁和坪镇	1	14	14	14	14	4	5
五峰县湾潭镇	1	10	10	10	10	2	4
五峰县付家堰乡	1	9	9	9	9	1	1
五峰县牛庄乡		9	9	1	9	1	1
五峰县采花乡	1	15	15	15	15		

7—20　续表3

乡　镇　名　称	垃圾集中处理的村（个）	乡镇行政区域面积（公顷）	年末常用耕地面积（公顷）	年末有效灌溉面积（公顷）	农村用电量（千瓦时）	乡镇总户数（户）
西陵区窑湾乡	9	2297	84.62	42	600273	4472
伍家区伍家乡	10	7000	371	265	5966	8130
点军区点军街道办事处	6	6236	295	247	517	10284
点军区艾家镇	1	6640	366	183	293	2608
点军区桥边镇	5	13300	1547	466	649	9269
点军区联棚乡		9308	234.8	1177	210	4041
点军区土城乡	5	17800	1920	212	501	7255
猇亭区古老背办事处	7	17	94	204	372	4581
猇亭区虎牙办事处	6	53	516	262	297	3208
猇亭区云池办事处	8	49	366	165	305	3966
夷陵开发区	6	4850	420	162	497	12896
夷陵区小溪塔街办	7	26634	1638	310	59638	47256
夷陵区樟村坪镇	2	45000	1727	0	420	6079
夷陵区雾渡河镇	1	38900	3269	926	462	9706
夷陵区分乡镇		32100	2819	862	309	12558
夷陵区太平溪镇	2	15230	839	309	544	9974
夷陵区三斗坪镇	7	17800	1008	118	534	13286
夷陵区乐天溪镇	1	25300	2521	93	930	10352
夷陵区龙泉镇	4	25843	2865	1317	2353	17637
夷陵区鸦鹊岭镇	1	24700	4935	3928	3094	20191
夷陵区下堡坪乡	1	25700	4072	772	544	7295
夷陵区邓村乡	1	25987	1253	244	268	9734
夷陵区黄花乡	3	34356	2611	954	641	13134
宜都市陆城街道办事处	9	5900	1275	1251	1561	41755
宜都市红花套镇		14900	831	661	590	9766
宜都市高坝洲镇	2	9400	1274	1162	483	8606
宜都市聂家河镇		11500	1135	267	244	6168
宜都市松木坪镇	10	12700	1576	756	307	9935
宜都市枝城镇	10	24200	3355	2197	1348	32803
宜都市姚家店乡	5	6700	1292	769	1141	8512
宜都市五眼泉乡	3	10500	1596	700	487	7156
宜都市潘家湾土家族乡	1	14400	1184	139	355	5303

7—20 续表4

乡镇名称	垃圾集中处理的村（个）	乡镇行政区域面积（公顷）	年末常用耕地面积（公顷）	年末有效灌溉面积（公顷）	农村用电量（千瓦时）	乡镇总户数（户）
宜都市王家畈乡		25500	2266	537	468	10696
枝江市马家店街道	10	5600	1414	1414	402	56657
枝江市安福寺镇		22300	5781	3660	874	19370
枝江市白洋镇	3	13500	3459	2553	500	14088
枝江市顾家店镇	1	8300	2684	1740	379	8360
枝江市董市镇		13700	4292	4030	660	21405
枝江市仙女镇		17100	5111	3578	718	12127
枝江市问安镇	1	16200	6973	5667	1169	15760
枝江市七星台镇		12900	5523	4417	1406	12438
枝江市百里洲镇		21400	9903	7454	2017	28979
当阳市玉阳办事处	5	11960	2394	1859	1900	45029
当阳市坝陵办事处		16343	4244	2130	984	21051
当阳市玉泉办事处	4	29984	3088	1458	697	10727
当阳市两河镇		9700	3600	1330	1680	11311
当阳市河溶镇	12	25200	68400	5427	1800	18121
当阳市育溪镇		37000	5846	3430	2200	17660
当阳市庙前镇	15	35435	4200	2934	1335	12459
当阳市王店镇	15	26278	4710	3232	900	11143
当阳市半月镇	10	21700	4430	2310	370	9850
当阳市草埠湖镇	4	9787	4600	3000	1050	8490
远安县鸣凤镇	2	7600	654	500	443	19801
远安县花林寺镇	2	21100	1518	484	229	5153
远安县旧县镇	10	16600	1671	1235	489	8895
远安县洋坪镇	8	23800	2222	2598	614	12730
远安县茅坪场镇	1	45800	2222	1615	773	7436
远安县荷花镇	3	39600	1769	734	345	9833
远安县河口乡		20700	1316	871	451	4528
兴山县古夫镇	1	44630	1624	417	1021	15231
兴山县高阳镇	1	14450	811	641	432	11061
兴山县峡口镇	1	21730	1668	492	325	7417
兴山县南阳镇	1	27220	1134	62	215	4681
兴山县黄粮镇	1	24740	2683	245	423	8075
兴山县水月寺镇	1	46500	2130	495	412	7289

7—20 续表 5

乡镇名称	垃圾集中处理的村（个）	乡镇行政区域面积（公顷）	年末常用耕地面积（公顷）	年末有效灌溉面积（公顷）	农村用电量（千瓦时）	乡镇总户数（户）
兴山县高桥乡	1	17450	1318	365	521	5061
兴山县榛子乡		36010	1608	1576	574	3494
秭归县茅坪镇	3	19324	835.47	256.87	1039	33462
秭归县归州镇	1	12800	940.47	434.6	650	10234
秭归县屈原镇	1	21500	1144.33	64.4	190	7381
秭归县沙镇溪镇	1	17681	2363.27	376.6	5422	9883
秭归县两河口镇	1	26900	1813	561.2	512	9068
秭归县郭家坝镇	3	31300	2946.4	809.47	593	15414
秭归县杨林桥镇	1	23456	3008.33	1089.07	397	7991
秭归县水田坝乡	1	22400	1373.2	562.87	572	11189
秭归县泄滩乡	1	14500	851	165.4	220	4787
秭归县梅家河乡	3	8800	1269.67	411.2	178	5262
秭归县磨坪乡	1	14100	1252	34	158.6	3649
秭归县九畹溪镇	1	27500	1257.33	227.67	310	8206
长阳县龙舟坪镇	1	34070	2458	564	1012	35474
长阳县高家堰镇	1	21410	1228	166	187	7420
长阳县磨市镇	3	22650	2025	605	281	11800
长阳县都镇湾镇	2	52500	4445	458	425	17384
长阳县资丘镇	1	37190	4358	121	850	14139
长阳县渔峡口镇	3	29420	3329	466	565	12875
长阳县榔坪镇	3	53130	4939		638	14436
长阳县贺家坪镇	1	34720	3101		179	9697
长阳县大堰乡	1	24740	2935	37	344	12327
长阳县鸭子口乡	1	23251	1378		236	8289
长阳县火烧坪乡	1	10500	1446		89	2801
五峰县五峰镇		43940	2970	60	351	12608
五峰县长乐坪镇		37381	2733		410	6914
五峰县渔洋关镇	3	35641	3206	186	800	15416
五峰县仁和坪镇	2	24100	2482	26	377	7833
五峰县湾潭镇	1	32600	1475	118	458	5549
五峰县付家堰乡		13950	2451		445	5571
五峰县牛庄乡			830		169	2031
五峰县采花乡		31744	2706	42	348	7987

7—20 续表6

乡镇名称	乡镇总人口（人）	其中：外来人口（人）	乡镇从业人员（人）	其中：外来从业人员（人）	第二产业（人）	第三产业（人）	农作物总播种面积（公顷）
西陵区窑湾乡	16673	3302	8052	1380	1960	3395	300
伍家区伍家乡	26398	8164	13781	4898	2694	2204	1008
点军区点军街道办事处	32236		16655	578	3542	5532	991.8
点军区艾家镇	8190	318	4653	256	1960	850	987
点军区桥边镇	28122	532	13832	472	1937	5354	3279
点军区联棚乡	13039	484	7432	402	670	2750	1121
点军区土城乡	22780	384	12869	267	432	3998	5226
猇亭区古老背办事处	14842	682	7857	682			515
猇亭区虎牙办事处	11492	327	6601	327	3189	2391	1382
猇亭区云池办事处	13511	85	7082	85	944	5142	1258
夷陵开发区	23851	3800	11500	2500	6548	3000	1170
夷陵区小溪塔街办	118017	12478	85648	8525	9755	55232	4986
夷陵区樟村坪镇	22281	2185	14057	1500	2879	2120	4429
夷陵区雾渡河镇	31703	300	16907	107	861	5492	5718
夷陵区分乡镇	38483	39	23023	35	8120	4500	6465
夷陵区太平溪镇	27088	215	14089	180	1957	4446	3027
夷陵区三斗坪镇	34660	387	20051	280	1890	9832	3443
夷陵区乐天溪镇	30311	2881	15760	2780	888	6402	2715
夷陵区龙泉镇	51336	1820	24560	1650	6488	7869	8537
夷陵区鸦鹊岭镇	57909	4245	32770	3828	4887	7879	15249
夷陵区下堡坪乡	22410	23	12223	10	2792	2834	5877
夷陵区邓村乡	28964	176	16720	100	1061	1031	2880
夷陵区黄花乡	36363	320	19366	230	6671	5063	6601
宜都市陆城街道办事处	92649	1487	66158	1123	18977	44180	3680
宜都市红花套镇	28115	2011	15005	1378	7804	4293	1652
宜都市高坝洲镇	27535	42	14095	42	2064	5684	2823
宜都市聂家河镇	17696		10058		1135	7661	2874
宜都市松木坪镇	29656	368	16973	223	8171	6445	3781
宜都市枝城镇	88217		48195		21980	16987	8751
宜都市姚家店乡	24254	55	15208	55	6914	4311	3376
宜都市五眼泉乡	22188	210	12081	180	3743	5417	3215
宜都市潘家湾土家族乡	15846		8907		2242	3603	2925

7—20 续表7

乡镇名称	乡镇总人口（人）	其中：外来人口（人）	乡镇从业人员（人）	其中：外来从业人员（人）	第二产业（人）	第三产业（人）	农作物总播种面积（公顷）
宜都市王家畈乡	32915		18313		3417	8140	6450
枝江市马家店街道	114002	356	65513	285	18544	35969	3751
枝江市安福寺镇	51031	570	25380	370	3112	3118	13757
枝江市白洋镇	36700	130	21321	580	3193	2860	8462
枝江市顾家店镇	28821	75	16132	70	3089	5684	7423
枝江市董市镇	53934	660	31215	417	6134	8460	12208
枝江市仙女镇	34326	270	14015	150	511	3745	11817
枝江市问安镇	46351	264	27207	60	3441	5739	14422
枝江市七星台镇	46970	381	28827	281	1918	10934	11292
枝江市百里洲镇	86266	130	48038	130	9937	8862	21947
当阳市玉阳办事处	100329	18640	51168	9806	19444	15862	8060
当阳市坝陵办事处	53050	3585	28937	1444	5742	10652	11570
当阳市玉泉办事处	35086	3345	19001	1240	7721	3988	8383
当阳市两河镇	35664	271	22638	235	2265	9506	8280
当阳市河溶镇	58810	1324	26746	237	5253	1028	18930
当阳市育溪镇	53529	1428	29025	1356	9488	528	16360
当阳市庙前镇	38930	132	24225	123	7858	5110	11140
当阳市王店镇	36395	3125	19978	1013	1101	7978	13230
当阳市半月镇	31450	519	28948	436	1300	830	12540
当阳市草埠湖镇	25706	286	12868	1847	822	1296	11432
远安县鸣凤镇	44472	2115	8545	1908	2817	3330	1717
远安县花林寺镇	15667	334	9887	320	1346	4049	3286
远安县旧县镇	24939	187	14853	168	2868	6221	3760
远安县洋坪镇	37500	4523	21915	3500	4378	7823	5511
远安县茅坪场镇	26310	1230	15523	921	1136	6557	4543
远安县荷花镇	28356	1220	16169	848	2350	5065	4468
远安县河口乡	15822	670	7739	390	1047	3011	2846
兴山县古夫镇	44938	5945	12722	3012	978	5271	5276
兴山县高阳镇	25017	3850	9318	521	356	3245	2527
兴山县峡口镇	24057	668	13450	625	1245	2546	3963
兴山县南阳镇	12301	75	6386	356	379	2328	2784
兴山县黄粮镇	22696	72	12427	121	716	3021	6007
兴山县水月寺镇	23130	625	11721	895	1725	2432	4665

7—20　续表 8

乡　镇　名　称	乡镇总人口（人）	其中：外来人口（人）	乡镇从业人员（人）	其中：外来从业人员（人）	第二产业（人）	第三产业（人）	农作物总播种面积（公顷）
兴山县高桥乡	15350	810	8885	753	1526	2997	4135
兴山县榛子乡	11734	55	6226	59	107	1669	3292
秭归县茅坪镇	92275	8000	28407	5000	10931	9491	2182.13
秭归县归州镇	28104	380	13691	230	1972	3091	1770.13
秭归县屈原镇	19742		6642		3631	1858	2113.8
秭归县沙镇溪镇	31801	205	19603	205	5064	1401	5451.53
秭归县两河口镇	27814	257	15822	80	127	3199	5409.07
秭归县郭家坝镇	47883		18734		2013		4202.8
秭归县杨林桥镇	25111	78	9355	35	1210	280	6773.13
秭归县水田坝乡	34284		20594	1460	600	860	3722
秭归县泄滩乡	14010		9728		49	4460	1956
秭归县梅家河乡	17969	282	10952	282	161	121	2552.47
秭归县磨坪乡	11914						2695.47
秭归县九畹溪镇	25291	239	14799	230	3152	1769	4843
长阳县龙舟坪镇	88054	9656	44821	3669	12057	19789	5657
长阳县高家堰镇	22219	1037	12210	589	2829	1848	2620
长阳县磨市镇	32769	185	3118	101	251	2247	4538
长阳县都镇湾镇	54639	402	29009	384	6014	6566	9038
长阳县资丘镇	40413	700	25901	570	4528	6545	9143
长阳县渔峡口镇	38573	150	20958	350	4961	3697	8356
长阳县榔坪镇	41544	845	21976	702	1378	4874	7624
长阳县贺家坪镇	28669	148	16670	310	3225	2506	5965
长阳县大堰乡	35632	285	21196	285	3695	5156	5620
长阳县鸭子口乡	23298	1580	14175	1380	3735	2290	3269
长阳县火烧坪乡	8064	146	5197	142	164	963	3403
五峰县五峰镇	41269	1300	28083	1180	1780	7200	8340
五峰县长乐坪镇	24915	105	13619	72	330	3786	6008
五峰县渔洋关镇	45899	380	24082	480	2051	11473	7509
五峰县仁和坪镇	24079	44	14732	44	3750	1929	6129
五峰县湾潭镇	17133	456	9857	189	531	3169	4859
五峰县付家堰乡	17610	12	8424	12	328	518	4862
五峰县牛庄乡	7669	32	5694	32	119	60	2811
五峰县采花乡	27479		14433		530	393	7923

7—20　续表 9

乡 镇 名 称	其中:粮食播种面积（公顷）	粮食总产量（吨）	肉类总产量（吨）	企业个数（个）	其中:工业企业（个）	企业人员从业人员（人）	其中:工业企业人员（人）
西陵区窑湾乡			1395	476	145	4260	1392
伍家区伍家乡	348	1673	3863	3778	257	12743	4870
点军区点军街道办事处	109.7	600	2573	722	36	3678	2206
点军区艾家镇	390	1135	685	15	12	1188	1140
点军区桥边镇	1296.7	5015	2219	902	331	5110	2564
点军区联棚乡	565.4	2429	2125	340	23	775	416
点军区土城乡	2604	8353	2465	20	13	655	427
猇亭区古老背办事处	81	354	457	67	30	1800	1045
猇亭区虎牙办事处	498	3260	3085	93	10	1290	900
猇亭区云池办事处	492	3625	2389	50	41	1154	944
夷陵开发区	626	3483	2359	71	44	8438	6348
夷陵区小溪塔街办	2036	12392	7172	498	90	9755	3211
夷陵区樟村坪镇	2695	10959	2782	97	62	6710	5870
夷陵区雾渡河镇	3591	14460	6726	35	22	365	230
夷陵区分乡镇	3868	21755	5883	78	55	3120	1720
夷陵区太平溪镇	2124	9188	2854	310	90	2550	1010
夷陵区三斗坪镇	1995	9200	3950	64	13	1200	250
夷陵区乐天溪镇	1620	10977	1994	151	116	5489	4706
夷陵区龙泉镇	3910	23626	7583	235	143	12350	9576
夷陵区鸦鹊岭镇	7574	53294	24664	509	451	6822	5835
夷陵区下堡坪乡	3634	17459	4789	72	72	792	792
夷陵区邓村乡	2527	7213	3104	113	81	2668	2040
夷陵区黄花乡	3923	20932	6420	117	80	3091	2412
宜都市陆城街道办事处	1792	9465	7987	708	532	22656	17024
宜都市红花套镇	984	4661	4018	110	41	7804	3038
宜都市高坝洲镇	1846	9823	4371	83	31	2495	968
宜都市聂家河镇	1665	7367	6223	35	26	788	690
宜都市松木坪镇	2228	13556	4907	155	103	9545	5496
宜都市枝城镇	5638	30300	13792	468	455	15900	15600
宜都市姚家店乡	2269	12200	6062	58	46	1450	1190
宜都市五眼泉乡	1888	9404	4400	49	39	1285	1140
宜都市潘家湾土家族乡	2059	9353	4847	65	56	686	503

7—20 续表 10

乡 镇 名 称	其中:粮食播种面积（公顷）	粮食总产量（吨）	肉类总产量（吨）	企业个数（个）	其中：工业企业（个）	企业人员从业人员（人）	其中:工业企业人员（人）
宜都市王家畈乡	4392	18576	8896	73	29	4250	2650
枝江市马家店街道	1025	5330	4892	753	176	15501	6988
枝江市安福寺镇	7634	52777	10600	57	39	3590	3112
枝江市白洋镇	4884	29738	8451	60	58	3180	3123
枝江市顾家店镇	4260	23983	10693	41	21	1262	531
枝江市董市镇	7558	49124	18400	119	100	5936	4386
枝江市仙女镇	6403	40418	5500	70	15	1563	1233
枝江市问安镇	7604	63543	7932	61	32	679	627
枝江市七星台镇	4196	13121	5406	85	65	2351	2258
枝江市百里洲镇	10653	34924	16528	65	48	1915	1715
当阳市玉阳办事处	5080	27602	5718	630	385	26826	6780
当阳市坝陵办事处	6400	43371	11844	181	151	3985	3549
当阳市玉泉办事处	4606	31079	6798	176	138	11274	10230
当阳市两河镇	3843	25240	8983	169	50	2322	1678
当阳市河溶镇	9240	72764	10711	196	151	3545	1545
当阳市育溪镇	8170	56026	11189	169	141	10124	9488
当阳市庙前镇	6820	43986	11264	148	125	8880	7423
当阳市王店镇	6994	60304	12443	215	156	5033	2598
当阳市半月镇	5049	47266	12303	114	108	9086	5798
当阳市草埠湖镇	7145	31932	2108	29	7	551	364
远安县鸣凤镇	903	5328	1804	140	20	4600	508
远安县花林寺镇	1997	11592	2889	20	6	506	480
远安县旧县镇	2216	15295	2452	26	25	450	444
远安县洋坪镇	2994	23002	6641	14	10	774	765
远安县茅坪场镇	2990	16847	2784	870	276	4008	3191
远安县荷花镇	2814	15090	3241	35	20	3000	2800
远安县河口乡	1696	10390	2256	294	114	1310	970
兴山县古夫镇	2739	8848	3567	42	28	5121	4213
兴山县高阳镇	1345	3456	2389	7	6	1032	652
兴山县峡口镇	2696	10737	4485	20	16	425	390
兴山县南阳镇	1633	3941	1967	10	10	118	118
兴山县黄粮镇	2914	12143	4489	6	5	42	38
兴山县水月寺镇	2984	12181	4421	50	45	1805	1083

7—20 续表 11

乡 镇 名 称	其中:粮食播种面积（公顷）	粮食总产量（吨）	肉类总产量（吨）	企业个数（个）	其中:工业企业（个）	企业人员从业人员（人）	其中:工业企业人员（人）
兴山县高桥乡	2313	8543	3421	3	3	27	27
兴山县榛子乡	1179	5410	1125	8	6	62	43
秭归县茅坪镇	956.27	4029	4166.56	244	69	4499	1640
秭归县归州镇	903.6	3601	2214	5	2	60	49
秭归县屈原镇	1566.07	4223	1939.25	9	6	178	127
秭归县沙镇溪镇	3468.27	14143	3294.45	18	16	1102	766
秭归县两河口镇	2820.73	11265	1543	7	3	380	200
秭归县郭家坝镇	2433.8	8426	2982	10	10	287	287
秭归县杨林桥镇	2991.13	12308	10439.6	20	12	526	264
秭归县水田坝乡	2036.33	9044	3490.46	8	8	705	
秭归县泄滩乡	1147	4503	1173.05	8	8	18	8
秭归县梅家河乡	1697.27	7675	1999.93	2	2	197	197
秭归县磨坪乡	1472.4	6033	1117	5	5	234	
秭归县九畹溪镇	2964.73	11682	3563.63	13	11	223	175
长阳县龙舟坪镇	3367	13029	6217	161	44	6305	2272
长阳县高家堰镇	1697	5364	1984	13	10	1622	1593
长阳县磨市镇	2738	10161	3146	30	18	883	621
长阳县都镇湾镇	5545	17392	5179	26	26	933	933
长阳县资丘镇	4888	15038	4911	21	14	971	745
长阳县渔峡口镇	5189	16245	4307	10	9	450	410
长阳县榔坪镇	3182	8953	5771	15	15	510	510
长阳县贺家坪镇	2904	7252	3990	13	11	502	3905
长阳县大堰乡	4089	12871	5265	19	17	379	328
长阳县鸭子口乡	1788	5329	2125	287	200	1148	874
长阳县火烧坪乡	685	2012	706	7	6	675	232
五峰县五峰镇	4984	11001	2853	1800	182	6100	1400
五峰县长乐坪镇	3171	10640	3652	11	9	320	293
五峰县渔洋关镇	5319	13801	2940	92	42	1168	670
五峰县仁和坪镇	4468	17010	7650	21	9	556	208
五峰县湾潭镇	2377	6256	2302	17	12	368	273
五峰县付家堰乡	2394	10269	3294	22	4	512	55
五峰县牛庄乡	1167	3371	2210	3	3	30	700
五峰县采花乡	4976	14521	2947	12	12	185	185

7—20 续表12

乡镇名称	企业实交税金总额（万元）	财政供给人数（人）	1. 公务员（人）	2. 事业编制（人）	财政供给人员年工作总额（万元）	财政总收入（万元）	其中：一般预算收入（万元）
西陵区窑湾乡	5082	90	58	32	331	5868	992
伍家区伍家乡	13878	35	19	9	340	13700	
点军区点军街道办事处	2100	75	20	16	176.6		
点军区艾家镇	175	35	19	8	71	255	210
点军区桥边镇	2055	73	60	13	250	508	
点军区联棚乡	181	58	25	11	140	354	348
点军区土城乡	275	36	26	10	235	461	13
猇亭区古老背办事处	1063	19	7	12	41.5		
猇亭区虎牙办事处	890	14	8	6	41.03		
猇亭区云池办事处	210	16	7	9	41.17		
夷陵开发区	10751	27	11	16	95	1849	100
夷陵区小溪塔街办	7250	147	138	9	398	10129	17
夷陵区樟村坪镇	12785	54	39	15	30	27016	7355
夷陵区雾渡河镇	2808	84	64	20	231	2925	812
夷陵区分乡镇	1723	90	35	17	246	1505	150
夷陵区太平溪镇	6800	82	63	19	201	907	212
夷陵区三斗坪镇	800	208	77	99	728	1315	123
夷陵区乐天溪镇	3910	249	79	7	996	891	891
夷陵区龙泉镇	30394	106	96	20	349	21008	850
夷陵区鸦鹊岭镇	2471	98	69	24	279	1800	813
夷陵区下堡坪乡	528	84	29	55	220	504	147
夷陵区邓村乡	1468	87	33	14	237	456	42
夷陵区黄花乡	2755	134	51	10	270	1443	100
宜都市陆城街道办事处	7014	43	43		162	13749	7262
宜都市红花套镇	2412	40	30	10	150	2966	1728
宜都市高坝洲镇	423	43	26	17	162	780	356
宜都市聂家河镇	300	37	25	12	141	596	351
宜都市松木坪镇	4129	43	28	13	162	4142	2226
宜都市枝城镇	6544	63	44	19	240	10331	4519
宜都市姚家店乡	1836	38	27	11	143	1836	896
宜都市五眼泉乡	1300	38	25	13	144	1184	789
宜都市潘家湾土家族乡	253	34	24	10	112	253	117

7—20 续表13

乡镇名称	企业实交税金总额（万元）	财政供给人数（人）	1.公务员（人）	2.事业编制（人）	财政供给人员年工作总额（万元）	财政总收入（万元）	其中：一般预算收入（万元）
宜都市王家畈乡	850	51	34	17	168	909	541
枝江市马家店街道	10828	64	47	17	139	10828	4757
枝江市安福寺镇	1220	123	43	15	288	1354	865
枝江市白洋镇	1173	92	40	15	216	1613	688
枝江市顾家店镇	620	70	54	16	156	795	452
枝江市董市镇	2480	59	42	17	142	2553	1175
枝江市仙女镇	1350	53	38	15	129	1639	546
枝江市问安镇	473	123	35	15	288	1011	523
枝江市七星台镇	899	91	71	20	170	1069	383
枝江市百里洲镇	846	58	41	17	165	1122	571
当阳市玉阳办事处	3400	139	44	17	400	10166	6149
当阳市坝陵办事处	1608	43	43		100	3487	1596
当阳市玉泉办事处	3256	45	40		102	4081	2729
当阳市两河镇	395	65	28	13	165	395	
当阳市河溶镇	1012	36	36		82	593	257
当阳市育溪镇	986	61	57		126	1274	540
当阳市庙前镇	550	53	40	13	106	845	359
当阳市王店镇	968	118	98	20	220	1040	631
当阳市半月镇	746	80	64	16	150	746	277
当阳市草埠湖镇	122	162	44	117	360	1298	883
远安县鸣凤镇	1410	51	33	18	261	1403	
远安县花林寺镇	7000	113	26	87	160	2086	799
远安县旧县镇	630	39	21	16	174	743	367
远安县洋坪镇	750	48	29	19	116	999	404
远安县茅坪场镇	46121	56	37	19	194	5899	
远安县荷花镇	3701	47	30	17	224	9828	120
远安县河口乡	1951	61	40	21	125	631	
兴山县古夫镇	1325	164	43	10	264	1863	779
兴山县高阳镇	68	77	41	7	218	550	225
兴山县峡口镇	280	48	38	10	224	688	265
兴山县南阳镇	60	35	29	6	188	281	182
兴山县黄粮镇	8	44	35	9	253	654	468
兴山县水月寺镇	2485	100	44	8	222	2640	1159

7—20 续表 14

乡 镇 名 称	企业实交税金总额（万元）	财政供给人数（人）	1. 公务员（人）	2. 事业编制（人）	财政供给人员年工作总额（万元）	财政总收入（万元）	其中：一般预算收入（万元）
兴山县高桥乡	41	55	29	5	142	142	93
兴山县榛子乡	17	130	31	5	193	2498	1751
秭归县茅坪镇	2570	73	46	27	154	3805	96.7
秭归县归州镇	30	54	36	18		601	127
秭归县屈原镇	53	42	28	14	79	587	147
秭归县沙镇溪镇	230	93	84	9	242	571	259
秭归县两河口镇	320	45	33	12	95	770	
秭归县郭家坝镇	112	122	104	18	300	892	4
秭归县杨林桥镇	155	83	36	47	108	342.8	5
秭归县水田坝乡	180	45	31	14	135.6	591	103
秭归县泄滩乡	30	53	46	7	78	115	92
秭归县梅家河乡	220	32	24	8	58.6	386	206
秭归县磨坪乡	132	30	24	6	57	384.7	
秭归县九畹溪镇	300	50	36	14		320	97
长阳县龙舟坪镇	9786	207	45	26	450	5940	2825
长阳县高家堰镇	4558	52	38	14	117.93	706	520
长阳县磨市镇	454	50	36	14	78	512	262
长阳县都镇湾镇	788	62	42	20	123	1040	389
长阳县资丘镇	638	127	96	31	238	756	259
长阳县渔峡口镇	500	112	34	13	131	834	388
长阳县榔坪镇	650	59	43	16	95	1075	379
长阳县贺家坪镇	203	113	96	17	201	545	256
长阳县大堰乡	351	97	66	31	242	728	210
长阳县鸭子口乡	823.65	38	26	12	91.89	607	213
长阳县火烧坪乡	136	23	17	6	50	308	139
五峰县五峰镇	460	64	47	17	112	1600	867
五峰县长乐坪镇	130	60	43	17	109	614	312
五峰县渔洋关镇	838	65	48	17	130.21	2716.8	1387.9
五峰县仁和坪镇	176	61	48	13	96	605	264
五峰县湾潭镇	95	42	31	11	130	596	416
五峰县付家堰乡	110	63	24	39	145	398	205
五峰县牛庄乡	20	32	22	10	63	260	230
五峰县采花乡	91	50	39	11	101	908	439

7—20 续表15

乡镇名称	财政支出（万元）	其中:科学事业费支出（万元）	教育事业费支出（万元）	年末资产总额（万元）	年末债务总额（万元）	其中:当年负债（万元）	固定资产投资完成额（万元）
西陵区窑湾乡	1090	27	50				44383
伍家区伍家乡	1665						124995
点军区点军街道办事处	583			595.8	416.9		20830
点军区艾家镇	210	48		295	295		4744
点军区桥边镇	508			438	371	78	7965
点军区联棚乡	348			2500	1475	41	12188
点军区土城乡	461			364	781		7635
猇亭区古老背办事处							
猇亭区虎牙办事处							
猇亭区云池办事处							
夷陵开发区	1849			136	7024	4024	268072
夷陵区小溪塔街办	3214	100	150	2087	1539	50	290056
夷陵区樟村坪镇	2599			135236			40000
夷陵区雾渡河镇	1404			2098			20098
夷陵区分乡镇	1032			270			7411
夷陵区太平溪镇	950			663	1988		16015
夷陵区三斗坪镇	1042		350	5095	2466		16156
夷陵区乐天溪镇	1198		120	2801			16000
夷陵区龙泉镇	2857			771	1331		59691
夷陵区鸦鹊岭镇	1325		100	6550	1470		23216
夷陵区下堡坪乡	723			1265			5390
夷陵区邓村乡	718			1491	583	163	15139
夷陵区黄花乡	1223			949	1998		31324
宜都市陆城街道办事处	8158		8	1543	120		100655
宜都市红花套镇	847	1		615	1102		52637
宜都市高坝洲镇	703	10	10	270	47		28600
宜都市聂家河镇	933	2		752	535		13100
宜都市松木坪镇	934	2	8	545	1213		44700
宜都市枝城镇	2893		67	1900	3485		63661
宜都市姚家店乡	896			797	39		36080
宜都市五眼泉乡	1507		22	420			23442
宜都市潘家湾土家族乡	498	1	1	323	4		10900

7—20 续表 16

乡 镇 名 称	财政支出（万元）	其中:科学事业费支出（万元）	教育事业费支出（万元）	年末资产总额（万元）	年末债务总额（万元）	其中:当年负债（万元）	固定资产投资完成额（万元）
宜都市王家畈乡	909			1655	1619		16200
枝江市马家店街道	3402			7459	4839	2160	122000
枝江市安福寺镇	1922			1518	2018		53318
枝江市白洋镇	1084			671	10	1647	46330
枝江市顾家店镇	800			935	9260		25354
枝江市董市镇	1724			3999	2888		49134
枝江市仙女镇	1088			5255	1044		42085
枝江市问安镇	1011			1518	2018		
枝江市七星台镇	981			637	605		43100
枝江市百里洲镇	1391	19	100	6891	8408	26	23879
当阳市玉阳办事处	1079			1021			47247
当阳市坝陵办事处	962			7036	2691	870	32380
当阳市玉泉办事处	890		4	2239	2221	958	33579
当阳市两河镇	395		56	2586	300		15000
当阳市河溶镇	749			2481	2473		24059
当阳市育溪镇	797			771	352		13421
当阳市庙前镇	631			1557	802		12625
当阳市王店镇	737			2900			31360
当阳市半月镇	612		2	300	170		13500
当阳市草埠湖镇	1298			780	645		13550
远安县鸣凤镇	664	15	2				3000
远安县花林寺镇	655	5	130				12000
远安县旧县镇	555		4	421	434		5116
远安县洋坪镇	648	1	1	54	804	200	6000
远安县茅坪场镇	3142		6				4900
远安县荷花镇	1735	2	417	464			15350
远安县河口乡	513						3000
兴山县古夫镇	567			1277	803		6737
兴山县高阳镇	509			813	112		6950
兴山县峡口镇	516			478	1251		6500
兴山县南阳镇	194	1		439	2813		1010
兴山县黄粮镇	615	1	15	755	2821		1775
兴山县水月寺镇	598	2		3526	592	6	5490

7—20 续表 17

乡镇名称	财政支出（万元）	其中：科学事业费支出（万元）	教育事业费支出（万元）	年末资产总额（万元）	年末债务总额（万元）	其中：当年负债（万元）	固定资产投资完成额（万元）
兴山县高桥乡	103			1586	498	0	1410
兴山县榛子乡	484			5000	840	0	1210
秭归县茅坪镇	908			563	423		17014
秭归县归州镇	601			3400	2300		7131
秭归县屈原镇	440			391	391	12	5030
秭归县沙镇溪镇	560	23		330	328		13292
秭归县两河口镇	586			97			6380
秭归县郭家坝镇	892	22		1665	495		7779
秭归县杨林桥镇	516						7600
秭归县水田坝乡	591			6145	2400		6145
秭归县泄滩乡	34			574	124		3082
秭归县梅家河乡	377	20	1	246	153		3354
秭归县磨坪乡	320						2942
秭归县九畹溪镇	661			926	1600		5194
长阳县龙舟坪镇	2478		108	1721	1556		12213
长阳县高家堰镇	628.2		4	248.64	2111.87		2800
长阳县磨市镇	634	10	8	1747	1737		4100
长阳县都镇湾镇	794	20	10	1482	1366	280	4675
长阳县资丘镇	665		10	1532	1532		4948
长阳县渔峡口镇	592		10	887	1898		4741
长阳县榔坪镇	634		5	626	520		5129
长阳县贺家坪镇	568		5	1209	1506		2890
长阳县大堰乡	510	22	26	327	480		2280
长阳县鸭子口乡	436.863		5	393	1562	189	2992
长阳县火烧坪乡	307		3	712	1010	100	1402
五峰县五峰镇	1400			185	1160		4560
五峰县长乐坪镇	480			203	991		2369
五峰县渔洋关镇	728.58			952	434		50901
五峰县仁和坪镇	480			446	110		1723
五峰县湾潭镇	378			348	176		1264
五峰县付家堰乡	382				185		4650
五峰县牛庄乡	240			210			4198
五峰县采花乡	448			140	280		4350

7—20 续表18

乡镇名称	其中:农业投资完成额（万元）	储蓄所（个）	乡政府到县政府距离（公里）	本乡镇公路里程（公里）	市场个数（个）	公园个数（个）	小学校总数（个）
西陵区窑湾乡	40	4	6	80	5		1
伍家区伍家乡	900	13	1	140	3		5
点军区点军街道办事处		3	0.5		3	1	2
点军区艾家镇		2	16	98	1		1
点军区桥边镇	3055	1	9	127	1		2
点军区联棚乡	4100		7	196	1		2
点军区土城乡	2565	1	18	250	1		1
猇亭区古老背办事处		3	1	20	1		3
猇亭区虎牙办事处			5	50	1	1	2
猇亭区云池办事处			3	69	1		2
夷陵开发区	71511	2	1	224	4	2	2
夷陵区小溪塔街办	5800	18	1	450	5	1	11
夷陵区樟村坪镇		2	98	480	1		4
夷陵区雾渡河镇	3008	3	55	186	1		1
夷陵区分乡镇		1	20	450	1		2
夷陵区太平溪镇	8310	2	45	318	1	1	3
夷陵区三斗坪镇	710	4	40	279	2		3
夷陵区乐天溪镇	500	2	30	325	4	1	3
夷陵区龙泉镇	560	8	30	350	4	2	4
夷陵区鸦鹊岭镇	1100	2	40	580	3		3
夷陵区下堡坪乡	1600	1	76	195	1		3
夷陵区邓村乡	3322	1	80	220	1	1	4
夷陵区黄花乡	1270	2	12	493	1		4
宜都市陆城街道办事处	2800	24		103	5	3	4
宜都市红花套镇	16750	2	3	375	2		3
宜都市高坝洲镇	11400	2	7	158	2		3
宜都市聂家河镇	569	1	23	378	3		2
宜都市松木坪镇	10185	3	38	145	1		4
宜都市枝城镇	16861	4	10	548	3	2	5
宜都市姚家店乡	14300	1	2	500	1		2
宜都市五眼泉乡	7199	2	15	200	1		1
宜都市潘家湾土家族乡	1100	1	40	345	1		1

7—20 续表19

乡镇名称	其中:农业投资完成额（万元）	银行、储蓄所（个）	乡政府到县政府距离（公里）	本乡镇公路里程（公里）	市场个数（个）	公园个数（个）	小学校总数（个）
宜都市王家畈乡	4500	2	40	1026	2		4
枝江市马家店街道	5177	5		120	5	2	6
枝江市安福寺镇	11120	6	23	630	2		4
枝江市白洋镇	150	4	28	389	4		3
枝江市顾家店镇	5854	2	28	130	1		4
枝江市董市镇	7390	5	6	200	2		7
枝江市仙女镇	1035	2	11	286	1		5
枝江市问安镇	0	2	17	107	1		5
枝江市七星台镇	2200	3	15	270	1		4
枝江市百里洲镇	11000	5	5	100	1		8
当阳市玉阳办事处		20	3	138	10	3	4
当阳市坝陵办事处	4500	1	4	210	4		4
当阳市玉泉办事处	2734	1	1	312	1		3
当阳市两河镇	5000	1	20	200	4		2
当阳市河溶镇	2324	6	26	147	3		5
当阳市育溪镇	126	3	22	560	3		4
当阳市庙前镇	780	2	13	150	2		2
当阳市王店镇	5152	1	20	292	4		5
当阳市半月镇		2	30	270	1		4
当阳市草埠湖镇	3750	2	37	104	1		2
远安县鸣凤镇	0	5		30	3	2	2
远安县花林寺镇	100	3	20	48	2		1
远安县旧县镇	2216	1	10	141	1		2
远安县洋坪镇	2000	2	22	110	2		3
远安县茅坪场镇	2800	2	13	400	2		2
远安县荷花镇	300	4	33	195	1		2
远安县河口乡		1	40	280	1		2
兴山县古夫镇	4955	1	1	80	3	1	3
兴山县高阳镇	850	1	15	130	1		1
兴山县峡口镇	0	1	32	156	1		3
兴山县南阳镇	200	1	25	260	1		2
兴山县黄粮镇	533	1	22	120	1		1
兴山县水月寺镇	580	1	58	65	2		3

7—20 续表20

乡镇名称	其中：农业投资完成额（万元）	银行、储蓄所（个）	乡政府到县政府距离（公里）	本乡镇公路里程（公里）	市场个数（个）	公园个数（个）	小学校总数（个）
兴山县高桥乡	50	1	42	162	1		1
兴山县榛子乡	300	1	50	126	1		1
秭归县茅坪镇	2386	2	1	311	6	2	7
秭归县归州镇	5631	2	65	228	3	1	3
秭归县屈原镇	938	2	38	228	1		3
秭归县沙镇溪镇	1560	1	110	770	1	1	3
秭归县两河口镇	2610	2	90	300	1		4
秭归县郭家坝镇		1	40	647	1		5
秭归县杨林桥镇	7600	1	70	245	1		5
秭归县水田坝乡	5795	2	70	380	1		7
秭归县泄滩乡		1	95	285			3
秭归县梅家河乡	1372	1	109	82			2
秭归县磨坪乡		1	126	263			1
秭归县九畹溪镇	2286	1	45	780	2		5
长阳县龙舟坪镇	5501	14	6	480	17	1	11
长阳县高家堰镇		1	34	250	1		5
长阳县磨市镇	585	2	25	100	1		6
长阳县都镇湾镇	2450	2	83	595	2		8
长阳县资丘镇	50	2	100	583	3		7
长阳县渔峡口镇	2263	1	170	848	1		8
长阳县榔坪镇		2	110	890	1		7
长阳县贺家坪镇	680	2	75	850	1		6
长阳县大堰乡		2	66	156	1		5
长阳县鸭子口乡	1930	1	60	150	1		3
长阳县火烧坪乡	500	1	100	425	3		1
五峰县五峰镇	1100	6	1	470	5		7
五峰县长乐坪镇	600	2	30	568	10		4
五峰县渔洋关镇	2107	3	65	1235	5		6
五峰县仁和坪镇	1368	2	100	1350	4		7
五峰县湾潭镇	810	2	54	384			4
五峰县付家堰乡	298	2	42	155	4		3
五峰县牛庄乡	648	1	80	300			3
五峰县采花乡	660	2	53	392			5

7—20　续表21

乡 镇 名 称	小学在校学生总数（人）	小学教师总数（人）	中学校总 数（个）	中学在校学生总数（人）	中学教师总数（人）	幼儿园、托儿所（个）	图书馆、文化站（个）
西陵区窑湾乡	693	40					6
伍家区伍家乡	1193	105	1	695	76	10	1
点军区点军街道办事处	560		1		370	5	1
点军区艾家镇	268	29				1	
点军区桥边镇	1045	116	1	739	91	1	1
点军区联棚乡	435	62				2	1
点军区土城乡	790	69	1	586	60	2	1
猇亭区古老背办事处	2200	65	1	1800	46	4	1
猇亭区虎牙办事处	302	29				2	6
猇亭区云池办事处	1013	45				6	1
夷陵开发区	783	56	1	896	79		
夷陵区小溪塔街办	6873	442	3	3439	293	27	1
夷陵区樟村坪镇	1092	72	1	754	65	1	1
夷陵区雾渡河镇	918	47	1	1175	95	2	1
夷陵区分乡镇	1021	102	1	811	90	4	1
夷陵区太平溪镇	1064	82	1	952	59	1	1
夷陵区三斗坪镇	1059	103	1	976	91	5	1
夷陵区乐天溪镇	647	102	2	1351	54	5	1
夷陵区龙泉镇	2146	167	2	1221	144	6	1
夷陵区鸦鹊岭镇	2074	167	1	1487	148	1	1
夷陵区下堡坪乡	446	42	1	990	55	2	1
夷陵区邓村乡	1024	81	1	764	51	1	
夷陵区黄花乡	1132	142	1	838	108	2	1
宜都市陆城街道办事处	2218	142	3	2231	225	24	2
宜都市红花套镇	921	76	1	699	58	4	1
宜都市高坝洲镇	832	61	1	685	57	3	1
宜都市聂家河镇	408	34	1	361	39	2	1
宜都市松木坪镇	957	71	1	830	70	4	1
宜都市枝城镇	2524	178	2	1945	177	5	1
宜都市姚家店乡	403	46	1	423	71	1	1
宜都市五眼泉乡	336	35	1	325	37	2	1
宜都市潘家湾土家族乡	346	21	1	406	35	2	1

7—20 续表22

乡镇名称	小学在校学生总数（人）	小学教师总数（人）	中学校总数（个）	中学在校学生总数（人）	中学教师总数（人）	幼儿园、托儿所（个）	图书馆、文化站（个）
宜都市王家畈乡	765	55	2	767	70	3	1
枝江市马家店街道	6578	363	3	3344	270	12	2
枝江市安福寺镇	2095	117	2	1644	134	7	
枝江市白洋镇	1243	85	2	892	90	1	1
枝江市顾家店镇	770	83	1	675	75	4	1
枝江市董市镇	1930	147	2	1600	158	6	2
枝江市仙女镇	1062	77	2	914	103	2	
枝江市问安镇	1161	107	1	878	88	1	1
枝江市七星台镇	1378	119	2	1144	127	3	1
枝江市百里洲镇	2227	182	2	4236	355	10	1
当阳市玉阳办事处	2199	131	2	1499	121	6	10
当阳市坝陵办事处	1760	111	2	1262	113	4	1
当阳市玉泉办事处	1328	78	2	1276	106	5	1
当阳市两河镇	722	57	1	481	67	3	1
当阳市河溶镇	1882	120	2	2241	210	2	1
当阳市育溪镇	1623	118	2	1505	106	5	1
当阳市庙前镇	524	51	2	657	101	4	1
当阳市王店镇	1494	107	2	1038	108	1	1
当阳市半月镇	1737	187	1	899	84	2	1
当阳市草埠湖镇	642	87	1	463	74	1	1
远安县鸣凤镇	1705	122	1	867	94	8	1
远安县花林寺镇	800	41				1	
远安县旧县镇	903	100	1	530	63	1	1
远安县洋坪镇	1413	100	1	910	80	5	
远安县茅坪场镇	711	63	1	483	56	2	1
远安县荷花镇	944	112	1	702	48	3	1
远安县河口乡	670	52	1	450	40	1	1
兴山县古夫镇	2945	202	2	1866	156	3	1
兴山县高阳镇	659	74	1	812	87	1	1
兴山县峡口镇	677	67				1	1
兴山县南阳镇	342	36	1	244	25	1	1
兴山县黄粮镇	522	46	1	413	43	1	1
兴山县水月寺镇	922	72	2	502	65	1	1

7—20 续表 23

乡 镇 名 称	小学在校学生总数（人）	小学教师总数（人）	中学校总 数（个）	中学在校学生总数（人）	中学教师总数（人）	幼儿园、托儿所（个）	图书馆、文化站（个）
兴山县高桥乡	411	22	1	329	28	1	1
兴山县榛子乡	338	30	1	207	26	1	1
秭归县茅坪镇	2231	189	1	1449	148	11	2
秭归县归州镇	1176	121	1	844	103	1	1
秭归县屈原镇	493	82	1	333	54	1	1
秭归县沙镇溪镇	1059	121	1	898	110	1	1
秭归县两河口镇	927	92	1	733	89	1	1
秭归县郭家坝镇	2119	201	2	1448	150	4	1
秭归县杨林桥镇	745	115	1	687	84	2	1
秭归县水田坝乡	1326	103	1	985	82	2	1
秭归县泄滩乡	465	46	1	354	51	1	1
秭归县梅家河乡	526	50	1	408	62	1	1
秭归县磨坪乡	355	25	1	314	48	1	1
秭归县九畹溪镇	800	109	1	466	70	2	1
长阳县龙舟坪镇	5886	341	5	11235	773	14	6
长阳县高家堰镇	1003	60	1	607	52	1	1
长阳县磨市镇	1352	98	1	1006	104	2	1
长阳县都镇湾镇	1653	119	2	1329	99	2	1
长阳县资丘镇	1774	111	2	2299	170	3	1
长阳县渔峡口镇	1449	79	2	1008	74	2	1
长阳县榔坪镇	1998	141	2	1259	103	1	1
长阳县贺家坪镇	1212	68	1	797	67	4	1
长阳县大堰乡	1288	78	1	1108	73	2	1
长阳县鸭子口乡	795	62	1	623	51	1	1
长阳县火烧坪乡	278	23	1	184	22	1	1
五峰县五峰镇	2580	230	3	2710	260	4	3
五峰县长乐坪镇	830	60	2	650	70	2	1
五峰县渔洋关镇	1943	133	3	1126	172	4	1
五峰县仁和坪镇	757	105	1	700	66	2	1
五峰县湾潭镇	675	59	1	487	64	2	1
五峰县付家堰乡	548	42	1	349	26	1	1
五峰县牛庄乡	295	29	1	228	34		1
五峰县采花乡	918	130	2	549	57	1	1

乡镇名称	影剧院（个）	体育场馆（个）	医院、卫生院（个）	医生数（人）	病床数（床）	居民储蓄存款余额（万元）	农民人均纯收入（元）
西陵区窑湾乡		2	1	44	20	4710	5876
伍家区伍家乡	1	1	2	79	90	9756	6304
点军区点军街道办事处			1	49	20		5632
点军区艾家镇			1	7	10	2698	5486
点军区桥边镇			1	13	50	15600	5204
点军区联棚乡			1	24	20		5305
点军区土城乡			1	39	20	10028	4432
猇亭区古老背办事处	1		1	110	120		5871
猇亭区虎牙办事处		1	11	19	26		5835
猇亭区云池办事处		1	3	6	15		5880
夷陵开发区						8000	5200
夷陵区小溪塔街办	2	1	3	94	40	65000	6476
夷陵区樟村坪镇			1	42	35	20000	5788
夷陵区雾渡河镇			1	54	66	13548	5162
夷陵区分乡镇			1	37	37	8823	5210
夷陵区太平溪镇	1	1	1	36	55	7292	5744
夷陵区三斗坪镇			1	65	38	17588	5409
夷陵区乐天溪镇	1	1	1	95	75	18500	5822
夷陵区龙泉镇			1	34	40	61100	7166
夷陵区鸦鹊岭镇	1		1	69	50	40524	7121
夷陵区下堡坪乡			1	17	40	7300	5623
夷陵区邓村乡			1	30	30	9358	5695
夷陵区黄花乡			1	53	30	19421	5393
宜都市陆城街道办事处	1	1	1	59	29	81612	7851
宜都市红花套镇			1	30	40	26418	7592
宜都市高坝洲镇			1	13	23	12000	7254
宜都市聂家河镇			1	13	40	5891	5775
宜都市松木坪镇			1	20	60	28625	6715
宜都市枝城镇			1	314	252	47000	7038
宜都市姚家店乡			1	12	20	16000	6880
宜都市五眼泉乡			1	12	21	5215	6662
宜都市潘家湾土家族乡			1	24	25	5627	5481

7—20　续表25

乡镇名称	影剧院（个）	体育场馆（个）	医院、卫生院（个）	医生数（人）	病床数（床）	居民储蓄存款余额（万元）	农民人均纯收入（元）
宜都市王家畈乡			1	54	45	7090	5410
枝江市马家店街道	1	2	1	32	50	45000	7468
枝江市安福寺镇			2	70	120	30995	6074
枝江市白洋镇	1		1	22	50	34095	6220
枝江市顾家店镇			1	47	40	20560	5748
枝江市董市镇	1		1	83	80	59965	6040
枝江市仙女镇			1	21	60	17830	6385
枝江市问安镇	1		1	55	40	25000	6616
枝江市七星台镇			1	60	50	24851	6060
枝江市百里洲镇	1		2	181	138	25905	5980
当阳市玉阳办事处	1	7	1	43	80	360000	6969
当阳市坝陵办事处			1	106	60	6900	6534
当阳市玉泉办事处			1	68	64	2410	6664
当阳市两河镇			1	12	20	8000	6018
当阳市河溶镇	1	1	2	90	85	7019	6509
当阳市育溪镇	1		1	146	80	45000	6255
当阳市庙前镇	1		1	64	20	8592	6575
当阳市王店镇			1	60	50	16115	6791
当阳市半月镇	1		1	15	38	9800	6850
当阳市草埠湖镇			1	51	38	11000	6214
远安县鸣凤镇	1	1	2	23	60	5700	6582
远安县花林寺镇			1	9	40	4500	5227
远安县旧县镇			1	12	16	4234	5656
远安县洋坪镇			1	27	60	7916	5668
远安县茅坪场镇			1	12	30	14699	6049
远安县荷花镇			1	15	43	13345	5225
远安县河口乡			1	14	30	5290	5510
兴山县古夫镇	1	1	2	25	30	13812	3930
兴山县高阳镇						13740	3818
兴山县峡口镇			1	13	30	12052	3587
兴山县南阳镇			1	10	14	4951	3480
兴山县黄粮镇			1	7	20	9648	3864
兴山县水月寺镇			1	20	26	12129	4083

7—20 续表26

乡镇名称	影剧院（个）	体育场馆（个）	医院、卫生院（个）	医生数（人）	病床数（床）	居民储蓄存款余额（万元）	农民人均纯收入（元）
兴山县高桥乡			1	7	20	4954	2802
兴山县榛子乡			1	10	24	5343	4188
秭归县茅坪镇	1	1	41	315	220	8960	3462
秭归县归州镇	1		1	76	60	6300	3096
秭归县屈原镇			1	47	40	6562	2777
秭归县沙镇溪镇			1	76	82	9558	3031
秭归县两河口镇			1	68	60	8725	2760
秭归县郭家坝镇			1	120	80	10604	3195
秭归县杨林桥镇			1	75	56		2860
秭归县水田坝乡			1	22	60	15013	2749
秭归县泄滩乡			1	30	20	3939	2830
秭归县梅家河乡			1	40	35	5684	2770
秭归县磨坪乡			1	30	30	3463	2670
秭归县九畹溪镇			1	24	30	6500	2907
长阳县龙舟坪镇	2	2	8	250	490	12531	3538
长阳县高家堰镇			1	46	33	11221	2848
长阳县磨市镇			1	65	48	9986	2650
长阳县都镇湾镇			1	90	90	15636	2080
长阳县资丘镇			1	73	88	12300	2350
长阳县渔峡口镇			1	23	44	6699	2500
长阳县榔坪镇			1	82	65	14907	2512
长阳县贺家坪镇			1	70	50	8501	2774
长阳县大堰乡			1	55	68	2200	1380
长阳县鸭子口乡			1	26	42	7240	2248
长阳县火烧坪乡			1	25	16	7597	4184
五峰县五峰镇	1	1	4	128	320	8600	2453
五峰县长乐坪镇			1	33	23	4000	2499
五峰县渔洋关镇			1	64	128	21400	2940
五峰县仁和坪镇			1	33	25	8654	2508
五峰县湾潭镇			1	31	26	6500	2380
五峰县付家堰乡			1	8	18	3773	2328
五峰县牛庄乡			1	10	4	2724	2845
五峰县采花乡			1	29	30	8087	2439

7—20 续表 27

乡 镇 名 称	刑事案件立案数（件）	敬老院、福利院（个）	现收养人数（人）	农村新型合作医疗人数（人）	参加农村社会养老保险人数（人）
西陵区窑湾乡		3	135	8051	1947
伍家区伍家乡	270	1	52	15178	9500
点军区点军街道办事处	56	1	30	14877	
点军区艾家镇		1	14	5736	220
点军区桥边镇		1	119	28122	1500
点军区联棚乡	2	1	31	12167	264
点军区土城乡	47	1	58	21500	180
猇亭区古老背办事处				321	852
猇亭区虎牙办事处		1	48	1798	1467
猇亭区云池办事处		2	62	1884	3980
夷陵开发区				16048	1804
夷陵区小溪塔街办	1650	1	60	37740	3286
夷陵区樟村坪镇	69	1	72	20289	195
夷陵区雾渡河镇	40	1	139	28408	1068
夷陵区分乡镇	34	1	76	35977	1472
夷陵区太平溪镇	28	1	99	23848	2068
夷陵区三斗坪镇	52	1	236	29495	3300
夷陵区乐天溪镇	60	1	75	29000	6694
夷陵区龙泉镇	43	1	94	45375	1250
夷陵区鸦鹊岭镇	50	1	130	49925	2230
夷陵区下堡坪乡	2	1	66	20393	230
夷陵区邓村乡	13	1	80	25248	530
夷陵区黄花乡	29	3	98	32176	520
宜都市陆城街道办事处	440	2	105	38440	1800
宜都市红花套镇	47	1	98	24700	5093
宜都市高坝洲镇	20	1	70	26078	830
宜都市聂家河镇	1	1	96	16328	1456
宜都市松木坪镇	30	1	89	27176	5714
宜都市枝城镇	33	3	152	66100	25556
宜都市姚家店乡	1	2	88	22930	7684
宜都市五眼泉乡	11	1	122	20458	5925
宜都市潘家湾土家族乡	4	1	93	14856	3576

7—20　续表28

乡　镇　名　称	刑事案件立案数（件）	敬老院、福利院（个）	现收养人数（人）	农村新型合作医疗人数（人）	参加农村社会养老保险人数（人）
宜都市王家畈乡	10	1	203	30325	9527
枝江市马家店街道	430	2	98	18546	1712
枝江市安福寺镇	42	4	133	38000	4133
枝江市白洋镇	50	2	90	28667	1900
枝江市顾家店镇	38	2	74	26388	1300
枝江市董市镇	139	2	129	34457	3185
枝江市仙女镇	81	1	84	28837	1731
枝江市问安镇	0	2	87	39458	2500
枝江市七星台镇	89	2	85	42050	3084
枝江市百里洲镇	71	2	247	71855	5026
当阳市玉阳办事处	914	1	54	29556	20200
当阳市坝陵办事处	92	1	98	40240	4140
当阳市玉泉办事处	43	1	52	35086	1980
当阳市两河镇	55	1	90	32328	4059
当阳市河溶镇		1	110	49858	
当阳市育溪镇	63	2	106	42525	1460
当阳市庙前镇	43	1	85	36037	280
当阳市王店镇		2	164	35982	
当阳市半月镇		1	150	29290	
当阳市草埠湖镇	3	1	38	18876	
远安县鸣凤镇				14283	1553
远安县花林寺镇		1	20	15041	1300
远安县旧县镇	6	1	106	22982	650
远安县洋坪镇	30	1	59	34142	170
远安县茅坪场镇	17	1	45	24188	0
远安县荷花镇	17	1	73	26429	0
远安县河口乡		1	46	14041	715
兴山县古夫镇	220			19397	64
兴山县高阳镇	26	1	70	13297	36
兴山县峡口镇	14	1	50	21939	61
兴山县南阳镇	2	1	58	10453	246
兴山县黄粮镇	11	1	50	20193	185
兴山县水月寺镇	44	1	50	20675	120

7—20 续表29

乡镇名称	刑事案件立案数（件）	敬老院、福利院（个）	现收养人数（人）	农村新型合作医疗人数（人）	参加农村社会养老保险人数（人）
兴山县高桥乡	11			13575	36
兴山县榛子乡	3			11183	120
秭归县茅坪镇	380	3	283	37640	4479
秭归县归州镇		1	69	23632	3000
秭归县屈原镇	3	1	50	17186	1215
秭归县沙镇溪镇	2	2	102	31496	1680
秭归县两河口镇		2	120	27211	400
秭归县郭家坝镇	11	2	111	45186	1990
秭归县杨林桥镇	3	2	64	20089	310
秭归县水田坝乡	4	1	44	31844	332
秭归县泄滩乡		1	22	13324	21
秭归县梅家河乡	1	1	36	17469	1569
秭归县磨坪乡		1	52	11000	121
秭归县九畹溪镇	8	3	130	23083	410
长阳县龙舟坪镇	356	2	181	50000	1075
长阳县高家堰镇	8	1	42	17528	132
长阳县磨市镇	16	1	112	26046	157
长阳县都镇湾镇	12	2	59	46304	1480
长阳县资丘镇	13	2	53	580	2463
长阳县渔峡口镇	4	1	37	31300	300
长阳县榔坪镇	8	1	82	33977	1104
长阳县贺家坪镇	11	1	68	27615	222
长阳县大堰乡	10	2	59	28708	155
长阳县鸭子口乡	9	1	50	20009	1600
长阳县火烧坪乡	7	1	23	7298	329
五峰县五峰镇	60	1	34	23800	300
五峰县长乐坪镇		1	29	21675	
五峰县渔洋关镇	87	2	40	35959	
五峰县仁和坪镇	6	1	78	20700	
五峰县湾潭镇	1	1	40	13850	312
五峰县付家堰乡		1	35	13582	
五峰县牛庄乡				6922	
五峰县采花乡	11	1	85	23558	

7—20 续表 30

乡 镇 名 称	享受居民最低生活保障人数（人）	镇区总户数（户）	镇区总人口（人）	镇区占地面积（公顷）	镇公共绿地面积（公顷）
西陵区窑湾乡	1606				
伍家区伍家乡	5310				
点军区点军街道办事处	780	1137	3181	600	2
点军区艾家镇	403	312	513	2	1
点军区桥边镇	1049	1273	2438	70	2
点军区联棚乡	408				
点军区土城乡	119				
猇亭区古老背办事处	212	3421	10869	220	
猇亭区虎牙办事处	395	2566	9628	715	
猇亭区云池办事处	1506	3225	12235	563	
夷陵开发区	98	1113	3039	350	6
夷陵区小溪塔街办	3773	35633	82236	17	130
夷陵区樟村坪镇	870	5897	19848	130	
夷陵区雾渡河镇	1095	1110	3720	1100	
夷陵区分乡镇	120	5600	11200	120	35
夷陵区太平溪镇	1697	2121	7021	527	40
夷陵区三斗坪镇	971	1255	2030	81	15
夷陵区乐天溪镇	1860	4110	9600	110	4
夷陵区龙泉镇	189	1835	8320	310	45
夷陵区鸦鹊岭镇	2500	5050	11200	130	20
夷陵区下堡坪乡	96				
夷陵区邓村乡	1303				
夷陵区黄花乡	1315				
宜都市陆城街道办事处	6464	25565	52932	1650	180
宜都市红花套镇	884	2872	8581	350	2
宜都市高坝洲镇	94	1004	3500	220	2
宜都市聂家河镇	1145	502	1074	100	3
宜都市松木坪镇	635	703	1498	280	1
宜都市枝城镇	5320	10665	22645	720	5
宜都市姚家店乡	1124	200	640	150	
宜都市五眼泉乡	1201	120	548	100	
宜都市潘家湾土家族乡	679				

7—20　续表31

乡 镇 名 称	享受居民最低生活保障人数（人）	镇区总户数（户）	镇区总人口（人）	镇区占地面积（公顷）	镇公共绿地面积（公顷）
宜都市王家畈乡	1369				
枝江市马家店街道	5316	49657	95365	1400	558
枝江市安福寺镇	1302	7584	12580	641	10
枝江市白洋镇	1384	1380	4050	124	4
枝江市顾家店镇	1217	405	2125	60	2
枝江市董市镇	1658	9714	19553	522	20
枝江市仙女镇	1215	2825	3754	180	10
枝江市问安镇	179	621	3514	230	15
枝江市七星台镇	1342	431	3513	75	5
枝江市百里洲镇	3532	5000	13185	300	45
当阳市玉阳办事处	4958	33492	70191	1050	200
当阳市坝陵办事处	2252	8514	14700	300	20
当阳市玉泉办事处	1954	1441	4591	106	15
当阳市两河镇	1354	1192	2786	100	2
当阳市河溶镇	1094	3956	13642	156	8
当阳市育溪镇	656	4272	10162	570	1
当阳市庙前镇	1122	1060	2064	37	1
当阳市王店镇	1455	3150	6386	80	25
当阳市半月镇	993	32130	6195	275	110
当阳市草埠湖镇	1666	3925	6661	250	75
远安县鸣凤镇	3542	13120	30909	600	100
远安县花林寺镇	1057	550	1710	454	20
远安县旧县镇	1090	480	1962	600	100
远安县洋坪镇	1474	968	3110	300	80
远安县茅坪场镇	780	1689	4120	325	10
远安县荷花镇	1387	911	2153	790	80
远安县河口乡	520				
兴山县古夫镇	1526	10376	30154	379	161
兴山县高阳镇	2429	5621	12343	32	10
兴山县峡口镇	556	556	1256	28	5
兴山县南阳镇	183	858	2769	25	3
兴山县黄粮镇	178	1298	2926	28	4
兴山县水月寺镇	386	1517	3693	23	1

7—20 续表32

乡镇名称	享受居民最低生活保障人数（人）	镇区总户数（户）	镇区总人口（人）	镇区占地面积（公顷）	镇公共绿地面积（公顷）
兴山县高桥乡	143				
兴山县榛子乡	32				
秭归县茅坪镇	6709	18642	43756	420	85
秭归县归州镇	679	1650	7700	51	6.7
秭归县屈原镇	257	727	1761	25	5
秭归县沙镇溪镇	1298	1478	6058	27.5	7.25
秭归县两河口镇	2200	130	310	6	1.5
秭归县郭家坝镇	3313	1150	3780	29	5
秭归县杨林桥镇	1500	908	2581	100	2
秭归县水田坝乡	2086				
秭归县泄滩乡	156				
秭归县梅家河乡	83				
秭归县磨坪乡	782				
秭归县九畹溪镇	1478	976	3130	8	2.31
长阳县龙舟坪镇	6224	19840	39390	14	10
长阳县高家堰镇	1168	6412	20139	100	42
长阳县磨市镇	1773	1956	5257	20	5
长阳县都镇湾镇	3298	382	3178	50	20
长阳县资丘镇	980	2830	5800	267	25
长阳县渔峡口镇	2665	708	1829	20	1
长阳县榔坪镇	2570	1050	2200	40	1
长阳县贺家坪镇	2022	1390	2630	3247	1
长阳县大堰乡	7958				
长阳县鸭子口乡	1853				
长阳县火烧坪乡	459				
五峰县五峰镇	2288	5028	15019	220	
五峰县长乐坪镇	1489	448	1368	37	
五峰县渔洋关镇	1850	4431	15005	8100	1
五峰县仁和坪镇	1343	1161	2482	114	
五峰县湾潭镇	1022	1218	2506	3235	
五峰县付家堰乡	845				
五峰县牛庄乡	570				
五峰县采花乡	240				

主要统计指标解释

农林牧渔业总产值 指以货币表现的农、林、牧、渔业全部产品的总量，它反映一定时期内农业生产总规模和总成果。农业总产值的计算方法通常是按农林牧渔业产品及其副产品的产量分别乘以各自单位产品价格求得；少数生产周期较长，当年没有产品或产品产量不易统计的，则采用间接方法匡算其产值；然后将四业产品产值相加即为农业总产值。

粮食产量 指全社会的产量。包括国有经济经营的、集体统一经营的和农民家庭经营的粮食产量，还包括工矿企业办的农场和其他生产单位的产量。粮食除包括稻谷、小麦、玉米、高粱、谷子及其他杂粮外，还包括薯类和豆类。

油料产量 指全部油料作物的生产量。包括花生、油菜籽、芝麻、向日葵籽、胡麻籽（亚麻籽）和其他油料。不包括大豆、木本油料和野生油料。花生以带壳干花生计算。

水产品产量 指人工养殖的水产品和天然生长的水产品的捕捞量。包括海水的鱼类、虾蟹类、贝类和藻类以及内陆水域的鱼类、虾蟹类和贝类，不包括淡水生植物。

猪、牛、羊肉产量 指当年出栏并已屠宰、除去头蹄下水后带骨肉（即胴体重）的重量。

期初（末）畜禽存栏头（只）数 指报告期初（末）农村各种合作经济组织和国营农场、农民个人、机关、团体、学校、工矿企业、部队等单位以及城镇居民饲养的大牲畜、猪、羊、家禽等畜禽的存栏数。

耕地面积 指可以用来种植农作物、经常进行耕锄的田地，包括熟地、当年新开荒地、连续撂荒未满三年的耕地和当年的休闲地（轮歇地），还包括以种植农作物为主并附带种植桑树、茶树、果树和其他林木的土地，以及沿海、沿湖地区已围垦利用的“海涂”、“湖田”等面积。不包括属于专业性的桑园、茶园、果园、果木苗圃、林地、芦苇地、天然或人工草地面积。

农作物播种面积 指实际播种或移植有农作物的面积。凡是实际种植有农作物的面积，不论种植在耕地上还是种植在非耕地上，均包括在农作物播种面积中。在播种季节基本结束后，因遭灾而重新改种和补种的农作物面积，也包括在内。

有效灌溉面积 指具有一定的水源，地块比较平整，灌溉工程或设备已经配套，在一般年景下当年能够进行正常灌溉的耕地面积。

农用化肥施用量 指本年内实际用于农业生产的化肥数量，包括氮肥、磷肥、钾肥和复合肥。化肥施用量要求按折纯量计算数量。折纯量是指把氮肥、磷肥、钾肥分别按含氮、含五氧化二磷、含氧化钾的百分之一百成份进行折算后的数量。复合肥按其所含主要成分折算。

农业机械总动力 指主要用于农、林、牧、渔业的各种动力机械的动力总和。包括耕作机械、排灌机械、收获机械、农用运输机械、植物保护机械、牧业机械、林业机械、渔业机械和其他农业机械〔内燃机按引擎马力折成瓦（特）计算、电动机按功率折成瓦（特）计算〕。不包括专门用于乡、镇、村、组办工业、基本建设、非农业运输、科学试验和教学等非农业生产方面用的动力机械与作业机械。

农林牧渔业劳动力 指全社会直接参加农林牧渔业生产活动的劳动力。

八 工业交通 能源

INDUSTRY AND TRAFFIC
PERSONNEL CONSUMPTION

8—1　历年规模以上工业总产值

（1949—2009 年）

单位:万元

年　份	合　计	按轻重工业部分		按经济类型分			按企业规模分		
		轻工业	重工业	国有经济	集体经济	其他经济	大型企业	中型企业	小型企业
1949	1473	1385	88	7	1072	395			
1950	2192	2078	114	22	1603	567			
1951	2452	2256	196	267	1651	534			
1952	3244	2920	324	1133	1746	365			
1955	6026	4761	1265	3781	2245				
1957	9102	7009	2093	6619	2483				
1962	10506	7564	2942	7865	2641				
1965	14434	10392	4042	11142	3292				
1970	24004	10322	13682	17985	6019				
1975	62130	32308	29822	48348	13782				
1976	62701	34486	28215	47884	14817				
1977	77349	39448	37901	59326	18023				
1978	95134	44346	50788	74474	20660				
1979	104044	48038	56006	82116	21927		22448	14201	67395
1980	126230	58021	68209	99492	26668	70	24434	14543	87253
1981	139688	72213	67475	110421	29047	219	19239	16951	103498
1982	171212	75911	95301	137903	32991	318	57239	16495	97478
1983	212918	90515	122403	170089	42535	294	85911	18434	108573
1984	282612	119984	162628	225451	56004	1158	115954	60016	106642
1985	326467	138451	188016	259453	65848	1166			
1986	372209	168813	203396	287049	81934	3226	132495	116846	122868
1987	480707	218956	261751	370840	106097	3771	169105	154989	156613
1989	542135	241957	300178	402391	135583	4162	110844	40619	390672
1990	760417	319177	441240	580107	175578	4732	285881	275838	198698
1991	779781	349104	430677	576285	195903	7593	222698	172388	384696
1992	900905	381430	519475	665843	217105	17957	243847	271760	385298
1993	1216683	434125	782559	828983	246337	141363	375172	318094	523417
1994	1525467	590272	935195	989539	358063	177865	452320	367022	706125
1995	1690247	644699	1045548	1019125	443794	227328	465814	465398	759035
1996	2071155	761906	1309248	1131814	702044	237297	672648	353895	1044612
1997	2309464	855782	1453682	1077257	860814	371393	721317	372659	1215488
1998	2119160	860831	1258329	876335	454771	788054	765698	366464	986997
1999	2145066	848150	1296916	832445	347273	965348	854921	362440	927705
2000	1978624	800525	1178099	565857	269700	1143067	779922	402545	796157
2001	2081233	856460	1224774	494617	126994	1459622	847465	494954	738814
2002	2220481	864935	1355546	389625	70848	1760008	971606	497847	751028
2003	2748494	858460	1890035	783288	52431	1912776	919593	1112194	716708
2004	4127167	1026455	3100712	947397	45467	3134302	1099228	2033912	994027
2005	5558683	1312263	4246420	2661577	50799	2846307	2458039	1823830	1276813
2006	6917360	1822513	5094846	2939917	65897	3911546	2751661	2546176	1619522
2007	9103898	2309834	6794064	3259442	76733	5767723	3414536	3513416	2175946
2008	11877195	3123612	8753583	2031169	63474	9782552	2542823	5909957	3424415
2009	15311151	4293382	11017769	2197282	56167	13057702	5604689	5288548	4417914

注:1991－1994 年是乡及乡以上工业企业,用的是老规定(含产业活动单位);1997 年是乡及乡以上工业企业,用的是新规定(只是独立核算企业);1998－2008 年是当年价规模以上工业企业。

8—2 主要年份规模以上工业增加值

单位:万元

年份	合计	按轻重工业分		按经济类型分			按企业规模分		
		轻工业	重工业	国有经济	集体经济	其他经济	大型企业	中型企业	小型企业
1990	209504	92813	116691	159826	48374	1304	78764	75997	54743
1991	231745	103513	128232	171268	58221	2256	69036	52175	110534
1992	286890	90791	196099	225389	57759	3742	115989	84344	86558
1993	401663	129126	272537	275764	93131	32768	139394	95836	166433
1994	558760	176740	382020	386290	127265	45205	229746	113584	215430
1995	483146	113704	369442	299677	98741	84728	133150	133031	216965
1996	698688	188334	510354	370711	228172	99805	343987	78004	276697
1997	783906	225505	558401	390071	251292	142543	337015	104816	342074
1998	728128	238299	489830	362209	143171	222748	312540	125581	290008
2000	782873	238755	544118	331421	86009	365443	390483	126287	266103
2001	776692	250174	526518	257460	41938	477294	379908	152822	243961
2002	830319	285640	544678	142091	20307	667921	413373	160940	256006
2003	1067219	253612	813608	428585	14515	624119	490156	398546	208518
2004	1881313	315515	1565798	432290	14130	1434893	751685	833398	296230
2005	2470103	406940	2063164	1512414	21693	935996	1462065	607687	400351
2006	2820427	511599	2308827	1628402	32349	1159676	1553934	743648	522844
2007	3745569	711417	3034152	1925478	41161	1778930	1939023	1117531	689015
2008	4522195	1026895	3495300	1824235	42865	2655095	2111382	1194106	1216707
2009	5704358	1460452	4243906	2040969	24214	3639175	2646245	1384511	1982919

注:1990 年和 1991 年,其中数均为根据工业总产值推算数据;1995 年大中小型企业数据为根据工业总产值推算数据。

8—3 分县市规模以上工业企业单位数

（2009年）

单位:个

项目	宜昌市	宜都市	枝江市	当阳市	远安县	兴山县	秭归县	长阳自治县	五峰自治县
总计	**1095**	**194**	**167**	**168**	**70**	**12**	**61**	**66**	**19**
一、按隶属关系分									
中央	21	1	3	1	1			1	
省属	5		1				1		
市属	30			2					
县市区属	227	19	34	20	1	12	41	19	15
乡镇属	309	60	105	53	1		17	18	3
其他	503	114	24	92	67		2	28	1
二、按经济类型分									
国有企业	33	3	3	2	2		2	3	
集体企业	15	6		2	1				
其他	1047	185	164	164	67	12	59	63	19
三、按企业规模分									
大型企业	10		3	1	1	1			
中型企业	121	16	14	13	7	2	7	5	2
小型企业	964	178	150	154	63	9	54	61	17
四、按轻重工业分									
轻工业	444	60	105	85	10	4	28	20	7
重工业	651	134	62	83	60	8	33	46	12

项目	市区							
		夷陵区	西陵区	伍家岗区	点军区	猇亭区	宜昌开发区	直报
总计	**338**	**174**	**31**	**51**	**23**	**29**	**30**	**2**
一、按隶属关系分								
中央	14	2	3	2	1	2	3	1
省属	3	1		1				1
市属	28	3	5	13	4	1	2	
县市区属	66	24	1	15	2	19	7	
乡镇属	52	39			7	6		
其他	175	105	22	20	9	1	18	
二、按经济类型分								
国有企业	18	6	6	2	1	3		1
集体企业	6	6						
其他	314	162	25	49	22	26	30	1
三、按企业规模分								
大型企业	4	2				1		1
中型企业	54	16	5	8	8	8	10	1
小型企业	280	156	26	43	15	20	20	
四、按轻重工业分								
轻工业	125	72	12	16	6	8	11	
重工业	213	102	19	35	17	21	19	2

注:猇亭区和开发区有重复,都包括三峡全通和三新磷钙,所以总数多出两个。全市和西陵不含供电公司

8—4 分县市区规模以上工业总产值

(2009年)

单位:万元

项　　目	宜昌市	宜都市	枝江市	当阳市	远安县	兴山县	秭归县	长阳自治县	五峰自治县
总　计	**15311151**	**2259360**	**1706748**	**1537536**	**953586**	**664920**	**356600**	**206746**	**154888**
一、按隶属关系分									
中央	3145975	54286	94614	13643	478100			24952	
省属	244462		22257				12384		
市属	1733742			13279					
县市区属	4394118	965526	767556	424834	10116	664920	299851	72484	65776
乡镇属	1499374	284276	528665	324946	12781		42364	14319	3712
其他	4293480	955272	293655	760836	452590		2001	94991	85400
二、按经济类型分									
国有企业	2197282	2565	39887	15949	488216		18165	29867	
集体企业	56167	14033		10664	12781				
其他	13057702	2242762	1666861	1510923	452589	664920	338435	176879	154888
三、按企业规模分									
大型企业	5604689		704236	168072	478100	520094			
中型企业	5288549	1413318	298498	381480	343003	128327	112078	88441	97299
小型企业	4417913	846042	704015	987984	132483	16499	244522	118305	57589
四、按轻重工业分									
轻工业	4293382	752211	1005887	627014	47309	119973	168210	49139	101507
重工业	11017769	1507149	700861	910522	906277	544947	188390	157607	53381

项　　目	市　区	夷陵区	西陵区	伍家岗区	点军区	猇亭区	宜昌开发区	直　报
总　计	**7470768**	**2047176**	**377494**	**491440**	**311687**	**1585724**	**411361**	**2245886**
一、按隶属关系分								
中央	2480380	37289	237908	20884	30016	37424	72493	2044367
省属	209820	1935		6366				201519
市属	1720463	24544	72298	318324	173323	1115812	16163	
县市区属	1123056	597111	14503	62381	5828	391017	52215	
乡镇属	288313	223619			32372	32322		
其他	1648736	1162678	52785	83485	70148	9150	270490	
二、按经济类型分								
国有企业	1602633	121978	249076	48328	30016	1153235		
集体企业	18689	18689						
其他	5849446	1906509	128418	443112	281671	432489	411361	2245886
三、按企业规模分								
大型企业	3734188	574009				1115812		2044367
中型企业	2426105	681875	263998	272060	277740	398272	330642	201519
小型企业	1310475	791292	113496	219381	33947	71640	80719	
四、按轻重工业分								
轻工业	1422132	929483	43742	177992	38524	79551	152840	
重工业	6048636	1117693	333752	313448	273163	1506173	258521	2245886

注:宜昌市、市区合计没有重复计算三峡全通和三新磷钙这两个企业,宜昌市、西陵区不含供电公司。

8—5 主要年份规模以上工业总产值

单位:万元

项　　目	2002	2003	2004	2005	2006	2007	2008	2009
总　　计	**2220481**	**2748494**	**4127167**	**5558683**	**6917359**	**9103898**	**11877195**	**15311151**
内资企业	2059501	2499676	3616260	4972517	6227805	8220053	10587252	13910830
国有企业	389625	783288	947397	1968467	2132854	3259442	2031169	2197282
中央企业	264138	673823	860810	1880741	1992572	2430569	1836846	893252
地方企业	125487	109465	86587	87727	140283	828874	194323	1304029
集体企业	70848	52431	45467	50010	65897	76733	63473	56167
股份合作企业	24032	9316	4196	7960	1108		6328	8458
联营企业	17151	20961	22045	17306	129232	36444	43935	57676
国有联营企业	16372	19596	18629	16517	28551	35772	43935	56895
联营企业	779	860	908	789				
国有与集体联营企业								
其他联营企业		505	2508		681	672		781
有限责任公司	699524	928895	799760	1654257	2234124	2388641	3868369	4680510
国有独资公司	363186	196066	74853	676593	778511	286223	433816	591355
其他有限责任公司	336338	732829	724907	977664	1455612	2102419	3434552	4089155
股份有限公司	713640	481910	1432412	663549	849084	1072907	2607657	4105446
私营企业	144681	222876	364983	610173	905534	1382991	1964717	2801019
私营独资企业	26517	26230	37254	50208	59330	75756	213640	350233
私营合作企业	4313	11749	9827	5633	7586	5665	12384	27870
私营有限责任公司	88449	153072	304236	552243	805818	1220848	1578237	2168376
私营股份有限公司	25403	31825	13666	2090	32800	80721	160455	254540
其他企业				796		2896	1605	4273
港、澳、台商投资企业	143440	222221	309760	401428	529068	703384	895858	1081531
合资经营企业(港或澳、台资)	89477	138973	233242	294133	415844	548373	722578	892169
合作经营企业(港或澳、台资)			7930	10034				
港澳台商独资经营企业	53964	83248	68587	94998	108863	146470	173279	189363
港澳台商投资股份有限公司				2263	4362	8541		
外商投资企业	17539	26597	201147	184738	160486	180461	394085	318790
中外合资经营企业	10508	18655	86463	132715	97920	102820	157516	183953
中外合作经营企业	7031	4007	66194	4964	6501	5623	134917	5605
外资企业		3935	48490	47059	56066	72018	101652	129232
外商投资股份有限公司								
在总计中:亏损企业	511830	492333	663484	637898	574462	487877	552282	474314
在总计中:国有控股企业	1318325	1583242	2472592	3351576	3604221	4637439	5410421	6455224
在总计中:农村工业	405330	433950	24604	148418	57630	82907	71380	92022
在总计中:轻工业	864935	858460	1026455	1312263	1822513	2309834	3123612	4293382
重工业	1355546	1890035	3100712	4246420	5094846	6794064	8753583	11011169
在总计中:大型企业	971606	919593	1099228	2458039	2751661	3414536	2542823	5604689
中型企业	497847	1112194	2033912	1823830	2546176	3513416	5925962	5288549
小型企业	751028	716708	994027	1276813	1619522	2175946	3408410	4417914
在总计中:中央企业	495446	746064	1560608	2015458	2156989	2618671	2870901	3145975
地方企业	1725035	2002431	2566558	3543225	4760370	6485227	9006293	12165176
省属工业	108218	108451	95359	102528	65012	223291	312514	244462
市属工业	503317	366595	294118	602277	751036	950965	1280088	1733742
县市区属工业	602139	815322	1044408	1313514	1478942	2386426	2897831	4394118
乡镇属工业	276674	206133	268358	300023	390213	823835	791731	1499374
其他企业	234687	505930	864316	1224883	2075168	2100710	3724129	4293480

注:本表数据按当年价计算。

经普规定宜昌供电公司不作为法人统计,因此2009年总产值、主要经济指标、能源消费都不含宜昌供电公司的数据。

8—6 主要年份规模以上工业企业主要经济指标

单位:万元、万人、%

年　　份	企业单位数（个）	工业销售产值（现价）	资产总计	流动资产	存　货	流动资产年平均余额
1990	1837			450709		404027
1991	1783			542475		507302
1992	1676	835482		629172		582218
1993	1730	1044710	2059794	841196	300816	732549
1994	1722	1404356	2730150	971357	320032	900140
1995	1751		3568037	1228089	353934	1075368
1996	1807	1855193	3940132	1364714		1201008
1997	1595	2119509	4265111	1469633	399876	1452731
1998	551	2028966	4379452	1362455	372668	1370671
1999	495	2101564	4592471	15335649		1415137
2000	352	1952051	4628820	1623796	393920	1590401
2001	364	2054752	4962116	1922755	378716	1663144
2002	382	2171202	5640901	1791082	397499	1744758
2003	430	2687708	17964968	3700287	382258	3638453
2004	515	4034742	17488166	3086974	470500	2672816
2005	523	5396809	21941655	3718761	666292	3908812
2006	580	6815110	24700339	4038995	825435	3845256
2007	661	8941520	29336711	5042820	998251	4601394
2008	948	11564978	35225115	6074671	1304675	6019514
2009	1095	14820786	40922653	6863005	1489877	

注:1990－1997 年数据均为乡及乡以上独立核算单位;1998－2000 年统计范围为国有及年产品销售收入 500 万元以上非国有企业。

8—6 续表1 单位:万元、万人、%

年 份	固定资产原价	固定资产净值年平均余额	负债合计	所有者权益	#实收资本	主营业务收入	主营业务成本
1990	967747	791359				587062	472669
1991	1049929	795612				703523	555532
1992	1169663	863640				815592	656403
1993	1521410	1075763	1308092	751702		1132753	872722
1994	1724590	1210060	1555281	1174869		1149817	894302
1995	2484158	1400090	2291803	1276234	845079	1563553	1201743
1996	2759078	1883917	2555488	1384643		1650346	1278682
1997	2945849	2093134	2742853	1522257		1838829	1417202
1998	3200408	2122945	2769973	1609480	1233440	1889631	1511842
1999	3301978	2305691	2908480	1683991		1989013	1548693
2000	3507172	2270965	2951192	1677628	1297794	1881959	1425078
2001	3784600	2513050	327395	1688321	1368594	2013674	1566110
2002	3977159	2805359	3569815	2071086	1585772	2058718	1575985
2003	14189478	12940720	10058743	7906224	4208586	2746589	2018667
2004	12803901	11303561	9934652	7443514	7660083	3905899	2762361
2005	14908341	15201171	11171765	10769891	7835847	5357527	3803141
2006	15871315	17576002	12012100	12688239	9133709	6746534	5002565
2007	20156554	18883642	12803523	14986138	10868248	8832410	6316365
2008	26647202	21314427	14544937	20680178	14125224	11259262	8334739
2009	24420421	23695094	16326235	24500382	17612303	14445384	11169010

8—6 续表2

单位:万元、万人、%

年份	主营业务税金及附加	营业利润	利润总额	利税总额	应交增值税	全部从业人员年平均人数	企业亏损面	工业经济效益综合指数
1990	51157	40198	39774	100216		27.27	35.17	
1991	73586	31635	36467	109110		27.67	33.65	
1992	83480	39156	39095	121493		28.3	29.95	
1993	82971	144274	48275	131246		28.61		
1994	24247	194845	48468	135344	62630	30.46		
1995	27374	285904	39543	148168	81010	31.52	32.67	
1996	21677	300802	72024	182062	88360	30.22	28.61	
1997	41169	304072	79757	215085	94160	29.09	28.15	
1998	30643	275286	21778	155331	102910	22.63	35.39	85.67
1999	33280	321163	85443	224922	116199	20.49	39.39	
2000	35889	48391	93834	252084	122362	17.18	32.67	109.01
2001	44596	50024	67890	225298	112812	15.95	30.77	94.03
2002	48276	57793	68284	235482	118923	13.83	31.41	113.61
2003	23687	84196	272652	453430	157092	15.01	33.26	163.1
2004	39613	477677	797389	1121997	284995	13.55	34.37	239.4
2005	50496	768074	909864	1317773	356442	15.73	33.46	242.61
2006	79221	856546	1151299	1616735	385681	16.69	25.52	250.13
2007	112665	1382481	1777467	2376098	485525	16.95	17.1	299.83
2008	143336	2110567	1991718	2911575	776521	18.03	15.34	305.59
2009	205165	2004993	2044149	2821656	572343	22.9	11.69	296.06

8—7 规模以上工业企业主要经济指标

（2009年）

单位：万元

项目	企业单位数（个）	#亏损企业	工业总产值（当年价格）	工业销售产值（当年价格）	出口交货值
总计	**1095**	**128**	**15311151**	**14820786**	**661514**
按登记注册类型分组：					
内资企业	1024	113	13910830	13528522	522541
国有企业	33	3	2197282	2169605	171157
中央企业	13		893252	874821	98443
地方企业	20	3	1304029	1294784	72714
集体企业	15	1	56167	55316	
股份合作企业	2		8458	8298	
联营企业	2		57676	57666	
有限责任公司	352	45	4680510	4534698	142495
股份有限公司	41	8	4105446	3964515	94625
私营企业	575	55	2801019	2734293	114264
其他企业	4	1	4273	4131	
港、澳、台商投资企业	47	8	1081531	1023257	102709
外商投资企业	24	7	318790	269007	36265
按经济组织类型分组					
独资企业	195	20	2922277	2879764	224604
国有企业	33	3	2197282	2169605	171157
集体企业	15	1	56167	55316	
私营独资企业	115	9	350233	344062	
港澳台商独资经营企业	18	4	189363	191446	28471
外资企业	14	3	129232	119335	24977
合作、合伙企业	21	3	103881	101421	
股份有限公司	98	9	4359986	4211947	97394
有限责任公司	781	96	7925008	7627655	339517
在总计中：亏损企业	128	128	474314	433376	16554
在总计中：国有控股企业	80	8	6455224	6301607	328015
在总计中：农村工业	40	4	92022	90701	
在总计中：轻工业	444	53	4293382	4153408	226171
重工业	651	75	11017769	10667378	435343
在总计中：大型企业	10		5604689	5575423	169584
中型企业	121	12	5288549	5018566	395789
小型企业	964	116	4417914	4226797	96142
在总计中：中央企业	21		3145975	3110329	107438
省属工业	5		244462	241936	
市属工业	30	11	1733742	1669350	199973
县市区属工业	227	42	4394118	4236882	229706
乡镇属工业	309	25	1499374	1472134	38604
其他企业	503	50	4293480	4090154	85794

 单位:万元

项 目	资产总计	流动资产合计	应收帐款	存 货	#产成品
总 计	**40922653**	**6863005**	**1125254**	**1489877**	**537802**
按登记注册类型分组:					
内资企业	39205589	6154956	953302	1325497	482948
国有企业	2714106	1471772	192161	358346	49580
中央企业	1359235	947348	162441	251442	20886
地方企业	1354871	524425	29720	106904	28694
集体企业	30639	10647	3749	1016	700
股份合作企业	4097	1571	341	1231	1231
联营企业	28003	12915	2607	304	39
有限责任公司	5455709	1745232	344411	432161	200946
股份有限公司	28510816	2086380	250728	290828	116790
私营企业	2458011	824761	158271	241225	113275
其他企业	4209	1679	1033	388	388
港、澳、台商投资企业	1411343	547591	119386	114970	39701
外商投资企业	305721	160458	52566	49410	15154
按经济组织类型分组					
独资企业	3519169	1748113	261359	447209	80184
国有企业	2714106	1471772	192161	358346	49580
集体企业	30639	10647	3749	1016	700
私营独资企业	202714	75489	14503	24054	14483
港澳台商独资经营企业	419157	120386	40105	26129	6273
外资企业	152553	69820	10841	37665	9147
合作、合伙企业	70260	24475	5587	4191	2457
股份有限公司	28664374	2132279	265929	303637	123168
有限责任公司	8668849	2958138	592379	734840	331994
在总计中:亏损企业	881609	340087	56201	92869	42564
在总计中:国有控股企业	32895643	3490302	483117	624007	145535
在总计中:农村工业	63096	25535	4976	4486	2731
在总计中:轻工业	3387945	1699900	240655	502820	253327
重工业	37534708	5163105	884598	987057	284475
在总计中:大型企业	29415580	2542368	350926	450668	102544
中型企业	8258763	2979390	496541	624553	201860
小型企业	3248309	1341248	277787	414657	233398
在总计中:中央企业	27699305	2034504	344490	332130	36933
省属工业	1781848	182611	12672	16100	9695
市属工业	1911766	881499	119139	188050	59873
县市区属工业	4175437	1658981	269627	422415	191257
乡镇属工业	974090	327315	77096	109876	53273
其他企业	4380208	1778096	302231	421307	186772

8—7 续表2　　　　单位:万元

项目	资产总计			
	固定资产合计	固定资产原价	累计折旧	固定资产净值
总计	**24420421**	**28198101**	**4503008**	**23695094**
按登记注册类型分组:				
内资企业	23670863	27271475	4287918	22983557
国有企业	867446	1456482	686570	769912
中央企业	325574	461490	221382	240108
地方企业	541872	994992	465188	529804
集体企业	16472	16242	3980	12261
股份合作企业	2526	2538	410	2129
联营企业	15060	21860	9355	12505
有限责任公司	3283861	4032604	1035233	2997371
股份有限公司	18085501	20082216	2195390	17886825
私营企业	1397725	1657319	356562	1300757
其他企业	2272	2216	419	1797
港、澳、台商投资企业	636512	721747	119330	602417
外商投资企业	113046	204879	95760	109120
按经济组织类型分组				
独资企业	1336609	1962758	771647	1191111
国有企业	867446	1456482	686570	769912
集体企业	16472	16242	3980	12261
私营独资企业	112887	127666	27632	100034
港澳台商独资经营企业	270549	269038	25862	243176
外资企业	69255	93331	27603	65728
合作、合伙企业	43866	59120	20455	38666
股份有限公司	18185130	20200825	2217268	17983556
有限责任公司	4854816	5975398	1493638	4481761
在总计中:亏损企业	433464	536124	139005	397119
在总计中:国有控股企业	20714438	23638712	3261819	20376894
在总计中:农村工业	28332	51443	24649	26794
在总计中:轻工业	1271123	1572438	442450	1129988
重工业	23149297	26625663	4060557	22565106
在总计中:大型企业	18680122	20791589	2434645	18356943
中型企业	4262878	5352340	1372487	3979854
小型企业	1477421	2054172	695876	1358297
在总计中:中央企业	17541655	19528016	2082847	17445169
省属工业	1525513	1746397	222452	1523946
市属工业	699035	1305246	626844	678403
县市区属工业	2016807	2432641	753132	1679509
乡镇属工业	572902	683168	176561	506607
其他企业	2064508	2502633	641173	1861460

8—7 续表3 单位:万元

项目	负债合计	流动负债合计	#应付账款	长期负债合计
总计	**16326235**	**7124340**	**1533385**	**8687029**
按登记注册类型分组:				
内资企业	15409332	6501540	1406127	8404389
国有企业	1825337	1396326	436920	313770
中央企业	955096	801888	281473	133751
地方企业	870242	594438	155447	180019
集体企业	7932	7420	707	512
股份合作企业	322	312	312	
联营企业	17452	13552	5511	3901
有限责任公司	3567278	1967941	466773	1538858
股份有限公司	8873409	2297672	279611	6288778
私营企业	1115735	816994	215499	258030
其他企业	1866	1324	793	540
港、澳、台商投资企业	707700	433543	89583	262734
外商投资企业	209204	189258	37676	19905
按经济组织类型分组				
独资企业	2183538	1676990	500176	389359
国有企业	1825337	1396326	436920	313770
集体企业	7932	7420	707	512
私营独资企业	109487	78008	29441	29573
港澳台商独资经营企业	134040	93872	11435	40168
外资企业	106742	101365	21673	5336
合作、合伙企业	53256	41139	14459	9553
股份有限公司	8932296	2334751	289588	6305827
有限责任公司	5157146	3071460	729162	1982290
在总计中:亏损企业	607826	397065	113678	207698
在总计中:国有控股企业	12135064	4011087	669493	7706273
在总计中:农村工业	30431	20116	2890	4909
在总计中:轻工业	1903061	1515667	301004	352717
重工业	14423175	5608674	1232381	8334311
在总计中:大型企业	9724066	2730530	502982	6587659
中型企业	4934994	3161613	724317	1739896
小型企业	1667176	1232198	306086	359473
在总计中:中央企业	8533492	2115555	314427	6119159
省属工业	1438353	563647	12560	874706
市属工业	1207614	871821	191418	240006
县市区属工业	2603219	1572988	431409	991455
乡镇属工业	411723	313741	91098	77890
其他企业	2131834	1686587	492473	383813

8—7 续表4 单位:万元

项目	所有者权益合计	实收资本	国家资本	集体资本
总计	**24500382**	**17612303**	**14882079**	**16200**
按登记注册类型分组:				
内资企业	23702247	17234068	14878689	16200
国有企业	888135	422084	182256	
中央企业	403841	250055	96971	
地方企业	484294	172029	85285	
集体企业	22707	11687		5317
股份合作企业	3775	1200		
联营企业	10542	5450	4884	187
有限责任公司	1881961	960175	82427	5445
股份有限公司	19551376	15424285	14593102	2858
私营企业	1341409	408758	16020	2394
其他企业	2343	430		
港、澳、台商投资企业	702294	270456	2210	
外商投资企业	95840	107779	1180	
按经济组织类型分组				
独资企业	1334922	587783	182256	5377
国有企业	888135	422084	182256	
集体企业	22707	11687		5317
私营独资企业	93158	46516		60
港澳台商独资经营企业	285111	72843		
外资企业	45811	34654		
合作、合伙企业	16996	16014	4884	187
股份有限公司	19645824	15468879	14593102	2858
有限责任公司	3502640	1539628	101837	7778
在总计中:亏损企业	271459	270409	13115	2581
在总计中:国有控股企业	20759937	15995578	14859060	3431
在总计中:农村工业	30939	19232		4915
在总计中:轻工业	1482419	629232	47718	2580
重工业	23017963	16983071	14834361	13620
在总计中:大型企业	19691514	15208781	14643368	
中型企业	3235947	1559909	197158	3237
小型企业	1572920	843613	41554	12963
在总计中:中央企业	19165515	15245905	14673513	
省属工业	343496	268517	6683	
市属工业	702506	240928	66545	2681
县市区属工业	1571882	814643	111369	4878
乡镇属工业	560241	178582		3358
其他企业	2156742	863728	23970	5283

单位:万元

项　　目	所有者权益合计				主营业务收入
	法人资本	个人资本	港澳台资本	外商资本	
总　　计	**1665271**	**839629**	**126839**	**82285**	**14445384**
按登记注册类型分组:					
内资企业	1502041	833909		3229	13210949
国有企业	195057	45492		-721	2126876
中央企业	153084				705007
地方企业	41973	45492		-721	1421870
集体企业	6138	232			53738
股份合作企业	850	350			8298
联营企业		379			49359
有限责任公司	712710	159594			4374534
股份有限公司	439494	388830			3963322
私营企业	147363	239031		3950	2630644
其他企业	430				4179
港、澳、台商投资企业	133576	5720	122271	6680	937872
外商投资企业	29654		4569	72376	296563
按经济组织类型分组					
独资企业	219975	74064	67707	38404	2800473
国有企业	195057	45492		-721	2126876
集体企业	6138	232			53738
私营独资企业	18137	28319			337209
港澳台商独资经营企业	644	20	66011	6167	165290
外资企业			1696	32958	117360
合作、合伙企业	5707	3361		1876	91607
股份有限公司	455554	417365			4205781
有限责任公司	984036	344839	59132	42005	7347525
在总计中:亏损企业	147994	46514	43606	16599	389636
在总计中:国有控股企业	733134	397618		2334	6436554
在总计中:农村工业	4772	9545			85585
在总计中:轻工业	306893	171003	63587	37450	4010172
重工业	1358379	668626	63252	44835	10435213
在总计中:大型企业	169102	388328	8705	-721	5462119
中型企业	1096992	144317	75057	43150	4882433
小型企业	399178	306985	43077	39856	4100833
在总计中:中央企业	284525	287867			2953781
省属工业	245834	16000			233279
市属工业	84069	67103	19071	1459	1921853
县市区属工业	462738	155442	53166	27051	4001382
乡镇属工业	73934	90985	9005	1300	1410735
其他企业	514171	222232	45597	52475	3924354

8—7　续表6　　　　单位:万元

项　　目	主营业务成本	主营业务税金及附加	其他业务收　入	其他业务利润	营业费用
总　　计	**11169010**	**205165**	**181197**	**46648**	**547275**
按登记注册类型分组:					
内资企业	10113278	196739	165436	44591	507295
国有企业	1842590	13844	50485	17189	22518
中央企业	590444	955	27366	3738	6230
地方企业	1252146	12888	23119	13451	16289
集体企业	39505	2811	240	34	1250
股份合作企业	7319	108			226
联营企业	44831	212	333	179	1980
有限责任公司	3558020	70451	56395	13608	161271
股份有限公司	2378088	67410	42025	9969	239850
私营企业	2239870	41860	15959	3612	80046
其他企业	3055	43			154
港、澳、台商投资企业	818669	2460	11579	1150	22830
外商投资企业	237064	5967	4182	907	17151
按经济组织类型分组					
独资企业	2415212	27462	61727	18648	41675
国有企业	1842590	13844	50485	17189	22518
集体企业	39505	2811	240	34	1250
私营独资企业	298441	4950	4552	1134	7549
港澳台商独资经营企业	140401	188	3639	65	3547
外资企业	94276	5669	2812	225	6811
合作、合伙企业	82382	653	569	363	2780
股份有限公司	2585125	72104	43427	10766	249209
有限责任公司	6086291	104946	75473	16871	253612
在总计中:亏损企业	362442	3597	7567	2151	12690
在总计中:国有控股企业	4560757	86651	91523	24039	92935
在总计中:农村工业	63263	3234	4	4	3532
在总计中:轻工业	3199120	68523	43046	10346	365604
重工业	7969890	136642	138151	36302	181671
在总计中:大型企业	3687462	85187	70652	22110	246286
中型企业	4026996	52937	62271	15924	175283
小型企业	3454553	67040	48274	8614	125706
在总计中:中央企业	1617331	31178	50902	7919	14951
省属工业	106205	3023	3261	266	1003
市属工业	1703431	14071	27749	18044	40003
县市区属工业	3382063	61022	59371	9530	191971
乡镇属工业	1183309	30766	5425	2904	37423
其他企业	3176671	65105	34489	7984	261924

单位:万元

项　　目	管理费用	#税金	财务费用	利息支出
总　　计	**643612**	**38514**	**461174**	**473273**
按登记注册类型分组:				
内资企业	596238	35278	441301	456696
国有企业	106710	2927	31957	37198
中央企业	74975	1092	-3447	2412
地方企业	31735	1835	35404	34785
集体企业	3277	15	20	12
股份合作企业	394	36	42	28
联营企业	2200	18	182	182
有限责任公司	196377	11585	148173	142020
股份有限公司	178875	12289	224801	250214
私营企业	107568	8394	36105	27039
其他企业	838	15	21	4
港、澳、台商投资企业	35941	2625	14773	14439
外商投资企业	11433	611	5100	2139
按经济组织类型分组				
独资企业	139100	5291	40395	43719
国有企业	106710	2927	31957	37198
集体企业	3277	15	20	12
私营独资企业	10006	1041	3781	2933
港澳台商独资经营企业	12208	817	4159	3262
外资企业	6899	491	479	316
合作、合伙企业	4321	187	636	372
股份有限公司	190225	12605	227785	252373
有限责任公司	309966	20431	192359	176809
在总计中:亏损企业	31227	1948	10365	8501
在总计中:国有控股企业	309899	10620	361231	388766
在总计中:农村工业	6823	65	1453	1172
在总计中:轻工业	205762	15319	45821	37611
重工业	437850	23195	415353	435662
在总计中:大型企业	220745	14188	265268	290787
中型企业	228148	10825	145078	146064
小型企业	194719	13501	50828	36422
在总计中:中央企业	186222	5342	201422	235295
省属工业	9212	189	80407	79758
市属工业	46761	2517	44852	40481
县市区属工业	174833	11815	70775	66088
乡镇属工业	59760	4889	16919	11791
其他企业	166825	13763	46799	39861

8—7　续表8　　　　单位:万元

项　　目	营业利润	投资收益	补贴收入	营业外收入
总　　计	**2004993**	**-91605**	**212047**	**278481**
按登记注册类型分组:				
内资企业	1901285	-86808	211154	274608
国有企业	131354	-29654	1815	11766
中央企业	39205	-2768	848	8723
地方企业	92148	-26886	967	3043
集体企业	7612			413
股份合作企业	537		15	
联营企业	18628	1642	1	109
有限责任公司	373316	-35142	5273	21763
股份有限公司	1180266	151	201143	233269
私营企业	189435	-23805	2688	7288
其他企业	136		218	
港、澳、台商投资企业	79959	-42	567	1963
外商投资企业	23749	-4755	327	1909
按经济组织类型分组				
独资企业	179814	-29113	2029	13889
国有企业	131354	-29654	1815	11766
集体企业	7612			413
私营独资企业	21840	585	2	529
港澳台商独资经营企业	14829	-44	180	368
外资企业	4179		31	813
合作、合伙企业	20203	1741	382	203
股份有限公司	1197436	-3169	201143	234114
有限责任公司	607540	-61064	8494	30276
在总计中:亏损企业	-29535	-66	1029	2187
在总计中:国有控股企业	1381171	37549	203721	248605
在总计中:农村工业	8506	230	210	423
在总计中:轻工业	313517	-75030	5172	12376
重工业	1691475	-16575	206876	266105
在总计中:大型企业	1257296	-6576	200863	233278
中型企业	428155	-26924	4190	32563
小型企业	319542	-58105	6995	12641
在总计中:中央企业	1076901	34448	201470	230220
省属工业	46620	7889		176
市属工业	100357	3328	1377	2770
县市区属工业	351305	-55905	4709	20663
乡镇属工业	115217	-7986	715	8467
其他企业	314594	-73379	3776	16184

8—7 续表9 单位:万元

项目	营业外支出	利润总额	应交所得税	亏损企业亏损总额	利税总额
总计	**90140**	**2044149**	**567458**	**28311**	**2821656**
按登记注册类型分组:					
内资企业	82866	1948518	557164	21258	2685018
国有企业	20389	95655	5464	1763	154537
中央企业	7565	39212	4255		58664
地方企业	12824	56443	1209	1763	95874
集体企业	106	7920	873	182	14961
股份合作企业		537			1251
联营企业	429	18309	624		20906
有限责任公司	23926	318382	50463	9351	568235
股份有限公司	13110	1357390	487170	1653	1644481
私营企业	24817	150060	12548	8278	279994
其他企业	89	265	22	32	653
港、澳、台商投资企业	6547	75943	6465	4976	103175
外商投资企业	727	19688	3829	2077	33463
按经济组织类型分组					
独资企业	29708	137488	8783	4767	238010
国有企业	20389	95655	5464	1763	154537
集体企业	106	7920	873	182	14961
私营独资企业	8880	13846	729	1136	33818
港澳台商独资经营企业	67	15310	870	861	20331
外资企业	265	4758	848	826	14363
合作、合伙企业	534	20337	686	712	25138
股份有限公司	14163	1371033	488546	2117	1675598
有限责任公司	45736	515291	69444	20714	882911
在总计中:亏损企业	1849	-28311	937	28311	-11290
在总计中:国有控股企业	38527	1565099	511926	3080	1964446
在总计中:农村工业	515	8624	742	250	16228
在总计中:轻工业	29081	218238	31169	14135	414953
重工业	61059	1825910	536290	14176	2406703
在总计中:大型企业	35143	1411603	497480		1741152
中型企业	21745	383911	47199	9577	620039
小型企业	33252	248634	22780	18734	460466
在总计中:中央企业	13949	1292020	466225		1507307
省属工业	648	46148	9554		83694
市属工业	13391	87043	3348	7071	140190
县市区属工业	27835	277606	51153	9987	455290
乡镇属工业	11080	104834	10156	2714	190599
其他企业	23236	236498	27022	8540	444577

8—7 续表10

单位:万元

项目	本年应付工资总额	本年应付福利费总额	本年应交增值税	本年进项税额	本年销项税额	全部从业人员年平均人数(人)
总计	**940241**	**68355**	**572343**	**1180624**	**1698556**	**228995**
按登记注册类型分组:						
内资企业	851693	64509	539762	1060725	1567164	205298
国有企业	150880	10234	45039	107011	107967	26074
中央企业	89951	6376	18496	45469	62501	14634
地方企业	60928	3858	26543	61542	45467	11440
集体企业	4616	554	4230	1056	5625	3489
股份合作企业	289	65	606			172
联营企业	3303	124	2385	7107	8822	579
有限责任公司	298794	19748	179402	414049	470787	76898
股份有限公司	255904	22793	219681	358913	751923	43744
私营企业	137568	10894	88074	172071	221917	54211
其他企业	341	97	345	519	124	131
港、澳、台商投资企业	58189	2542	24772	95541	108762	15697
外商投资企业	30358	1304	7809	24358	22630	8000
按经济组织类型分组						
独资企业	201094	13695	73061	169202	181299	47230
国有企业	150880	10234	45039	107011	107967	26074
集体企业	4616	554	4230	1056	5625	3489
私营独资企业	17299	1610	15022	31576	38326	7461
港澳台商独资经营企业	14206	974	4833	18421	18635	6234
外资企业	14094	323	3936	11138	10746	3972
合作、合伙企业	5509	342	4147	9835	11385	2077
股份有限公司	265806	25041	232461	374482	771208	48661
有限责任公司	467832	29277	262674	627106	734664	131027
在总计中:亏损企业	47200	1827	13424	48244	48726	20493
在总计中:国有控股企业	345634	26260	312696	494873	851148	65997
在总计中:农村工业	7141	773	4371	8484	11433	3783
在总计中:轻工业	349908	28924	128192	356773	431439	86372
重工业	590333	39432	444151	823851	1267117	142623
在总计中:大型企业	340259	32146	244362	442741	790825	50230
中型企业	387254	15183	183190	402120	512892	88170
小型企业	212728	21027	144791	335764	394839	90595
在总计中:中央企业	146361	10207	184109	230935	606478	29838
省属工业	9576	716	34523	4475	2871	2122
市属工业	118861	4368	39075	147255	105265	20205
县市区属工业	340721	27629	116662	392516	434527	66628
乡镇属工业	92278	8031	54999	95740	127236	36746
其他企业	232443	17404	142974	309702	422179	73456

8—8 分县市区规模以上工业主要经济指标

（2009 年）

单位:万元

指　　标	宜昌市	宜都市	枝江市	当阳市	远安县	兴山县	秭归县	长　阳 自治县	五　峰 自治县
企业单位数(个)	**1095**	**194**	**167**	**168**	**70**	**12**	**61**	**66**	**19**
#亏损企业	128	11	11	4	10	2	11	20	4
工业总产值(当年价)	15311151	2259360	1706748	1537536	953586	664920	356600	206746	154888
工业销售产值(当年价)	14820786	2166700	1700605	1472561	929292	661940	349623	185852	141239
#出口交货值	661514	97984	46626	9965	209	96870	48538	1460	849
资产总计	40922653	1635444	1582855	1088240	1365423	797541	314249	336284	193979
流动资产合计	6863005	909167	457879	388663	530526	203774	84806	146259	73725
#存货	1489877	212518	180832	185101	170240	48976	21825	32522	10029
#产成品	537802	70715	92860	81559	18032	27722	8384	14480	4990
流动资产年平均余额	6863005								
固定资产合计	24420421	416419	864532	566936	785628	584581	190065	179160	104130
固定资产原价	28198101	845444	1151482	821618	908280	511969	225431	187206	137053
累计折旧	4503008	439301	404129	270208	204220	106474	44446	47107	49221
固定资产净值	23695094	406143	747353	551410	704060	405495	180986	140099	87832
固定资产净值年平均余额	23695094								
负债合计	16326235	1038664	731738	575800	594077	490422	180355	228215	115447
流动负债合计	7124340	739137	589122	358345	446636	176227	111892	128506	79310
所有者权益合计	24500382	593346	851118	512131	771346	307119	133893	108065	78532
#实收资本	17612303	265144	309160	251975	139784	69162	94270	65194	42734
#国家资本	14882079	17240	7554	57732	23485	38550	13220	3098	8667
#外商资本	82285	5756	9358	3721			1368	4085	
主营业务收入	14445384	2118419	1592277	1369894	736614	716236	287100	176982	148204
主营业务成本	11169010	1823578	1384374	1200216	618537	629942	256513	148770	106149
主营业务税金及附加	205165	7043	39919	16197	12382	25158	3178	2119	837
营业费用	547275	59008	124048	31059	20144	24693	8749	6276	13025
管理费用	643612	58949	99255	47007	47721	33419	10709	14186	9898
#税金	38514	3456	5393	3083	1014	1700	793	794	223
财务费用	461174	23013	19177	18384	4107	20424	3624	6105	5354
#利息支出	473273	22558	16911	14200	4249	19537	3115	4934	4193
利润总额	2044149	102402	98825	162480	24753	25961	5371	6079	8064
应交所得税	567458	11722	22124	11703	4496	10270	1422	1476	2065
亏损企业亏损总额	28311	1234	1311	2254	1774	190	1796	3171	2009
利税总额	2821656	169329	173493	265083	52074	82562	15341	16467	14078
本年应交增值税	572343	59883	34749	86405	14939	31443	6792	8269	5177
本年销项税额	1698556	175763	174934	138421	43131	88251	38293	23705	17695
从业人员年均人数(人)	228995	27837	34796	25055	15606	7904	10088	8750	3235

8—8 续表 单位:万元

指 标	市 区	夷陵区	西陵区	伍家岗区	点军区	猇亭区	宜 昌 开发区	直报单位
企业单位数(个)	**338**	**174**	**31**	**51**	**23**	**29**	**28**	**2**
#亏损企业	55	10	7	15	8	8	7	
工业总产值(当年价)	7470768	2047176	377494	491440	311687	1686404	310681	2245886
工业销售产值(当年价)	7212973	1997472	329186	448390	306563	1594131	303582	2233649
#出口交货值	359014	25453	100496	108192	26940	74432	23501	
资产总计	33608637	1738579	668385	559768	415836	2366506	428738	27430825
流动资产合计	4068206	1016367	454827	301681	235509	758687	234599	1066535
#存货	627836	182890	48068	84801	65056	175672	47567	23782
#产成品	219060	74705	19483	42622	18371	42061	21818	
流动资产年平均余额								
固定资产合计	20728971	514835	108473	169169	124531	1174895	147239	18489829
固定资产原价	23409619	600738	163430	385468	203799	1496627	188977	20370579
累计折旧	2937902	157433	65417	241007	86023	445065	62207	1880750
固定资产净值	20471717	443305	98013	144461	117776	1051562	126770	18489829
固定资产净值年平均余额								
负债合计	12371517	1143419	409686	344940	262637	1277986	253021	8679828
流动负债合计	4495167	997917	371294	276241	224726	805158	196864	1622968
所有者权益合计	21144833	595158	257726	209393	153200	1002643	175717	18750997
#实收资本	16374881	256434	133243	106043	136250	519507	107714	15115691
#国家资本	14712535	23132	20711	31278	34423	35546	9178	14558268
#外商资本	57997	9227	4738		30756	10476	2801	
主营业务收入	7299660	1883328	390037	530773	294930	1664786	305271	2230536
主营业务成本	5000931	1364155	320906	454893	259229	1489304	209023	903421
主营业务税金及附加	98332	47698	1853	1754	871	11777	2925	31454
营业费用	260272	159357	5349	26110	8772	25344	34967	375
管理费用	322468	99868	37218	24420	11598	33746	29675	85944
#税金	22060	12463	670	972	475	2274	1350	3855
财务费用	360987	23579		6377	6765	40767	7198	277686
#利息支出	383576	19216	1738	5506	6109	39000	6772	305234
利润总额	1610212	160837	36570	24359	14839	68463	26923	1278221
应交所得税	502180	19244	4764	1977	74	3031	4086	469003
亏损企业亏损总额	14573	1500	2187	3756	1195	2950	2985	
利税总额	2033231	255188	58485	41247	23666	103141	48014	1503490
本年应交增值税	324686	46653	20062	15133	7955	22902	18166	193815
本年销项税额	998364	235914	40006	51096	42362	68468	45266	515251
从业人员年均人数(人)	95724	33692	6700	11258	8050	16606	8600	10818

8—9 分行业工业企业主要经济指标

(2009年)

单位:万元

项　　目	企业单位数(个)	工业总产值(当年价格)	主营业务收入	利润总额	全部从业人员年平均人数(人)
总　计	**1095**	**15311151**	**14445384**	**2044149**	**228995**
采矿业	**166**	**569373**	**519873**	**77712**	**21496**
煤炭开采和洗选业	84	129711	127001	14775	11222
黑色金属矿采选业	9	59437	49984	2381	1226
有色金属矿采选业	3	8300	8311	952	218
非金属矿采选业	69	370612	333264	59592	8765
其他采矿业	1	1312	1312	12	65
制造业	**877**	**12185587**	**11400824**	**653900**	**188558**
农副食品加工业	114	844045	797117	37410	9988
食品制造业	38	466610	499839	32581	11051
饮料制造业	82	1393747	1300424	61568	22863
烟草制品业	2	10575	10114	3181	255
纺织业	44	295226	274509	6989	12366
纺织服装、鞋、帽制造业	20	90197	74113	248	4211
皮革、毛皮、羽毛(绒)及其制品业	3	6734	2798	448	767
木材加工及木、竹、藤、棕、草制品业	11	47404	40875	3141	1349
家具制造业	7	8781	8701	1039	439
造纸及纸制品业	40	170492	150048	2845	4474
印刷业和记录媒介的复制	18	90320	88564	6647	2192
文教体育用品制造业	4	26378	23263	1259	1623
石油加工、炼焦及核燃料加工业	1	37928	35037	107	795
化学原料及化学制品制造业	78	4089957	4083759	203537	32874
医药制造业	19	587387	511409	49036	8269
化学纤维制造业	4	12414	12290	365	230
橡胶制品业	7	105749	121183	5419	2209
塑料制品业	43	184326	171077	8335	5588
非金属矿物制品业	129	878812	787915	75314	18587
黑色金属冶炼及压延加工业	5	106187	93988	245	1636
有色金属冶炼及压延加工业	8	221313	235646	12783	2545
金属制品业	31	269846	159126	9935	4791
通用设备制造业	65	602867	582989	51205	11903
专用设备制造业	26	110262	117394	9595	3858
交通运输设备制造业	25	826350	627735	26422	12215
电气机械及器材制造业	31	542451	456157	35379	7140
通信设备、计算机及其他电子设备制造业	12	121143	102765	4163	3146
仪器仪表及文化、办公用机械制造业	6	27863	22357	3517	1098
工艺品及其他制造业	1	975	948	5	24
废弃资源和废旧材料回收加工业	3	9249	8687	1181	72
电力、燃气及水的生产和供应业	**52**	**2556191**	**2524687**	**1312537**	**18941**
电力、热力的生产和供应业	38	2494377	2462864	1303306	17065
燃气生产和供应业	7	46940	46944	10497	478
水的生产和供应业	7	14874	14880	－1267	1398

8—10 主要年份主要工业产品产量

年　份	布 （万米）	发电量 （万千瓦时）	成品钢材 （吨）	水泥 （万吨）
1949	64	136		
1950	67	108		
1951	135	127		
1952	201	155		
1955	319	269		
1957	564	504		
1962	498	1695		0.2
1965	438	2332		2.2
1970	1061	6305	5529	2.3
1975	5131	7653	16084	9.87
1976	4334	6007	11372	10.29
1977	4159	7028	10074	12.31
1978	4499	8746	25451	16.44
1979	6071	10708	30917	18.38
1980	6719	14947	46051	21.04
1981	6602	36283	56777	22.71
1982	8159	355667	61053	26.75
1983	7386	641009	58274	34.74
1984	6355	743131	63886	44.68
1985	7306	772211	84133	55.55
1986	8617	935559	105128	72.93
1987	10166	1281119	127033	89.95
1988	10308	1512056	137693	102.1
1989	10800	1708577	150049	94.15
1990	11876	1652909	159920	99.37
1991	12922	1639850	174603	115.08
1992	15051	1739999	190325	132.26
1993		1792985	212103	168.13
1994	16269	1844679	162898	192.00
1995	14424	2017636	116674	209.73
1996	11745	2038100	38979	221.3
1997	14782	1906100	3477	266.55
1998	11939	1793711	2972	300.61
1999	10545	1904353	17951	252.06
2000	9610	2081925	40303	254.85
2001	8552	2014290	72034	257.76
2002	15676	2144312	77792	297.00
2003	14950	2947956	54559	395.18
2004	19432	6145091	61897	465.34
2005	28914	7077141	80604	549.81
2006	34917	6784100	139578	673.37
2007	43655	8234639	175009	725.64
2008	65656	10937696	182741	680.57
2009	58075	10213611	218674	955.79

8—11 历年公路通车里程

(1978—2009 年)

单位:公里

年份	公路通车里程	#国道	#省道
1978	5571		
1979	5760		
1980	5856		
1981	5797		
1982	5810		
1983	5827		
1984	5827		
1985	5855		
1986	5968	250	839
1987	6090	250	839
1988	6104	250	839
1989	6246	250	839
1990	6246	250	839
1991	6388	266	850
1992	6422	266	1263
1993	6437	266	1263
1994	6621	265	1263
1995	6737	266	1266
1996	6942	266	1266
1997	7037	266	1266
1998	7383	266	1266
1999	7641	266	1264
2000	7828	266	1264
2001	7887	266	1264
2002	10385	285	1246
2003	10439	279	1470
2004	10599	276	1469
2005	10679	276	1466
2006	24874	276	1466
2007	24678	276	1466
2008	25078	276	1513
2009	25163	277	1505

8—12 主要年份全社会客货运输量

年　　份	客　运　量 （万　人）	旅客周转量 （万人公里）	货　运　量 （万　吨）	货物周转量 （万吨公里）
1949				
1950	23	13888	25	9258
1951				
1952	36	15838	212	15386
1955				
1957	77	23090	140	44848
1962	108	8510	175	31261
1965	136	11702	251	43882
1970	574	13059	336	31274
1975	896	39472	610	76389
1976			563	
1977			575	
1978	924	37602	666	66790
1979			539	
1980	1281	52818	698	104149
1981	1424	63029	662	106600
1982	1633	64243	790	118629
1983	1944	75371	929	164108
1984	2618	89143	1014	216371
1985	2873	108122	970	242794
1986	2966	123223	1040	186341
1987	3057	151293	1222	308718
1988	3440	185871	1464	373982
1989	3112	160047	2212	236187
1990	2550	123521	1773	109064
1991	2928	126136	2038	110930
1992	3223	142019	2068	117399
1993	2801	126205	2146	112380
1994	3224	166671	2968	225348
1995	3883	183526	3272	236740
1996	4109	217235	3405	239625
1997	4487	215214	3335	219333
1998	4417	211099	2174	126993
1999	6345	263448	2857	220808
2000	5988	324209	2665	254992
2001	3398	202124	6534	255642
2002	3313	186781	5745	342477
2003	6378	305178	4205	228241
2004	6400	475783	3706	246866
2005	6924	549752	5060	514671
2006	7189	523851	4982	510352
2007	7939	555690	5401	610999
2008	8202	413331	7857	1405524
2009	8702	426776	8855	1421825

8—13 民用车辆拥有量

（2009年）

项目	总计			总计中：			报废
		营运	非营运	其中进口	其中个人	其中新注册	
合计	**776761**	**79209**	**697552**	**3031**	**730813**	**81397**	**3483**
一、汽车	162093	68038	94055	3019	118118	32439	583
1. 载客汽车	87997	6512	81485	2843	62316	20567	352
其中：大型	2750	1898	852	32	96	330	82
中型	3227	1467	1760	98	702	258	113
小型	78495	3000	75495	2701	58629	19736	119
微型	3525	147	3378	12	2889	243	38
其中：轿车							
2. 载货汽车	58121	53044	5077	144	41721	10902	96
其中：重型	6315	6191	124	42	2483	642	12
中型	13097	12997	100	2	9732	1322	13
轻型	38486	33646	4840	100	29350	8936	68
微型	223	210	13		156	2	3
其中：普通载货							
3. 其他汽车	15975	8482	7493	32	14081	970	135
其中：三轮汽车	5920	3463	2457		5910	41	86
低速汽车	8026	4748	3278		7896	781	32
二、电车							
1. 无轨							
2. 有轨							
三、摩托车	543168	10682	532486	11	541609	48883	2900
1. 普通	536807	10675	526132	11	535291	48304	2785
2. 轻便	6361	7	6354		6318	579	115
四、拖拉机	70954		70954		70954		
1. 大中型	8838		8838		8838		
2. 小型方向盘式	62116		62116		62116		
五、挂车	496	486	10	1	93	75	
六、其他类型车	5	3	2		1		

说明：①本表统计范围是全市全部登记注册民用车辆。

②拖拉机数据采用市农机局统计年报数据。

8—14　主要年份规模以上工业能源消费情况

能源品种	单位	折标煤系数	2000		2004		2005	
			数量	折标煤/万吨	数量	折标煤/万吨	数量	折标煤/万吨
原煤	吨	0.7143	2943672	210.27	4359474	311.40	5427085	387.66
洗精煤	吨	0.9000	147342	13.26	367006	33.03	305127	27.46
焦炭	吨	0.9714	89599	8.70	106536	10.35	108618	10.55
燃料油	吨	1.4286	70751	10.11	135024	19.29	62181	8.88
汽油	吨	1.4714	6529	0.96	4699	0.69	4866	0.72
煤油	吨	1.4714	954	0.14	1532	0.23	1242	0.18
柴油	吨	1.4571	70508	10.27	15967	2.33	10974	1.60
液化石油气	吨	1.7143	922	0.16	2379	0.41	170	0.03
热力	百万千焦	0.0341	2871128	9.79	9131535	31.14	9787409	33.38
电力	万千瓦时	1.229	275881	33.91	725736	89.19	837814	102.97
加工转换产出	万吨标煤					63.07		70.86
综合能源消费量	万吨标煤					441.16		543.25

能源品种	单位	折标煤系数	2006		2007		2008		2009	
			数量	折标煤/万吨	数量	折标煤/万吨	数量	折标煤/万吨	数量	折标煤/万吨
原煤	吨	0.7143	6189697	442.13	6777549	484.12	6505632	464.70	8158922	582.79
洗精煤	吨	0.9000	384825	34.63	420202	37.82	336733	30.31	309476	27.85
焦炭	吨	0.9714	169000	16.42	270165	26.24	631321	61.33	407233	39.56
燃料油	吨	1.4286	18005	2.57	62794	8.97	12499	1.79	47682	6.81
汽油	吨	1.4714	6659	0.98	6968	1.03	6156	0.91	6030	0.89
煤油	吨	1.4714	851	0.13	675	0.10	771	0.11	635	0.09
柴油	吨	1.4571	25364	3.70	34216	4.99	32636	4.76	26176	3.81
液化石油气	吨	1.7143	872	0.15	2087	0.36	562	0.10	546	0.09
热力	百万千焦	0.0341	10324394	35.21	13246870	45.17	14869510	50.71	16096558	54.89
电力	万千瓦时	1.229	1032237	126.86	1170115	143.81	1298978	159.64	1437638	176.69
加工转换产出	万吨标煤			82.64		89.71		80.85		80.59
综合能源消费量	万吨标煤			628.47		703.35		746.28		855.26

8—15　分品种分行业能源消费情况

（2009年）

项　　　　目	原煤（吨）	洗精煤（吨）	焦炭（吨）	焦炉煤气（万立方米）	天然气（万立方米）	汽油（吨）	煤油（吨）
合　计	**8158922**	**309476**	**407233**	**3216**	**16189**	**6030**	**635**
（一）采矿业	21557					965	
煤炭开采和洗选业	2403					335	
石油和天然气开采业							
黑色金属矿采选业	40					46	
有色金属矿采选业	14					19	
非金属矿采选业	19100					565	
其他采矿业							
（二）制造业	7502851	309476	407233	129	16156	4474	635
农副食品加工业	39477				25	331	
食品制造业	46596				56	293	
饮料制造业	121189					549	
烟草制品业	1532				23	10	
纺织业	17635					190	
纺织服装、鞋、帽制造业	2733				2	48	
皮革、毛皮、羽毛（绒）及其制品业							
木材加工及木、竹、藤、棕、草制品业	790					15	
家具制造业						74	
造纸及纸制品业	46431			118	78	79	
印刷业和记录媒介的复制	894					83	3
文教体育用品制造业						21	
石油加工、炼焦及核燃料加工业		309476				19	
化学原料及化学制品制造业	5937189		400716		4439	291	
医药制造业	175308				113	90	20
化学纤维制造业	2126					10	
橡胶制品业	10840					239	
塑料制品业	411					127	
非金属矿物制品业	1053888				10983	337	31
黑色金属冶炼及压延加工业	30491		2528				
有色金属冶炼及压延加工业	1380				273	1	
金属制品业	447			11	149	69	5
通用设备制造业	2902		178		3	729	123
专用设备制造业	1185		2585		10	110	0
交通运输设备制造业	2791		1225			525	446
电气机械及器材制造业	6590				0	131	7
通信设备、计算机及其他电子设备制造业						22	
仪器仪表及文化、办公用机械制造业						80	
工艺品及其他制造业							
废弃资源和废旧材料回收加工业	28						
（三）电力、燃气及水的生产和供应业	634514			3087	33	592	
电力、热力的生产和供应业	634514			3087	31	489	
燃气生产和供应业					2	24	
水的生产和供应业						78	

8—15 续表

项目	柴油（吨）	燃料油（吨）	液化石油气（吨）	其他石油制品（吨）	热力（百万千焦）	电力（万千瓦时）	其他燃料（吨标准煤）
合计	**26176**	**47682**	**546**	**367**	**16096558**	**1437638**	**209406**
（一）采矿业	4368					24362	
煤炭开采和洗选业	913					7357	
石油和天然气开采业							
黑色金属矿采选业	46					1452	
有色金属矿采选业	100					432	
非金属矿采选业	3295					15104	
其他采矿业	15					17	
（二）制造业	21559	47682	546	367	16096558	1386216	39744
农副食品加工业	214		1	32		13389	7835
食品制造业	202		3		747928	19371	
饮料制造业	475					8715	7666
烟草制品业	53					415	
纺织业	120				14604	28485	
纺织服装、鞋、帽制造业	15				5161	866	
皮革、毛皮、羽毛（绒）及其制品业	1					83	
木材加工及木、竹、藤、棕、草制品业	69					3175	7510
家具制造业	103					84	
造纸及纸制品业	226				54461	9531	6663
印刷业和记录媒介的复制	16					2704	
文教体育用品制造业						453	
石油加工、炼焦及核燃料加工业	129					1218	
化学原料及化学制品制造业	4133		92		15194203	852932	572
医药制造业	3312		1		29500	41547	
化学纤维制造业						549	
橡胶制品业	20				45849	2800	
塑料制品业	273					12647	
非金属矿物制品业	5424	47682	340	316		123463	9499
黑色金属冶炼及压延加工业	40					41825	
有色金属冶炼及压延加工业	63					167772	
金属制品业	89					5059	
通用设备制造业	4703			3	4852	16822	
专用设备制造业	505			17		2505	
交通运输设备制造业	950		78			5977	
电气机械及器材制造业	310		32			18836	
通信设备、计算机及其他电子设备制造业	16					4362	
仪器仪表及文化、办公用机械制造业	97					379	
工艺品及其他制造业						9	
废弃资源和废旧材料回收加工业						245	
（三）电力、燃气及水的生产和供应业	249					27060	169662
电力、热力的生产和供应业	205					25035	169662
燃气生产和供应业	7					376	
水的生产和供应业	38					1650	

8—16　主要年份规模以上工业能源库存情况

能源品种	单位	2000	2004	2005	2006	2007	2008	2009
原煤	吨	201814	583151	978337	843404	875394	1082062	761660
焦炭	吨	19310	11016	14237	33383	34768	32273	49732
燃料油	吨	7203	10567	1887	3924	3317	2491	1126
汽油	吨	116	158	98	94	67	21	13
煤油	吨	15	11	5	23	83	33	90
柴油	吨	4789	423	299	515	456	360	366
液化石油气	吨	40	33		8	10	1	

8—17　主要年份规模以上工业企业水消费

项目	2006		2007		2008		2009	
	数量（立方米）	金额（千元）	数量（立方米）	金额（千元）	数量（立方米）	金额（千元）	数量（立方米）	金额（千元）
取水总量	360615717	131384	355084222	171383	428181344	184502	380495230	204817
1. 地表水	289269018	68798	292497913	98500	365035565	103848	310661437	104723
2. 地下水	7227440	1455	6533654	1030	8106721	2216	8494617	1722
3. 自来水	49598533	61124	55923419	71761	54914285	78378	58823479	89613
4. 管道供应的未经达标处理的水	7200	7	129236	93	124773	61	2513717	8759
5. 其他水	14513526						1980	
重复用水	561242883		914218480		1123142943			

8—18　规模以上工业企业能源消费及加工转换

（2009年）

能源名称	单位	工业生产消费量	加工转换投入合计	火力发电	供热	炼焦	能源加工转换产出	回收利用
原煤	吨	4233920	1061763	370292	691471			
洗精煤	吨	309476	309476			309476		
焦炭	吨						223100	
其他焦化产品	吨						14720	
焦炉煤气	万立方米	3087	3087	1560	1528		3709	
天然气	万立方米	31						
汽油	吨	6						
柴油	吨	1324	28	27	2			
热力	百万千焦	6583461	1371026	1371026			11696497	1371026
电力	万千瓦时	386066					126230	
其他燃料	吨标准煤	169662	169662	169662				
能源合计	吨标准煤	4214690	1249822	478549	492745	278528	805851	46752

8—19 规模以上工业企业能源购进、消费与库存

（2009年）

能源名称	单位	年初库存量	购进量		消费量	
			实物量	金额（千元）	合计	1. 工业生产消费
原煤	吨	1020413	7838471	4669227	8158922	8156461
洗精煤	吨	17486	319420	378991	309476	309476
其他洗煤	吨					
煤制品	吨	19	5847	3962	5831	5819
型煤	吨		12	4	12	
水煤浆	吨					
煤粉	吨	12	5495	3791	5484	5484
焦炭	吨	31903	453831	553149	407233	407233
其他焦化产品	吨	913				
焦炉煤气	万立方米		3216	9557	3216	3216
高炉煤气	万立方米					
其他煤气	万立方米		12	197	12	12
天然气	万立方米		16189	281207	16189	16186
液化天然气	吨		57	342	57	57
原油	吨					
汽油	吨	20	5936	37804	6030	2578
煤油	吨	33	692	4242	635	516
柴油	吨	382	26083	148495	26176	18926
燃料油	吨	2491	46317	172614	47682	47682
液化石油气	吨	1	545	1880	546	534
炼厂干气	吨					
其他石油制品	吨	4	384	4078	367	367
热力	百万千焦		9513097	513137	16096558	16096558
电力	万千瓦时		1309288	5732304	1437638	1431504
其他燃料	吨标准煤	300	271429	107694	209406	209406
煤矸石	吨		299373	66996	250960	250960
生物质能	吨标准煤		176552	39224	129528	129528
工业废料	吨标准煤		1043	308	1043	1043
城市固体垃圾	吨标准煤					
能源合计	吨标准煤				9430399	9405222

8—19 续表

能源名称	单位	消费量			期末库存量	采用折标系数
		用于原材料	2. 非工业生产消费	合计中:运输工具消费		
原煤	吨	4586196	2461	25	761660	0.7143
洗精煤	吨				27430	0.9000
其他洗煤	吨					0.8000
煤制品	吨		12		35	0.5000
型煤	吨		12			0.5000
水煤浆	吨					0.6416
煤粉	吨				23	0.7143
焦炭	吨	391714			49732	0.9714
其他焦化产品	吨				711	1.5000
焦炉煤气	万立方米	41				6.1430
高炉煤气	万立方米					1.2860
其他煤气	万立方米					12.1000
天然气	万立方米	2263	3	2		13.3000
液化天然气	吨					1.7572
原油	吨					1.4286
汽油	吨	53	3453	4154	13	1.4714
煤油	吨	115	119	8	90	1.4714
柴油	吨	605	7250	8822	366	1.4571
燃料油	吨				1126	1.4286
液化石油气	吨		12			1.7143
炼厂干气	吨					1.5714
其他石油制品	吨	350			20	1.4000
热力	百万千焦					0.0341
电力	万千瓦时		6134			1.2290
其他燃料	吨标准煤	12671			3440	1.0000
煤矸石	吨	36497				0.1786
生物质能	吨标准煤					1.0000
工业废料	吨标准煤					1.0000
城市固体垃圾	吨标准煤					1.0000
能源合计	吨标准煤		25178			1.0000

主要统计指标解释

工业 指从事自然资源的开采，对采掘品和农产品进行加工和再加工的物质生产部门。具体包括：(1)对自然资源的开采，如采矿、晒盐、森林采伐等（但不包括禽兽捕猎和水产捕捞）；(2)对农副产品的加工、再加工，如粮油加工、食品加工、轧花、缫丝、纺织、制革等；(3)对采掘品的加工、再加工，如炼铁、炼钢、化工生产、石油加工、机器制造、木材加工等，以及电力、自来水、煤气的生产和供应等；(4)对工业品的修理、翻新，如机器设备的修理、交通运输工具（包括小卧车）的修理等。

工业统计调查单位 工业统计调查单位分为两类：独立核算法人工业企业和工业活动单位。

(1)独立核算法人工业企业 是指从事工业生产经营活动的单位。独立核算法人工业企业应同时具备以下条件：①依法成立，有自己的名称、组织机构和场所，能够承担民事责任；②独立拥有和使用资产，承担负债，有权与其他单位签订合同；③独立核算盈亏，并能够编制资产负债表。

(2)工业活动单位 是指在一个场所从事一种或主要从事一种工业生产活动的经济单位。它包括独立核算工业企业按主营业务活动（即工业生产活动）划分的主营业务活动单位和非工业企业所属的工业生产活动单位（即原非独立核算工业生产单位）。工业活动单位，一般应同时具备以下三个条件：①具有一个场所，从事一种或主要从事一种工业活动；②单独组织工业生产、经营或业务活动；③单独核算收入和支出。

本年鉴中涉及的企业登记注册类型：

⑴国有及国有控股企业 指国有企业加上国有控股企业。国有企业（即过去的全民所有制工业或国营工业）是指企业全部资产归国家所有，并按《中华人民共和国企业法人登记管理条例》规定登记注册的非公司制的经济组织。包括国有企业、国有独资公司和国有联营企业。1957年以前的公私合营和私营工业，后均改造为国营工业，1992年改为国有工业，这部分工业的资料不单独分列时，均包括在国有企业内。国有控股企业是对混合所有制经济的企业进行的“国有控股”分类。它是指这些企业的全部资产中国有资产（股份）相对其他所有者中的任何一个所有者占资（股）最多的企业。该分组反映了国有经济控股情况。

⑵集体企业 指企业资产归集体所有，并按《中华人民共和国企业法人登记管理条例》规定登记注册的经济组织。是社会主义公有制经济的组成部分。包括城乡所有使用集体投资举办的企业，以及部分个人通过集资自愿放弃所有权并依法经工商行政管理机关认定为集体所有制的企业。

⑶股份有限公司 指根据《中华人民共和国企业法人登记管理条例》规定登记注册，其全部注册资本由等额股份构成并通过发行股票筹集资本，股东以其认购的股份对公司承担有限责任，公司以其全部资产对其债务承担责任的经济组织。

⑷港、澳、台商投资企业 指企业注册登记类型中的港、澳、台资合资、合作、独资经营企业和股份有限公司之和。

⑸外商投资企业 指企业注册登记类型中的中外合资、合作经营企业、外资企业和外商投资股份有限公司之和。

⑹本年鉴中涉及的名为“其他”的企业 均指除国有企业、集体企业、个体经营以外的其他类型工业企业（单位）。包括联营企业、私营企业、股份有限公司，有限责任公司；外商投资企业（中外合资经营、中外合作经营、外资企业）；港、澳、台投资企业（与大陆合资经营、与大陆合作经营、港、澳、台独资企业）及其他企业。

轻工业 指主要提供生活消费品和制作手工工具的工业。按其所使用的原料不同，可分为两大类：(1)以农产品为原料的轻工业，是指直接或间接以农产品为基本原料的轻工业。主要包括食品制造、饮料制造、烟草加工、纺织、缝纫、皮革和毛皮制作、造纸以及印刷等工业；(2)以非农产品为原料的轻工业，是指以工业品为原料的轻工业。主要包括文教体育用品、化学药品制造、合成纤维制造、日用化学制品、日用玻璃制品、日用金属制品、手工工具制造、医疗器械制造、文化和办公用机械制造等工业。

重工业 是指为国民经济各部门提供物质技术基础的主要生产资料的工业。按其生产性质和产品用途，可以分为下列三类：(1)采掘（伐）工业，是指对自然资源的开采，包括石油开采、煤炭开采、金属矿开采、非金属矿开采和木材采伐等工业；(2)原材料工业，指向国民经济各部门提供基本材料、动力和燃料的工业。包括金属冶炼及加工、炼焦及焦炭、化学、化工原料、水泥、人造板以及电力、石油和煤炭加工等工业;(3)加工工业,是指对工业原材料进行再加工制造的工业。包括装备国民经济各部门的机械设备制造工业、金属结构、水泥制品等工业,以及为农业提供的生产资料如化肥、农药等工业。

根据上述划分原则,修理业中以重工业产品为修理作业对象的划为重工业,反之划为轻工业。

工业总产值 是以货币表现的工业企业在一定时期内生产的已出售或可供出售工业产品总量,它反映一定时间内工业生产的总规模和总水平。它包括:在本企业内不再进行加工,经检验、包装入库(规定不需包装的产品除外)的成品价值,对外加工费收入,自制半成品、在产品期末初差额价值。工业总产值采用"工厂法"计算,即以工业企业作为一个整体,按企业工业生产活动的最终成果来计算,企业内部不允许重复计算,不能把企业内部各个车间(分厂)生产的成果相加。但在企业之间、行业之间、地区之间存在着重复计算。

轻重工业总产值的划分也是按"工厂法"计算的,即一个工业企业在正常情况下生产的主要产品的性质属于轻工业,产的主要产品的性质属于重工业,则该企业的全部总产值作为重工业总产值。

工业增加值 是指工业行业在报告期内以货币表现的工业生产活动的最终成果。

实收资本 指企业实际收到的投资人投入的资本。按投资主体可分为国家资本、集体资本、法人资本、个人资本、港澳台资本和外商资本等。

资产合计 指企业拥有或控制的能以货币计量的经济资源。包括各种财产、债权和其他权利。资产按其流动性划分为流动资产、长期投资、固定资产、无形及递延资产和其他资产。

(1)流动资产 指企业可以在一年内或者超过一年的一个生产周期内变现或耗用的资产合计。包括现金及各种存款、短期投资、应收及预付款项、存货等。

(2)固定资产 指企业固定资产净值、固定资产清理、在建工程、待处理固定资产损失所占用的资金合计。

(3)无形资产 指企业长期使用而没有实物形态的资产。包括专利权、非专利技术、商标权、著作权、土地使用权、商誉等。

负债合计 指企业承担的能以货币计量,将以资产或劳务偿付的债务。负债一般按偿还期长短分为流动负债和长期负债、递延税项等。

(1)流动负债 指企业在一年内或者超过一年的一个营业周期内需要偿还的债务合计,其中包括短期借款、应付及预收款项、应付工资、应交税金和应交利润等。

(2)长期负债 指企业在一年以上或者超过一年的一个营业周期以上需要偿还的债务合计,其中包括长期借款、应付债务、长期应付款项等。

所有者权益 指企业投资人对企业净资产的所有权。企业净资产等于企业全部资产减去全部负债后的余额,其中包括投资者对企业的最初投入,以及资本公积金、盈余公积金和未分配利润,对股份制企业即为股东权益。

固定资产原价 指企业在建造、购置、安装、改建、扩建、技术改造某项固定资产时所支出的全部货币总额。它一般包括买价、包装费、运杂费和安装费等。

固定资产净值 是指固定资产原价减去历年已提折旧额后的净额。

流动资产 是指可以在一年或者超过一年的一个营业周期内变现或者耗用的资产,包括现金及各种存款、短期投资、应收及预付货款、存货等。

产品销售收入 指企业销售产品和提供劳务等主要经营业务取得的业务总额。

产品销售成本 指企业销售产品和提供劳务等主要经营业务的实际成本。

产品销售税金及附加 指企业销售产品和提供工业性劳务等主要经营业务应负担的城市维护建设税、消费税、资源税和教育费附加。

产品销售利润 指企业销售产品和提供工业性劳务等主要经营业务收入扣除其成本、费用、税金后的利润。

利润总额 指企业实现的利润。

应交增值税 指企业在报告期内应交纳的增值税额。

总资产贡献率 反映企业全部资产的获利能力,是企业经营业绩和管理水平的集中体现,是评价和考核企业盈利能力的核心指标。计算公式为:

总资产贡献率(%)=(利润总额+税金总额+利息支出)/平均资产总额×100 %

资产负债率 该指标既反映企业经营风险的大小,也反映企业利用债权人提供的资金从事经营活动的能力。计算公式为:

资产负债率(%)=负债总额/资产总额×100 %

工业成本费用利润率 指在一定时期内实现的利润与成本费用之比,是反映工业生产成本及费用投入的经济效益指标,同时也是反映降低成本的经济效益的指标。计算公式为:

工业成本费用利润率(%)=利润总额/成本费用总额×100%

工业增加值率 指在一定时期内工业增加值占同期工业总产值的比重,反映降低中间消耗的经济效益。计算公式为:

工业增加值率(%)=工业增加值(现价)/工业总产值

(现价)×100%

流动资产周转次数 指在一定时期内流动资产完成的周转次数,反映流动资产的周转速度。计算公式为:

流动资金周转次数=产品销售收入/全部流动资产平均余额

产品销售率 指报告期工业销售产值与同期全部工业总产值之比,是反映工业产品已实现销售的程度,分析工业产销衔接情况,研究工业产品满足社会需求程度的指标。计算公式为:

产品销售率(%)=工业销售产值/工业总产值(现价)×100%

全员劳动生产率 指根据产品的价值量指标计算的平均每一个从业人员在单位时间内的产品生产量。是考核企业经济活动的重要指标,是企业生产技术水平、经营管理水平、职工技术熟练程度和劳动积极性的综合表现。目前我国的全员劳动生产率是将工业企业的工业增加值除以同一时期全部从业人员的平均人数来计算的。计算公式为:

全员劳动生产率=工业增加值/全部从业人员平均人数

为了使各年度的全员劳动生产率数字可以比较,1990年以前各年的全员劳动生产率均按指数换算成1990年不变价格。

能源生产总量 指一定时期内全国一次能源生产量的总和,是观察全国能源生产水平、规模、构成和发展速度的总量指标。一次能源生产量包括原煤,原油,天然气,水电、核能及其他动力能(如风能、地热能等)发电量,不包括低热值燃料生产量、生物质能、太阳能等的利用和由一次能源加工转换而成的二次能源产量。

能源消费总量 指一定时期内全国物质生产部门、非物质生产部门和生活消费的各种能源的总和,是观察能源消费水平、构成和增长速度的总量指标。能源消费总量包括原煤和原油及其制品、天然气、电力,不包括低热值燃料、生物质能和太阳能等的利用。能源消费总量分为终端能源消费量、能源加工转换损失量和损失量三部分。

(1)终端能源消费量:指一定时期内全国生产和生活消费的各种能源在扣除了用于加工转换二次能源消费量和损失量以后的数量。

(2)能源加工转换损失量:指一定时期内全国投入加工转换的各种能源数量之和与产出各种能源产品之和的差额,是观察能源在加工转换过程中损失量变化的指标。

(3)能源损失量:指一定时期内能源在输送、分配、储存过程中发生的损失和由客观原因造成的各种损失量,不包括各种气体能源放空、放散量。

能源生产弹性系数 是研究能源生产增长速度与国民经济增长速度之间关系的指标。计算公式为:

能源生产弹性系数=能源生产总量年平均增长速度/国民经济年平均增长速度

国民经济年平均增长速度,可根据不同的目的或需要,用国民生产总值、国内生产总值等指标来计算,本年鉴是采用国内生产总值指标计算的。

电力生产弹性系数 是研究电力生产增长速度与国民经济增长速度之间关系的指标。一般来说,电力的发展应当快于国民经济的发展,也就是说电力应超前发展。计算公式为:

电力生产弹性系数=电力生产量年平均增长速度/国民经济年平均增长速度

能源消费弹性系数 是反映能源消费增长速度与国民经济增长速度之间比例关系的指标。计算公式为:

能源消费弹性系数=能源消费量年平均增长速度/国民经济年平均增长速度

电力消费弹性系数 反映电力消费增长速度与国民经济增长速度之间比例关系的指标。计算公式为:

电力消费弹性系数=电力消费量年平均增长速度/国民经济年平均增长速度

能源加工转换效率 指一定时期内能源经过加工、转换后,产出的各种能源产品的数量与同期内投入加工转换的各种能源数量的比率。它是观察能源加工转换装置和生产工艺先进与落后、管理水平高低等的重要指标。计算公式为:

能源加工转换效率=能源加工、转换产出量/能源加工、转换投入量×100%

公路里程 指在一定时期内实际达到《公路工程技术标准JTJ01-88》规定的等级公路,并经公路主管部门正式验收交付使用的公路里程数。包括大中城市的郊区公路以及通过小城镇街道部分的公路里程和桥梁、渡口的长度,不包括大中城市的街道、厂矿、林区生产用道和农业生产用道的里程。两条或多条公路共同经由同一路段,只计算一次,不得重复计算里程长度。它是反映公路建设发展规模的重要指标,也是计算运输网密度等指标的基础资料。

货(客)运量 指在一定时期内,各种运输工具实际运送的货物(旅客)数量。它是反映运输业为国民经济和人民生活服务的数量指标,也是制定和检查运输生产计划、研究运输发展规模和速度的重要指标。货运按吨计算,客运按人计算。货物不论运输距离长短、货物类别,均按实际重量统计。旅客不论行程远近或票价多少,均按一人一次客运量统计;半价票、小孩票也按一人统计。

货(客)运密度 指在一定时期内某种运输方式在营运线路的某一区段平均每公里线路通过的货物(旅客)运输周转量。计算公式为:

货(客)运密度=货物(旅客)周转量/营业线路长度

货(客)运密度是反映交通运输线路上货物(旅客)运输量运输繁忙程度的主要指标,是平衡运输线路运输能力和通过能力,规划线路建设及改造、配备技术设备,研究运输网布局的重要依据。

货物(旅客)周转量 指在一定时期内,由各种运输工具运送的货物(旅客)数量与其相应运输距离的乘积之总和。它是反映运输业生产总成果的重要指标,也是编制和检查运输生产计划,计算运输效率、劳动生产率以及核算运输单位成本的主要基础资料。计算货物周转量通常按发出站与到达站之间的最短距离,也就是计费距离计算。计算公式为:

货物(旅客)周转量 = ∑货物(旅客)运输量×运输距离

九 中小企业

MID AND SMALL SCALE ENTERPRISE

9—1　分县市中小企业主要经济指标

（2009年）　　　　　　　　单位：个、人、万元

指　　标	全　市	宜都市	枝江市	当阳市	远安县
企业个数	**15788**	**2121**	**1347**	**2116**	**287**
农、林、牧、渔业	333	79	26	51	2
工业	7229	1376	588	1465	165
建筑业	385	51	28	26	6
交通运输仓储业	843	120	32	20	4
批发零售业	3356	138	402	334	35
住宿及餐饮业	1852	195	48	75	48
房地产业	180	14	20	7	3
居民服务、其它服务业和娱乐业	1346	98	203	95	16
其他	264	50		43	8
从业人员年末数	**467502**	**74340**	**43838**	**90377**	**15246**
农、林、牧、渔业	13492	1437	494	5100	34
工业	291306	50754	31819	56519	13217
建筑业	59582	7429	1298	1431	175
交通运输仓储业	10813	2666	1045	577	166
批发零售业	42179	4065	4832	14058	583
住宿及餐饮业	18272	4677	666	1359	619
房地产业	4729	182	399	236	88
居民服务、其它服务业和娱乐业	23800	2777	3285	10459	312
其他	3329	353		638	52
增加值	**3973900**	**838055**	**366457**	**619660**	**191605**
农、林、牧、渔业	77755	3739	2813	52011	260
工业	3301267	788100	326493	506917	181058
建筑业	122416	19145	3996	8532	758
交通运输仓储业	43022	4363	5894	7607	1237
批发零售业	234359	6819	20302	11436	4460
住宿及餐饮业	56901	5280	2289	6833	917
房地产业	61769	364	2132	6883	387
居民服务、其它服务业和娱乐业	54561	7105	2538	12049	1846
其他	21850	3140		7392	682
总产值	**13522389**	**2728075**	**1426816**	**1957249**	**528484**
农、林、牧、渔业	211265	21805	10494	115495	740
工业	11053678	2519784	1277990	1688645	493634
建筑业	612830	73257	22322	37946	1697
交通运输仓储业	126381	13728	16026	16534	4317
批发零售业	810460	34159	74850	25943	14847
住宿及餐饮业	181958	19015	8101	15090	3287
房地产业	277753	2520	7866	16304	1364
居民服务、其它服务业和娱乐业	182477	33743	9167	24773	6446
其他	65587	10064		16519	2152

9—1 续表1 单位:个、人、万元

指　　标	兴山县	秭归县	长　阳 自治县	五　峰 自治县	市　　区	#夷陵区
企业个数	**140**	**412**	**351**	**343**	**8671**	**3315**
农、林、牧、渔业	5	12	8	12	138	120
工业	103	222	196	144	2970	2062
建筑业	3	7	6	15	243	84
交通运输仓储业	6	11	17	8	625	107
批发零售业	7	77	59	90	2214	401
住宿及餐饮业	6	20	9	26	1425	266
房地产业		4	3	2	127	30
居民服务、其它服务业和娱乐业	9	49	53	38	785	218
其他	1	10		8	144	27
从业人员年末数	**6319**	**17136**	**16187**	**6175**	**197884**	**74057**
农、林、牧、渔业	188	347	205	170	5517	5129
工业	5024	13393	10996	4160	105424	52833
建筑业	437	685	1427	368	46332	3809
交通运输仓储业	207	350	867	293	4642	2369
批发零售业	62	848	926	559	16246	4128
住宿及餐饮业	169	520	257	289	9716	2473
房地产业		63	230	17	3514	335
居民服务、其它服务业和娱乐业	226	399	1279	294	4769	2362
其他	6	531		25	1724	619
增加值	**45525**	**132556**	**97806**	**33905**	**1648331**	**742850**
农、林、牧、渔业	294	474	899	353	16912	15377
工业	40492	122425	78573	29721	1227488	644309
建筑业	2454	1182	3296	1048	82005	19698
交通运输仓储业	553	436	1267	678	20987	10341
批发零售业	215	2967	8809	1073	178278	25166
住宿及餐饮业	683	1494	705	515	38185	13948
房地产业		254	1418	21	50310	2642
居民服务、其它服务业和娱乐业	828	1401	2839	462	25493	10019
其他	6	1923		34	8673	1350
总产值	**192984**	**436520**	**282237**	**109011**	**5861013**	**2201669**
农、林、牧、渔业	726	1536	2832	1676	55961	44198
工业	175185	398202	248886	92701	4158651	1904093
建筑业	10056	6011	5469	4796	451276	69593
交通运输仓储业	2341	1165	3320	2562	66388	30991
批发零售业	453	9449	13398	4136	633225	54880
住宿及餐饮业	2094	6135	1418	1537	125281	37087
房地产业		1235	1949	80	246435	9096
居民服务、其它服务业和娱乐业	2115	4930	4965	1412	94926	46527
其他	14	7857		111	28870	5204

9—1 续表2 单位:个、人、万元

指　标	全　市	宜都市	枝江市	当阳市	远安县
营业收入	**12751407**	**2564558**	**1343741**	**1956899**	**505037**
农、林、牧、渔业	210176	20507	15405	114108	1009
工业	10154586	2364767	1184678	1629271	465795
建筑业	606562	65357	21564	36995	3059
交通运输仓储业	126381	13728	16026	16534	4317
批发零售业	945927	34857	80934	87305	17608
住宿及餐饮业	181958	19015	8101	15090	3287
房地产业	277753	2520	7866	16304	1364
居民服务、其它服务业和娱乐业	182477	33743	9167	24773	6446
其他	65587	10064		16519	2152
利润总额	**698457**	**128845**	**53534**	**121451**	**20623**
农、林、牧、渔业	13841	1090	997	7170	51
工业	591065	116223	39960	92198	18518
建筑业	19798	3498	1632	2405	189
交通运输仓储业	8160	1646	1644	1076	127
批发零售业	33876	1864	5131	10712	929
住宿及餐饮业	12454	2510	828	4054	198
房地产业	4431	420	560	600	117
居民服务、其它服务业和娱乐业	11521	1470	2782	1632	374
其他	3311	124		1604	120
上交税金	**381196**	**55494**	**31443**	**35558**	**30787**
农、林、牧、渔业	939	92	170	199	36
工业	325307	50976	23900	31230	29311
建筑业	14149	2285	488	492	117
交通运输仓储业	4291	374	860	250	185
批发零售业	18210	422	3424	1350	625
住宿及餐饮业	5497	592	299	882	132
房地产业	5198	95	453	97	54
居民服务、其它服务业和娱乐业	6095	482	1849	865	260
其他	1510	176		193	67
劳动者报酬	**658260**	**92014**	**66627**	**126455**	**28107**
农、林、牧、渔业	14360	944	507	5429	101
工业	442144	65500	51847	84918	24457
建筑业	70893	8000	2271	2339	406
交通运输仓储业	14968	3695	1371	669	397
批发零售业	52442	4203	5155	18982	842
住宿及餐饮业	22459	5713	546	2052	1032
房地产业	7184	200	452	418	138
居民服务、其它服务业和娱乐业	27866	3149	4478	9552	641
其他	5944	610		2096	93

9—1 续表3

单位:个、人、万元

指标	兴山县	秭归县	长阳自治县	五峰自治县	市区	#夷陵区
营业收入	**176791**	**338817**	**274996**	**90552**	**5500016**	**2075723**
农、林、牧、渔业	546	1437	2383	1676	53105	41709
工业	158187	288976	232121	74108	3756683	1764218
建筑业	9868	5828	7369	4930	451592	55600
交通运输仓储业	2341	1165	3320	2562	66388	30991
批发零售业	1626	21254	21471	4136	676736	85291
住宿及餐饮业	2094	6135	1418	1537	125281	37087
房地产业		1235	1949	80	246435	9096
居民服务、其它服务业和娱乐业	2115	4930	4965	1412	94926	46527
其他	14	7857		111	28870	5204
利润总额	**7105**	**10059**	**17818**	**1101**	**337921**	**207510**
农、林、牧、渔业	69	125	250	113	3976	3677
工业	6308	6974	12356	11	298517	180150
建筑业	124	250	938	200	10562	5661
交通运输仓储业	36	71	392	192	2976	2661
批发零售业	24	953	2438	297	11528	7145
住宿及餐饮业	272	387	194	141	3870	3348
房地产业		67	498	6	2163	652
居民服务、其它服务业和娱乐业	271	410	752	129	3701	3663
其他	1	822		12	628	553
上交税金	**5610**	**12904**	**21526**	**5412**	**182462**	**82068**
农、林、牧、渔业	8	28	51	15	340	262
工业	4694	10743	19097	4597	150759	72456
建筑业	359	279	454	272	9403	2787
交通运输仓储业	143	73	138	88	2180	1292
批发零售业	19	718	1198	244	10210	2326
住宿及餐饮业	189	231	100	109	2963	1075
房地产业		38	333	1	4127	382
居民服务、其它服务业和娱乐业	198	201	155	79	2006	1369
其他		593		7	474	119
劳动者报酬	**10369**	**21460**	**25170**	**7457**	**280601**	**109114**
农、林、牧、渔业	199	272	200	121	6587	5995
工业	7808	17493	20674	5661	163786	84968
建筑业	1568	627	1619	294	53769	4150
交通运输仓储业	271	240	735	340	7250	2510
批发零售业	76	1005	840	504	20835	4601
住宿及餐饮业	169	585	160	262	11940	2467
房地产业		119	227	8	5622	920
居民服务、其它服务业和娱乐业	273	691	715	252	8115	3069
其他	5	428		15	2697	434

十 投资、建筑

CONSTRUCTION AND INVESTMENT IN FIXED ASSETS

10—1 历年全社会固定资产投资各种分类

（1978—2009年）

单位:万元

年份	按经济类型分			按隶属关系分			按构成分		
	国有经济投资	集体经济投资	其他经济投资	中央属投资	省属投资	市县属投资	建筑安装工程投资	设备工器具购置投资	其他费用投资
1978	56748	552		44000	133	13167			
1979	58243	1274		46567	367	12583			
1980	71045	1699		51897	145	20702			
1981	59315	2117		48186	154	13092			
1982	64103	6822	3984	40718	208	33983			
1983	71257	4869	568	42152	491	34051			
1984	85801	7964	5023	49451	1755	47582			
1985	104160	18904	12189	61533	1698	72022			
1986	102733	12611	12720	59264	1635	67165			
1987	112556	20206	14763	41594	16091	89840			
1988	150375	29623	33805	38645	24751	150407			
1989	99453	17947	27307	25169	20169	99369			
1990	132258	22209	29002	27746	27840	127883	110504	50546	22419
1991	142420	29568	27610	23194	36318	140086	121501	50099	27998
1992	223815	45380	35768	40436	82363	182164	159813	91708	53442
1993	414919	57420	100842	160062	107446	305673	272594	147098	153489
1994	777022	73657	139523	455494	109961	424747	576711	141168	272323
1995	1012369	113964	211601	722155	53707	562072	733346	181720	422868
1996	1128184	140990	291979	821139	45640	694374	766512	229095	565546
1997	1215789	147397	378866	842049	74880	825123	861502	35209	845341
1998	1506814	142302	401144	1021497	110321	918442	814548	326339	909373
1999	1670961	140882	308775	1252914	99477	768227	740692	296814	1083112
2000	1741726	151275	400690	1408176	75190	810325	780197	253404	1260090
2001	1895406	127003	461125	1593193	50995	839346	801312	373100	1309122
2002	2073434	92730	482938	1726580	53268	869254	797207	461296	1390599
2003	1858405	67213	574733	1380543	98311	1021497	822922	529973	1147456
2004	1813444	63586	835795	1311252	63686	1337887	1043243	710234	959348
2005	1834180	32769	1091085	1267208	37965	1652861	1199047	784235	974752
2006	1866637	52248	1316565	1063240	22081	2150129	1286862	767362	1181226
2007	2007515	63586	1832487	963144	35620	2904824	1697483	1036943	1169162
2008	2315611	114631	2804376	1197037	66715	3970866	2319133	1329379	1586106
2009	2818849	189028	4494787	1292822	68869	6140973	3694062	1695130	2113472

10—2 历年全社会固定资产投资及产业投资

（1978—2009 年）

单位:万元

年份	全社会固定资产投资额	第一产业	第二产业	第三产业
1978	57300	2109	50694	4497
1979	59517	1188	52457	5872
1980	72744	662	62577	9505
1981	61432	1081	52509	7842
1982	74909	618	50251	24040
1983	76694	868	54889	20937
1984	98788	671	61853	36264
1985	135253	761	81737	52755
1986	128064	575	81776	45713
1987	147525	1013	91476	55036
1988	213803	1472	119891	92440
1989	144707	574	75900	68233
1990	183469	1036	93705	88728
1991	199598	2004	95139	102455
1992	304963	3510	160485	140968
1993	573181	3172	334176	235833
1994	990202	3639	613758	372805
1995	1337934	23791	908127	406016
1996	1561153	34155	1004218	522780
1997	1742052	54922	1106929	580201
1998	2050260	70692	1343679	635889
1999	2120618	93487	1520437	506694
2000	2293691	107547	1653948	532196
2001	2483534	121005	1801814	560715
2002	2649102	102477	2023972	522653
2003	2500351	100468	1857827	542056
2004	2712825	86343	1979520	646962
2005	2958034	100856	2024681	832497
2006	3235450	109962	1960417	1165071
2007	3903588	113578	2256341	1533669
2008	5234618	171616	3137990	1925012
2009	7502664	315174	4218005	2969485

10—3 历年分行业固定资产投资

（1978—2009 年）

单位:万元

年 份	农 业	工 业	1、采掘	2、制造	#食 品	#纺 织	#化 工	#医 药	#建 材
1978	2109	50428	1156	7967		621	2138		1104
1979	1188	52393	200	5637		616	2573		424
1980	662	62433	1009	9315		2787	2510		444
1981	1081	52360	932	5743		1655	1241		517
1982	618	49831	757	9739		3206	1856		681
1983	868	54512	736	13083		3510	2856		1422
1984	671	59743	1145	19027		4073	4770		2184
1985	761	78937	947	23309		1127	4405		4433
1986	575	79315	3368	25844		2433	5020		4575
1987	1013	89263	1932	39024		5188	8500		5399
1988	1472	119102	2182	58014		8582	14071		2581
1989	574	75411	5546	32333		5394	8416		1155
1990	1036	93248	9370	30221		5854	8252		1444
1991	2004	93808	6073	32774		2644	11813		2287
1992	3510	158500	6338	37010		4576	11157		3627
1993	3172	328178	4490	86521		24550	17991		7270
1994	3639	606784	1597	86243		20332	22781		11205
1995	5087	844273	1729	116509		40505	28533		13144
1996	6111	925792	1084	161847		56267	39637		18260
1997	5577	1056516	1804	207139		66725	38213		29083
1998	10573	1247658	2228	196883		24025	82125		24556
1999	11213	1419199	3630	154149		7456	78603		22117
2000	29212	1589940	1735	196000		13475	44855		23658
2001	20218	1720414	3324	183704		19035	28377		31260
2002	21527	1976311	3289	270017		12252	77197		43618
2003	25795	1806074	15938	404782	68179	22202	95579	16473	23894
2004	39006	1960386	33279	654724	53541	78492	233413	55671	87069
2005	38030	1996980	48644	754245	74401	39005	345325	65751	74002
2006	72863	1926166	59331	877456	131887	82115	332875	67710	67516
2007	113578	2227162	100656	1188526	171192	76654	348642	63669	145821
2008	171616	3103276	115381	1648107	213577	67272	523308	93161	367680
2009	315174	4181089	196033	2468415	323653	67382	596274	123784	358949

10—3　续表1　　　　单位:万元

年　份	#冶 金	#机 械	#电 子	3、电力煤气水	#电 力	#三峡工程	建筑业	地质勘察水利管理	#水利管理	交通邮电仓　储
1978	156	543	150	41305	41305		266	20	20	762
1979	59	1118	140	46556	46556		64	18		1392
1980	460	1401	289	52109	52109		144	9		2151
1981	40	639		45685	45685		149			2044
1982	279	896	117	39335	39335		420	1119	1119	2207
1983	400	1709	464	40693	40429		377	1155	1135	2138
1984	781	3513	550	39571	39296		2110	3627	3174	5132
1985	696	7716	687	54681	54518		2800	733	727	3288
1986	638	7569	291	50103	48962		2461	1998	1978	4357
1987	787	9232	276	48307	45876		2213	1687	1483	3835
1988	2137	11903	7703	58906	50785		789	1685	1580	6888
1989	3770	7779	2232	37532	35291		489	1030	911	5828
1990	1872	7854	2132	53657	47861		457	2410	2253	7855
1991	2857	7343	94	54961	46553		1331	2589	2301	6782
1992	1578	8923	273	115152	114898	74560	1985	3183	2579	10705
1993	919	15219	470	237167	231635	130917	5998	786	650	30649
1994	1632	13778	540	518944	507304	385545	6974	1936	1800	58439
1995	3302	17131	149	726035	722860	642095	12182	4906	4906	79434
1996	4587	23797	207	762861	759525	689727	11588	11013	10462	100624
1997	4289	21571	78	847573	842776	763985	12661	10288	9032	82207
1998	2532	30540	7	1048547	1031887	903000	16433	19243	17612	121843
1999	835	16688	162	1261420	1257995	1127344	21161	28257	28257	115528
2000	1400	55503	990	1392205	1388811	1265707	16080	14898	14808	90754
2001	3550	30767	7187	1533386	1531775	1408949	12965	13971	13971	143035
2002	17891	31834	26271	1703005	1693980	1588723	20379	18706	18556	98036
2003	89473	35691	39802	1385354	1382261	1290719	10128	23929	19957	106747
2004	75174	78474	20201	1272383	1252430	1124681	19134	19082	19082	112497
2005	40754	114520	20415	1194091	1180022	1072704	27701	31142	31142	139098
2006	46971	137106	15021	989379	970774	865157	34251	41556	34818	195404
2007	58858	235980	4591	937980	923038	800549	29179	48925	38808	254359
2008	40486	250806	13334	1339788	1311431	1026721	34714	62798	56631	326309
2009	42659	388196	11193	1516641	1466034	1181725	36916	135659	124722	645134

10—3 续表 2 单位:万元

年 份	#交 通	#邮政电信	批 发零售餐饮	金融保险	房地产	卫生体育	教育艺术广播	科研、综合技术服务	国家机关公共管理和社会组织
1978		762	894			196	290	8	113
1979		56	1025	17		319	358	9	487
1980	205	1946	1705	267	130	304	766	65	1444
1981	420	1624	720	127		423	631		1047
1982		2207	2460	451		539	913	68	2968
1983	125	2013	1921	484		686	1492	171	5804
1984	2321	2204	1899	980	867	2014	2532	139	3095
1985	582	2706	4095	451	376	795	3113	881	3333
1986	783	3574	2468	682	564	1241	2122	305	2438
1987	410	3425	2993	1320	634	963	2730	446	3413
1988	1246	5642	4115	1099	677	1310	3987	508	5420
1989	921	4907	3084	1234	250	854	3677	473	3592
1990	1957	4959	2409	764	6882	1683	4437	423	2799
1991	1982	4800	4609	912	9305	1863	3571	463	4967
1992	2055	8650	5049	637	14695	2401	4697	671	6329
1993	6369	24280	12364	3042	33031	5279	7574	519	9180
1994	15575	42864	11923	7720	93622	6865	11517	1335	10539
1995	54722	24712	14764	5569	128175	3248	17179	1398	14810
1996	69320	31272	21067	5624	92596	2366	13671	2996	24871
1997	57681	24142	27586	5409	70146	6850	24338	345	54427
1998	81128	38814	23886	13261	64909	40317	28849	2790	68027
1999	66107	47690	13709	5646	58919	7322	18697	2658	53283
2000	55577	34838	15590	7641	72855	2908	17050	5047	44427
2001	66126	75227	18614	9056	67286	6862	15266	7079	38190
2002	64895	30572	15396	7223	80809	9309	32358	1615	33209
2003	83749	18998	22407	4035	130150	9970	36350	4059	18464
2004	82418	28867	56948	3481	205850	23198	36189	1521	22175
2005	109908	23560	57459	5210	323379	18998	36432	3340	27089
2006	186344	30115	55900	2914	391952	20261	22607	10555	29696
2007	226419	15900	81304	2868	500335	26685	46934	8150	39135
2008	290604	20397	95152	2393	606410	26307	40662	9998	53008
2009	603799	9695	117649	22297	900291	62612	74843	25077	29957

10—4 历年固定资产投资资金来源

（1995—2009 年）

单位:万元

年份	本年资金来源小计	国家预算内资金	国内贷款	债券	利用外资	自筹资金	其他资金
1995	1047763	305650	401797	761	79069	223501	36985
1996	1216710	459809	444389	1456	17472	214368	79216
1997	1542489	501140	429516	101609	12898	326168	171158
1998	1683415	523234	488619	3303	71854	343927	252478
1999	1793133	484164	496682	213847	56082	322012	220346
2000	1878357	561621	621953	205366	55280	317640	116497
2001	2242088	593447	597580	506171	77488	421499	45903
2002	2418391	505452	756080	500070	166284	389970	100535
2003	4470569	776982	524676	300000	232812	611976	2024123
2004	2406379	814911	209241		250133	937443	194651
2005	2863341	899384	306139		127783	1304039	225996
2006	3835296	1312226	332421	300000	40251	1489652	360746
2007	4654821	1573586	443135		37405	2100119	500576
2008	5168424	1504217	588189		27455	2712872	335691
2009	7786875	1613280	972284		29430	4418598	753283

10—5 历年房地产开发投资建设情况

（1990—2009 年）

年 份	房地产投资额（万元）	住 宅	施工面积（万平方米）	住 宅	竣工面积（万平方米）	住 宅	竣工率（%）	住 宅
1990	6882	5667	48.90	41.80	22.50	18.70	46.0	44.7
1991	9243	7985	50.60	44.70	22.90	20.40	45.3	45.6
1992	14695	8332	77.10	40.90	34.70	18.40	45.0	45.0
1993	28721	26778	95.80	72.30	24.30	21.30	25.4	29.5
1994	90351	85733	166.30	122.50	56.20	43.30	33.8	35.3
1995	125160	68936	231.30	167.30	63.70	55.70	27.5	33.3
1996	90041	44144	209.00	133.10	68.80	53.30	32.9	40.0
1997	66368	32616	157.30	105.20	50.30	40.20	32.0	38.2
1998	63624	34830	147.20	106.70	53.50	41.80	36.3	39.2
1999	52291	42575	135.30	107.30	49.10	37.20	36.3	34.7
2000	68030	43694	143.50	116.60	55.00	47.20	38.3	40.5
2001	65589	43811	138.00	117.90	76.20	66.90	55.2	56.7
2002	78031	45077	132.00	113.00	49.90	43.90	37.8	38.8
2003	127950	94687	208.90	180.60	93.50	83.10	44.8	46.0
2004	201696	149231	276.30	239.40	85.10	77.00	30.8	32.2
2005	317023	228462	328.70	272.40	130.20	109.40	39.6	40.2
2006	391764	251018	396.70	324.70	138.70	111.30	35.0	34.3
2007	487110	313389	522.80	441.30	156.70	126.40	30.0	28.6
2008	566832	416179	537.57	452.52	114.01	102.66	21.2	22.7
2009	793311	517753	785.93	568.53	144.36	127.38	25.3	22.4

10—6 历年商品房销售情况

（1990—2009 年）

年 份	商品房销售面积（万平方米）	住 宅	商品房销售额（万元）	住 宅	商品房销售平均价格（元/平方米）	住 宅	商品房空置面积（平方米）	不可销售面 积（平方米）	商品房空置率（%）
1990	16.90	14.20	6882	5783	407	407			
1991	12.40	10.60	6349	5406	512	510			
1992	21.80	18.50	7889	6694	362	362			
1993	12.90	10.90	13507	11413	1047	1047			
1994	23.60	18.00	28827	25067	1221	1393			
1995	31.30	28.50	41349	37120	1321	1302	313857	179929	
1996	39.70	35.70	46887	40837	1181	1144	265240	169508	39.7
1997	34.00	31.90	39017	34708	1148	1088	124590	132461	19.65
1998	36.40	31.70	47781	34887	1313	1101	117172	143961	22.67
1999	32.10	28.90	30747	28071	958	971	116685	142095	25.11
2000	45.10	42.80	42893	41029	951	959	110342	122068	20.26
2001	58.60	55.90	68294	64140	1165	1147	90752	85174	11.53
2002	47.40	44.10	57981	52618	1223	1193	118517	71564	22.87
2003	80.60	76.40	104550	96563	1297	1264	118296	55869	11.86
2004	92.43	84.83	135274	123555	1463	1457	77360	55769	8.46
2005	106.11	94.97	216826	185042	2043	1948	208687	41893	15.60
2006	180.27	167.06	408913	343406	2268	2056	363281	67803	23.78
2007	215.38	198.89	554633	500965	2575	2519	252498	44562	13.39
2008	140.78	135.10	422168	391603	2999	2899	403712	37506	29.80
2009	204.08	191.95	645784	576225	3164	3002	253230	35770	16.79

10—7 分县市区全社会固定资产投资

单位:万元

地区	全社会投资		城镇投资(含房地产)		#城镇50万元以上项目	
	2009	2008	2009	2008	2009	2008
宜昌市	**7502664**	**5234618**	**6578319**	**4555909**	**5785008**	**3989077**
市区合计	3939048	2873795	3701512	2692207	3040161	2191204
#市直	130343	5529	130343	5529	130343	5529
三峡工程	1181725	1026721	1181725	1026721	1181725	1026721
西陵区	468234	425913	461139	416913	259170	200355
伍家岗区	387955	305735	385834	304212	153969	147867
点军区	103025	77411	76721	55256	76721	55256
猇亭区	643766	312206	642131	311606	640395	310817
夷陵区	888363	577907	687982	429597	563417	349937
宜昌开发区	777667	453790	776032	453190	674816	405539
宜都市	1004097	636449	765260	498101	731169	486115
枝江市	812289	618448	730660	495903	705984	480028
当阳市	629774	388155	517919	306812	491668	298904
远安县	329100	184980	271744	160879	256506	154507
兴山县	200117	124765	170883	111375	170883	111375
秭归县	288597	201108	196315	131590	182417	124447
长阳自治县	197845	140696	137136	104624	120565	88179
五峰自治县	101797	66222	86890	54418	85655	54318

地区	#房地产开发		农村投资			
			农村非农户(50万元以上项目)		农村农户(建房和购买生产性)	
	2009	2008	2009	2008	2009	2008
宜昌市	**793311**	**566832**	**692962**	**475759**	**231383**	**202950**
市区合计	661351	501003	172969	124547	64567	57041
#市直						
三峡工程						
西陵区	201969	216558	6326	8289	769	711
伍家岗区	231865	156345	380		1741	1523
点军区			13329	10028	12975	12127
猇亭区	1736	789	1635	600		
夷陵区	124565	79660	151299	105630	49082	42680
昌开发区	101216	47651	1635	600		
宜都市	34091	11986	197096	99155	41741	39193
枝江市	24676	15875	35718	81779	45911	40766
当阳市	26251	7908	78236	52026	33619	29317
远安县	15238	6372	49430	18081	7926	6020
兴山县			24243	10090	4991	3300
秭归县	13898	7143	76439	55693	15843	13825
长阳自治县	16571	16445	51213	27570	9496	8502
五峰自治县	1235	100	7618	6818	7289	4986

10—8 分县市区市县属固定资产投资

单位:万元

地区	市县属投资		城镇投资(含房地产)		#城镇50万元以上项目	
	2009	2008	2009	2008	2009	2008
宜昌市	**6140973**	**3970866**	**5216628**	**3292457**	**4469937**	**2784573**
市区合计	2648190	1673633	2410654	1492345	1795923	1050290
# 市直	129150		129150		129150	
西陵区	373466	295183	366371	286483	206022	128873
伍家岗区	387955	303585	385834	302062	153969	145717
点军区	103025	77081	76721	54926	76721	54926
猇亭区	637235	294341	635600	293741	633864	292952
夷陵区	888363	577907	687982	429597	563417	349937
宜昌开发区	764495	419088	762860	418488	666644	370837
宜都市	994500	589869	755663	451521	721572	439535
当阳市	629774	382062	517919	300719	491668	292811
枝江市	801678	614664	720049	492119	695373	476244
远安县	329100	184980	271744	160879	256506	154507
兴山县	196635	124535	167401	111145	167401	111145
秭归县	248843	195581	156561	126063	142663	118920
长阳自治县	192195	140696	131486	104624	114915	88179
五峰自治县	100058	64846	85151	53042	83916	52942

地区	#房地产开发		农村投资			
			农村非农户(50万元以上项目)		农村农户(建房和购买生产性)	
	2009	2008	2009	2008	2009	2008
宜昌市	**746691**	**507884**	**692962**	**475459**	**231383**	**202950**
市区合计	614731	442055	172969	124247	64567	57041
#市直						
西陵区	160349	157610	6326	7989	769	711
伍家岗区	231865	156345	380		1741	1523
点军区			13329	10028	12975	12127
猇亭区	1736	789	120.0	1635	600	
夷陵区	124565	79660	151299	105630	49082	42680
宜昌开发区	96216	47651	101.9	600		
宜都市	34091	11986	197096	99155	41741	39193
当阳市	26251	7908	78236	52026	33619	29317
枝江市	24676	15875	35718	81779	45911	40766
远安县	15238	6372	49430	18081	7926	6020
兴山县			24243	10090	4991	3300
秭归县	13898	7143	76439	55693	15843	13825
长阳自治县	16571	16445	51213	27570	9496	8502
五峰自治县	1235	100	7618	6818	7289	4986

10—9 分县市区农村私人固定资产投资

（2009 年）

县市区名称	全年竣工房屋间数（间）	住　宅	竣工面积（m^2）	住　宅	竣工投资（万元）	住　宅	生产性投资（万元）	农村私人总投资（万元）
合　　计	**95086**	**76117**	**2338101**	**1936118**	**147445**	**122695**	**83938**	**231383**
宜　　都	21338	17060	473448	377596	31586	26002	10155	41741
枝　　江	16516	10513	358812	273672	24959	21183	20952	45911
当　　阳	9995	8511	228282	200647	14082	12224	19537	33619
远　　安	5040	4536	120965	110662	7016	6652	910	7926
兴　　山	2760	2608	70890	68391	4061	3923	930	4991
秭　　归	6166	5122	185000	115100	9795	7236	6048	15843
长阳自治县	4870	3984	113398	97565	8577	6869	919	9496
五峰自治县	4475	4247	140716	142616	6066	5802	1223	7289
市 区 合 计	23926	19536	646590	549869	41303	32804	23264	64567
#夷　　陵	15380	14337	472633	404986	30513	27045	18569	49082
西　　陵	369	369	11066	11066	664	664	105	769
伍　　家	317	307	7589	7187	601	582	1140	1741
点　　军	7860	4523	155302	126630	9525	4513	3450	12975
猇　　亭								
宜昌开发区								

10—10 开发区固定资产投资

单位：万元

开发区名称	50 万元以上项目投资	
	2008	2009
湖北宜昌经济开发区	676451	406139
湖北当阳经济开发区	297344	181107
湖北枝江经济开发区	497327	400387
湖北五峰工业园区	49666	19611
湖北秭归经济开发区	77632	28176
湖北西陵经济开发区	65531	57430
湖北长阳经济开发区	57100	53819
湖北伍家岗工业园区	55325	39302
枝江安福寺工业园	61723	44549
湖北夷陵经济开发区	324157	159881
湖北宜都工业园区	642942	413944
湖北远安工业园区	191795	91713

10—11 全社会固定资产投资分类

单位:万元、个

项　　目	2009	2008
一、全社会固定资产投资	7502664	5234618
#不含 三峡	6320939	4207897
三峡工程	1181725	1026721
(一)按隶属关系分		
中　　央	1292822	1197037
省	68869	66715
市 县 属	6140973	3970866
(二)按项目类别分		
城镇50万元以上项目	5785008	3989077
房地产开发	793311	566832
农村50万元以上项目	692962	475759
农村私人投资	231383	202950
(三)按产业分		
第一产业	315174	171616
第二产业	4218005	3137990
第三产业	2969485	1925012
(四)按经济类型分		
国有经济控股	3475403	2723642
其他经济	4027261	2510976
本年施工项目个数	2799	2065
#市县属	2766	2008
本年新开工项目个数	2360	1594
#市县属	2342	1558
本年投产项目个数	2152	1398
#市县属	2132	1373

10—12　50万元以上项目、房地产项目固定资产投资

（2009年）

单位：万元

分组指标	总计	中央	省	地市县属
一、计划投资				
1. 计划总投资	32148653	19108740	145396	12894517
其中：本年新开工项目	5673420	37973	13448	5621999
2. 自开始建设累计完成投资	25936829	16560531	139831	9236467
二、自年初累计完成投资	7271281	1292822	68869	5909590
其中：本月完成投资	899447	486681	4821	407945
其中：500万元以下项目完成投资	172471	384	512	171575
其中：国有经济控股	3475403	1292822	68657	2113924
其中：住宅	630607	35999	4627	589981
1. 按登记注册类型分				
内资企业	6986392	1292822	68869	5624701
国有企业	2773607	1238121	61564	1473922
集体企业	170349			170349
股份合作企业	18654		212	18442
联营企业	23020			23020
国有联营企业	19769			19769
集体联营企业	25			25
国有与集体联营企业				
其他联营企业	3226			3226
有限责任公司	1474431	40427	7093	1426911
国有独资公司	25473	700		24773
其他有限责任公司	1448958	39727	7093	1402138
股份有限公司	904491	13679		890812
私营企业	1461180			1461180
其他企业	160660	595		160065
港、澳、台商投资企业	181239			181239
合资经营企业（港或澳、台资）	137143			137143
合作经营企业（港或澳、台资）				
港、澳、台商独资经营企业	37856			37856
港、澳、台商投资股份有限公司	6240			6240
外商投资企业	49889			49889
中外合资经营企业	10758			10758
中外合作经营企业	18682			18682
外资企业	12949			12949
外商投资股份有限公司	7500			7500
个体经营	53761			53761
个体户	42649			42649
个人合伙	11112			11112

10—12 续表 1

单位:万元

分组指标	总计	中央	省	地市县属
2. 按建设性质分				
(1)新建	4573528	1199991	50323	3323214
(2)改建	665415	7458	200	657757
(3)改建和技术改造	1086636	8957	11241	1066438
3. 按构成分				
建筑工程	3378309	121177	52647	3204485
安装工程	315753	13428	8462	293863
设备工器具购置	1695130	102950	6946	1585234
其中:用于更新的设备	54057	1393	1636	51028
其他费用	1882089	1055267	814	826008
4. 按国民经济行业分				
(一)农、林、牧、渔业	315174	1210		313964
农业	74798			74798
林业	38255			38255
畜牧业	37680			37680
渔业	12123			12123
农、林、牧、渔服务业	152318	1210		151108
(二)采矿业	196033			196033
煤炭开采和洗选业	76136			76136
石油和天然气开采业				
黑色金属矿采选业	26981			26981
有色金属矿采选业	3470			3470
非金属矿采选业	89446			89446
其他采矿业				
(三)制造业	2468415	24074	200	2444141
农副食品加工业	116858			116858
食品制造业	71347			71347
饮料制造业	134086			134086
烟草制品业	1362			1362
纺织业	44270			44270
纺织服装、鞋、帽制造业	23112			23112
皮革、毛皮、羽毛(绒)及其制品业	4529			4529
木材加工及木、竹、藤、棕、草制	18418			18418
家具制造业	10027			10027
造纸及纸制品业	61690			61690
印刷业和记录媒介的复制	53899			53899
文教体育用品制造业	3320			3320
石油加工、炼焦及核燃料加工业				

分组指标	总计	中央	省	地市县属
化学原料及化学制品制造业	539651	5288	200	534163
医药制造业	123784			123784
化学纤维制造业	1401			1401
橡胶制品业	8210			8210
塑料制品业	47012			47012
非金属矿物制品业	358949			358949
黑色金属冶炼及压延加工业	386032			386032
有色金属冶炼及压延加工业	40659			40659
金属制品业	40768			40768
通用设备制造业	104202			104202
专用设备制造业	50107			50107
交通运输设备制造业	60935	14289		46646
电气机械及器材制造业	120283			120283
通信设备、计算机及其他电子设备	11193			11193
仪器仪表及文化、办公用机械制造	11901	4497		7404
工艺品及其他制造业	550			550
废弃资源和废旧材料回收加工业	19860			19860
(四)电力、燃气及水的生产和供应业	1516641	1182918	13223	320500
电力、热力的生产和供应业	1466034	1182918	13223	269893
燃气生产和供应业	4611			4611
水的生产和供应业	45996			45996
(五)建筑业	36916	28200		8716
房屋和土木工程建筑业	34180	28200		5980
建筑安装业				
建筑装饰业	132			132
其他建筑业	2604			2604
(六)交通运输、仓储和邮政业	645134		46404	598730
铁路运输业	11245			11245
道路运输业	495716		46404	449312
城市公共交通业	3041			3041
水上运输业	88497			88497
航空运输业				
管道运输业				
装卸搬运和其他运输服务业	5300			5300
仓储业	41335			41335
邮政业				
(七)信息传输、计算机服务和软件业	11460	700		10760
电信和其他信息传输服务业	9695	700		8995

分组指标	总计	中央	省	地市县属
计算机服务业	1765			1765
软件业				
(八)批发和零售业	117649	1530	1808	114311
批发业	34818	1530	1808	31480
零售业	82831			82831
(九)住宿和餐饮业	103156			103156
住宿业	66228			66228
餐饮业	36928			36928
(十)金融业	22297	7669	212	14416
银行业	20097	7669	212	12216
证券业	1200			1200
保险业				
其他金融活动	1000			1000
(十一)房地产业	900291	45712	6893	847686
房地产业	900291	45712	6893	847686
(十二)租赁和商务服务业	34218			34218
租赁业	200			200
商务服务业	34018			34018
(十三)科学研究、技术服务和地质勘查业	36014			36014
研究与试验发展				
专业技术服务业	15311			15311
科技交流和推广服务业	9766			9766
地质勘查业	10937			10937
(十四)水利、环境和公共设施管理业	667298	595	129	666574
水利管理业	124722	595		124127
环境管理业	58658		129	58529
公共设施管理业	483918			483918
(十五)居民服务和其他服务业	23710			23710
居民服务业	21940			21940
其他服务业	1770			1770
(十六)教育	35645			35645
教育	35645			35645
(十七)卫生、社会保障和社会福利业	66825			66825
卫生	57362			57362
社会保障业	250			250
社会福利业	9213			9213
(十八)文化、体育和娱乐业	44448			44448
新闻出版业				
广播、电视、电影和音像业	1960			1960

 单位:万元

分组指标	总计	中央	省	地市县属
文化艺术业	17045			17045
体育	5250			5250
娱乐业	20193			20193
(十九)公共管理和社会组织	29957	214		29743
中国共产党机关				
国家机构	23445	214		23231
人民政协和民主党派				
群众团体、社会团体和宗教组织	1089			1089
基层群众自治组织	5423			5423
(二十)国际组织				
国际组织				
三、新增固定资产(万元)	4134341	57820	64330	4012191
四、项目个数(个)				
1.施工项目个数	2799	21	12	2766
其中:500万元以下项目	814	2	3	809
其中:本年新开工	2360	12	6	2342
2.本年投产项目个数	2152	12	8	2132
五、房屋建筑面积(平方米)				
1.施工面积	15672767	806890	114659	14751218
其中:住宅	7231791	515225	62393	6654173
2.竣工面积	5625675	58222	19903	5547550
其中:住宅	2221231	12000		2209231
六、本年资金来源合计(万元)	7675060	1406317	76749	6191994
1.上年末结余资金	119568	6779	2000	110789
2.本年资金来源小计	7555492	1399538	74749	6081205
(1)国家预算内资金	1613280	1103504	42433	467343
(2)国内贷款	972284	59409	13123	899752
(3)债券				
(4)利用外资	29430			29430
其中:外商直接投资	12329			12329
(5)自筹资金	4418598	191919	6593	4220086
其中:企、事业单位自有资金	1741858	68548	2825	1670485
(6)其他资金来源	521900	44706	12600	464594
七、各项应付款合计(万元)	400575	51981	120	348474
其中:工程款	224963	14979	120	209864
八、征用和购置土地情况				
1.规划用地面积(平方米)	127445932	437655	625447	126382830
2.本年实际征用和购置土地面积(平方米)	14987236	9702	7320	14970214
3.本年实际征用和购置土地成交价款(万元)	223927	292	63	223572

10—13　城镇50万元以上项目投资

（2009年）

单位:万元

分组指标	总计	中央	省	地市县属
一、计划投资				
1.计划总投资	27952949	18872740	122873	8957336
其中:本年新开工项目	4879044	37973	13448	4827623
2.自开始建设累计完成投资	23140822	16386699	114831	6639292
二、自年初累计完成投资	5785008	1253095	61976	4469937
其中:本月完成投资	751115	474611	3746	272758
其中:500万元以下项目完成投资	94801	384	512	93905
其中:国有经济控股	3048428	1253095	61764	1733569
其中:住宅	78065	3300		74765
1.按登记注册类型分				
内资企业	5512640	1253095	61976	4197569
国有企业	2470453	1238121	61564	1170768
集体企业	89176			89176
股份合作企业	9262		212	9050
联营企业	22995			22995
国有联营企业	19769			19769
集体联营企业				
国有与集体联营企业				
其他联营企业	3226			3226
有限责任公司	1023910	700	200	1023010
国有独资公司	16573	700		15873
其他有限责任公司	1007337		200	1007137
股份有限公司	833932	13679		820253
私营企业	940104			940104
其他企业	122808	595		122213
港、澳、台商投资企业	172843			172843
合资经营企业(港或澳、台资)	134269			134269
合作经营企业(港或澳、台资)				
港、澳、台商独资经营企业	32334			32334
港、澳、台商投资股份有限公司	6240			6240
外商投资企业	48414			48414
中外合资经营企业	10758			10758
中外合作经营企业	18682			18682
外资企业	11474			11474
外商投资股份有限公司	7500			7500
个体经营	51111			51111
个体户	42299			42299
个人合伙	8812			8812

单位:万元

分组指标	总计	中央	省	地市县属
2. 按建设性质分				
(1)新建	4260421	1199991	50323	3010107
(2)改建	583043	7458	200	575385
(3)改建和技术改造	806541	8957	11241	786343
3. 按构成分				
建筑工程	2408556	84350	48304	2275902
安装工程	239604	13428	7587	218589
设备工器具购置	1541513	102950	5816	1432747
其中:用于更新的设备	44288	1393	1636	41259
其他费用	1595335	1052367	269	542699
4. 按国民经济行业分				
(一)农、林、牧、渔业	185394	1210		184184
农业	38568			38568
林业	22215			22215
畜牧业	21852			21852
渔业	9123			9123
农、林、牧、渔服务业	93636	1210		92426
(二)采矿业	26363			26363
煤炭开采和洗选业	9835			9835
石油和天然气开采业				
黑色金属矿采选业	7000			7000
有色金属矿采选业				
非金属矿采选业	9528			9528
其他采矿业				
(三)制造业	2346849	24074	200	2322575
农副食品加工业	103235			103235
食品制造业	66947			66947
饮料制造业	115736			115736
烟草制品业	462			462
纺织业	44270			44270
纺织服装、鞋、帽制造业	23112			23112
皮革、毛皮、羽毛(绒)及其制品业	4529			4529
木材加工及木、竹、藤、棕、草制	17856			17856
家具制造业	9527			9527
造纸及纸制品业	57255			57255
印刷业和记录媒介的复制	53899			53899
文教体育用品制造业	3320			3320
石油加工、炼焦及核燃料加工业				

分组指标	总计	中央	省	地市县属
化学原料及化学制品制造业	526701	5288	200	521213
医药制造业	121444			121444
化学纤维制造业	1401			1401
橡胶制品业	7010			7010
塑料制品业	44912			44912
非金属矿物制品业	318048			318048
黑色金属冶炼及压延加工业	386032			386032
有色金属冶炼及压延加工业	40059			40059
金属制品业	40768			40768
通用设备制造业	102049			102049
专用设备制造业	47757			47757
交通运输设备制造业	53243	14289		38954
电气机械及器材制造业	118633			118633
通信设备、计算机及其他电子设备	11193			11193
仪器仪表及文化、办公用机械制造	11901	4497		7404
工艺品及其他制造业	550			550
废弃资源和废旧材料回收加工业	15000			15000
(四)电力、燃气及水的生产和供应业	1483483	1182918	13223	287342
电力、热力的生产和供应业	1446552	1182918	13223	250411
燃气生产和供应业	4259			4259
水的生产和供应业	32672			32672
(五)建筑业	36916	28200		8716
房屋和土木工程建筑业	34180	28200		5980
建筑安装业				
建筑装饰业	132			132
其他建筑业	2604			2604
(六)交通运输、仓储和邮政业	574241		46404	527837
铁路运输业	10045			10045
道路运输业	437474		46404	391070
城市公共交通业	2941			2941
水上运输业	82697			82697
航空运输业				
管道运输业				
装卸搬运和其他运输服务业	5300			5300
仓储业	35784			35784
邮政业				
(七)信息传输、计算机服务和软件业	11310	700		10610
电信和其他信息传输服务业	9545	700		8845

分组指标	总计	中央	省	地市县属
计算机服务业	1765			1765
软件业				
(八)批发和零售业	110414	1530	1808	107076
批发业	32488	1530	1808	29150
零售业	77926			77926
(九)住宿和餐饮业	102326			102326
住宿业	66228			66228
餐饮业	36098			36098
(十)金融业	22297	7669	212	14416
银行业	20097	7669	212	12216
证券业	1200			1200
保险业				
其他金融活动	1000			1000
(十一)房地产业	87884	5985		81899
房地产业	87884	5985		81899
(十二)租赁和商务服务业	29279			29279
租赁业	200			200
商务服务业	29079			29079
(十三)科学研究、技术服务和地质勘查业	24329			24329
研究与试验发展				
专业技术服务业	3626			3626
科技交流和推广服务业	9766			9766
地质勘查业	10937			10937
(十四)水利、环境和公共设施管理业	570297	595	129	569573
水利管理业	79386	595		78791
环境管理业	52191		129	52062
公共设施管理业	438720			438720
(十五)居民服务和其他服务业	16451			16451
居民服务业	14681			14681
其他服务业	1770			1770
(十六)教育	32835			32835
教育	32835			32835
(十七)卫生、社会保障和社会福利业	60196			60196
卫生	54073			54073
社会保障业	250			250
社会福利业	5873			5873
(十八)文化、体育和娱乐业	39315			39315
新闻出版业				
广播、电视、电影和音像业	1900			1900

10—13　续表4　　单位:万元

分组指标	总计	中央	省	地市县属
文化艺术业	15022			15022
体育	5110			5110
娱乐业	17283			17283
(十九)公共管理和社会组织	24829	214		24615
中国共产党机关				
国家机构	20212	214		19998
人民政协和民主党派				
群众团体、社会团体和宗教组织	1089			1089
基层群众自治组织	3528			3528
(二十)国际组织				
国际组织				
三、新增固定资产(万元)	3277021	57740	64330	3154951
四、项目个数(个)				
1.施工项目个数	1935	21	12	1902
其中:500万元以下项目	427	2	3	422
其中:本年新开工	1575	12	6	1557
2.本年投产项目个数	1448	12	8	1428
五、房屋建筑面积(平方米)				
1.施工面积	6973768	152282	21709	6799777
其中:住宅	1197754	61670		1136084
2.竣工面积	3573094	58222	19903	3494969
其中:住宅	686475	12000		674475
六、本年资金来源合计(万元)	5903553	1287224	62149	4554180
1.上年末结余资金	40009			40009
2.本年资金来源小计	5863544	1287224	62149	4514171
(1)国家预算内资金	1494771	1103504	42433	348834
(2)国内贷款	736733	20809	13123	702801
(3)债券				
(4)利用外资	29430			29430
其中:外商直接投资	12329			12329
(5)自筹资金	3455085	156919	6593	3291573
其中:企、事业单位自有资金	1345839	36548	2825	1306466
(6)其他资金来源	147525	5992		141533
七、各项应付款合计(万元)	168178	7420		160758
其中:工程款	130423	560		129863
八、征用和购置土地情况				
1.规划用地面积(平方米)	44007676	437655	625447	42944574
2.本年实际征用和购置土地面积(平方米)	13948893	9702	7320	13931871
3.本年实际征用和购置土地成交价款(万元)	216531	292	63	216176

10—14 按各种口径分类50万元以上项目、房地产项目投资

（2009年）

单位:万元

指标名称	总计	城镇以上投资	城镇50万元以上项目投资	房地产投资	农村50万元以上项目投资
总计	**7271281**	**6578319**	**5785008**	**793311**	**692962**
1.按登记注册类型分					
国有单位	2818849	2575745	2506795	68950	243104
集体单位	189028	111800	98438	13362	77228
私营个体单位	1514941	1302553	991215	311338	212388
港澳台商投资	181239	178039	172843	5196	3200
外商投资	49889	49889	48414	1475	
其他经济单位	2517335	2360293	1967303	392990	157042
2.按隶属关系分					
中央	1292822	1292822	1253095	39727	
地方	5978459	5285497	4531913	753584	692962
3.按建设性质分（不含房地产）					
新建	4573528	4260421	4260421		313107
扩建	665415	583043	583043		82372
改建和技术改造	1086636	806541	806541		280095
单纯建造生活设施	1778	0			1778
迁建	69375	62475	62475		6900
恢复	24248	19105	19105		5143
单纯购置	56990	53423	53423		3567
4.按建设阶段分（不含房地产）					
筹建	5000	5000	5000		
本年正式施工	6415980	5726585	5726585		689395
本年收尾					
全部停缓建					
单纯购置	56990	53423	53423		3567
5.按计划总投资投资规模分（不含房地产）					
10亿元及以上	2012148	2010348	2010348		1800
5亿元-10亿元	412878	410678	410678		2200
1亿元-5亿元	1179494	1129414	1129414		50080
3000万元-1亿元	859364	789824	789824		69540
1000万元-3000万元	1590076	1187221	1187221		402855
500万元-1000万元	251539	162722	162722		88817
500万元以下	172471	94801	94801		77670
6.按控股情况分					
国有控股	3475403	3226994	3048428	178566	248409
集体控股	243718	151983	116482	35501	91735
私人控股	3391213	3041595	2482916	558679	349618
港澳台商控股	125204	122004	116808	5196	3200
外商控股	21849	21849	20374	1475	
其他	13894	13894		13894	
7.按期末建设状态分（不含房地产）					
在建	3777289	3593036	3593036		184253
全部投产	2700681	2191972	2191972		508709
全部停缓建					
8.按城乡分（不含房地产）					
城镇	5785008	5785008	5785008		
农村	692962	0			692962
9.按项目类别分（不含房地产）					
列入中央扩大内需项目	160173	132577	132577		27596
列入省十大重点工程	190750	190750	190750		
其他项目	6127047	5461681	5461681		665366

10—15 固定资产投资效果

(2009年)

项　　目	单　位	合　计	城镇50万元以上项目	农村50万元以上项目
建设项目投产率	%	76.88	74.83	81.48
施工项目	个	2799	1935	864
投产项目	个	2152	1448	704
新开工项目	个	2360	1575	785
固定资产交付使用率	%	59.14	56.65	79.97
本年新增固定资产	万元	3831156	3277021	554135
本年完成投资	万元	6477970	5785008	692962
建设周期	年	4.50	4.83	1.75
计划总投资	万元	29168574	27952949	1215625
本年完成投资	万元	6477970	5785008	692962
房屋建筑面积竣工率	%	53.52	51.24	72.52
施工面积	平方米	7813494	6973768	839726
竣工面积	平方米	4182043	3573094	608949

10—16　固定资产投资生产能力情况

(2009年)

能　力　名　称	建设总规模	本年施工规模	其中:新开工	累积新增生产能力	其中:本年新增
原煤开采(万吨/年)	297.6	211.4	195.4	249.6	180.4
铁矿开采(原矿)(万吨/年)	83	80	80	20	20
镀层、涂层钢材(万吨/年)	320	320	320		
锡冶炼(吨/年)	23000	23000	23000	23000	23000
电解铝(吨/年)	1100	1100	1100	1100	1100
铝加工(吨/年)	3000	3000	3000	3000	3000
水力发电(万千瓦)	2266.99	434.8	6.19	1837.01	7.01
火力发电(万千瓦)	60.9	60.9	0.9	0.9	0.9
其他发电(万千瓦)	3.55	3.55	3.3	2.9	2.9
输电线路长度(11万伏及以上)(公里)	1499.88	1489.88	1366.88	492.25	492.25
水泥(万吨/年)	754	754	449	579	579
石墨及炭素制品(吨/年)	5000	5000	5000	3000	3000
氮肥(吨/年)	103000	103000	3000	103000	103000
磷肥(吨/年)	1745000	1545002	1065002	136002	136002
钾肥(吨/年)	140000	140000	140000		
精甲醇(吨/年)	200000	200000		200000	200000
棉纺锭(锭)	240000	240000	60000	180000	180000
啤　酒(万吨/年)	10.01	10.01	0.01	10	10
白　酒(万吨/年)	1.12	1	1	1	1
新建公路(公里)	517.21	479.82	381.61	349.33	318.33
其中:高速公路(公里)	57	57	57		
一级公路(公里)	73	73	18.6	16.6	16.6
二级公路(公里)	1.73	1.62	1.62	1.24	1.24
改建公路(公里)	4764.27	3775.89	3217.67	4165.6	3513.64
其中:一级公路(公里)	83.6	78.9	8.1	31.5	27.1
二级公路(公里)	430.68	416.5	359.68	353.21	344.25
新建独立公路桥梁(延长米)	1981.42	1981.42	1383.26	1172.16	1052
新建独立公路桥梁(座)	12	12	8	9	7
新建独立公路隧道(延长米)	5301	5301	2316	1836	1836
新建独立公路隧道(处)	3	3	2	1	1
新(扩)建港口码头(年吞吐量:万吨)	761.5	667.5	446	316.5	316.5
新(扩)建港口码头(年吞吐量:标 准集装箱)	12	12	8	6	6
新(扩)建客、货运站(个)	7	6	4	6	5
新(扩)建客、货运站(平方米)	19815	9995	5345	9995	8337
城市自来水供水能力(万吨/日)	62.08	60.21	59.71	6.41	5.41
城市污水处理能力(万吨/日)	22.05	14.05	10.75	8.5	8.5

10—17 分县市区不同规模城镇50万元以上项目固定资产投资

（2009年）

单位：万元、%

指标名称	完成投资	比上年增长	亿元以上项目投资	比上年增长	3000万元—1亿元项目投资	比上年增长	2000万元—3000万元项目投资	比上年增长
宜昌市	**5785008**	**45.0**	**3550440**	**34.9**	**789824**	**32.0**	**791115**	**123.9**
市　区	3040161		2329021		340648		185255	
#市　直	1312068	27.1	1310875	27.7	1193	-78.4		
西陵区	259170	29.4	91718	-9.6	52974	-16.3	49352	582.4
伍家岗区	153969	4.1	50555	-14.3	46905	51.1	25319	-13.3
点军区	76721	38.8	11180	-56.8	21452	114.5	23807	1099.9
猇亭区	640395	106.0	571428	135.3	54905	18.3	9500	-28.7
夷陵区	563417	61.0	277334	58.8	154770	69.3	69089	33.3
宜昌开发区	34421	-63.7	15931	-62.1	8449	-70.2	8188	-54.9
远安县	256506	66.0	143422	135.1	37503	-14.5	34904	39.0
兴山县	170883	53.4	52664	-14.8	47034	56.7	32619	279.5
秭归县	182417	46.6	118191	62.2	23393	-7.3	9767	0.1
长阳自治县	120565	36.7	74150	52.2	22430	62.7	11806	-7.9
五峰自治县	85655	57.7	37558	70.7	16071	2.4	13016	397.9
宜都市	731169	50.4	389809	24.6	78805	4.9	180208	200.3
当阳市	491668	64.5	118821	-19.1	101778	135.6	178839	373.7
枝江市	705984	47.1	286804	23.2	122162	62.1	144701	93.1

指标名称	1000万元—2000万元项目投资	比上年增长	500万元—1000万元项目投资	比上年增长	500万元以下项目投资	比上年增长
宜昌市	**396106**	**75.8**	**162722**	**40.5**	**94801**	**46.9**
市　区	104900		44790		35547	
#市　直						
西陵区	31745	97.1	18925	126.8	14456	271.4
伍家岗区	16146	46.1	10302	39.4	4742	-53.6
点军区	13365	39.1	2712	-50.1	4205	77.9
猇亭区	3801	-50.6			761	34.7
夷陵区	39843	94.4	12651	57.6	9730	179.8
宜昌开发区			200	-69.2	1653	
远安县	29619	85.7	7071	55.3	3987	-0.6
兴山县	19309	393.3	10892	454.9	8365	65.7
秭归县	16833	90.2	6455	69.4	7778	99.1
长阳自治县	8354	28.6	2985	-49.9	840	110.0
五峰自治县	7443	10.9	5933	96.1	5634	32.1
宜都市	56089	150.0	18610	69.3	7648	65.9
当阳市	55561	48.8	25200	5.4	11469	17.4
枝江市	97998	84.4	40786	28.6	13533	12.9

10—18 新开工亿元以上项目一览表

(2009年)

单位:万元

项目(单位)名称	项目名称	项目级别	计划总投资	本年完成投资
宜昌三峡全通涂镀板股份有限公司	320万吨极薄涂镀板深加工项目	2	682435	383132
三峡翻坝高速公路协调办	宜昌三峡翻坝高速公路	2	329142	129150
宜昌萧氏茶叶集团有限公司	茶产业高科技工业园项目	3	100000	37000
宜都兴发化工有限公司	年产60万吨粉状磷酸一铵项目	2	98347	23740
湖北兴瑞化工有限公司	湖北兴瑞化工年产12万吨有机硅项目(一期6万吨)	2	62116	35000
湖北稻花香集团	彩色包装制品建设项目(包装工业园)	3	60000	18000
湖北江重机械制造有限公司	机械制造项目	3	55000	55000
宜昌弘洋新材料有限公司	年产6000万平方米硅酸钙板项目	4	53000	2200
湖北吉星化工有限责任公司	年产5万吨黄磷及精细磷化工项目	4	50795	13032
当阳市鑫来利陶瓷发展有限公司	年产6000万平方米节能环保型瓷砖生产线项目	4	50000	5068
湖北省力天再生资源利用有限公司	利乐包回收提炼项目	4	50000	15000
湖北兴瑞化工有限公司	30MW热电项目	4	42000	42000
湖北三宁化工股份有限公司	高浓度磷复合肥改造项目	3	40000	17000
宜昌长江药业有限公司	年产600kg重人组胰岛素原料药	3	35000	22651
湖北三峡新型建材股份有限公司	压延玻璃生产线"汽代油"节能技改工程项目(主体工程)	4	35000	8160
当阳凯旋陶瓷有限公司	年产4800万平方米瓷砖生产线项目	4	35000	5018
湖北迅达工业科技有限公司	生物太阳能及直燃炉生产线(2)	2	34000	17600
湖北特巧食品股份有限公司	三峡魔芋开发、科研、出口基地建设项目	3	30000	12734
湖北松懿力腾电子科技有限公司	台湾松懿电子科技园项目	4	30000	6000
湖北三宁化工股份有限公司	4030工程续建	4	29000	29000
湖北奥美纺织有限公司	年产1.2万吨医用敷料特种棉纱项目	4	27500	2000
湖北万友食品工业有限公司	万友食品公司新建	3	25000	10700
湖北帝豪陶瓷有限公司	帝豪陶瓷二期工程	3	23000	23000
宜都市清江出口段防洪护岸工程建设管理办公室	清江出口段防洪护岸工程	4	22000	5796
长阳县林业局	退耕还林项目	4	21604	3360
湖北五峰天宇电业股份有限公司	220kv五峰输变电站	4	21400	340
湖北五晶水泥有限公司(五峰骏王)	五峰骏王日产2500吨新型干法水泥生产线	3	21190	12006
长阳清江画廊旅游开发有限公司	清江画廊5A级旅游景区综合开发	4	20000	18800
湖北星鑫包装有限公司	年产3亿支100－250ML玻璃瓶	2	20000	10000
宜昌三峡环坝旅游发展集团有限公司	石牌旅游码头工程	4	19587	4840
宜昌市城市建设投资开发有限公司	宜昌火车东站广场及配套设施建设工程	3	18481	7245
宜昌三峡茶城有限责任公司	生态农业观光园建设项目	4	18000	320
长阳县交通局	通村油路工程	4	17000	14580
湖北兴发集团股份有限责任公司	3万吨/年磷酸	4	15636	11854
湖北太升包装有限公司	高档包装材料科技园项目	4	15000	4450
湖北兴福电子材料有限公司	1万吨/年电子级磷酸联产2万吨/年食品级磷酸	3	15000	15000
三峡伟志光电(宜昌)有限公司	LED节能系列产品建设项目	4	15000	1000
巴山富晒茶叶科技开发有限公司	茶叶、饮料加工项目	4	15000	3650
长阳经济开发区	小区开发建设项目	4	15000	8650

注:项目级别:"1"为国家级重点项目;"2"为省级重点项目;"3"为市级重点项目;"4"一般项目

10—18 续表 单位:万元

项目(单位)名称	项目名称	项目级别	计划总投资	本年完成投资
长阳经济开发区	新建休闲山庄	4	15000	9850
湖北华怡木本油料有限公司	百万亩木本油料加工项目一期	4	15000	5400
宜都东阳光生化制药有限公司	红霉素优化及提取改造项目	4	15000	15000
湖北枝江酒业股份有限公司	年产2万吨优质大曲	2	15000	13500
宜昌人福药业有限责任公司	年产3000万支冻干粉针剂及乳剂CGMP工程	3	13600	3000
湖北达江物流有限公司	达江物流公司新建	4	13295	6722
中国建设银行股份有限公司三峡分行	综合业务大楼	4	13117	5070
宜昌长江药业有限公司	年产20吨原料药(达菲)合成项目	4	13000	13000
枝江市温州商贸城	五柳树农贸市场改建项目	4	13000	5000
宜昌市城市建设投资开发有限公司	宜昌市运河公园项目	3	12000	2868
湖北省昌达化工有限责任公司	黑良山磷矿勘探	4	12000	5215
宜昌明珠磷化工有限公司	袁家沟磷矿勘探	4	12000	6857
湖北三宁矿业有限公司	挑水河磷矿勘探项目	4	12000	7545
湖北鹏程焊接材料有限公司	年产23000吨新型焊接材料	3	12000	7209
长阳经济开发区	路网建设	4	12000	7550
宜昌鄂中化工有限公司	20万吨磷酸二铵及20万吨硫磺制酸	4	12000	12000
枝江市安福寺工业园	宜昌怡安食品加工项目	4	12000	7760
湖北枝江鸿岭酒业有限责任公司	白酒生产项目	4	12000	7000
宜昌昌盛包装有限公司	年产5000万平方米高档预印纸箱包装项目	4	11200	9000
宜昌欧赛科技有限公司	欧赛科技有限公司电池工业园	3	11000	4542
时创科技宜昌有限公司	LCD系列产品建设项目	4	11000	1000
湖北兴发集团股份有限责任公司	4万吨/年工业硅	4	11000	600
枝江市炬垲纸业有限公司	10万吨瓦楞纸项目	4	11000	8800
枝江市安福寺工业园	罐头果蔬加工项目	4	11000	5200
宜昌合一磷化有限公司	磷化磷酸生产线	4	11000	5000
宜昌市建委	宜昌市桔城路综合改造工程	3	10975	6000
湖北兴发集团股份有限责任公司	毛家河电站	4	10612	1825
宜昌亚泰陶瓷有限责任公司	陶瓷改造	4	10600	10600
宜昌劲森照明电子有限公司	U型目型液晶电视用冷阴极荧光灯管研发及产业化	2	10450	10000
宜昌金钻风动设备有限公司	风动设备制造项目	4	10000	1800
宜昌夷陵城市建设投资有限公司	丁家坝段道路工程	4	10000	9000
宜昌夷陵城市建设投资有限公司	城投办公楼(夷陵国际)	4	10000	8000
宜昌市硅谷科技有限公司	节能灯具建设项目	4	10000	1000
宜昌晶品玻璃制品有限公司	年产1亿只玻璃器皿项目	4	10000	7420
宜昌人福药业有限责任公司远安分公司	年产5亿支小剂量射液生产线	3	10000	5480
秭归县吉盛织染有限公司	江苏AB集团秭归三期工程项目	3	10000	3040
秭归县华星船务有限公司	船舶	4	10000	3500
宜昌鄂中化工有限公司	年产20万吨磷酸一铵生产线	4	10000	9000
湖北华强化工集团股份有限公司	年产6万吨硝酸钠、亚硝酸钠生产线项目	4	10000	4030
湖北省当阳市关公酒业有限公司	关公酒业公司新建	3	10000	5380

10—19 固定资产投资主要项目竣工情况一览表

(2009年)

单位:万元

项目单位	项目名称	年新增生产能力	本年全部投产时间	自开始建设累计完成投资	本年新增固定资产
宜昌市第一人民医院	一医院病房大楼	病床871张,手术室17间	200912	18793	18793
中国联通宜昌分公司	09联通湖北WCDMA网络新建工程	新建机站100个	200912	4048	4048
中国联通宜昌分公司	G11.3	网络覆盖工程	200912	6810	6810
宜昌市建设委员会	珍珠路、隆康路等5条道路改造工程	道路总长3015米,宽分别为25、15、6、10米	200912	4600	4600
湖北西陵经济开发区管理委员会	发展大道黑化改造工程	道路长2015米,宽60米	200911	5394	4894
宜昌市建设委员会	沿江大道上段及石子岭路改造工程	沿江大道段长3271米,宽30米,石子岭段长497米,宽40米。	200907	6345	6345
宜昌市建设委员会	商业步行街周边6条道路改造工程	道路总长5125米,宽分别为37、36、24、20、15米	200907	4535	4535
湖北红旗电缆有限责任公司	特种电缆生产项目	年产各种电缆2万米	200912	11480	5000
宜昌市燕狮科技开发有限责任公司	液压开口机产业化项目	年产环保型液压开口机1200台、环保型气动开口机1600台、炉前设备200台套	200912	11000	3000
宜昌劲森照明电子有限公司	U型目型液晶电视用冷阴极荧光灯管研发及产业化	年产U型或目型灯管1460万支,年产弯管1200万支。	200912	10000	9000
宜昌锦城商品砼有限公司	锦城商品砼搅拌站	30多方商品砼	200912	5000	4000
宜昌市点军区农林水局	王家坝除险加固工程项目	库容200万立方米	200911	4182	4182
凯普松电子科技(宜昌三峡)有限公司	腐蚀生产线	年产489.6万平方米化成铂	200902	4800	4800
湖北兴瑞化工有限公司	年产15万吨离子膜烧碱项目	15万吨/年离子膜烧碱	200912	55996	55996
湖北宜化化工股份有限公司	5万吨/年保险粉项目	10万吨/年保险粉	200912	20791	20791
湖北宜化集团有限责任公司	三峡物流中心扩建工程	停车位80个,日提供最大运力0.6万吨,年最大运力216万吨	200912	10459	10459
宜昌金信化工有限公司	3万吨/年甘氨酸扩建一期工程	3万吨/年甘氨酸	200912	7000	7000
湖北兴瑞化工有限公司	3.5万千伏变电站项目	3.5万千伏变电	200912	4700	4700
宜昌市东山建设开发总公司	先锋路综合市政改造工程	道路长4.75公里	200909	9060	9060
宜昌市伍云公路改造工程建设指挥部	宜昌市伍家岗至云池公路改造工程	公路20.5公里	200903	15818	15818
宜昌市东山建设发展总公司	场平及配套基础设施建设	场平面积133.4万平方米	200903	9980	9980
宜昌南玻硅材料有限公司	半导体高纯硅材料项目	1500吨/年多晶硅	200902	125000	125000
夷陵区交通局	夷兴公路夷陵区段改扩建一期工程	改建一级公路2.8公里	200912	10800	10800
宜昌夷陵城市建设投资有限公司	东湖中小学	新增1200个学生席位	200912	10400	10400
夷陵区交通局	2009年通村公路(砼路面)	改建公路373.45公里	200912	8590	8590
湖北民源电力实业有限责任公司	水电开发	年新增水利发电0.3万千瓦	200912	6500	6500
夷陵区交通局	拉动内需通村公路建设	改建公路220.4公里	200912	5160	5160
宜昌夷陵经济开发有限公司	石材城工业园	基础设施建设,无新增能力,	200912	5100	5100
黑旋风工程机械开发有限公司新型建材分公司	建筑用石材加工建设项目	年产建筑用石材1万立方米	200911	5800	5800
湖北恒安制药有限公司	恒安二期工程	年产皮肤病软膏2000万支	200910	7273	7273
太平溪镇政府	09年移民产业发展及基础设施	新建公路16公里,改建公路65公里	200909	8310	8310
夷陵区建设局	官塔供水工程	新增供水能力3.2万吨/日	200908	4100	4100
宜昌夷陵城市建设投资有限公司	发展大道扩建工程及延线综合开发配套工程	改建一级公路5.2公里	200907	53700	53700
宜昌市三峡晚报社印刷厂	三峡印务中心	年耗新闻纸3000吨	200905	12000	12000
夷陵区交通局	通村公路(砼路面)建设	改建公路102.8公里	200902	6800	6800

10—19　续表1　　单位:万元

项目单位	项目名称	年新增生产能力	本年全部投产时间	自开始建设累计完成投资	本年新增固定资产
夷陵区交通局	宜巴二级公路改建工程	改建二级公路20公里	200902	4977	4977
宜昌市丰利元包装有限公司	新型包装材料生产线	年产瓦楞纸箱3000万平米、木制纸箱10万平米	200912	8000	8000
远安县土地收购储备中心	省级低丘岗地改造项目	改造低丘岗2.5万亩	200912	4453	4453
湖北开元化工科技股份有限公司	四氧化三锰项目	年产1000吨四氧化三锰,1000吨对苯醌,10万吨硫酸	200903	18500	17000
湖北综艺包装有限公司	彩印包装项目	年产8000万个包装盒	200903	13000	12000
湖北三宁化工股份有限公司	4030工程	年生产尿素30万吨	200902	131000	131000
远安县交通局	农村公路建设	改建公路184公里	200911	4050	4050
湖北兴发集团股份有限公司	100万吨/年 磷矿	100万吨/年 磷矿	200912	16380	16380
兴山县交通局	村村通乡公路	公路278.1公里	200912	5562	5562
湖北兴发化工集团股份有限公司	3万吨/年食品级五钠	3万吨/年食品级五钠	200912	4836	4836
湖北兴发股份有限责任公司	平邑口货运码头	20万吨/年吞吐量	200912	4828	4828
兴山县交通局	古夫至两河口二级路改造	公路32.5公里	200910	4500	4500
湖北兴发集团股份有限公司	无水硫酸钠	15万吨/年无水硫酸钠	200909	38000	38000
湖北兴发化工集团股份有限公司	5000/年次磷酸钠	年产5000吨次磷酸钠	200906	4238	4238
华新水泥股份有限公司	日产4000吨干法熟料水泥项目	年产155万吨	200912	73662	35122
秭归县水电公司	观音堂电站	年发电3507万千瓦	200912	13900	5200
秭归县长江物流有限公司	三峡物流中心	年储存货物3000万吨	200912	12300	12300
秭归县交通局	宜巴公路太大段扩建	公路30公里	200912	4400	4400
湖北华扬玻璃有限公司	玻璃熔炉二期	年产5万吨	200912	4000	4000
秭归县交通局	09通村公路	公路400公里	200911	8800	8800
湖北匡通电子有限公司	氮化镓基超高亮蓝紫白灯LED生产线	年产80亿支	200903	8500	8500
秭归县屈姑食品有限公司	农副产品加工车间	农副产品加工年产1万吨	200903	5000	5000
秭归县交通局	08通村水泥路	公路200公里	200902	4408	4408
宜昌清江开关电气有限公司	开关电器元件生产项目	年生产5000件	200912	4000	4000
长阳县交通局	白氏坪沪蓉高速接线路	公路9.6公里	200910	10981	10000
长阳经济开发区	土地收储项目	土地收储162亩	200907	4000	4000
五峰交通局公路黑色化	通村公路硬化(黑色化)	公路620公里	200912	10644	8073
五峰天力水电有限责任公司	天池河流域水电开发二级电站	年发电12.4万千瓦	200908	13000	13000
宜昌亚泰化工有限公司	年产20万吨矿粉加工项目	年产20万吨方解石矿粉	200903	7040	7040
宜昌市光盛纺织有限公司	七万锭棉纺纱锭	年产七万锭棉纺纱锭	200912	25926	25926
宜昌长机科技有限责任公司	数控大型滚齿机生产线	年生产数控机床317台	200910	22700	22700
宜昌贝因美食品有限公司	贝因美宜昌基地一期工程	年产饼干650吨	200907	15329	15329
湖北金三峡印务有限公司	复合纸生产线和社会单包装生产线	年产73.36万对开色令	200907	11722	11722
宜昌市东山建设发展总公司	城东大道上段改造	路面改造1080米	200906	4200	4200
宜都市鑫鸿华太阳能有限公司	太阳能电池组件	年产30兆瓦太阳能电池组件	200912	12000	12000
宜昌鄂中化工有限公司	20万吨磷酸二铵及20万吨硫磺制酸	年产20万吨磷酸二铵,20万吨硫磺制酸	200912	12000	12000
宜都瑞谷电器制造有限公司	年产120万支防水开关及低压振流器	年产120万支防水开关及低压振流器	200912	9000	9000
宜昌形成工贸有限责任公司	制衣生产线	年产200万件成衣	200912	8000	8000

项目单位	项目名称	年新增生产能力	本年全部投产时间	自开始建设累计完成投资	本年新增固定资产
湖北天峡鲟业有限公司	鲟鱼濒危物种高效繁育高技术产业化育苗工程	年产鲟鱼水花鱼苗1亿尾,培育规格苗种500万尾	200912	6478	6478
湖北宜都日月新机械制造有限公司	年产5000吨钢结构产品和柴油机配件	年产5000吨钢结构产品和柴油机配件	200912	4500	4500
宜都市万佳精密铸造有限公司	工程机械配件制造	年产4000吨	200912	4000	4000
宜都东阳光生化制药有限公司	红霉素优化及提取改造项目	年产1800吨	200911	15000	15000
宜都市国土资源局	低丘岗地改造	平梯新开面积9913亩,配套改造2.5万亩,净增耕地面积826公顷	200911	7074	7074
宜昌三峡天龙湾国际高尔夫俱乐部有限公司	18洞72杆标准高尔夫球场	新建18洞72杆标准高尔夫球场	200910	12000	12000
键科(宜昌)实业有限公司光电科技分公司	年产1.8亿只LED支架项目	年产1.8亿只LED支架	200910	8500	8500
宜都市城建局	园林大道延伸工程	道路长1113米,宽28米	200910	6000	6000
宜都市建设局	杨守敬大道延伸工程	道路长900米,宽50米	200910	6000	6000
宜都市长鹏机械制造有限公司	年产20万套奥贝球铁铁汽车盆角齿及10万套差速器项目	年产20万套奥贝球铁铁汽车盆角齿及11万套差速器项目	200910	6000	6000
宜都市建设局	城河大道延伸工程	道路长663米,宽40米	200910	4000	4000
宜都东阳光宝塔湾制药有限公司	年产1500吨红霉素项目	年产1500吨红霉素	200909	40300	40300
宜昌长江药业有限公司	年产20吨原料药(达菲)合成项目	年产20吨原料药(达菲)	200908	13000	13000
宜都市建设局	吴家湾垃圾处理厂	日处理垃圾166吨	200906	4000	4000
宜都市建设局	吴家湾垃圾处理场二期工程	日处理垃圾166吨	200905	4000	4000
宜都华丰纺织有限公司	棉纺	年产4100吨棉纱	200904	10000	10000
键科(宜昌)实业有限公司	氯化钙系列产品二期工程	年产2万吨	200903	7500	7500
湖北省电力公司宜都市供电公司	500千伏宜昌南输变电工程	(296)输电线路2*40公里	200902	48367	48367
湖北楚星化工股份有限公司	磷肥行业节水示范工程	年节水700万方	200902	4745	4745
宜昌力帝环保机械有限公司	年产5000吨金属构件	年产5000吨金属构件	200902	5010	5010
当阳电力联营公司	农网改造	2×333公里	200912	6000	6000
湖北宝加利陶瓷有限公司	宝加利陶瓷公司新建	年产2400万平米瓷砖	200911	40800	40800
当阳市十里长坂实业有限公司	十里长坂实业实业公司新建	高分子井盖20万个	200911	5500	5500
当阳市鑫源投资开发有限责任公司	沙老堡凹垃圾处理场	总库容187.7万立方米,日处理生活垃圾220吨,填埋18年以上	200911	5500	5500
宜昌陶都工贸有限公司新建	陶都工贸有限公司新建	年产1万吨釉料	200911	5000	5000
当阳凯旋陶瓷有限公司	凯旋陶瓷一期工程	年产1000万平米	200911	4900	4900
当阳鑫来利陶瓷发展有限公司	鑫来利陶瓷一期工程	年产1200万平米镁砖	200911	4600	4600
当阳市鑫源投资有限责任公司	污水处理工程	1095万吨/年	200910	8030	8030
当阳葛洲坝水泥有限责任公司	当阳葛洲坝水泥公司新建	年产146万吨干法熟料水泥	200909	65000	65000
湖北帝豪陶瓷有限公司	帝豪陶瓷二期工程	年产陶瓷2400万平方米	200909	23000	23000
湖北富豪纸业有限责任公司	富豪纸业三期工程	年产3000万平米彩包	200909	8000	8000
湖北高能塑业有限公司	高能塑业二期工程	年产1.6万吨高分子材料	200909	6000	6000
宜昌汇丰肥业有限公司	汇丰肥业公司技改	年产磷肥50万吨	200907	6500	6500
宜昌金晟纺织公司	金晟纺织公司新建	年产50000锭	200906	8000	8000
湖北三峡新型建材股份有限公司	三峡余热发电厂	年发电0.9万千瓦	200905	6000	6000
当阳电力联营公司	龙泉至长坂坡变电站220千伏双回线路工程	2×54公里	200904	9123	9123
润发时装(当阳)有限公司	润发时装公司新建	年产服装500万件	200904	7000	7000

10—19 续表3 单位:万元

项目单位	项目名称	年新增生产能力	本年全部投产时间	自开始建设累计完成投资	本年新增固定资产
当阳市交通局	2008年修建通村公路	公路190公里	200902	4750	4750
枝江奥美医疗用品有限公司	医用敷料	年产2000吨水刺不纺布生产线,1500吨新型高效敷料水刺成网垫料	200912	35000	35000
宜昌圣品油脂股份有限公司	年产15万吨植物油精加工	年产15万吨植物油精	200912	19400	19100
宜昌亚泰陶瓷有限责任公司	陶瓷改造抛光生产线	年生产262.0万平方米	200912	10600	10600
枝江市雪花啤酒宜昌有限公司	三期10万千升啤酒扩建	年生产10万千升啤酒	200912	9000	9000
枝江市市政公用事业局	城市道路建设及改造	道路8.4公里,12.5平方米	200912	6500	6500
枝江枝清水务有限公司	枝江市城市污水处理厂	处理污水/日3.52吨	200912	6150	6150
枝江市港航管理处	码头建设	扩建码头1个、年吞吐量100万吨、泊位3个	200912	5900	5900
枝江市犇炎牧业有限公司	菜牛养殖项目	年养殖菜牛200头	200912	5000	5000
宜昌宏畅新型墙体材料有限公司	加气砖块15万立方米	年产15万立方米墙体砖块	200912	5000	5000
宜昌湘宜水产品有限公司	湘宜水产品白鲢加工项目	生产线3条,年生产2000吨	200912	5000	5000
湖北宜昌晨呈石墨有限公司	石墨深加工	年产膨胀石墨4000吨	200912	5000	5000
枝江市金源投资开发有限责任公司	工业大道四季港路环通建设	道路3公里,40639平米	200912	4500	4500
宜昌市宜硕塑料制品有限公司	塑料管材项目	年生产塑料管材100万米	200911	9500	10000
湖北三宁化工股份有限公司	24MW余热发电	2X12MW年发电17280万千瓦	200911	6120	6120
枝江奥美医疗用品有限公司	2000吨水制无纺布及ERP管理系统	年产2000吨水刺无纺布	200911	5000	5000
湖北三宁化工股份有限公司	合成氨废水零排放	年节水360万吨	200911	4990	4990
枝江市人民医院	传染病区、整体迁建工程	年增加病床1500个	200910	11000	11000
枝江湖北宜变电力设备有限公司	年产500台套各类型号变压器项目	年产各类型号变压器500台套。	200910	5000	5000
湖北迅达工业科技有限公司	二期扩建新建可调进风口环保型吸烟机及太阳	年产可调进风口环保型吸油烟机30万台,太阳能系列产品130万台,高效生物质直燃炉200万台	200905	38660	38660
宜昌力道起重机械有限公司	年产250台轮胎起重机	年产港口轮胎式起重机200台,门式起重机50台套	200905	6000	6000
湖北开元化工科技股份有限公司	四氧化三锰项目	年产1000吨四氧化三锰,1000吨对苯醌,10万吨硫酸	200903	18500	17000
湖北综艺包装有限公司	彩印包装项目	年产8000万个包装盒	200903	13000	12000
湖北三宁化工股份有限公司	4030工程	年生产尿素30万吨	200902	131000	131000

10—20 房地产开发投资

（2009年）

单位：万元、平方米

分组指标	总计	中央	省	地市县属
计划总投资	**2980079**	**236000**	**22523**	**2721556**
自开始建设累计完成投资	1970596	173832	25000	1771764
本年完成投资	793311	39727	6893	746691
土地开发投资额	75500	600		74900
配套工程投资	6644			6644
国有经济控股	140806	39727	6893	94186
1. 按登记注册类型分				
内资企业	786640	39727	6893	740020
国有企业	35300			35300
集体企业	13362			13362
股份合作企业				
联营企业				
国有联营企业				
集体联营企业				
国有与集体联营企业				
其他联营企业				
有限责任公司	408963	39727	6893	362343
国有独资公司	8900			8900
其他有限责任公司	400063	39727	6893	353443
股份有限公司				
股份有限公司	12677			12677
私营企业	311338			311338
私营独资企业	48730			48730
私营合伙企业	8000			8000
私营有限责任公司	224318			224318
私营股份有限公司	30290			30290
其他企业	5000			5000
港澳台商投资企业	5196			5196
与港澳台商合资经营企业	1874			1874
与港澳台商合资合作经营企业				
港澳台商独资经营企业	3322			3322
港澳台商投资股份有限公司				
外商投资企业	1475			1475
中外合资经营企业				
中外合作经营企业				
外资企业	1475			1475
外商投资股份有限公司				
2. 按构成分				
建筑工程	530237	36827	4343	489067
安装工程	36858		875	35983
设备工器具购置	10530		1130	9400
其他费用	215686	2900	545	212241
其中：旧建筑物购置费	1181			1181
土地购置费	150140	2900		147240

10—20 续表

单位:万元、平方米

分组指标	总计	中央	省	地市县属
3. 按工程用途分				
住宅	517753	32699	4627	480427
其中:90 平方米以下	110897	10431	531	99935
其中:140 平方米以上	100534	3482	845	96207
经济适用房	10548			10548
别墅、高档公寓	10172			10172
办公楼	5683	121	55	5507
商业营业用房	228168	6907	1593	219668
其他	41707		618	41089
本年新增固定资产	303185	80		303105
一、本年资金来源合计	1061283	119093	14600	927590
1. 上年末结余资金	79507	6779	2000	70728
2. 本年资金来源小计	981776	112314	12600	856862
(1)国内贷款	221332	38600		182732
银行贷款	176739	4400		172339
非银行金融机构贷款	44593	34200		10393
(2)利用外资				
其中:外商直接投资				
(3)自筹资金	433476	35000		398476
其中:自有资金	278165	32000		246165
(4)其他资金来源	326968	38714	12600	275654
其中:定金及预收款	119682	4671	5040	109971
其中:个人按揭贷款	99068	684	7560	90824
二、本年各项应付款合计	229315	44561	120	184634
其中:工程款	91917	14419	120	77378
项目规划情况				
项目规划占地面积	5613069	141487	21830	5449752
项目规划建筑面积	13299574	678566	92950	12528058
其中:住宅	9447676	467513	62393	8917770
商业营业用房	2990015	206053	21480	2762482
办公楼	214697	5000	742	208955
其他	647186		8335	638851
规划住宅套数	84028	4067	552	79409
其中:90 平方米以下	28440	1803	102	26535
90 - 140 平方米	45652	2007	382	43263
140 平方米以上	9936	257	68	9611
其中:别墅、高档公寓	2745			2745
项目个数	152	3	1	148
土地购置和开发				
本年完成开发土地面积	505213	25648		479565
待开发土地面积	270628	21635		248993
本年购置土地面积	1488165	47283		1440882
本年土地成交价款	136483	2900		133583

10—21 房地产开发企业投资、资金、施工、销售及空置情况

（2009年）

单位：万元、个

指标名称	法人表企业数	计划总投资	自开始建设累计完成投资	本年完成投资	土地开发投资额	配套工程投资
总　计	**260**	**2980079**	**1970596**	**793311**	**75500**	**6644**
一、按登记注册类型分组						
内资企业	245	2937379	1933362	786640	75500	6644
国有企业	9	118500	73890	35300		
集体企业	4	13479	16730	13362		
股份合作企业						
国有联营企业						
集体联营企业						
国有与集体联营企业						
其他联营企业						
国有独资公司	3	25000	21485	8900		
其他有限责任公司	71	1367255	923999	400063	68122	2018
股份有限公司	10	35106	24834	12677	3316	200
私营独资企业	6	158980	76030	48730	500	
私营合伙企业	1	15000	15000	8000		
私营有限责任公司	130	922865	659694	224318	3445	3809
私营股份有限公司	6	276194	116700	30290	117	117
其他企业	5	5000	5000	5000		500
港澳台商投资企业	8	22900	15945	5196		
与港澳台商合资经营企业	6	7500	7223	1874		
与港澳台商合资合作经营企业						
港澳台商独资经营企业	2	15400	8722	3322		
港澳台商投资股份有限公司						
外商投资企业	7	19800	21289	1475		
中外合资经营企业	3	10000	11889			
中外合作经营企业						
外资企业	4	9800	9400	1475		
外商投资股份有限公司						
二、按控股情况分组						
国有控股	26	473898	356383	140806	600	
集体控股	6	15049	18400	14232		
私人控股	208	2420432	1533074	618708	74900	6644
港澳台商控股	9	22900	15945	5196		
外商控股	7	19800	21289	1475		

10—21 续表1 单位:万元、个

指标名称	法人表企业数	计划总投资	自开始建设累计完成投资	本年完成投资	土地开发投资额	配套工程投资
其他	4	28000	25505	12894		
三、按资质等级分组						
一级	1	66000	66020	25000		
二级	8	461727	326966	68604		50
三级	62	837021	558735	168344	4721	600
四级	57	188026	142136	57625	1119	540
暂定	130	1424455	873889	472413	69660	5454
其他	2	2850	2850	1325		
四、按隶属关系分组						
中央	4	236000	173832	39727	600	
省	2	22523	25000	6893		
市县属	254	2721556	1771764	746691	74900	6644
五、按地区分组						
宜昌市	260	2980079	1970596	793311	75500	6644
市区	205	2493739	1728858	668091	67797	3792
#西陵区	87	950483	683609	206881	3700	800
伍家岗区	47	1003975	643235	235138	54137	1379
点军区	8	3198	2700	2700	200	
猇亭区	2	2830	2425	1636	180	40
夷陵区	30	348850	251635	143608	500	901
宜昌开发区	31	184403	145254	78128	9080	672
远安县	4	11040	9237	7298	151	50
兴山县	3					
秭归县	7	117070	20910	13898	3466	550
长阳自治县	7	36143	25003	16496		
五峰自治县	6	2200	1235	1235	67	1065
宜都市	7	161507	92342	34091	1087	177
当阳市	11	78580	36326	24997	927	10
枝江市	10	79800	56685	27205	2005	1000

10—21 续表 2　　单位:万元

指标名称	本年完成投资中按构成分					
	建筑工程	安装工程	设备工器具购置	其他费用	旧建筑物购置费	土地购置费
总　计	**530237**	**36858**	**10530**	**215686**	**1181**	**150140**
一、按登记注册类型分组						
内资企业	523706	36858	10530	215546	1181	150140
国有企业	25977	4683	3890	750	50	
集体企业	10970	78	22	2292		2292
股份合作企业						
国有联营企业						
集体联营企业						
国有与集体联营企业						
其他联营企业						
国有独资公司	3700	5200				
其他有限责任公司	264634	15801	3830	115798	780	99718
股份有限公司	8584	33	210	3850		1737
私营独资企业	5630		1000	42100		9000
私营合伙企业	8000					
私营有限责任公司	163123	9716	1261	50218	351	36933
私营股份有限公司	28488	997	297	508		460
其他企业	4600	350	20	30		
港澳台商投资企业	5056			140		
与港澳台商合资经营企业	1734			140		
与港澳台商合资合作经营企业						
港澳台商独资经营企业	3322					
港澳台商投资股份有限公司						
外商投资企业	1475					
中外合资经营企业						
中外合作经营企业						
外资企业	1475					
外商投资股份有限公司						
二、按控股情况分组						
国有控股	84619	12058	5020	39109	50	35002
集体控股	11670	78	22	2462		2292
私人控股	418933	24722	5488	169565	1131	108436
港澳台商控股	5056			140		
外商控股	1475					
其他	8484			4410		4410

单位:万元

指标名称	本年完成投资中按构成分					
	建筑工程	安装工程	设备工器具购置	其他费用	旧建筑物购置费	土地购置费
三、按资质等级分组						
一级	25000					
二级	52224	10997	1130	4253		
三级	123092	17564	5452	22236	1	16624
四级	45790	566	310	10959	1180	7879
暂定	284131	7731	3638	176913		125637
其他				1325		
四、按隶属关系分组						
中央	36827			2900		2900
省	4343	875	1130	545		
市县属	489067	35983	9400	212241	1181	147240
五、按地区分组						
宜昌市	530237	36858	10530	215686	1181	150140
市区	452093	35604	8704	171690	780	115566
#西陵区	159835	2447	2710	41889		1110
伍家岗区	157248	26958	3890	47042		45830
点军区	1200			1500	750	750
猇亭区	1338	138	130	30	30	
夷陵区	76553	4612	814	61629		50157
宜昌开发区	55919	1449	1160	19600		17719
远安县	6222	50		1026		975
兴山县						
秭归县	6477	571	138	6712	350	4287
长阳自治县	13248	633	610	2005	50	605
五峰自治县	1029			206	1	158
宜都市	17619		1060	15412		12349
当阳市	10694		18	14285		13450
枝江市	22855			4350		2750

10—21 续表4 单位:万元

指 标 名 称	本年完成投资中按工程用途分							
	住 宅					办公楼	商业营业	其 他
	投 资	90平方米以下投资	140平方米以上投资	经济适用房投资	别墅、高档公寓	投 资	用房投资	投 资
总 计	**517753**	**110897**	**100534**	**10548**	**10172**	**5683**	**228168**	**41707**
一、按登记注册类型分组								
内资企业	512015	108773	99509	10548	10172	5683	227886	41056
国有企业	30157	11826	5460	5753			1744	3399
集体企业	4031	4031				200	9111	20
股份合作企业								
国有联营企业								
集体联营企业								
国有与集体联营企业								
其他联营企业								
国有独资公司	6500		2500				600	1800
其他有限责任公司	252033	59032	38138	1000	1617	4165	126153	17712
股份有限公司	10540	62	3061			10	1059	1068
私营独资企业	19405	4700	3600		900		28875	450
私营合伙企业							8000	
私营有限责任公司	162255	25920	37989	3500	7655	1308	47002	13753
私营股份有限公司	22094	3202	8761	295			5342	2854
其他企业	5000							
港澳台商投资企业	4283	2124	845				282	631
与港澳台商合资经营企业	1350	610	739				197	327
与港澳台商合资合作经营企业								
港澳台商独资经营企业	2933	1514	106				85	304
港澳台商投资股份有限公司								
外商投资企业	1455		180					20
中外合资经营企业								
中外合作经营企业								
外资企业	1455		180					20
外商投资股份有限公司								
二、按控股情况分组								
国有控股	123552	31194	22190	6753		176	11261	5817
集体控股	4501	4031	470		470	200	9111	420
私人控股	383031	73548	76849	3795	9702	4091	196767	34819
港澳台商控股	4283	2124	845				282	631
外商控股	1455		180					20
其他	931					1216	10747	

10—21 续表 5 单位:万元

指标名称	本年完成投资中按工程用途分							
	住宅投资	90平方米以下投资	140平方米以上投资	经济适用房投资	别墅、高档公寓	办公楼投资	商业营业用房投资	其他投资
三、按资质等级分组								
一级	22349	7513	2525				2651	
二级	58801	23878	9499		1147	55	6343	3405
三级	130912	15354	51993	1629		61	24936	12435
四级	43412	11482	5326	5753	1770	31	11848	2334
暂定	262279	52670	31191	3166	7255	5536	182390	22208
其他								1325
四、按隶属关系分组								
中央	32699	10431	3482			121	6907	
省	4627	531	845			55	1593	618
市县属	480427	99935	96207	10548	10172	5507	219668	41089
五、按地区分组								
宜昌市	517753	110897	100534	10548	10172	5683	228168	41707
市区	427828	92479	89747	8624	9895	3843	203175	33245
#西陵区	131483	41033	41042	7624		803	64954	9641
伍家岗区	128841	30002	20063	1000	7225	1552	95640	9105
点军区	2233	7	2226					467
猇亭区	909						607	120
夷陵区	127260	18603	23493		2670	17	9211	7120
宜昌开发区	37102	2834	2923			1471	32763	6792
远安县	6969	3824		1924			206	123
兴山县								
秭归县	12298	20	3166				1400	200
长阳自治县	13206	5800				1800	240	1250
五峰自治县	990	43	600				205	40
宜都市	26796	5151	3640			40	3484	3771
当阳市	14370	2817	1570		277		9982	645
枝江市	15296	763	1811				9476	2433

10—21 续表 6 单位:万元、平方米

指标名称	本年新增固定资产	本年完成开发土地面积	待开发土地面积	本年购置土地面积	本年土地成交价款	本年资金来源合计	上年末结余资金	本年资金来源小计
总计	**303185**	**505213**	**270628**	**1488165**	**136483**	**1061283**	**79507**	**981776**
一、按登记注册类型分组								
内资企业	286910	505213	270628	1488165	136483	1046600	72018	974582
国有企业	1000					37900	3116	34784
集体企业	2870			43587	2292	7640	181	7459
股份合作企业								
国有联营企业								
集体联营企业								
国有与集体联营企业								
其他联营企业								
国有独资公司						8900	953	7947
其他有限责任公司	80240	266742	110419	811083	87372	516636	19192	497444
股份有限公司	12053	33595		5595	450	15324	400	14924
私营独资企业	480	36000	110000	146000	9000	28880	500	28380
私营合伙企业	15000		4600			10000		10000
私营有限责任公司	96921	163453	41769	468394	36909	338027	43591	294436
私营股份有限公司	74000	5423	3840	13506	460	78293	4085	74208
其他企业	4346					5000		5000
港澳台商投资企业	4386					13083	7389	5694
与港澳台商合资经营企业	4386					9761	7389	2372
与港澳台商合资合作经营企业								
港澳台商独资经营企业						3322		3322
港澳台商投资股份有限公司								
外商投资企业	11889					1600	100	1500
中外合资经营企业	11889					100	100	
中外合作经营企业								
外资企业						1500		1500
外商投资股份有限公司								
二、按控股情况分组								
国有控股	1080	25648	21635	344383	34700	247432	13817	233615
集体控股	2870			43587	2292	9210	181	9029
私人控股	282960	479565	248993	1100195	99491	779074	58020	721054
港澳台商控股	4386					13083	7389	5694
外商控股	11889					1600	100	1500
其他						10884		10884

10—21 续表7 单位:万元、平方米

指标名称	本年新增固定资产	本年完成开发土地面积	待开发土地面积	本年购置土地面积	本年土地成交价款	本年资金来源合计	上年末结余资金	本年资金来源小计
三、按资质等级分组								
一级						103203	5244	.97959
二级	87871					96266	3426	92840
三级	57764	108275	110000	246240	13978	214517	37702	176815
四级	56964	44632	18289	215778	7859	87659	5027	82632
暂定	100586	352306	142339	1026147	114646	559638	28108	531530
其他								
四、按隶属关系分组								
中央	80	25648	21635	47283	2900	119093	6779	112314
省						14600	2000	12600
市县属	303105	479565	248993	1440882	133583	927590	70728	856862
五、按地区分组								
宜昌市	303185	505213	270628	1488165	136483	1061283	79507	981776
市区	263823	182776	110419	950564	102110	882740	65818	816922
#西陵区	119691					317704	45219	272485
伍家岗区	55492	115768	88784	204552	45830	293974	10460	283514
点军区		6474		6474	750	1288	88	1200
猇亭区		7545				2036		2036
夷陵区	64225	27341		643631	49855	173576	9061	164515
宜昌开发区	24415	25648	21635	95907	5675	94162	990	93172
远安县	6372	22633		30716	706	10118	122	9996
兴山县						1144	910	234
秭归县	655	69459		41459	3000	16198	400	15798
长阳自治县	4043		13689	14580	2000	21403		21403
五峰自治县	515	4026	5200	1724	118	1235		1235
宜都市	1518	114050	113840	236550	12349	40651	426	40225
当阳市	10987	47994	2880	170085	13450	54889	11831	43058
枝江市	15272	64275	24600	42487	2750	32905		32905

10—21 续表8　　单位:万元

指标名称									
	国内贷款	银行贷款	非银行金融机构	利用外资	自筹资金	自有资金	其他资金来源	定金及预收款	个人按揭贷款
总　计	**221332**	**176739**	**44593**		**433476**	**278165**	**326968**	**119682**	**99068**
一、按登记注册类型分组									
内资企业	221332	176739	44593		429554	274243	323696	118668	96810
国有企业	9750	3850	5900		12345	2391	12689	6900	5789
集体企业	120	120			7269	7269	70		
股份合作企业									
国有联营企业									
集体联营企业									
国有与集体联营企业									
其他联营企业									
国有独资公司					2000	1000	5947	2747	3200
其他有限责任公司	128420	91637	36783		205230	167357	163794	43621	46252
股份有限公司	1500	1500			5824	1324	7600	7600	
私营独资企业	4400	4400			21780	7780	2200	1050	1050
私营合伙企业					10000				
私营有限责任公司	49862	48952	910		146406	83422	98168	54142	38519
私营股份有限公司	25280	24280	1000		16700	1700	32228	2608	1000
其他企业	2000	2000			2000	2000	1000		1000
港澳台商投资企业					3922	3922	1772	814	958
与港澳台商合资经营企业					600	600	1772	814	958
与港澳台商合资合作经营企业									
港澳台商独资经营企业					3322	3322			
港澳台商投资股份有限公司									
外商投资企业							1500	200	1300
中外合资经营企业									
中外合作经营企业									
外资企业							1500	200	1300
外商投资股份有限公司									
二、按控股情况分组									
国有控股	48750	8850	39900		59445	35791	125420	33197	19833
集体控股	120	120			8839	8839	70		
私人控股	168462	163769	4693		354386	222729	198206	85471	76977
港澳台商控股					3922	3922	1772	814	958
外商控股							1500	200	1300
其他	4000	4000			6884	6884			

单位:万元

指标名称	国内贷款	银行贷款	非银行金融机构	利用外资	自筹资金	自有资金	其他资金来源	定金及预收款	个人按揭贷款
三、按资质等级分组									
一级	38400	4400	34000		30000	30000	29559		
二级	16700	16700			25238	22100	50902	16006	34896
三级	33928	24925	9003		61599	36058	81288	41822	34117
四级	13494	13444	50		55010	29426	14128	8630	5111
暂定	118810	117270	1540		261629	160581	151091	53224	24944
其他									
四、按隶属关系分组									
中央	38600	4400	34200		35000	32000	38714	4671	684
省							12600	5040	7560
市县属	182732	172339	10393		398476	246165	275654	109971	90824
五、按地区分组									
宜昌市	221332	176739	44593		433476	278165	326968	119682	99068
市区	188093	146753	41340		346232	239581	282597	86171	89790
#西陵区	82300	43300	39000		92303	43317	97882	17664	17332
伍家岗区	53908	53208	700		130727	95013	98879	43202	54376
点军区	800	800			200	200	200		
猇亭区					1135	780	901	181	720
夷陵区	34915	33275	1640		62816	41220	66784	14359	10176
宜昌开发区	16170	16170			59051	59051	17951	10765	7186
远安县	1814	1594	220		5010	4336	3172	1659	1513
兴山县	50		50		150	150	34		34
秭归县	1500	1500			4490	1000	9808	9508	300
长阳自治县	1300	1300			20103				
五峰自治县					975	720	260	176	84
宜都市	12550	12550			15662	11124	12013	6263	5650
当阳市	12860	12660	200		11514	11514	18684	15755	1447
枝江市	3165	382	2783		29340	9740	400	150	250

10—21 续表10 单位:万元、平方米

指标名称	本年各项应付款合计	工程款	施工面积	本年新开工面积	竣工面积	竣工房屋价值
总计	**229315**	**91917**	**7859273**	**3124916**	**1443632**	**281265**
一、按登记注册类型分组						
内资企业	226823	89817	7769299	3124916	1421701	276879
国有企业	7029	1434	347388	200847	10500	1000
集体企业	5946	414	58819	32335	8200	2298
股份合作企业						
国有联营企业						
集体联营企业						
国有与集体联营企业						
其他联营企业						
国有独资公司	5400	5400	82441	4479		
其他有限责任公司	106176	25122	2947816	1469264	465953	82423
股份有限公司	1150	950	186105	95505	84008	12053
私营独资企业	20000	20000	912204	85333	5333	480
私营合伙企业			21000		21000	5000
私营有限责任公司	69768	34903	2722407	957467	608849	95279
私营股份有限公司	11054	1294	463261	264778	190000	74000
其他企业	300	300	27858	14908	27858	4346
港澳台商投资企业	1292	900	89669		21931	4386
与港澳台商合资经营企业	1292	900	11416		21931	4386
与港澳台商合资合作经营企业						
港澳台商独资经营企业			78253			
港澳台商投资股份有限公司						
外商投资企业	1200	1200	305			
中外合资经营企业						
中外合作经营企业						
外资企业	1200	1200	305			
外商投资股份有限公司						
二、按控股情况分组						
国有控股	75703	21975	1406106	824437	43370	3263
集体控股	5946	414	68619	32335	8200	2298
私人控股	143163	65417	6139502	2210572	1370131	271318
港澳台商控股	1292	900	89669		21931	4386
外商控股	1200	1200	305			
其他	2011	2011	155072	57572		

10—21 续表11 单位:万元、平方米

指标名称	本年各项应付款合计	工程款	施工面积	本年新开工面积	竣工面积	竣工房屋价值
三、按资质等级分组						
一级	37999	14419	198566	106694		
二级	3120	2120	982915	226071	440617	82885
三级	35392	23707	1878845	617752	324147	44062
四级	9709	8747	678198	299816	317076	52614
暂定	143095	42924	4120749	1874583	361792	101704
其他						
四、按隶属关系分组						
中央	44561	14419	654608	535021		
省	120	120	92950			
市县属	184634	77378	7111715	2589895	1443632	281265
五、按地区分组						
宜昌市	229315	91917	7859273	3124916	1443632	281265
市区	225556	89005	6563119	2241435	1156731	243990
#西陵区	131461	49047	2830802	1094209	406617	105989
伍家岗区	48357	21680	1661488	211806	254279	54920
点军区	1492	1450				
猇亭区			24110	24110		
夷陵区	30122	10593	1310313	665967	405772	63732
宜昌开发区	14124	6235	736406	245343	90063	19349
远安县	1941	1941	100026	67026	46974	6372
兴山县						
秭归县	950	950	121730	109500	4230	655
长阳自治县			196924	105470	69100	9693
五峰自治县			12050	12050	5050	515
宜都市	200		265161	220394	8438	1518
当阳市	636	6	324596	257718	127618	13250
枝江市	32	15	275667	111323	25491	5272

10—21 续表 12 单位:万元、平方米

指标名称	商品房销售面积合计	住宅销售面积	#别墅、高档公寓销售面积	#经济适用房销售面积
总计	**2040756**	**1919546**	**43789**	**56396**
一、按登记注册类型分组				
内资企业	1992055	1883842	43789	56396
国有企业	58959	57148		8821
集体企业	13163			
股份合作企业				
国有联营企业				
集体联营企业				
国有与集体联营企业				
其他联营企业				
国有独资公司	16747	16747		
其他有限责任公司	892868	823337	1895	
股份有限公司	77101	74890		
私营独资企业	37100	37100	3767	
私营合伙企业	2500			
私营有限责任公司	685838	670166	38127	38063
私营股份有限公司	158077	154752		9512
其他企业	49702	49702		
港澳台商投资企业	48619	35622		
与港澳台商合资经营企业	23766	10769		
与港澳台商合资合作经营企业				
港澳台商独资经营企业	24853	24853		
港澳台商投资股份有限公司				
外商投资企业	82	82		
中外合资经营企业	82	82		
中外合作经营企业				
外资企业				
外商投资股份有限公司				
二、按控股情况分组				
国有控股	459918	429738		8821
集体控股	15058	1895	1895	
私人控股	1508096	1443226	41894	47575
港澳台商控股	48619	35622		
外商控股	82	82		
其他	8983	8983		

10—21 续表 13 单位:万元、平方米

指标名称	商品房销售面积合计	住宅销售面积	#别墅、高档公寓销售面积	#经济适用房销售面积
三、按资质等级分组				
一级	79466	79399		
二级	232838	214179		
三级	654011	616450	2798	12063
四级	284315	276946	7431	8821
暂定	790126	732572	33560	35512
其他				
四、按隶属关系分组				
中央	191872	190502		
省	29828	21141		
市县属	1819056	1707903	43789	56396
五、按地区分组				
宜昌市	2040756	1919546	43789	56396
市区	1507323	1437255	40991	34821
#西陵区	577172	533323		34821
伍家岗区	235212	218939	29793	
点军区				
猇亭区	8699	7640		
夷陵区	557935	554011	11198	
宜昌开发区	128305	123342		
远安县	37595	35800		21575
兴山县				
秭归县	68054	68054		
长阳自治县	93215	83861		
五峰自治县	1415	1415		
宜都市	127550	117578		
当阳市	68851	50159	2798	
枝江市	136753	125424		

10—21　续表 14　　　　单位:万元、平方米

指标名称	办公楼销售面积	商业营业用房销售面积	其他房屋销售面积	商品房销售额	住宅销售额	#别墅高档公寓销售额	#经济适用房销售额	办公楼销售额	商业营业用房销售额	其他销售额
总计	**17554**	**79340**	**24316**	**645784**	**576226**	**21694**	**8673**	**4970**	**62396**	**2192**
一、按登记注册类型分组										
内资企业	17554	79224	11435	631108	562725	21694	8673	4970	62187	1226
国有企业		1811		18318	16893		1610		1425	
集体企业	8200	4963		5861				2870	2991	
股份合作企业										
国有联营企业										
集体联营企业										
国有与集体联营企业										
其他联营企业										
国有独资公司				9012	9012					
其他有限责任公司	9354	51095	9082	294572	251860	689		2100	39750	862
股份有限公司		2211		17553	16075				1478	
私营独资企业				7566	7566	2426				
私营合伙企业		2500		3000					3000	
私营有限责任公司		13319	2353	200501	194728	18579	5941		5409	364
私营股份有限公司		3325		63294	55160		1122		8134	
其他企业				11431	11431					
港澳台商投资企业		116	12881	14650	13475				209	966
与港澳台商合资经营企业		116	12881	5426	4251				209	966
与港澳台商合资合作经营企业										
港澳台商独资经营企业				9224	9224					
港澳台商投资股份有限公司										
外商投资企业				26	26					
中外合资经营企业				26	26					
中外合作经营企业										
外资企业										
外商投资股份有限公司										
二、按控股情况分组										
国有控股		30180		181995	153290		1610		28705	
集体控股	8200	4963		6550	689	689		2870	2991	
私人控股	9354	44081	11435	439787	405970	21005	7063	2100	30491	1226
港澳台商控股		116	12881	14650	13475				209	966
外商控股				26	26					
其他				2776	2776					

指标名称	办公楼销售面积	商业营业用房销售面积	其他房屋销售面积	商品房销售额	住宅销售额	#别墅高档公寓销售额	#经济适用房销售额	办公楼销售额	商业营业用房销售额	其他销售额
三、按资质等级分组										
一级		67		32094	32013				81	
二级		16038	2621	78329	64035				13812	482
三级		22512	15049	188484	175268	767	2717		12250	966
四级		5016	2353	67456	62543	4995	1610		4549	364
暂定	17554	35707	4293	279421	242367	15932	4346	4970	31704	380
其他										
四、按隶属关系分组										
中央		1370		87376	84195				3181	
省		8687		19814	8990				10824	
市县属	17554	69283	24316	538594	483041	21694	8673	4970	48391	2192
五、按地区分组										
宜昌市	17554	79340	24316	645784	576226	21694	8673	4970	62396	2192
市区	8200	43551	18317	521468	478877	20927	4834	2870	38204	1517
#西陵区		26675	17174	231559	200598		4834		29615	1346
伍家岗区	8200	8073		96237	90568	13506		2870	2799	
点军区										
猇亭区		1059		2445	1685				760	
夷陵区		2781	1143	143414	141204	7421			2039	171
宜昌开发区		4963		47813	44822				2991	
远安县		665	1130	5313	4903		3839		232	178
兴山县										
秭归县				15022	15022					
长阳自治县	9354			17851	15751			2100		
五峰自治县				212	212					
宜都市		7351	2621	27859	24389				2988	482
当阳市		18612	80	22326	8971	767			13340	15
枝江市		9161	2168	35733	28101				7632	

10—22 房地产开发企业财务指标

(2009年)

单位:千元、个、人

指标名称	财务表企业数	年末从业人数	年初存货	流动资产合计	存货	固定资产原价	累计折旧	本年折旧	资产总计
总计	**260**	**4362**	**10753622**	**20617447**	**13309855**	**1094112**	**243236**	**48499**	**26041838**
一、按登记注册类型分组									
内资企业	245	4196	10236060	19838556	12902018	1031910	227254	43417	25101254
国有企业	9	226	1574463	2591900	2009666	31130	12754	935	2878323
集体企业	4	82	74202	193254	164744	57165	6608	1189	325757
股份合作企业									
国有联营企业									
集体联营企业									
国有与集体联营企业									
其他联营企业									
国有独资公司	3	97	233457	711994	247521	19145	1814	464	1781975
其他有限责任公司	71	1479	4527378	7952109	5216330	447608	106149	14171	9853129
股份有限公司	10	193	171215	441852	197027	20681	5894	968	539591
私营独资企业	6	125	119858	351994	333979	24572	1817	771	379932
私营合伙企业	1	8	56000	66000	56000	28880	4880	2440	90000
私营有限责任公司	130	1752	2903979	6437418	3801121	395378	83697	21860	7705486
私营股份有限公司	6	165	554412	1006990	866346	4741	2861	390	1267782
其他企业	5	69	21096	85045	9284	2610	780	229	279279
港澳台商投资企业	8	91	173644	394598	246883	20310	7462	2581	430154
与港澳台商合资经营企业	6	63	107816	204349	125399	8991	2558	500	229433
与港澳台商合资合作经营企业									
港澳台商独资经营企业	2	28	65828	190249	121484	11319	4904	2081	200721
港澳台商投资股份有限公司									
外商投资企业	7	75	343918	384293	160954	41892	8520	2501	510430
中外合资经营企业	3	32	150830	212658	39550	10325	5502	195	282943
中外合作经营企业									
外资企业	4	43	193088	171635	121404	31567	3018	2306	227487
外商投资股份有限公司									
二、按控股情况分组									
国有控股	26	763	3572286	6034207	3953189	125851	41555	3766	7939325
集体控股	6	110	93327	240653	202257	62878	8011	1403	378380
私人控股	208	3213	6503758	13313153	8600188	835434	176063	37588	16471752
港澳台商控股	9	94	173644	400028	247383	20570	7472	2581	442484
外商控股	7	75	343918	384293	160954	41892	8520	2501	510430
其他	4	107	66689	245113	145884	7487	1615	660	299467

10—22 续表1 单位:千元、个、人

指标名称	财务表企业数	年末从业人数	年初存货	流动资产合计	存货	固定资产原价	累计折旧	本年折旧	资产总计
三、按资质等级									
一级	1	192	618655	958575	540723	55295	23477	1605	1298797
二级	8	290	1912842	2699383	1735563	123426	59159	3767	3142258
三级	62	1193	3560367	6054725	4059901	341020	76897	18843	7216208
四级	57	801	686172	1860359	878679	271034	44525	7877	2467504
暂定	130	1882	3975586	9044405	6094989	298337	38512	16007	11911851
其他	2	4				5000	666	400	5220
四、按隶属关系分组									
中央	4	246	1415518	1855222	1187224	56990	24034	1958	2199446
省	2	80	10745	167359	10158	4825	2293	106	170036
市县属	254	4036	9327359	18594866	12112473	1032297	216909	46435	23672356
五、按地区分组									
宜昌市	260	4362	10753622	20617447	13309855	1094112	243236	48499	26041838
#市区	205	3444	10033499	18706236	12238400	811995	197576	36687	23643386
西陵区	87	1424	3813193	7061611	4307099	196644	59400	8184	9254501
伍家岗区	47	723	3179586	5079565	3969655	117327	28363	10349	6206735
点军区	8	69	19524	111311	32389	49357	460	112	168646
猇亭区	2	55	10880	188931	24396	6688	715	122	313112
夷陵区	30	586	942739	2632290	1441523	176315	61386	6708	3326697
宜昌开发区	31	587	2067577	3632528	2463338	265664	47252	11212	4373695
远安县	4	63	15138	66121	16003	16391	2822	688	92370
兴山县	3	33	3554	11288	4336	33873	1714	277	48003
秭归县	7	112	44486	139989	67181	7815	2800	61	252520
长阳自治县	7	168	66230	169845	88439	36481	10968	1207	207800
五峰自治县	6	49	7505	31806	3772	23679	1066	101	57720
宜都市	7	159	151216	423781	273144	41707	5188	2263	467057
当阳市	11	193	275419	677919	411078	43002	6935	943	806691
枝江市	10	141	156575	390462	207502	79169	14167	6272	466291

10—22　续表 2　　单位:千元

指　标　名　称	负债合计	所有者权益合计	实收资本	国家资本	集体资本	法人资本	个人资本	港澳台资　本	外商资本
总　计	**17396670**	**8645168**	**5935245**	**2187854**	**46275**	**1401645**	**2051751**	**135982**	**111738**
一、按登记注册类型分组									
内资企业	16742761	8358493	5653894	2186354	46275	1362244	2049251	9770	0
国有企业	2682339	195984	102111	102111					
集体企业	299110	26647	32275		32275				
股份合作企业									
国有联营企业									
集体联营企业									
国有与集体联营企业									
其他联营企业									
国有独资公司	741224	1040751	967232	967232					
其他有限责任公司	6217870	3635259	2068749	1090200	9000	479224	490325		
股份有限公司	291879	247712	123205	26811		40294	56100		
私营独资企业	141020	238912	186890			36890	150000		
私营合伙企业	40000	50000	11000				11000		
私营有限责任公司	5186193	2519293	1846432		5000	558336	1273326	9770	
私营股份有限公司	1103559	164223	179000			160000	19000		
其他企业	39567	239712	137000			87500	49500		
港澳台商投资企业	312940	117214	135112			6400	2500	126212	
与港澳台商合资经营企业	211998	17435	93312			6400	2500	84412	
与港澳台商合资合作经营企业									
港澳台商独资经营企业	100942	99779	41800					41800	
港澳台商投资股份有限公司									
外商投资企业	340969	169461	146239	1500		33001			111738
中外合资经营企业	200253	82690	52708	1500		33001			18207
中外合作经营企业									
外资企业	140716	86771	93531						93531
外商投资股份有限公司									
二、按控股情况分组									
国有控股	5338820	2600505	2185543	2169543	7000	7000	2000		
集体控股	336731	41649	51186	16811	33275		1100		
私人控股	10831696	5640056	3365165		6000	1334014	2025151		
港澳台商控股	314970	127514	145112			6630	2500	135982	
外商控股	340969	169461	146239	1500		33001			111738
其他	233484	65983	42000			21000	21000		

单位:千元

指 标 名 称	负债合计	所有者权益合计	实收资本	国家资本	集体资本	法人资本	个人资本	港澳台资本	外商资本
三、按资质等级									
一级	533754	765043	700000	700000					
二级	2755162	387096	277800	42800		85000	150000		
三级	5339646	1876562	975650	152688	22000	301579	350735	105392	43256
四级	1793348	674156	608639	24003	8675	131125	401095	10000	33741
暂定	6974760	4937091	3367936	1268363	15600	883721	1144921	20590	34741
其他		5220	5220			220	5000		
四、按隶属关系分组									
中央	1229766	969680	765200	765200					
省	109120	60916	52000	52000					
市县属	16057784	7614572	5118045	1370654	46275	1401645	2051751	135982	111738
五、按地区分组									
宜昌市	17396670	8645168	5935245	2187854	46275	1401645	2051751	135982	111738
市区	16214178	7429208	5129750	2178854	46275	1140366	1526535	125982	111738
#西陵区	5865981	3388520	3055564	1820746	14600	546261	548019	76682	49256
伍家岗区	4051035	2155700	675461	32421	2000	358540	257000	17500	8000
点军区	73206	95440	86000	10000		10000	66000		
猇亭区	263737	49375	40000	30000			10000		
夷陵区	2458947	867750	699775	241000	8000	125565	325210		
宜昌开发区	3501272	872423	572950	44687	21675	100000	320306	31800	54482
远安县	53982	38388	38740			26740	12000		
兴山县	11192	36811	38678				38678		
秭归县	109803	142717	71040			6000	55040	10000	
长阳自治县	113917	93883	86282	4000		20030	62252		
五峰自治县	15338	42382	29855				29855		
宜都市	252146	214911	120090			92090	28000		
当阳市	361678	445013	302220	5000		79820	217400		
枝江市	264436	201855	118590			36599	81991		

10—22 续表 4

单位:千元

指标名称	主营业务收入	土地转让收入	商品房屋销售收入	房屋出租收入	其他收入
总 计	**6493128**	**48861**	**6104972**	**4477**	**334818**
一、按登记注册类型分组					
内资企业	6160214	48608	5787668	4477	319461
国有企业	55072	16100	32653	4477	1842
集体企业	9350		2870		6480
股份合作企业					
国有联营企业					
集体联营企业					
国有与集体联营企业					
其他联营企业					
国有独资公司	124264		90120		34144
其他有限责任公司	3316801		3186766		130035
股份有限公司	165999		118599		47400
私营独资企业	13424		13424		
私营合伙企业	10000		10000		
私营有限责任公司	1743323	32508	1611255		99560
私营股份有限公司	628432		628432		
其他企业	93549		93549		
港澳台商投资企业	108992		108992		
与港澳台商合资经营企业	16752		16752		
与港澳台商合资合作经营企业					
港澳台商独资经营企业	92240		92240		
港澳台商投资股份有限公司					
外商投资企业	223922	253	208312		15357
中外合资经营企业	118251	253	117121		877
中外合作经营企业					
外资企业	105671		91191		14480
外商投资股份有限公司					
二、按控股情况分组					
国有控股	1367097	16100	1296055	4477	50465
集体控股	13993		5267		8726
私人控股	4480533	32508	4237244		210781
港澳台商控股	108992		108992		
外商控股	223922	253	208312		15357
其他	298591		249102		49489

 单位:千元

指标名称	主营业务成本	主营业务税金及附加	主营业务利润	其他业务收入	其他业务利润	销售费用
总计	**5029482**	**400354**	**1023320**	**111396**	**49224**	**162997**
一、按登记注册类型分组						
内资企业	4755240	383177	982726	111136	48955	160333
国有企业	26481	1311	27280	83	-270	3604
集体企业	2271	2115	4964			342
股份合作企业						
国有联营企业						
集体联营企业						
国有与集体联营企业						
其他联营企业						
国有独资公司	87124	12067	25073		17976	1696
其他有限责任公司	2572156	209535	519659	97668	3938	83756
股份有限公司	93543	10807	59269	1740	1740	4930
私营独资企业	11023	997	898			7889
私营合伙企业	5500	1080	2620			800
私营有限责任公司	1282012	123036	321086	11411	19172	49082
私营股份有限公司	601876	15594	9425	234	6399	7026
其他企业	73254	6635	12452			1208
港澳台商投资企业	97117	3088	8782	260	269	1700
与港澳台商合资经营企业	8932	1708	6107		109	448
与港澳台商合资合作经营企业						
港澳台商独资经营企业	88185	1380	2675	260	160	1252
港澳台商投资股份有限公司						
外商投资企业	177125	14089	31812			964
中外合资经营企业	81114	7896	28345			896
中外合作经营企业						
外资企业	96011	6193	3467			68
外商投资股份有限公司						
二、按控股情况分组						
国有控股	945069	105350	306008	95088	19673	47933
集体控股	4877	2556	6459	37	37	443
私人控股	3569423	253438	629372	16011	29245	110570
港澳台商控股	97117	3088	8782	260	269	1700
外商控股	177125	14089	31812			964
其他	235871	21833	40887			1387

单位:千元

称 指 标 名 称	主营业务收入	土地转让收入	商品房屋销售收入	房屋出租收入	其他收入
三、按资质等级					
一级	62015		62015		
二级	1035924		1002056		33868
三级	1755377		1617429	4477	133471
四级	606918	48608	547777		10533
暂定	3032884	253	2875695		156936
其他	10				10
四、按隶属关系分组					
中央	637785		637785		
省	174479		160000		14479
市县属	5680864	48861	5307187	4477	320339
五、按地区分组					
宜昌市	6493128	48861	6104972	4477	334818
市区	5633889	48861	5245829	4477	334722
#西陵区	2132041	16353	1942020		173668
伍家岗区	1453055	32508	1411606	4477	4464
点军区	1849		1849		
猇亭区	229		229		
夷陵区	1229846		1229846		
宜昌开发区	816869		660279		156590
远安县	94303		94303		
兴山县					
秭归县	100141		100141		
长阳自治县	93033		93033		
五峰自治县	9565		9479		86
宜都市	98272		98262		10
当阳市	223277		223277		
枝江市	240648		240648		

称 指 标 名 称	主营业务成本	主营业务税金及附加	主营业务利润	其他业务收入	其他业务利润	销售费用
三、按资质等级						
一级	46313	3517	11296	3080	1607	889
二级	920577	47064	66748	383	2206	10791
三级	1310943	117112	314140	4620	15420	53370
四级	439540	36676	120985	2915	2462	15200
暂定	2312108	195984	510143	100398	27529	82747
其他	1	1	8			
四、按隶属关系分组						
中央	382084	55039	199773	3080	1607	24294
省	138473	13203	22803			8558
市县属	4508925	332112	800744	108316	47617	130145
五、按地区分组						
宜昌市	5029482	400354	1023320	111396	49224	162997
市区	4354665	321660	930326	15916	48844	142818
#西陵区	1583800	130948	411130	4733	31514	64943
伍家岗区	1166359	56997	229699	7837	13894	27560
点军区	895	211	158			585
猇亭区	170	13	46	83	83	283
夷陵区	968695	78974	161687	2394	2015	20490
宜昌开发区	634746	54517	127606	869	1338	28957
远安县	82538	2184	7537	14	11	2356
兴山县						
秭归县	72678	8303	18810			1187
长阳自治县	75742	6928	8978			2230
五峰自治县	6357	732	2449			27
宜都市	93339	9188	-4255			4897
当阳市	177096	15800	23393	91391	38	7542
枝江市	167067	35559	36082	4075	331	1940

10—22 续表 8 单位:千元

指标名称	管理费用	税金	差旅费	工会经费	财务费用	利息支出	营业利润	营业外收入	营业外支出
总计	**287398**	**34739**	**17673**	**1742**	**88049**	**71000**	**585774**	**42002**	**18206**
一、按登记注册类型分组									
内资企业	271180	33511	16079	1634	84563	69300	566378	41629	17990
国有企业	12610	4932	299	221	2591	2075	8205	303	60
集体企业	3872	39	82	4	1743	1737	－993		
股份合作企业									
国有联营企业									
集体联营企业									
国有与集体联营企业									
其他联营企业									
国有独资公司	11076	287	419	39	1796	3428	28481	1915	144
其他有限责任公司	100818	9596	5675	730	33629	26726	320578	32942	4902
股份有限公司	11830	3381	319	64	3019	2572	43610	10	199
私营独资企业	4726	115	523	84	61	31	－11272		
私营合伙企业	900	162	27		1480	1460	10240		
私营有限责任公司	114208	14685	8420	466	33369	24544	162757	5357	12353
私营股份有限公司	8679	181	214	26	5558	5482	－3902	1102	332
其他企业	2461	133	101		1317	1245	8674		
港澳台商投资企业	6496	89	817	4	1731	1677	－871	82	26
与港澳台商合资经营企业	2878	52	700	4	1746	1701	1149	82	26
与港澳台商合资合作经营企业									
港澳台商独资经营企业	3618	37	117		－15	－24	－2020		
港澳台商投资股份有限公司									
外商投资企业	9722	1139	777	104	1755	23	20267	291	190
中外合资经营企业	5781	62	183	92	31	31	22533	182	186
中外合作经营企业									
外资企业	3941	1077	594	12	1724	－8	－2266	109	4
外商投资股份有限公司									
二、按控股情况分组									
国有控股	51815	8538	2434	425	4441	4285	231895	2917	788
集体控股	5143	133	115	43	2013	2007	－1002		
私人控股	206094	22373	13290	1161	77701	62619	304521	38160	16914
港澳台商控股	6936	93	830	4	1731	1677	－1311	82	26
外商控股	9722	1139	777	104	1755	23	20267	291	190
其他	7688	2463	227	5	408	389	31404	552	288

10—22 续表9 单位:千元

指标名称	管理费用	税金	差旅费	工会经费	财务费用	利息支出	营业利润	营业外收入	营业外支出
三、按资质等级									
一级	1805	358	263		-345	-345	10855	223	150
二级	24098	1460	1059	179	8281	9119	27778	20717	1036
三级	104577	17054	8104	339	33587	22951	151208	3371	2678
四级	40626	6007	1730	424	15311	11180	71907	1472	9425
暂定	116255	9834	6515	799	31214	28095	324056	16219	4917
其他	37	26	2	1	1		-30		
四、按隶属关系分组									
中央	4764	823	546	44	465	-495	172515	664	533
省	9408	1233	957	50	-475	-512	5312	24	11
市县属	273226	32683	16170	1648	88059	72007	407947	41314	17662
五、按地区分组									
宜昌市	287398	34739	17673	1742	88049	71000	585774	42002	18206
市区	249682	28086	14656	1361	74180	58711	539920	21378	17789
#西陵区	98208	13775	5603	842	33675	33271	251750	10757	7738
伍家岗区	45962	3757	2448	218	8579	2263	161492	10132	2452
点军区	3009	30	89	3	1467	505	-4318		1
猇亭区	1968	25	37	3	-32		-2090	40	8
夷陵区	51359	6058	4547	185	18851	18302	93456	69	694
宜昌开发区	49176	4441	1932	110	11640	4370	39630	380	6896
远安县	4919	49	243	76	585	537	1732		23
兴山县	489	4	20		1		-490		
秭归县	5535	3140	219	17	1969	1883	10349		21
长阳自治县	3866	1069	135	97	1591	1441	4306	11	
五峰自治县	801	9	40		401	339	1247		1
宜都市	6899	173	336	82	4001	3992	-20052	20606	266
当阳市	8061	455	1056	99	1835	1250	12981		26
枝江市	7146	1754	968	10	3486	2847	35781	7	80

10—22 续表 10

单位:千元、人

指标名称	利润总额	应交所得税	劳动失业保险费	住房公积金及住房补贴	应付工资总额	应付福利费总额	全部从业人员年平均人数	执行2006年会计制度		
								资产减值损失	公允价值变动收益	投资收益
总计	**609570**	**112325**	**4649**	**3142**	**104122**	**10743**	**4261**	**1360**	**22**	**13040**
一、按登记注册类型分组										
内资企业	590017	112024	4518	3076	101434	10357	4128	1360	22	13040
国有企业	8448	70	67	12	5520	590	200			
集体企业	-993			31	1497	145	82			
股份合作企业										
国有联营企业										
集体联营企业										
国有与集体联营企业										
其他联营企业										
国有独资公司	30252	718	311	241	2755	415	82			
其他有限责任公司	348618	70037	1895	2519	41261	3790	1472	1180		913
股份有限公司	43421	4864	336	24	3268	335	171			
私营独资企业	-11272	20	29		2555	194	120			
私营合伙企业	10240	60			144	33	8			10000
私营有限责任公司	155761	30791	1628	196	36926	3801	1762	180	22	2127
私营股份有限公司	-3132	3125	126		5644	670	162			
其他企业	8674	2339	126	53	1864	384	69			
港澳台商投资企业	-815	152	111	58	1380	210	64			
与港澳台商合资经营企业	1205	152	99	32	801	89	38			
与港澳台商合资合作经营企业										
港澳台商独资经营企业	-2020		12	26	579	121	26			
港澳台商投资股份有限公司										
外商投资企业	20368	149	20	8	1308	176	69			
中外合资经营企业	22529		20	8	570	76	32			
中外合作经营企业										
外资企业	-2161	149			738	100	37			
外商投资股份有限公司										
二、按控股情况分组										
国有控股	234024	49751	1394	2649	23578	2111	740	1180		913
集体控股	-1002	60		31	1947	208	110			
私人控股	325767	62213	2975	391	74315	7923	3175	180	22	12127
港澳台商控股	-1255	152	111	58	1420	211	67			
外商控股	20368	149	20	8	1308	176	69			
其他	31668		149	5	1554	114	100			

10—22 续表 11 单位:千元、人

指标名称	利润总额	应交所得税	劳动失业保险费	住房公积金及住房补贴	应付工资总额	应付福利费总额	全部从业人员年平均人数	执行2006年会计制度		
								资产减值损失	公允价值变动收益	投资收益
三、按资质等级										
一级	10928	2879	202	1474	6939	529	192	614		26
二级	47459	7770	791	178	11412	1194	276			459
三级	151901	19401	1482	964	26547	2982	1180			
四级	63954	15047	741	84	14537	1960	755	160	22	10018
暂定	335358	67228	1433	442	44653	4075	1854	586		2537
其他	-30				34	3	4			
四、按隶属关系分组										
中央	172646	43825	272	1497	9142	562	260	1144		913
省	5325	3000	171	670	1690	135	78			
市县属	431599	65500	4206	975	93290	10046	3923	216	22	12127
五、按地区分组										
宜昌市	609570	112325	4649	3142	104122	10743	4261	1360	22	13040
市区	543509	97882	4158	3104	87699	8528	3380	1180		1372
#西陵区	254769	63510	1091	2373	34673	3255	1404	1144		913
伍家岗区	169172	9428	426	365	20074	1753	704			
点军区	-4319				1672	159	65			
猇亭区	-2058	36	67	6	756	106	45			
夷陵区	92831	15702	1711	258	18725	2530	598	36		
宜昌开发区	33114	9206	863	102	11799	725	564			459
远安县	1709	40	119		1109	122	65			
兴山县	-490				343	89	33			
秭归县	10328	1766			1413	196	87	160	22	18
长阳自治县	4317	986	90	38	3268	444	147	20		1650
五峰自治县	1246	2	21		369	30	47			
宜都市	288	1329	40		3911	370	147			
当阳市	12955	3269	99		3734	583	217			
枝江市	35708	7051	122		2276	381	138			10000

10—23 分县市区房地产投资

（2009年）

单位：万元、平方米

指标名称	计划总投资	本年完成投资			按构成分：建筑工程	安装工程	设备工器具购置
			土地开发投资额	配套工程投资			
宜昌市	**2980079**	**793311**	**75500**	**6644**	**530237**	**36858**	**10530**
市区	2467573	661351	66967	3787	448657	35604	8704
#西陵区	930368	201969	3270	800	146913	7188	5020
伍家岗区	1009764	231865	54337	1379	161468	22275	
猇亭区	5230	1736	180	40	1438	138	130
夷陵区	309308	124565	100	896	62816	3254	709
宜昌开发区	212903	101216	9080	672	76022	2749	2845
宜都市	161507	34091	1087	177	17619		1060
当阳市	88380	26251	927	10	10694		18
枝江市	64412	24676	2435	1000	20526		
远安县	34994	15238	551	55	11987	50	
秭归县	117070	13898	3466	550	6477	571	138
长阳自治县	43943	16571			13248	633	610
五峰自治县	2200	1235		67	1065	1029	

指标名称	其他费用		按工程用途分：商品住宅		本年完成土地开发面积	待开发土地面积	本年土地购置面积	本年土地成交价款
		土地购置费		经济适用房				
宜昌市	**215686**	**150140**	**517753**	**10548**	**505213**	**270628**	**1488165**	**136483**
市区	168386	113396	421130	6753	165140	110419	788702	99940
#西陵区	42848	1110	126120					
伍家岗区	48122	46580	128942	6753	122242	88784	211026	46580
猇亭区	30		1009		7545			
夷陵区	57786	47987	109638		9705		481769	47685
宜昌开发区	19600	17719	55421		25648	21635	95907	5675
宜都市	15412	12349	26796		114050	113840	236550	12349
当阳市	15539	13450	15251		47994	2880	170085	13450
枝江市	4150	2750	13514	1871	64275	24600	42487	2750
远安县	3201	3145	14493	1924	40269		192578	2876
秭归县	6712	4287	12298		69459		41459	3000
长阳自治县	2080	605	13281			13689	14580	2000
五峰自治县	206	158	990		4026	5200	1724	118

10—24 房地产面积综合情况

（2009年）

单位：万元、平方米、元/平方米

分组指标	合计	住宅	90平米以下住房	140平米以上住房	经济适用房	别墅、高档公寓	办公楼	商业营业用房	其他
房屋施工面积	7859273	5685310	1136558	979418	187146	265823	60964	1778970	334029
新开工面积	3124916	2339904	610480	302279	40549	4351	22900	601704	160408
房屋竣工面积	1443632	1273738	83118	259763	33000	81524	10139	134040	25715
不可销售面积	35770	176					346	16803	18445
商品住宅竣工套数		10561	1096	1553	262	458			
竣工房屋价值	281265	250041	11517	51418	4752	25272	2701	25388	3135
批准预售面积	3866576	3278312	547446	705177	154890	76263	28771	441325	118168
批准预售住宅套数		28984	7673	3890	2603	410			
出租房屋面积	46978							46978	
商品房销售面积	2040756	1919546	238011	357456	56396	43789	17554	79340	24316
现房销售面积	415012	346058	9404	26032	12063	2798	17554	34697	16703
期房销售面积	1625744	1573488	228607	331424	44333	40991		44643	7613
商品房销售额	645784	576226	84174	115772	8673	21694	4970	62396	2192
现房销售额	132785	97155	1633	5955	2717	767	4970	29032	1628
期房销售额	512999	479071	82541	109817	5956	20927		33364	564
商品住宅销售套数		16762	3174	2024	712	267			
现房销售套数		3109	108	142	95	7			
期房销售套数		13653	3066	1882	617	260			
商品房销售平均价格	3164	3002	3537	3239	1538	4954	2831	7864	901
现房销售平均价格	3200	2807	1736	2288	2252	2741	2831	8367	975
期房销售平均价格	3155	3045	3611	3313	1343	5105		7474	741
空置面积	253230	194467	456	48396	95	3141		50587	8176
空置1-3年面积	66048	59041	456	6862	95			5987	1020
空置3年以上面积	700	700		700		700			

10—25　分县市区商品房销售及空置面积情况

（2009年）　　　　单位:万元、平方米

指标名称	房屋施工面积合计	商品住宅	90平方米以下住房	140平方米以上	经济适用房	别墅、高档公寓	办公楼	商业营业用房	其他
宜昌市	**7859273**	**5685310**	**1136558**	**979418**	**187146**	**265823**	**60964**	**1778970**	**334029**
市区	6406005	4438035	1000187	813877	113597	261472	50653	1617835	299482
#西陵区	2552522	1311313	286893	203350			13742	1140603	86864
伍家岗区	1871023	1633500	533882	251727	113597	231524	19157	151088	67278
猇亭区	32970	23794	3344	2300				5317	3859
夷陵区	1103833	903686	99494	266589		29948	232	117950	81965
宜昌开发区	845657	565742	76574	89911			17522	202877	59516
宜都市	265161	223891	22192	23286			957	25287	15026
当阳市	401696	303899	30637	65531		4351		87186	10611
枝江市	221414	190936	30214	31062	26000			30478	
远安县	206164	200798	39722	3662	47549			4236	1130
秭归县	121730	112652	170	32000				7078	2000
长阳自治县	225053	204857	12980	4000			9354	6062	4780
五峰自治县	12050	10242	456	6000				808	1000

指标名称	其中:新开工面积	商品住宅	90平方米以下住房	经济适用房	别墅、高档公寓	办公楼	商业营业用房	其他
宜昌市	**3124916**	**2339904**	**610480**	**40549**	**4351**	**22900**	**601704**	**160408**
市区	2109297	1491744	476073			21943	469749	125861
#西陵区	950911	635597	167979			8000	263387	43927
伍家岗区	363729	269332	207341			7950	65035	21412
猇亭区	24110	14934					5317	3859
夷陵区	438234	349998	75013			232	43630	44374
宜昌开发区	332313	221883	25740			5761	92380	12289
宜都市	220394	185604	22192			957	18807	15026
当阳市	257718	159921	30637		4351		87186	10611
枝江市	137323	129545	28250	26000			7778	
远安县	173164	167798	39722	14549			4236	1130
秭归县	109500	100422	170				7078	2000
长阳自治县	105470	94628	12980				6062	4780
五峰自治县	12050	10242	456				808	1000

指标名称	房屋竣工面积合计	商品住宅	90平方米以下住房	140平方米以上	经济适用房	别墅、高档公寓	办公楼	商业营业用房	其他
宜昌市	**1443632**	**1273738**	**83118**	**259763**	**33000**	**81524**	**10139**	**134040**	**25715**
市区	1051502	943475	72902	208678		81524	9793	86495	11739
#西陵区	335614	309414	8545	16532				24646	1554
伍家岗区	295382	287182	48979	133324		81524	8200		
猇亭区									
夷陵区	308162	254564	8533	47422				46344	7254
宜昌开发区	112344	92315	6845	11400			1593	15505	2931
宜都市	8438	5664						2774	
当阳市	204718	171468	7906	48958			346	20058	12846
枝江市	25491	2791	664	2127				22700	
远安县	46974	44639	1190		33000			1205	1130
秭归县	4230	4230							
长阳自治县	97229	97229							
五峰自治县	5050	4242	456					808	

10—25 续表1 单位:万元、平方米、套

指标名称	其中:不可销售面积	商品住宅	90平方米以下住房	140平方米以上	经济适用房	别墅、高档公寓	办公楼	商业营业用房	其他
宜昌市	**35770**	**176**					**346**	**16803**	**18445**
市区	22482							16803	5679
#西陵区	1554								1544
伍家岗区									
猇亭区									
夷陵区	13654							12460	1194
宜昌开发区	7274							4343	2931
宜都市									
当阳市	13112						346		12766
枝江市									
远安县									
秭归县									
长阳自治县	176	176							
五峰自治县									

指标名称	商品住宅竣工套数	90平方米以下住房	140平方米以上	经济适用房	别墅、高档公寓	商品房销售面积	商品住宅	90平方米以下住房	140平方米以上
宜昌市	10561	1096	1553	262	458	2040756	1919546	238011	357456
市区	8024	976	1234		458	1507273	1430704	185819	305402
#西陵区	2836	113	110			488863	455423	105574	47994
伍家岗区	2131	624	738		458	223600	209138	27900	79178
猇亭区						8699	7640		
夷陵区	2198	102	310			548924	538499	34836	171250
宜昌开发区	859	137	76			237187	220004	17509	6980
宜都市	41					127550	117578		
当阳市	1270	89	304			68851	50159	7906	10837
枝江市	24	9	15			95529	90701	28550	13456
远安县	376	16		262		74819	73024	10066	2078
秭归县	36					68054	68054	170	21683
长阳自治县	754					97265	87911	5500	4000
五峰自治县	36	6				1415	1415		

指标名称	经济适用房	别墅、高档公寓	办公楼	商业营业用房	其他	现房销售面积	商品住宅	90平方米以下住房	140平方米以上	经济适用房
宜昌市	**56396**	**43789**	**17554**	**79340**	**24316**	**415012**	**346058**	**9404**	**26032**	**12063**
市区	8821	40991	8200	47884	20485	278004	245331	1088	7391	
#西陵区				20559	12881	138955	118103	1006	3601	
伍家岗区	8821	29793	8200	6262		16998	8798	82		
猇亭区				1059						
夷陵区		11198		7114	3311	97042	93421		3790	
宜昌开发区				12890	4293	25009	25009			
宜都市				7351	2621	26615	19730			
当阳市		2798		18612	80	44082	25390	7906	4858	
枝江市	26000			4828		1350				
远安县	21575			665	1130	15073	15073	410		12063
秭归县						36484	36484		13783	
长阳自治县			9354			13404	4050			
五峰自治县										

指标名称	别墅、高档公寓	办公楼	商业营业用房	其他	期房销售面积	商品住宅	90平方米以下住房	140平方米以上	经济适用房	别墅、高档公寓
宜昌市	**2798**	**17554**	**34697**	**16703**	**1625744**	**1573488**	**228607**	**331424**	**44333**	**40991**
市区		8200	10449	14024	1229269	1185373	184731	298011	8821	40991
#西陵区			7971	12881	349908	337320	104568	44393		
伍家岗区		8200			206602	200340	27818	79178	8821	29793
猇亭区					8699	7640				
夷陵区			2478	1143	451882	445078	34836	167460		11198
宜昌开发区					212178	194995	17509	6980		
宜都市			4286	2599	100935	97848				
当阳市	2798		18612	80	24769	24769		5979		
枝江市			1350		94179	90701	28550	13456	26000	
远安县					59746	57951	9656	2078	9512	
秭归县					31570	31570	170	7900		
长阳自治县		9354			83861	83861	5500	4000		
五峰自治县					1415	1415				

指标名称	办公楼	商业营业用房	其他	商品房销售额	商品住宅	90平方米以下住房	140平方米以上	经济适用房	别墅、高档公寓	办公楼
宜昌市		**44643**	**7613**	**645784**	**576226**	**84174**	**115772**	**8673**	**21694**	**4970**
市区		37435	6461	526969	482510	74988	104895	1610	20927	2870
#西陵区		12588		222104	194227	49531	21321			
伍家岗区		6262		89128	84884	7364	35937	1610	13506	2870
猇亭区		1059		2445	1685					
夷陵区		4636	2168	137124	133046	9525	45389		7421	
宜昌开发区		12890	4293	76168	68668	8568	2248			
宜都市		3065	22	27859	24389					
当阳市				22326	8971	1265	2440		767	
枝江市		3478		23733	17969	3794	3003	3224		
远安县		665	1130	11183	10773	1429	332	3839		
秭归县				15022	15022	42	4387			
长阳自治县				18480	16380	2656	715			2100
五峰自治县				212	212					

指标名称	商业营业用房	其他	现房销售额	商品住宅	90平方米以下住房	140平方米以上	经济适用房	别墅、高档公寓	办公楼	商业营业用房
宜昌市	**62396**	**2192**	**132785**	**97155**	**1633**	**5955**	**2717**	**767**	**4970**	**29032**
市区	40072	1517	95403	78644	330	2206			2870	12752
#西陵区	26911	966	59256	47368	304	1281				10922
伍家岗区	1374		7246	4376	26				2870	
猇亭区	760									
夷陵区	3907	171	22555	20554		925				1830
宜昌开发区	7120	380	6346	6346						
宜都市	2988	482	5565	3757						1332
当阳市	13340	15	17648	4293	1265	1342		767		13340
枝江市	5764		1608							1608
远安县	232	178	2933	2933	38		2717			
秭归县			6899	6899		2407				
长阳自治县			2729	629					2100	
五峰自治县										

10—25　续表3　　　　单位:万元、平方米、套

指标名称	其他	期房销售额	商品住宅	90平方米以下住房	140平方米以上	经济适用房	别墅、高档公寓	办公楼	商业营业用房	其他
宜昌市	**1628**	**512999**	**479071**	**82541**	**109817**	**5956**	**20927**		**33364**	**564**
市区	1137	431566	403866	74658	102689	1610	20927		27320	380
#西陵区	966	162848	146859	49227	20040				15989	
伍家岗区		81882	80508	7338	35937	1610	13506		1374	
猇亭区		2445	1685						760	
夷陵区	171	114569	112492	9525	44464		7421		2077	
宜昌开发区		69822	62322	8568	2248				7120	380
宜都市	476	22294	20632						1656	6
当阳市	15	4678	4678		1098					
枝江市		22125	17969	3794	3003	3224			4156	
远安县		8250	7840	1391	332	1122			232	178
秭归县		8123	8123	42	1980					
长阳自治县		15751	15751	2656	715					
五峰自治县		212	212							

指标名称	商品住宅销售套数	90平方米以下住房	140平方米以上	经济适用房	别墅、高档公寓	现房销售套数	90平方米以下住房	140平方米以上	经济适用房	别墅、高档公寓
宜昌市	**16762**	**3174**	**2024**	**712**	**267**	**3109**	**108**	**142**	**95**	**7**
市区	12458	2457	1705	123	260	2337	14	41		
#西陵区	4544	1384	316			1203	13	18		
伍家岗区	1609	345	486	123	226	85	1			
猇亭区	57									
夷陵区	4181	402	856		34	815		23		
宜昌开发区	2067	326	47			234				
宜都市	995					148				
当阳市	396	89	55		7	206	89	19		
枝江市	926	389	94	360		0				
远安县	681	118	14	229		125	5		95	
秭归县	529	2	136			262		82		
长阳自治县	765	119	20			31				
五峰自治县	12									

指标名称	期房销售套数	90平方米以下住房	140平方米以上	经济适用房	别墅、高档公寓	空置面积合计	商品住宅	90平方米以下住房	140平方米以上	经济适用房
宜昌市	**13653**	**3066**	**1882**	**617**	**260**	**253230**	**194467**	**456**	**48396**	**95**
市区	10121	2443	1664	123	260	124638	75372		839	
#西陵区	3341	1371	298			76377	50762			
伍家岗区	1524	344	486	123	226	1182	1182		688	
猇亭区	57					1678				
夷陵区	3366	402	833		34	25753	9711		151	
宜昌开发区	1833	326	47			19648	13717			
宜都市	847									
当阳市	190		36			38460	37014		10860	
枝江市	926	389	94	360						
远安县	556	113	14	134		8265	1022			95
秭归县	267	2	54			48696	48696		36697	
长阳自治县	734	119	20			29536	29536			
五峰自治县	12					3635	2827	456		

10—25　续表 4　　　　单位:平方米

指标名称	别墅、高档公寓	办公楼	商业营业用房	其他	空置1-3年(含1年)	商品住宅	90平方米以下住房	140平方米以上	经济适用房	别墅、高档公寓
宜昌市	**3141**		**50587**	**8176**	**66048**	**59041**	**456**	**6862**	**95**	
市区			41090	8176	32598	27845		151		
#西陵区			24071	1544	3923	3923				
伍家岗区					494	494				
猇亭区			658	1020	1678					
夷陵区			13361	2681	9786	9711		151		
宜昌开发区			3000	2931	16717	13717				
宜都市										
当阳市	3141		1446		29720	28724		6711		
枝江市										
远安县			7243		95	95			95	
秭归县										
长阳自治县										
五峰自治县			808		3635	2827	456			

指标名称	办公楼	商业营业用房	其他	空置3年以上(含3年)	商品住宅	90平方米以下住房	140平方米以上	经济适用房	别墅、高档公寓	办公楼
宜昌市		**5987**	**1020**	**700**	**700**		**700**		**700**	
市区		3733	1020							
#西陵区										
伍家岗区										
猇亭区		658	1020							
夷陵区		75								
宜昌开发区		3000								
宜都市										
当阳市		1446		700	700		700		700	
枝江市										
远安县										
秭归县										
长阳自治县										
五峰自治县		808								

10—26 商品房大型楼盘建设情况

单位:万元、平方米

单位名称	项目(单位)名称	本年投资	施工面积	销售面积	销售额
宜昌新恒基投资开发有限公司	中心商务区	20521	290000	97351	49221
宜昌万达广场投资有限公司	宜昌万达广场	104000	12000		
宜昌市泰江置业有限公司	江山多娇	23423	210829	42416	14123
宜昌三江航天房地产开发有限公司	商业步行街	9727	400000	83636	44574
湖北省华祥投资发展有限公司	华翔现代商贸物流中心	33000	800000		
湖北天立置业有限公司	山水龙城	1708		33204	6391
宜昌市同升置业有限公司	宜昌现代商贸物流中心	8481	15585	6262	1374
宜昌市宏基置业有限公司	名都花园	12460	117824	97382	22928
湖北宜昌天裕房地产开发有限公司	宜昌东郡	12490	97197		
中国葛洲坝集团房地产开发有限公司	锦绣天下	25000	198566	79466	32094
湖北智友龙房地产开发有限公司	长江瑞景	11413	83657	18086	10054
宜昌市嘉禾置业有限公司	美岸长堤	21000	60540	25544	12321
宜昌市隆昌房地产开发公司	金缔华城	16522	44700	29638	13953
湖北红旗置业有限公司	虹桥国际公寓	12949	200000	29793	13506
湖北嘉晟置业有限公司	锦绣江南商住小区	13900	80000	28000	4500
宜昌宝佳利房地产开发有限公司	金色海岸	10710	116934	20455	13175
宜昌清能置业有限责任公司	清江润城	36266	45090	35930	10381
宜昌弘洋集团有限公司	香山汇腾苑	14398	158314	31139	13246
湖北金东山商业城有限公司	金东山商业城	21269	111000		
宜昌宏信房地产有限公司	金凤朝阳	8698	147880	45526	12520
宜都三元房地产开发有限责任公司	清江润园	2803			
当阳市盛泰置业开发有限公司	盛泰华庭一期	15416	156894		
湖北圆通置业有限公司	星湖湾	18803	79708		
宜昌市鼎力房地产开发总公司	民欣家园	4000	168277		
宜昌万友滨江大厦置业有限公司	滨江新天地	1020	13960		
宜昌港务集团宏运房地产开发有限责任公司	廊桥水岸	8900	82441	16747	9012
宜昌卓越投资开发有限公司	维多利亚广场	13050	76000		
宜昌六合置业有限公司	英伦皇都	11670	87000	38423	14223
宜昌弘洋置业有限公司	香山锦苑	21983	86970	81566	21375
湖北建鑫房地产宜昌二分公司	亚洲广场	6893	92950	29828	19814
宜昌长江市场建设有限公司	湖锦花园	10020	112373	108270	23819
湖北嘉远德邦房地产开发有限公司	君临天下	3400	26000		
宜昌黑旋风置业有限公司	运河佳苑	5000	56042	28770	10708
宜昌金科置业有限公司	金都御林			19444	4582
宜昌锦江房地产有限责任公司	玛歌庄园	1300		5536	4306
宜昌江枫置业有限公司	长河湾	3482	47858	32095	7509
宜昌市房屋拆迁安置公司	民益家园	5753	81341	8821	1610
迅达集团枝江迅达置业有限公司	领秀之江	5900	75000	34266	7881
宜昌市安邦房地产开发有限公司	滨江一号	4000	51000		
宜昌三元房地产开发有限责任公司	半岛花园	14176	75638		
宜昌恒裕房地产开发有限公司	平湖天下	6923	92214	30674	8459
宜昌雅厦房地产开发有限责任公司	北奥茗苑	5139	23564	9646	2238
宜昌市鑫鼎实业有限公司	三峡大学教工宿舍项目	1119	16354	12431	1714

单 位 名 称	项目(单位)名 称	本年投资	施工面积	销售面积	销售额
宜昌美邻联合置业有限公司	桃花岭时间广场	4869	50678	3351	2219
宜昌市金陵房地产开发有限公司	领秀天下	2745	26460		
宜昌华翔置业有限公司	华翔世纪城	3322	78253	24853	9224
隆信建设开发有限公司	新城华府	7500	80000	25000	6220
湖北帝旺实业投资有限公司	当阳市帝旺华庭	3341	32316	6279	993
宜昌西江置业有限公司	西江康城	987	97500	8983	2776
枝江妙尚投资有限公司	妙尚广场	8000	21000	2500	3000
宜昌轻工实业开发公司	银海丽景	5700	10000		
湖北大都置业有限公司	畔山林语三期	6630	43168	8062	2160
宜昌清江山水置业有限责任公司	清江山水花园小区二期	850	61000	16261	2650
宜昌金东山投资有限公司	金东山建材市场	11907	57572		
湖北中恒房地产开发有限公司	中恒.沁园春	4000	56655	33000	11000
宜昌骏达房地产开发有限责任公司	梅珑镇	2630	86637	33299	7814
宜昌鸿华房地产开发有限责任公司	黄金居.馨港	1000	53000	21363	5835
宜昌市百泰实业有限责任公司	泰富广场	1470	46669		
宜昌市万佳实业有限责任公司	万佳城市花园	272	37229	293	143
宜昌弘洋集团有限公司	香山凤凰城	3241	85281	24011	6058
当阳市恒兴实业有限公司	当阳市南正街商业步行街	3136	51647		
长阳北纬三十度房地产开发有限公司	世外桃园	6800	12980	5500	2656
宜昌楚苑房地产开发有限责任公司	景江华庭	3500	66504	20626	6897
宜昌万和房地产开发有限责任公司	锦绣江南	1254	77100		
宜昌兴立置业有限公司	青亲江岸	1760	32000	6144	3327
宜昌市兴乐房地产有限公司	柏林晶都	1475	305		
宜昌家旺房地产开发有限公司	家旺.滨湖国际	7454	56158		
宜昌宏泰房地产开发有限责任公司	柏林馨苑	1100	11436	28326	5581
宜昌泰丰粮油市场开发有限责任公司	宜昌泰丰粮油市场二期	5200	47199		
宜昌源泉投资有限责任公司	丽景花园	1350	26871	3767	2426
宜昌金安房地产开发有限责任公司	金安奥园	1900	49298	5602	2688
湖北鼎天置业有限公司	当阳市玉墅林风小区	48	55000	12723	2410
宜昌市嘉禾置业有限公司	民惠小区		0	11189	1854
宜昌德昌置业有限责任公司	江晖景苑二期	4345	390000	42818	13762
宜昌鑫昌大市场有限责任公司	东山天惠城	300	37854		
宜昌市西陵区茶庵企业总公司	茶庵小区	7939	18284		
宜昌市金峡房地产开发公司	金峡五一小区	1520	13677	8366	2694
宜昌安华置业有限责任公司	安旺城	3331	30563	29359	7365
宜昌欣康房地产开发有限公司	欣.映像	2500	42817	12898	3633
宜昌市天龙房地产有限公司	城市吉尼斯	1525	16893	8716	4350
宜昌维丰置业有限公司	鸣凤家园	3195	49776	20046	3172
宜昌市新丰豪置业有限公司	丰豪名都	5000	27858	49702	11431
湖北春华工程建设有限公司	金榜名苑	1000	10923	6500	4807
宜昌欧威房地产开发有限责任公司	水木新城	4600	20466	17592	5225
宜昌万富工贸有限责任公司	万富景苑	3050	22648	21454	3969

10—27　湖北省各市州全社会固定资产投资情况

单位:万元

地区名	全社会投资		城镇50万元以上项目投资	
	2009	2008	2009	2008
总　　计	**82118454**	**57985580**	**63687052**	**44399972**
武汉市	30011045	22229119	21431618	16129442
黄石市	3430501	2328993	2966619	1946585
十堰市	2783528	1854439	2234791	1425368
宜昌市	7502664	5234618	5785008	3989077
襄樊市	5747851	3737707	4645471	2923836
鄂州市	2206010	1500069	2052820	1350107
荆门市	3171808	2100842	2480092	1650714
孝感市	3972584	2708256	3090703	1996879
荆州市	4351559	2914641	3518903	2286554
黄冈市	5532911	3708521	4472727	2884333
咸宁市	3015805	2008325	2095546	1391640
随州市	2087003	1470732	1486964	976873
恩施州	1822053	1393661	1443218	1077720
仙桃市	1200492	852441	1020232	698250
潜江市	1239616	883240	1091221	763011
天门市	1165077	860709	995967	712837
神农架	106530	75006	103735	72485

地区名	农村50万元以上项目投资		房地产投资	
	2009	2008	2009	2008
总　　计	**4022188**	**2757071**	**12004443**	**8926684**
武汉市	596593	377191	7785946	5603605
黄石市	171129	125923	253017	215253
十堰市	25550	18882	357267	289873
宜昌市	692962	475759	793311	566832
襄樊市	255688	138459	553851	462102
鄂州市	52680	24301	81131	107909
荆门市	236860	111063	271877	168369
孝感市	304894	233707	324017	285661
荆州市	289280	227042	328720	265885
黄冈市	413835	308642	373342	273769
咸宁市	412299	257727	395501	253531
随州市	291700	217883	170545	159589
恩施州	58593	43445	169704	164794
仙桃市	63194	51775	47856	39206
潜江市	94210	79464	35705	27615
天门市	62191	65302	62653	42691
神农架	530	506		

10—27 续表

单位:万元

地区名	农村私人投资			
	私人建房		生产性	
	2009	2008	2009	2008
总 计	**2404771**	**1901853**	**633402**	**520673**
武汉市	196888	118881	77649	57485
黄石市	39736	41232	15406	16752
十堰市	165920	120316	32300	27208
宜昌市	231383	202950	83938	58430
襄樊市	292841	213310	105266	79002
鄂州市	19379	17752	3522	5406
荆门市	182979	170696	27140	45903
孝感市	252970	192009	22207	18354
荆州市	214656	135160	44345	30842
黄冈市	273007	241777	37208	33012
咸宁市	112459	105427	30277	26498
随州市	137794	116387	67895	60154
恩施州	150538	107702	46687	27592
仙桃市	69210	63210	31030	28450
潜江市	18480	13150	5250	3700
天门市	44266	39879	2887	1685
神农架	2265	2015	395	200

10—28　湖北省各市州房地产开发主要指标

（2009年）

地区名	房地产开发投资额（亿元）	住宅	经济房	施工面积（万平方米）	住宅	经济房
全省	**1200.44**	**804.16**	**74.37**	**9546.53**	**7737.46**	**659.70**
武汉市	778.59	498.04	59.47	4487.38	3580.99	477.77
黄石市	25.30	17.77	0.09	401.67	314.39	4.51
十堰市	35.73	22.69	2.49	436.77	340.85	20.32
宜昌市	79.33	51.78	1.05	785.93	568.53	18.71
襄樊市	55.39	37.57	2.29	709.70	554.97	37.10
鄂州市	8.11	7.23	0.04	148.55	134.99	0.77
荆门市	27.17	21.70	0.85	460.58	391.85	16.99
孝感市	32.40	28.84	1.44	327.90	307.99	11.43
荆州市	32.87	26.43	0.67	412.43	347.79	11.42
黄冈市	37.33	31.66	2.42	336.49	305.83	9.79
咸宁市	39.55	27.26	0.13	405.02	344.80	31.89
随州市	17.05	12.66	1.57	275.16	247.78	0.60
恩施自治州	16.97	8.78	0.63	239.00	191.66	5.96
仙桃市	4.79	4.00	0.81	38.28	34.72	8.04
潜江市	3.57	2.75	0.43	34.27	29.72	11.11
天门市	6.27	4.99		47.40	40.51	4.72
神龙架林区						

地区名	新开工面积（万平方米）	住宅	经济房	竣工面积（万平方米）	住宅	经济房
全省	**3975.87**	**3213.93**	**173.95**	**2312.11**	**2007.34**	**196.66**
武汉市	1651.17	1247.61	86.27	945.05	824.58	133.66
黄石市	191.80	139.82		56.29	48.20	
十堰市	158.78	136.06	14.00	131.09	100.73	6.59
宜昌市	312.49	233.99	4.05	144.36	127.37	3.30
襄樊市	319.78	264.34	8.87	219.10	169.95	14.16
鄂州市	26.41	24.69	0.77	11.70	11.32	
荆门市	187.74	157.89	8.23	92.71	80.78	4.50
孝感市	195.92	188.96	9.58	193.36	185.56	6.30
荆州市	199.03	180.58	3.60	81.86	69.59	4.01
黄冈市	224.20	201.88	19.44	153.18	135.12	15.87
咸宁市	187.91	166.38		121.86	109.10	0.58
随州市	128.37	112.17	5.96	83.44	77.30	2.46
恩施自治州	119.73	93.94	3.56	34.97	28.25	0.21
仙桃市	19.22	17.18	4.89	22.65	21.01	5.03
潜江市	32.17	27.63	4.72	3.91	3.86	
天门市	21.87	20.83		16.56	14.61	
神龙架林区						

10—28 续表

地区名	销售面积（万平方米）	住宅	经济房	销售额（亿元）	住宅	经济房
全省	**2718.30**	**2576.32**	**176.99**	**959.88**	**879.33**	**39.40**
武汉市	1086.99	1041.39	102.92	579.22	541.37	28.95
黄石市	100.15	92.81	3.56	28.80	24.89	0.46
十堰市	157.89	153.11	6.39	35.35	34.23	0.98
宜昌市	204.08	191.95	5.64	64.58	57.62	0.87
襄樊市	224.50	200.51	15.73	58.13	46.36	2.42
鄂州市	48.75	48.43		12.70	12.59	
荆门市	97.72	93.83	3.66	23.50	21.47	0.52
孝感市	170.82	165.33	4.21	35.28	32.68	0.48
荆州市	121.32	117.34	4.44	29.26	27.84	0.61
黄冈市	151.52	137.14	19.17	23.89	18.63	2.43
咸宁市	103.28	98.08	0.52	18.52	16.80	0.05
随州市	101.61	94.83	2.46	17.58	15.65	0.14
恩施自治州	87.70	82.35	0.21	20.11	17.01	0.02
仙桃市	17.49	16.78	3.38	4.89	4.60	0.96
潜江市	20.20	19.90	4.72	2.55	2.54	0.52
天门市	24.31	22.52		5.53	5.06	
神龙架林区						

地区名	本年资金来源（亿元）	国内贷款	利用外资	自筹资金	其他资金
全省	**1714.19**	**388.45**	**15.83**	**577.18**	**732.72**
武汉市	1197.72	313.29	15.20	336.54	532.69
黄石市	35.86	5.54		11.82	18.50
十堰市	47.55	6.77		16.87	23.90
宜昌市	98.18	22.13		43.35	32.70
襄樊市	67.92	13.76	0.37	30.63	23.17
鄂州市	17.34	0.91		5.15	11.29
荆门市	29.77	4.45		13.11	12.22
孝感市	31.91	4.15		15.82	11.94
荆州市	40.29	4.92	0.26	18.05	17.07
黄冈市	39.06	1.20		30.65	7.21
咸宁市	44.23	4.86		25.58	13.79
随州市	21.75	1.81		8.28	11.66
恩施自治州	25.00	2.08		12.18	10.74
仙桃市	5.98	0.35		3.58	2.05
潜江市	3.77			2.11	1.66
天门市	7.84	2.23		3.46	2.15
神龙架林区					

10—29　建筑业总承包及专业承包企业生产经营情况

(2009年)

指　　标	单　位	合　计	按经济类型分		按建筑业行业中类分组			
			国　有	非国有	房屋和土木工程建筑业	建　筑安装业	建　筑装饰业	其　他建筑业
建筑企业个数	**个**	**251**	**29**	**222**	**122**	**28**	**83**	**18**
建筑业总产值	**万元**	**3169852**	**2312720**	**857132**	**3045693**	**39587**	**65768**	**18804**
#建筑工程	万元	2860693	2179160	681532	2825168	9235	15556	10734
竣工产值	万元	872779	308753	564026	807797	27031	23051	14900
职工平均人数	人	109528	48137	61391	101437	2137	3954	2000
按总产值计算的劳动生产率	元/人	289410	480445	139618	300255	185247	166332	94020
年末自有机械设备台数	台	68663	49828	18835	66074	527	1710	352
年末自有机械设备总功率	千瓦	2305422	1946853	358569	2248453	10632	22167	24170
年末自有机械设备净值	万元	365504	305143	60361.1	355905	3265	3156	3178
技术装备率	元/人	33371	63391	9832	35086	15280	7982	15888
动力装备率	千瓦/人	21.05	40.44	5.84	22.17	4.98	5.61	12.09
房屋施工面积	平方米	7555054	2000805	5554249	7520568	5312	724	28450
房屋竣工面积	平方米	4581335	821867	3759468	4549073	5312		26950
年末固定资产原值	万元	1357539	1163354	194185	1315597	23435	10524	7983
年末固定资产合计	万元	1082391	928479	153911	1045442	21834	9264	5851
流动资产合计	万元	2756014	2435262	320752	2692542	28958	28040	6474
流动负债合计	万元	2441321	2218727	222594	2402452	23237	11380	4252
工程结算收入	万元	3528560	2875208	653352	3456301	31715	24838	15706
工程结算成本	万元	3019978	2470484	549493	2964462	23861	18596	13059
工程结算税金及附加	万元	99089	73263	25826	96343	1104	1169	472
工程结算利润	万元	362508	297035	65473	352829	3891	4064	1723
管理费用	万元	146022	111761	34261	139738	2709	2713	861
#税金	万元	3992	2232	1761	3578	107	256	51
利润总额	万元	197889	170468	27421	194622	1206	1283	777
应收工程款	万元	297014	204311	92702	290300	2401	3148	1164

10—30 分县市建筑业总承包及专业承包企业生产经营情况

(2009年)

指　标	单　位	宜都市	枝江市	当阳市	远安县	兴山县	秭归县	长　阳自治县	五　峰自治县
建筑企业个数	**个**	**13**	**14**	**15**	**8**	**6**	**5**	**11**	**5**
建筑行业总产值	**万元**	**125722**	**85920**	**99059**	**37514**	**19010**	**36431**	**72008**	**29714**
#建筑工程	万元	108241	72609	94136	32111	16605	33688	60613	29714
建筑业增加值	万元	42480	30592	66387	6577	3507	20473	17197	4551
竣工产值	万元	65649	55038	98880	33902	12573	23329	48759	26906
职工平均人数	人	8087	6737	10795	3022	1197	3573	6667	1836
按总产值计算的劳动生产率	元/人	155462	127535	91763	124136	158815	101962	108006	161842
年末自有机械设备台数	台	1415	2602	2700	1082	986	1187	1803	1080
年末自有机械设备总功率	千瓦	28585	44210	81643	11151	26010	7954	47476	17359
年末自有机械设备净值	万元	1991	11264	9107	1551	2571	3116	4229	6386
技术装备率	元/人	2462	16720	8437	5131	21475	8720	6343	34782
动力装备率	千瓦/人	3.53	6.56	7.56	3.69	21.73	2.23	7.12	9.45
房屋施工面积	平方米	521349	965538	760719	317689	40510	293847	233164	90119
房屋竣工面积	平方米	475191	504313	511845	201824	35510	211478	213164	81400
年末固定资产原值	万元	24075	16930	26579	13980	7144	8357	15290	7657
年末固定资产合计	万元	15654	14266	19842	10488	5512	5331	12238	6462
流动资产合计	万元	81304	13464	41336	4458	7213	5542	11311	4105
流动负债合计	万元	66988	6485	24689	6853	2712	3000	8912	1020
工程结算收入	万元	118438	63467	99059	28918	17931	36300	58674	29714
工程结算成本	万元	104529	50531	82769	23369	15207	31431	47764	26203
工程结算税金及附加	万元	4301	3448	3351	1451	623	1400	2945	1338
工程结算利润	万元	6881	8408	12460	3024	2057	3228	7038	1864
管理费用	万元	4054	3379	6970	2036	1163	1742	2119	916
#税金	万元	136	596	125	46	5	116	44	97
利润总额	万元	2484	4822	4384	825	372	1227	4148	809
应收工程款	万元	28275	5659	2709	1321	1095	2314	12097	526

10—30 续表

指　　标	单位	市　区	夷陵区	西陵区	伍家岗区	点军区	猇亭区	宜昌开发区
建筑企业个数	**个**	**191**	**33**	**83**	**40**	**2**	**2**	**14**
建筑行业总产值	**万元**	**2664474**	**599498**	**1904416**	**86584**	**610**	**11611**	**61754**
#建筑工程	万元	192117	533839	1765888	76525	30	11461	25233
建筑业增加值	万元	369531	58328	279228	15502	2116	2653	11704
竣工产值	万元	54876	162186	239930	45527	22	6984	53094
职工平均人数	人	67614	17097	41144	4846	53	935	3539
按总产值计算的劳动生产率	元/人	394071	350645	462866	178671	115094	124179	174496
年末自有机械设备台数	台	50585	3723	49694	1223	92	421	655
年末自有机械设备总功率	千瓦	1853529	83207	1901862	35626	320	2810	17209
年末自有机械设备净值	万元	29037	10761	305719	3941	587	1457	2827
技术装备率	元/人	4138	6294	74305	8131		15583	7987
动力装备率	千瓦/人	26.42	4.87	46.22	7.35		3.01	4.86
房屋施工面积	平方米	4228172	2336217	1316061	267289	1500	155200	255852
房屋竣工面积	平方米	1883371	1158663	660637	174258		97200	255852
年末固定资产原值	万元	103130	78803	1114996	22417	748	6881	13682
年末固定资产合计	万元	72931	62637	896643	17260	2057	5156	8846
流动资产合计	万元	198595	274950	2222674	36341	747	2786	49784
流动负债合计	万元	182784	259852	1991353	30598	2087	2021	34753
工程结算收入	万元	234409	302117	2658525	43226	231	8618	63342
工程结算成本	万元	196142	272947	2269306	34142	163	6768	54850
工程结算税金及附加	万元	6904	10900	66750	942	8	295	1337
工程结算利润	万元	28395	15402	286869	7743	58	1111	6366
管理费用	万元	12000	11648	104948	4503	73	371	2098
#税金	万元	307	372	2216	155		17	67
利润总额	万元	11307	1851	168985	3209		1177	3612
应收工程款	万元	20542	45106	169252	15920		8798	3942

10—31　主要年份建筑业总承包及专业承包企业主要经济指标

指　　标	单　位	2005	2006	2007	2008	2009
建筑业企业个数	个	171	190	195	265	251
建筑业总产值	亿元	124.69	144.53	161.79	241.96	316.99
建筑业增加值	亿元	22.9	28.7	37.5		
房屋施工面积	万平方米	499.89	574.72	591.90	719.21	755.51
房屋竣工面积	万平方米	285.06	233.6	327.63	366.64	458.13
单位工程施工个数	个	—	—	—	—	
单位工程竣工个数	个	—	—	—	—	
职工平均人数	万人	8.99	8.40	8.54	10.56	10.95
建筑业劳动生产率	元/人	138721	172057	189480	229407	289410
年末固定资产原值	万元	593599	638527	644197	1140464	1357539
年末固定资产净值	万元	337980	365478	435736	810717	1082391
利润总额	万元	23024	36972	79872	130971	197889
上缴税金	万元	44408	52524	58885	89480	103081

10—32　建筑业总承包及专业承包企业资产实力

(2009年)

指　　标	单　位	合　　计	按经济类型分		按建筑业行业中类分组			
			国　有	非国有	房屋和土木工程建筑业	建　筑安装业	建　筑装饰业	其　他建筑业
流动资产合计	万元	2756014	2435262	320752	2692542	28958	28040	6474
#存资	万元	986479	906118	80361	976954	5040	4103	382
固定资产合计	万元	1082391	928479	153911	1045442	21834	9264	5851
#在建工程	万元	197028	189029	7999	194915	1669	310	133
固定资产原价	万元	1357539	1163354	194185	1315597	23435	10524	7983
无形及递延资产	万元	1033829	1016199	17631	1033255	517	47	12
资产总计	万元	5239643	4731333	508310	5135216	52048	39959	12421
负债总计	万元	3955976	3716525	239451	3914483	23377	11712	6404
流动负债	万元	2441321	2218727	222594	2402452	23237	11380	4252
长期负债	万元	1514655	1497798	16856	1512031	140	332	2152
所有者权益	万元	1283668	1014808	268860	1220733	28671	28247	6017
竣工率	%	27.5	13.4	65.8	26.5	68.3	35.0	79.2
产值利润率	%	6.2	7.4	3.2	6.4	3.0	2.0	4.1

10—33　分县市建筑业总承包及专业承包企业单位数

（2009年）

单位:个

地区名	合计	按经济类型分		按建筑业行业中类分组			
		国有经济	非国有经济	房屋和土木工程建筑业	建筑安装业	建筑装饰业	其他建筑业
合　计	**251**	**29**	**222**	**122**	**28**	**83**	**18**
宜都市	**13**	**4**	**9**	**11**		**2**	
枝江市	14		14	12		1	1
当阳市	15	2	13	13		2	
远安县	8		8	5		1	2
兴山县	6	1	5	6			
秭归县	5	1	4	5			
长阳自治县	11	1	10	8		3	
五峰自治县	5	1	4	5			
市　区	174	19	155	57	28	74	15
夷陵区	33	3	30	16	5	11	1
西陵区	83	10	73	25	13	41	4
伍家岗区	40	4	36	10	6	17	7
点军区	2		2		1		1
猇亭区	2	2	0	2			
宜昌开发区	14		14	4	3	5	2

10—34　分县市建筑业总承包及专业承包企业总产值

（2009年）

单位:万元

地区名	合计	按经济类型分		按建筑业行业中类分组			
		国有经济	非国有经济	房屋和上木工程建筑业	建筑安装业	建筑装饰业	其他建筑业
合　计	**3169852**	**2312720**	**857132**	**3045693**	**39587**	**65768**	**18804**
宜都市	125722	37537	88186	124757		965	
枝江市	85920		85920	84690		385	845
当阳市	99059	5705	93354	98613		446	
远安县	37514		37514	34023		1138	2353
兴山县	19010	2405	16605	19010			
秭归县	36431	8055	28376	36431			
长阳自治县	72008	25000	47008	70897		1111	
五峰自治县	29714	18113	11602	29714			
市　区	2664474	2215905	448569	2547558	39587	61722	15606
夷陵区	599498	413946	185553	537682	21056	40602	158
西陵区	1904416	1780316	124101	1880802	12483	7935	3196
伍家岗区	86584	10033	76551	63648	2702	11116	9118
点军区	610		610		580		30
猇亭区	11611	11611	0	11611			
宜昌开发区	61754		61754	53815	2766	2070	3104

10—35 分县市建筑业总承包及专业承包企业全员劳动生产率

(2009年)

单位:元/人

地区名	合计	按经济类型分		按建筑业行业中类分组			
		国有经济	非国有经济	房屋和土木工程建筑业	建筑安装业	建筑装饰业	其他建筑业
合计	**289410**	**480445**	**139618**	**300255**	**185247**	**166332**	**94020**
宜都市	155462	158651	154144	156691		77216	
枝江市	127535		127535	126668		226471	248588
当阳市	91763	94764	91586	91981		60284	
远安县	124136		124136	119589		247391	
兴山县	158815	192424	154896	158815			
秭归县	101962	187335	90282	101962			
长阳自治县	108006	210084	85827	108587		80507	
五峰自治县	161842	229857	110701	161842			
市区	394071	519726	179585	423971	185247	173670	85045
夷陵区	350645	550021	193870	387826	188337	199519	
西陵区	462866	529556	164918	476333	177062	101727	183701
伍家岗区	178671	180450	178441	175339	221475	193660	175342
点军区	115094		115094		116000		100000
猇亭区	124179	124179		124179			
宜昌开发区	174496		174496	247539	194810	125424	29334

10—36 劳务分包企业主要经济指标

(2009年)

指标	单位	合计	按经济类型分		按建筑业行业中类分组			
			国有经济	非国有经济	房屋和土木工程建筑业	建筑安装业	建筑装饰业	其他建筑业
建筑企业个数	**个**	**46**		**46**	**9**	**5**	**4**	**28**
建筑行业总产值	**万元**	**11723**		**11723**	**3074**	**538**	**1345**	**6766**
职工平均人数	人	3929		3929	817	158	159	2795
营业收入合计	万元	11886		11886	2988	538	1345	7015
#主营业务收入	万元	11872		11872	2974	538	1345	7015
主营业务成本	万元	10132		10132	2463	385	1213	6070
主营业务税金及附加	万元	565		565	180	32	70	283
利润总额	万元	319		319	31	47		241
从业人员劳动报酬	万元	4106		4106	1139	239	80	2648

10—37 建筑业总承包和专业承包企业平均人数

(2009年)

单位:人

地区名	合计	按经济类型分		按建筑业行业中类分组			
		国有经济	非国有经济	房屋和土木工程建筑业	建筑安装业	建筑装饰业	其他建筑业
合计	**109528**	**48137**	**61391**	**101437**	**2137**	**3954**	**2000**
宜都市	8087	2366	5721	7962		125	
枝江市	6737		6737	6686		17	34
当阳市	10795	602	10193	10721		74	
远安县	3022		3022	2845		46	131
兴山县	1197	125	1072	1197			
秭归县	3573	430	3143	3573			
长阳自治县	6667	1190	5477	6529		138	
五峰自治县	1836	788	1048	1836			
市区	67614	42636	24978	60088	2137	3554	1835
夷陵区	17097	7526	9571	13864	1118	2035	80
西陵区	41144	33619	7525	39485	705	780	174
伍家岗区	4846	556	4290	3630	122	574	520
点军区	53		53		50		3
猇亭区	935	935	0	935			
宜昌开发区	3539		3539	2174	142	165	1058

主要统计指标解释

全社会固定资产投资 固定资产投资是社会固定资产再生产的主要手段。通过建造和购置固定资产的活动，国民经济不断采用先进技术装备，建立新兴部门，进一步调整经济结构和生产力的地区分布，增强经济实力，为改善人民物质文化生活创造物质条件。这对我国的社会主义现代化建设具有重要意义。

固定资产投资额是以货币表现的建造和购置固定资产活动的工作量，它是反映固定资产投资规模、速度、比例关系和使用方向的综合性指标。全社会固定资产投资按经济类型可分为国有、集体、个体、联营、股份制、外商、港澳台商、其他等。按照管理渠道，全社会固定资产投资总额分为基本建设、更新改造、房地产开发投资和其他固定资产投资四个部分。

基本建设投资 基本建设指企业、事业、行政单位以扩大生产能力或工程效益为主要目的的新建、扩建工程及有关工作。其综合范围为总投资50万元以上(含50万元，下同)的基本建设项目。具体包括：(1)列入中央和各级地方本年基本建设计划的建设项目，以及虽未列入本年基本建设计划，但使用以前年度基建计划内结转投资(包括利用基建库存设备材料)在本年继续施工的建设项目；(2)本年基本建设计划内投资与更新改造计划内投资结合安排的新建项目和新增生产能力(或工程效益)达到大中型项目标准的扩建项目，以及为改变生产力布局而进行的全厂性迁建项目；(3)国有单位既未列入基建计划，也未列入更新改造计划的总投资在50万元以上的新建、扩建、恢复项目和为改变生产力布局而进行的全厂性迁建项目，以及行政、事业单位增建业务用房和行政单位增建生活福利设施的项目。

更新改造投资 更新改造指企业、事业单位对原有设施进行固定资产更新和技术改造，以及相应配套的工程和有关工作(不包括大修理和维护工程)。其综合范围为总投资50万元以上的更新改造项目。具体包括：(1)列入中央和各级地方本年更新改造计划的投资单位(项目)和虽未列入本年更新改造计划，但使用上年更新改造计划内结转的投资在本年继续施工的项目；(2)本年更新改造计划内投资与基本建设计划内投资结合安排的对企、事业单位原有设施进行技术改造或更新的项目和增建主要生产车间、分厂等其新增生产能力(或工程效益)未达到大中型项目标准的项目，以及由于城市环境保护和安全生产的需要而进行的迁建工程；(3)国有企、事业单位既未列入基建计划也未列入更新改造计划，总投资在50万元以上的属于改建或更新改造性质的项目，以及由于城市环境保护和安全生产的需要而进行的迁建工程。

房地产开发投资 指房地产开发公司、商品房建设公司及其他房地产开发法人单位和附属于其他法人单位实际从事房地产开发或经营的活动单位统一开发的包括统代建、拆迁还建的住宅、厂房、仓库、饭店、宾馆、度假村、写字楼、办公楼等房屋建筑物和配套的服务设施，土地开发工程(如道路、给水、排水、供电、供热、通讯、平整场地等基础设施工程)的投资；不包括单纯的土地交易活动。

其他固定资产投资 指全社会固定资产投资中未列入基本建设、更新改造和房地产开发投资的建造和购置固定资产的活动。具体包括：

⑴国有单位按规定不纳入基本建设计划和更新改造计划管理，计划总投资(或实际需要总投资)在50万元以上的以下工程：①用油田维护费和石油开发基金进行的油田维护和开发工程；②煤炭、铁矿、森工等采掘采伐业用维简费进行的开拓延伸工程；③交通部门用公路养路费对原有公路、桥梁进行改建的工程；④商业部门用简易建筑费建造的仓库工程。

⑵城镇集体固定资产投资：指所有隶属城市、县城和经国务院及省、自治区、直辖市批准建制的镇领导的集体单位(乡镇企业局管理的除外)建造和购置固定资产计划总投资(或实际需要总投资)在50万元以上的项目。

⑶除上述以外的其他各种企、事业单位、个体建造和购置固定资产总投资在50万元以上的、未列入基本建设计划和更新改造计划的项目。

城镇和工矿区私人建房投资和农村个人投资 城镇和工矿区私人建房包括市、县城、镇、工矿区所辖范围内的全部私人建房，不论其房主是否系本地的常住户口均应包括。农村个人投资包括农村个人建房及购置生产性固定资产的投资。

固定资产投资的资金来源 根据固定资产投资的资金

来源不同，分为国家预算内资金、国内贷款、利用外资、自筹资金和其他资金来源。

⑴国家预算内资金：指中央财政和地方财政中由国家统筹安排的基本建设拨款和更新改造拨款，以及中央财政安排的专项拨款中用于基本建设的资金和基本建设拨款改贷款的资金等。

⑵国内贷款：指报告期内企、事业单位向银行及非银行金融机构借入的用于固定资产投资的各种国内借款。包括银行利用自有资金及吸收的存款发放的贷款、上级主管部门拨入的国内贷款、国家专项贷款（包括煤代油贷款、劳改煤矿专项贷款等）、地方财政专项资金安排的贷款、国内储备贷款、周转贷款等。

⑶利用外资：指报告期内收到的用于固定资产投资的国外资金，包括统借统还、自借自还的国外贷款，中外合资项目中的外资，以及对外发行债券和股票等。国家统借统还的外资指由我国政府出面同外国政府、团体或金融组织签订贷款协议、并负责偿还本息的国外贷款。

⑷自筹资金：指建设单位报告期内收到的，用于进行固定资产投资的上级主管部门、地方和企、事业单位自筹资金。

⑸其他资金来源：指报告期内收到的除以上各种拨款、固定资产投资按国民经济行业分建设项目归哪个行业，按其建成投产后的主要产品或主要用途及社会经济活动性质来确定。基本建设按建设项目划分国民经济行业，更新改造、国有单位其他固定资产投资及城镇集体投资根据整个企业、事业单位所属的行业来划分。一般情况下，一个建设项目或一个企业、事业单位只能属于一种国民经济行业。为了更准确地反映国民经济各行业之间的比例关系，联合企业（总厂）所属分厂属于不同行业的，原则上按分厂划分行业。

固定资产投资按建设性质分　建设项目的性质一般分为新建、扩建、改建、迁建、恢复。基本建设按建设项目划分建设性质，更新改造、国有单位其他固定资产投资及城镇集体投资等按整个企业、事业单位的建设情况确定建设性质，房地产开发单位、农村投资、城镇工矿区私人建房等投资不划分建设性质。

⑴新建：一般是指从无到有、“平地起家”新开始建设的单位。有的单位原有的基础很小，经过建设后其新增加的固定资产价值超过原有固定资产价值（原值）三倍以上的也算新建。

⑵扩建：一般是指为扩大原有产品的生产能力，在厂内或其他地点增建主要生产车间（或主要工程）、独立的生产线或分厂的企业；事业单位和行政单位在原单位增建业务用房（如学校增建教学用房、医院增建门诊部或病床用房、行政机关增建办公楼等）也作为扩建。

⑶改建：一般是指现有企业、事业单位为了技术进步，提高产品质量，增加花色品种，促进产品升级换代，降低消耗和成本，加强资源综合利用和三废治理、劳保安全等，采用新技术、新工艺、新设备、新材料等对现有设施、工艺条件进行技术改造或更新（包括相应配套的辅助性生产、生活福利设施）。有的企业为充分发挥现有生产能力，进行填平补齐而增建不增加本单位主要产品生产能力的车间等，也属于改建。

固定资产投资按构成分　固定资产投资活动按其工作内容和实现方式分为建筑安装工程，设备、工具、器具购置，其他费用三个部分。

⑴建筑安装工程（建筑安装工作量）：指各种房屋、建筑物的建造工程和各种设备、装置的安装工程。包括各种房屋建造工程，各种用途设备基础和各种工业窑炉的砌筑工程；为施工而进行的各种准备工作和临时工程以及完工后的清理工作等；铁路、道路的铺设，矿井的开凿及石油管道的架设等；水利工程；防空地下建筑等特殊工程；以及各种机械设备的安装工程；为测定安装工程质量，对设备进行的试运工作。在安装工程中，不包括被安装设备本身的价值。

⑵设备、工具、器具购置：指购置或自制达到固定资产标准的设备、工具、器具的价值，固定资产的标准按财务部门规定。新建单位、扩建单位的新建车间按照设计和计划要求购置或自制的全部设备、工具、器具，不论是否达到固定资产标准均计入“设备、工具、器具购置”中。

⑶其他费用：指在固定资产建造和购置过程中发生的，除建筑安装工程和设备、工具、器具购置以外的各种应摊入固定资产的费用。

基本建设项目按大中小型划分　基本建设划分大中小型项目原则上应按照上级批准的设计任务书或初步设计所确定的总规模或总投资划分，没有正式批准设计任务书或初步设计的，按国家或省、自治区、直辖市年度基本建设投资计划中所列的总规模或总投资划分。上述两条均不具备的，按本年计划施工工程的建设总规模或总投资划分。生产单一产品的工业项目，按产品的设计能力划分；生产多种产品的工业项目，按其主要产品的设计能力划分。品种繁多，难以按生产能力划分的，按全部计划投资额划分。划分标准以国家颁发的《大中小型建设项目划分标准》为依据。国家曾在1953年、1962年、1972年、1977年和1979年先后五次修订《大中小型建设项目划分标准》，因此各历史时期的大中型项目数不完全可比。

施工项目　指报告期内曾进行建筑或安装工程施工活动的建设项目，包括报告期内新开工项目、报告期以前开工跨入报告期继续施工的项目以及报告期施过工并在报告期内全部建成投产或停缓建的项目。

全部建成投产项目　工业项目是指设计文件规定形成

生产能力的主体工程及其相应配套的辅助设施全部建成，经负荷试运转，证明具备生产设计规定合格产品的条件，并经过验收鉴定合格或达到竣工验收标准，与生产性工程配套的生活福利设施可以满足近期正常生产的需要，正式移交生产的建设项目。非工业项目是指设计文件规定的主体工程和相应的配套工程全部建成，能够发挥设计规定的全部效益，经验收鉴定合格或达到竣工验收标准，正式移交使用的建设项目。

新增生产能力　指通过固定资产投资活动而增加的设计能力或工程效益，它是用实物形态表示的固定资产投资的成果。新增生产能力的计算，是以能独立发挥生产能力或工程效益的单项工程（或项目）为对象。当单项工程（或项目）建成，经有关部门鉴定合格，正式移交投入生产，即可计算新增生产能力。

新增生产能力或工程效益有以下几种表现形式：

(1)以建设项目或单项工程建成后的年产能力表示，如煤炭开采、石油开采等。

(2)以建设项目或单项工程建成后处理原料的能力表示，如选矿工程的年处理矿石能力、洗煤厂年洗原煤能力等。

(3)以新增的主要设备数量或容量表示，如棉纺锭锭数、发电机组容量等。

(4)以建筑物容积、容量、面积或长度表示，如水库容量、铁路公路里程等。

新增生产能力的数量一般按设计能力计算。设计能力是指设计文件中规定的在正常情况下能够达到的生产能力，而不论投产后的实际产量如何。以设备数量、建筑物容积、面积、长度等表示的新增生产能力或工程效益，则按建成的实际数量计算。

房屋建筑面积　指从房屋外墙线算起的各层平面面积的总和，包括可供使用的有效面积和房屋结构（如柱、墙）占用的面积。多层建筑按各层（包括地下室）面积总和计算。

住宅建筑面积　指施工和竣工房屋建筑面积中供居住用的施工和竣工房屋建筑面积。

施工面积　指报告期内施工的全部房屋建筑面积。包括本期新开工的面积、上期跨入本期继续施工的房屋面积、上期停缓建在本期恢复施工的房屋面积、本期竣工的房屋面积及本期施工后又停缓建的房屋面积。

竣工面积　指在报告期内房屋建筑按照设计要求已全部完工，达到住人和使用条件，经验收鉴定合格，正式移交使用单位的建筑面积。

房屋建筑面积竣工率　指一定时期内房屋竣工面积占同期房屋施工面积的比率。它是从房屋建筑施工速度的角度反映投资效果和建筑业经济效益的指标。

新增固定资产　指通过投资活动所形成的新的固定资产价值，包括已经建成投入生产或交付使用的工程价值和达到固定资产标准的设备、工具、器具的价值及有关应摊入的费用。它是以价值形式表示的固定资产投资成果的综合性指标，可以综合反映不同时期、不同部门、不同地区的固定资产投资成果。

建设项目投产率　指一定时期内全部建成投入生产项目个数与同期正式施工项目个数的比率。它是从项目建设速度的角度反映投资效果的指标。

固定资产交付使用率　指一定时期新增固定资产与同期完成投资额的比率。它是反映各个时期固定资产动用速度，衡量建设过程中投资效果的一个综合性指标。

建筑业统计单位　指从事房屋、构筑物建造和设备安装活动的法人企业。建筑业法人企业应同时具备的条件是：①依法成立，有自己的名称、组织机构和场所，能够承担民事责任；②独立拥有和使用资产，承担负债，有权与其他单位签订合同；③独立核算盈亏，能够编制资产负债表。

建筑业总产值（即自行完成施工产值）　是以货币表现的建筑安装企业在一定时期内生产的建筑业产品的总和。建筑业总产值包括：

(1)建筑工程产值：指列入建筑工程预算内的各种工程价值。

(2)设备安装工程产值：指设备安装工程价值，不包括被安装设备本身价值。

(3)房屋、构筑物修理产值：指房屋、构筑物修理所完成的价值，但不包括被修理房屋、构筑物本身的价值和生产设备的修理价值。

(4)非标准设备制造产值：指加工制造没有定型的、非标准的生产设备的加工费和原材料价值，以及附属加工厂为本企业承建工程制作的非标准设备的价值。

建筑业增加值　指建筑业企业在报告期内以货币表现的建筑业生产经营活动的最终成果。目前建筑业增加值采用分配法（收入法）计算，即从收入的角度出发，根据生产要素在生产过程中应得的收入份额计算。具体计算公式为：

建筑业增加值 = 本年提取的固定资产折旧 + 应付工资 + 应付福利费 + 管理费用中的劳动待业保险金、税金 + 工程结算税金及附加 + 工程结算利润

房屋建筑施工面积　指在报告期内施工的全部房屋建筑面积，包括本期新开工的房屋面积、上期施工跨入本期继续施工的房屋面积、上期停缓建在本期恢复施工的房屋面积、本期竣工的房屋面积及本期施工后又停缓建的房屋面积。

房屋建筑竣工面积　指在报告期内房屋建筑按照设计要求全部完工，达到了住人和使用条件，经验收鉴定合格，正式移交使用单位的房屋建筑面积。

自有机械设备年末总台数 指归本企业所有,属于本企业固定资产的生产性机械设备年末总台数。包括施工机械、生产设备、运输设备以及其他设备。

自有机械设备年末总功率 指本企业自有施工机械、生产设备、运输设备以及其他设备等列为在册固定资产的生产性机械设备年末总功率,按设定能力或查定能力计算。包括机械本身的动力和为该机械服务的单独动力设备,如电动机等。计算单位用千瓦,动力换算可按 1 马力 = 0.735 千瓦折合成千瓦数。电焊机、变压器、锅炉不计算动力。

工程结算收入 指企业承包工程实现的工程价款结算收入,以及向发包单位收取的除工程价款以外的按规定列作营业收入的各种款项,如临时设施费、劳动保险费、施工机械调迁费等以及向发包单位收取的各种索赔款。

工程结算利润 指已结算工程实现的利润,如亏损以"-"号表示。计算公式为:

工程结算利润 = 工程结算收入 - 工程结算成本 - 工程结算税金及附加

企业总收入 指与企业生产经营直接有关的各项收入,包括工程结算收入和其他业务收入。计算公式为:

企业总收入 = 工程结算收入 + 其他业务收入

十一 贸易外经

TRADE AND FOREIGN ECONOMIC COOPERATION

十二寛息水經

11—1 历年按地区分社会消费品零售总额

（1978—2008 年） 单位:万元

年 份	社会消费品零售总额	市	县	县以下
1978	55960	13363	10028	32569
1979	61808	14250	11541	36017
1980	73122	17722	20143	35257
1981	77323	19649	15541	42133
1982	85133	22057	18070	45006
1983	98699	24442	22254	52003
1984	120475	29025	28938	62512
1985	158675	37768	39775	81132
1986	170555	44611	36674	89270
1987	196228	59978	33823	102427
1988	251817	79310	46487	126020
1989	272542	79712	65194	127636
1990	245169	154457	53507	37205
1991	267168	119245	51399	96524
1992	317967	142848	58166	116953
1993	386443	186790	66671	132982
1994	564990	269324	112749	182917
1995	751881	362965	140730	248186
1996	888807	466227	125163	297417
1997	1050172	535960	156692	357520
1998	1169043	552823	213009	403211
1999	1262841	607718	217069	438054
2000	1390323	661867	241272	487184
2001	1529493	841848	150084	537561
2002	1670650	921433	172348	576869
2003	1741407	980453	180403	580551
2004	1978198	1138270	204884	635044
2005	2264980	1275148	308768	681064
2006	2622401	1533164	331701	757536
2007	3113394	1830048	390017	893329
2008	3881931	2310515	477921	1093496
2009	4704116	2787279	585810	1331027

注:① 1996 年及以后社会消费品零售总额及各分组指标中不含售给城乡居民生活用住房的零售额。

② 2004 年为经普数据,2005 年为按经普口径统计数据,1993 - 2003 年原则根据原各年环比发展速度和 2004 年经济普查数据调整。

11—2 历年按行业分社会消费品零售总额

（1978—2008 年）　　单位：万元

年份	社会消费品零售总额	批发零售贸易业	住宿餐饮业	其他行业
1978	55960	49684	1514	4762
1979	61808	53237	1638	6948
1980	73122	61300	712	9893
1981	77323	64496	1146	10465
1982	85133	70220	2800	12113
1983	98699	80338	3077	15284
1984	120475	97693	4104	18678
1985	158675	124209	5093	29373
1986	170555	127140	5404	38011
1987	196228	146131	6339	56436
1988	251817	186108	8503	57206
1989	272542	193443	11677	67422
1990	245169	167193	11558	66418
1991	267168	184367	11933	70868
1992	317967	210064	16158	91745
1993	386443	260174	21202	105067
1994	564990	324841	40253	199896
1995	751881	504654	56900	190327
1996	888807	570149	101167	217491
1997	1050172	678964	135508	235700
1998	1169043	736008	152134	280901
1999	1362841	783820	169033	309988
2000	1390323	865280	188623	336420
2001	1529493	960786	212989	355718
2002	1670650	1063985	242591	364074
2003	1741407	1434749	265190	41468
2004	1978198	1635995	296815	45388
2005	2264980	1878911	340113	45957
2006	2622401	2182514	396208	43878
2007	3113394	2587511	476862	49021
2008	3881931	3227206	595445	59280
2009	4704116	3916607	716229	71280

注：① 1996 年及以后社会消费品零售总额及各分组指标中不含售给城乡居民生活用住房的零售额。

② 2004 年为经普数据，2005 年为按经普口径统计数据，1993－2003 年原则根据原各年环比发展速度和 2004 年经济普查数据调整。

11—3 主要年份分县市社会消费品零售总额

单位:万元

项　　目	1978	1980	1985	1990	1992	2000	2004	2008	2009
总　　计	**55960**	**73122**	**158675**	**245169**	**317967**	**1390323**	**1741407**	**3881931**	**4704116**
宜 都 市	5979	8488	13584	22583	28099	102715	138210	341989	417246
枝 江 市	8548	11047	22881	29640	38159	127792	173595	436766	530827
当 阳 市	7717	9580	21605	27230	45017	224047	206795	396871	481890
远 安 县	3131	3926	10796	12593	13867	61051	79159	136245	165679
兴 山 县	1984	2627	5191	9285	10474	46203	60776	103617	124215
秭 归 县	3533	4609	10712	13319	15195	55025	75406	139851	168039
长阳自治县	3227	4235	11292	16373	18666	67426	77847	159768	192304
五峰自治县	1891	2442	5395	7555	11166	38139	45480	73190	86451
市　　区	19952	26168	57219	106591	137324	667925	884139	2093635	2537465

11—4　分县市区社会消费品零售总额

（2009年）

单位：万元

项　　目	合　计	宜都市	当阳市	枝江市	远安县	兴山县	秭归县	长　阳 自治县	五　峰 自治县
社会消费品零售总额	**4704116**	**417246**	**481890**	**530827**	**165679**	**124215**	**168039**	**192304**	**86451**
一、按销售单位所在地分									
1. 市	2787979	44582	249740	224641					
2. 县	585810	178665			93841	75289	68264	125877	43874
3. 县以下	1330327	193999	232151	306186	71838	48926	99775	66427	42577
二、按行业分组									
1. 批发业	446751	24664	23817	41629	15117	28178	47661	10410	7118
限额以上企业	206487	24664	7346	14499	4223	4060	16969	7959	2533
限额以下企业及个体户	240264		16471	27130	10894	24118	30692	2451	4585
2. 零售业	3469856	358387	417330	409698	129877	71932	82359	160665	68328
限额以上企业	581236	20682	7649	5710	7892	1829	5056	8337	2131
限额以下企业及个体户	2888620	337705	409681	403988	121985	70104	77303	152328	66197
3. 住宿和餐饮业	716229	33875	40280	68768	20308	16997	31043	18293	10125
星级（限额以上）企业	59195	1706	2418	1300	559	1156	1567	533	238
星级以外（限额以下）企业和个体户	657034	32169	37861	67468	19749	15841	29476	17760	9887
4. 其他	71280	320	464	10731	377	7108	6977	2937	880

项　　目	市　区						
		西陵区	伍家岗区	点军区	猇亭区	夷陵区	宜昌开发区
社会消费品零售总额	**2537465**	**970737**	**673696**	**61629**	**21175**	**501094**	**309134**
一、按销售单位所在地分							
1. 市	2269016	960466	673696	30456	21175	274089	309134
2. 县							
3. 县以下	268448	10270		31173		227005	
二、按行业分组							
1. 批发业	250409	59070	178651	180	6955	5554	
限额以上企业	126486	57650	63511			5325	
限额以下企业及个体户	123923	1419	115140	180	6955	229	
2. 零售业	1769029	739037	333853	48159	6450	351507	290023
限额以上企业	519699	231098	82788		1623	9347	194843
限额以下企业及个体户	1249330	507938	251066	48159	4827	342160	95180
3. 住宿和餐饮业	476541	159527	154321	12456	2877	128249	19111
星级（限额以上）企业	49718	31238	8099		99	1586	8696
星级以外（限额以下）企业和个体户	426823	128289	146222	12456	2778	126663	10415
4. 其他	41486	13104	6871	834	4893	15784	

11—5 限额以上批发零售贸易业商品购销存情况

(2009年)

项目	法人企业(个)	产业活动单位(个)	年末从业人数(个)	购进总额(万元)
总计	**138**	**546**	**12696**	**1073799**
一、批发业	**33**	**25**	**3695**	**556814**
其中:国有及国有控股	9		1640	402697
1. 按登记注册类型分组				
内资	32	25	3610	550214
外商投资企业	1		85	6600
2. 按国民经济行业分组				
农畜产品批发业	3		266	13494
食品、饮料及烟草制品批发业	7	10	1394	280240
米、面制品及食用油批发业	5		122	43267
烟草制品批发业	1	10	1187	230373
纺织、服装及日用品批发业	2		70	9815
文化、体育用品及器材批发业				
医药及医疗器材批发业	4	3	351	24052
矿产品、建材及化工产品批发业	12	12	1506	223366
机械设备、五金交电及电子产品批发	4		80	4250
二、零售业	**105**	**521**	**9001**	**516985**
其中:国有及国有控股	16		1420	153130
1. 按登记注册类型分组				
内资	104	517	8467	461811
外商投资企业	1	4	534	55174
2. 按国民经济行业分组				
综合零售业	17	134	4832	132470
百货零售业	4	4	1165	66648
超级市场零售业	12	126	3564	65202
其他综合零售	1	4	103	621
食品、饮料及烟草制品专门零售业	2	4	33	4873
纺织、服装及日用品专门零售业	2	4	536	7048
文化、体育用品及器材专门零售业	6	1	281	11752
医药及医疗器材专门零售业	8	123	463	11856
汽车、摩托车、燃料及零配件专门	49	243	2081	297357
家用电器及电子产品专门零售业	15	10	588	48922
五金、家具及室内装修材料专门零售业	4	2	98	1483
无店铺及其他零售业	2		89	1223

11—5 续表

单位:万元

项目	销售总额	批发额	零售额	年末库存总额
总　计	**1860314**	**1030675**	**829639**	**120377**
一、批发业	**1196946**	**970964**	**225983**	**80647**
其中:国有及国有控股	452494	415020	37474	59634
1. 按登记注册类型分组				
内资	1189946	963964	225983	80047
港澳台商投资企业				
外商投资企业	7000	7000		600
2. 按国民经济行业分组				
农畜产品批发业	25630	25630		5166
食品、饮料及烟草制品批发业	270378	261185	9193	57292
米、面制品及食用油批发业	31477	22284	9193	25588
烟草制品批发业	231901	231901		31104
纺织、服装及日用品批发业	26629	20480	6149	448
文化、体育用品及器材批发业				
医药及医疗器材批发业	24024	13485	10539	6045
矿产品、建材及化工产品批发业	838977	641470	197507	10797
机械设备、五金交电及电子产品批发	9713	7118	2595	900
二、零售业	**663367**	**59711**	**603657**	**39730**
其中:国有及国有控股	164038	35874	128165	3979
1. 按登记注册类型分组				
内资	560246	41293	518953	37306
外商投资企业	103122	18418	84704	2424
2. 按国民经济行业分组				
综合零售业	198385	18437	179948	13464
百货零售业	114646	18418	96228	3321
超级市场零售业	82963	19	82944	10137
其他综合零售	776		776	6
食品、饮料及烟草制品专门零售业	9916	3861	6056	520
纺织、服装及日用品专门零售业	10554		10554	256
文化、体育用品及器材专门零售业	13613	2460	11153	2327
医药及医疗器材专门零售业	14721	782	13940	2676
汽车、摩托车、燃料及零配件专门	346137	32013	314124	16482
家用电器及电子产品专门零售业	52439	2159	50279	3568
五金、家具及室内装修材料专门零售业	5332		5332	303
无店铺及其他零售业	12271		12271	132

11—6 限额以上住宿餐饮业情况

（2009年）

指标名称	法人企业（个）	产业活动单位（个）	从业人数（个）	营业额（万元）	客房收入	餐费收入	商品销售收入	拥有床位数（万个）	拥有餐位数（万位）
总计	**89**	**36**	**7927**	**80394**	**24073**	**50259**	**1988**	**1.2**	**4.0**
一、住宿业	**53**	**10**	**5746**	**55631**	**23716**	**26326**	**1520**	**1.2**	**2.4**
其中：国有及国有控股	21		2863	29855	12421	13512	1360	0.5	1.1
1.按登记注册类型分组									
内资	53	10	5746	55631	23716	26326	1520	1.2	2.4
港澳台商投资企业									
外商投资企业									
2.按国民经济行业分组									
旅游饭店	37	6	5069	48852	20032	23432	1380	0.9	2.1
一般旅馆	16	4	677	6779	3684	2893	140	0.2	0.3
二、餐饮业	**36**	**26**	**2181**	**24763**	**357**	**23934**	**468**		**1.6**
其中：国有及国有控股	1		17	638		638			0.1
1.按登记注册类型分组									
内资	34	26	2049	23042	357	22213	468		1.5
港澳台商投资企业	1		102	1442		1442			0.1
外商投资企业	1		30	279		279			
2.按国民经济行业分组									
正餐服务业	35	23	2146	24268	357	23439	468		1.6
快餐服务业	1		35	495		495			

11—7 限额以上批发零售业财务状况

（2009年）　　　　单位:万元

项　　　　目	企业数（个）	流动资产合　计	#存货	固定资产原价	累计折旧	#本年折旧
总　　计	**138**	**380539**	**110519**	**114189**	**53173**	**9013**
一、批发业	**33**	**184222**	**68386**	**49155**	**22843**	**3712**
其中:国有及国有控股	9	93333	50342	35037	19302	2913
1.按登记注册类型分组						
内资	32	182122	67786	48576	22768	3679
外商投资企业	1	2100	600	579	75	33
2.按国民经济行业分组						
农畜产品批发业	3	15260	6889	7442	2862	321
食品、饮料及烟草制品批发业	7	82411	47102	33695	12907	2578
纺织、服装及日用品批发业	2	5290	588	139	192	27
医药及医疗器材批发业	4	18602	2056	1038	874	140
矿产品、建材及化工产品批发业	12	61126	10889	6688	5890	611
机械设备、五金交电及电子产品批发	4	1223	863	142	113	34
二、零售业	**105**	**196318**	**42133**	**65034**	**30330**	**5301**
其中:国有及国有控股	16	21953	7052	23061	6010	599
1.按登记注册类型分组						
内资	104	174274	40418	57235	16807	3044
外商投资企业	1	22044	1715	7799	13522	2257
2.按国民经济行业分组						
综合零售业	17	68278	12684	21512	17815	3747
百货零售业	4	26423	2610	9943	13643	2281
超级市场零售业	12	41634	10068	10123	3748	1351
其他综合零售	1	221	6	1447	424	115
食品、饮料及烟草制品专门零售业	2	2121	454	64	170	9
纺织、服装及日用品专门零售业	2	13911	319	3564	1320	0
文化、体育用品及器材专门零售业	6	6295	1916	6414	684	275
医药及医疗器材专门零售业	8	9320	1634	3214	850	93
汽车、摩托车、燃料及零配件专门零售业	49	77185	18601	29628	8847	1062
家用电器及电子产品专门零售业	15	15261	5440	204	261	44
五金、家具及室内装修材料专门零售业	4	2785	461	121	106	25
无店铺及其他零售业	2	1161	624	313	277	48

11—7 续表1 单位:万元

项目	资产合计	负债合计	所有者权益合计	#实收资本	营业收入合计	主营业务收入	主营业务成本	主营业务税金及附加
总计	**588751**	**438933**	**149818**	**100697**	**1784068**	**1776587**	**1043450**	**8895**
一、批发业	264356	168133	96223	58220	1159700	1155304	510683	7129
其中:国有及国有控股	136536	69383	67153	14317	421337	417122	301285	6658
1. 按登记注册类型分组								
内资	261456	166933	94523	57170	1152622	1148304	503913	7129
外商投资企业	2900	1200	1700	1050	7078	7000	6770	0
2. 按国民经济行业分组								
农畜产品批发业	28023	17338	10684	7952	26440	26125	24128	26
食品、饮料及烟草制品批发业	123475	58086	65388	14558	240630	236816	181203	6546
纺织、服装及日用品批发业	5675	4539	1136	400	26636	26629	20903	78
医药及医疗器材批发业	20735	18675	2060	868	23891	23795	20136	43
矿产品、建材及化工产品批发业	78622	63050	15572	33393	830795	830630	256002	372
机械设备、五金交电及电子产品批发	7101	5769	1332	1000	9713	9713	6714	49
二、零售业	324396	270800	53595	42478	624368	621283	532767	1766
其中:国有及国有控股	65786	58331	7455	4283	165434	163975	157101	351
1. 按登记注册类型分组								
内资	284458	234787	49671	39478	550546	547461	472535	1518
外商投资企业	39938	36013	3924	3000	73822	73822	60232	248
2. 按国民经济行业分组								
综合零售业	107154	95620	11533	13056	163014	161680	118900	700
百货零售业	47943	43266	4676	4700	82225	81742	67113	268
超级市场零售业	57318	51338	5980	7826	80013	79163	51257	424
其他综合零售	1893	1016	877	530	776	776	530	8
食品、饮料及烟草制品专门零售业	2243	2084	159	130	9916	9916	8043	19
纺织、服装及日用品专门零售业	27116	27037	79	1080	10554	10554	9140	38
文化、体育用品及器材专门零售业	17708	10304	7403	819	13883	13044	10468	37
医药及医疗器材专门零售业	14172	11889	2283	1242	13472	13439	10559	59
汽车、摩托车、燃料及零配件专门零售业	135540	109587	25953	21671	347407	347231	321172	653
家用电器及电子产品专门零售业	15887	10589	5299	3380	48511	47815	42237	201
五金、家具及室内装修材料专门零售业	2927	2986	-59	500	5341	5332	3828	13
无店铺及其他零售业	1650	705	945	600	12271	12271	8421	47

11—7 续表 2 单位:万元

项目	主营业务利润	其他业务利润	营业费用	管理费用	#税金	#差旅费	#工会经费
总计	**168355**	**2395**	**64901**	**44435**	**1322**	**1082**	**309**
一、批发业	**102128**	**894**	**31809**	**21460**	**586**	**590**	**209**
其中:国有及国有控股	66158	714	18218	16631	407	241	193
1. 按登记注册类型分组							
内资	101898	816	31744	21345	574	545	207
外商投资企业	230	78	65	115	12	45	2
2. 按国民经济行业分组							
农畜产品批发业	1801	315	579	769	15	15	4
食品、饮料及烟草制品批发业	49375	313	15970	15934	379	199	179
纺织、服装及日用品批发业	5647	7	3435	482	19	158	2
医药及医疗器材批发业	3616	95	1641	1021	40	29	4
矿产品、建材及化工产品批发业	39754	164	9475	3022	124	169	19
机械设备、五金交电及电子产品批发	1950		706	201	8	21	
二、零售业	**66228**	**1502**	**33092**	**22975**	**736**	**492**	**100**
其中:国有及国有控股	5900	571	8256	2256	168	68	17
1. 按登记注册类型分组							
内资	52885	1502	33043	11923	636	410	100
外商投资企业	13342		50	11052	100	82	
2. 按国民经济行业分组							
综合零售业	27735	1022	9835	14440	357	163	29
百货零售业	14362	283	576	11871	189	96	7
超级市场零售业	13167	739	9230	2349	136	62	17
其他综合零售	207		29	220	32	5	5
食品、饮料及烟草制品专门零售业	1854		1554	302	3	8	4
纺织、服装及日用品专门零售业	1377		336	144		1	
文化、体育用品及器材专门零售业	2385	182	2162	950	40	43	12
医药及医疗器材专门零售业	2425	33	1588	493	29	16	5
汽车、摩托车、燃料及零配件专门零售业	20787	152	12822	4847	231	223	33
家用电器及电子产品专门零售业	4371	104	2571	1583	67	27	13
五金、家具及室内装修材料专门零售业	1492	9	745	55	5	12	1
无店铺及其他零售业	3803		1481	160	4		4

11—7　续表3　　　　单位:万元

项　　目	财务费用	#利息支出	营业利润	利润总额	应交所得税	劳动、失业保险费	养老保险和医疗保险费
总　　计	**6081**	**3346**	**116177**	**131575**	**23452**	**2455**	**3591**
一、批发业	**1785**	**798**	**104664**	**110220**	**19419**	**211**	**1846**
其中:国有及国有控股	67	34	62283	68160	9114	126	1428
1. 按登记注册类型分组							
内资	1687	713	104634	110190	19412	210	1845
外商投资企业	98	85	30	30	8	1	1
2. 按国民经济行业分组							
农畜产品批发业	616	616	405	781		25	80
食品、饮料及烟草制品批发业	-34	-47	18948	24176	6060	119	1260
纺织、服装及日用品批发业	68	29	1789	1789	351	3	11
医药及医疗器材批发业	143	42	837	863	190	6	37
矿产品、建材及化工产品批发业	735	158	82137	82167	12548	55	451
机械设备、五金交电及电子产品批发	250	0	605	450	270	4	7
二、零售业	**4296**	**2548**	**11512**	**21355**	**4033**	**2244**	**1745**
其中:国有及国有控股	308	97	-3443	6393	324	74	422
1. 按登记注册类型分组							
内资	3263	1515	10305	20199	3930	1971	1471
外商投资企业	1033	1033	1208	1156	104	274	274
2. 按国民经济行业分组							
综合零售业	1639	1236	6258	6651	1435	420	901
百货零售业	1136	1106	1062	879	104	279	336
超级市场零售业	450	83	5263	5797	1327	132	564
其他综合零售	53	47	-67	-25	4	9	1
食品、饮料及烟草制品专门零售业	10		621	646	34	39	11
纺织、服装及日用品专门零售业	198		-133	-131	42	1	
文化、体育用品及器材专门零售业	35	22	108	69	54	12	137
医药及医疗器材专门零售业	157	116	385	496	284	1613	119
汽车、摩托车、燃料及零配件专门零售业	2376	1361	1681	10725	1456	127	313
家用电器及电子产品专门零售业	-153	-204	1510	1815	428	13	139
五金、家具及室内装修材料专门零售业	20	11	234	236	88	2	80
无店铺及其他零售业	15	6	850	849	212	17	46

11—7 续表4 单位:万元

项目	住房公积金和住房补贴	本年应付工资总额	本年应付福利费总额	本年应交增值税	全部从业人员年平均人数(人)
总计	**1771**	**28114**	**2439**	**49377**	**12540**
一、批发业	**980**	**13687**	**1510**	**13855**	**3684**
其中:国有及国有控股	824	9640	1291	10436	1652
1.按登记注册类型分组					
内资	980	13590	1496	13854	3599
外商投资企业		97	14	1	85
2.按国民经济行业分组					
农畜产品批发业	10	261		76	266
食品、饮料及烟草制品批发业	768	8698	1198	9929	1406
纺织、服装及日用品批发业		108	6	31	70
医药及医疗器材批发业	24	571	68	254	328
矿产品、建材及化工产品批发业	177	3348	219	3280	1506
机械设备、五金交电及电子产品批发		140	19	91	80
二、零售业	**791**	**14428**	**929**	**35522**	**8856**
其中:国有及国有控股	72	2498	55	18154	1434
1.按登记注册类型分组					
内资	774	12356	837	34217	8331
外商投资企业	17	2072	92	1306	525
2.按国民经济行业分组					
综合零售业	17	6830	325	10858	4745
百货零售业	17	2565	92	1411	1156
超级市场零售业		4203	231	9444	3486
其他综合零售		62	2	3	103
食品、饮料及烟草制品专门零售业	33	216	2	111	33
纺织、服装及日用品专门零售业		145	3	29	521
文化、体育用品及器材专门零售业	21	748	37	269	281
医药及医疗器材专门零售业	665	868	173	180	463
汽车、摩托车、燃料及零配件专门零售业	20	4186	289	23145	2037
家用电器及电子产品专门零售业	23	1021	54	843	588
五金、家具及室内装修材料专门零售业		214	30	42	99
无店铺及其他零售业	11	201	16	47	89

11—8 限额以上住宿餐饮业财务状况

（2009年）

单位：万元

项目	企业数（个）	流动资产合计	#存货	固定资产原价
总计	**89**	**28225**	**3730**	**131285**
一、住宿业	**53**	**23315**	**2712**	**122626**
其中：国有及国有控股	21	10521	1141	76297
1. 按登记注册类型分组				
内资	53	23315	2712	122626
外商				
2. 按国民经济行业分组				
旅游饭店	37	21429	2419	107662
一般旅馆				
二、餐饮业	**36**	**4910**	**1018**	**8660**
其中：国有及国有控股	1	202	6	1060
1. 按登记注册类型分组				
内资	34	4732	1017	8477
港澳台商投资企业	1	153	1	153
外商投资企业	1	25		30
2. 按国民经济行业分组				
正餐服务业	35	4872	1018	8304
饮料及冷饮服务	1	38		356

项目	资产合计	累计折旧	#本年折旧	所有者权益合计	#实收资本
总计	**137541**	**47309**	**10389**	**62288**	**79220**
一、住宿业	**123858**	**43038**	**8557**	**57921**	**75682**
其中：国有及国有控股	67327	31028	4499	39797	59814
1. 按登记注册类型分组					
内资	123858	43038	8557	57921	75682
外商投资企业					
2. 按国民经济行业分组					
旅游饭店	108427	39695	6904	51740	70506
一般旅馆					
二、餐饮业	**13683**	**4271**	**1832**	**4366**	**3538**
其中：国有及国有控股	2994	139	14	341	273
1. 按登记注册类型分组					
内资	13363	4170	1827	4188	3382
港澳台商投资企业	269	83		172	106
外商投资企业	51	19	6	7	50
2. 按国民经济行业分组					
正餐服务业	12930	3915	1655	3942	3528
饮料及冷饮服务	752	356	177	424	10

单位:万元

项目	负债合计	营业收入合计	主营业务收入	主营业务成本	主营业务税金及附加
总计	**80758**	**75253**	**80559**	**34108**	**3860**
一、住宿业	**55920**	**65937**	**55721**	**19563**	**2442**
其中:国有及国有控股	30310	27530	30269	10547	1263
1. 按登记注册类型分组					
内资	55920	65937	55721	19563	2442
外商投资企业					
2. 按国民经济行业分组					
旅游饭店	49101	56687	48954	16968	2141
一般旅馆					
二、餐饮业	**24838**	**9316**	**24838**	**14545**	**1419**
其中:国有及国有控股	670	2653	670	453	39
1. 按登记注册类型分组					
内资	23117	9176	23117	13280	1331
港澳台商投资企业	1442	97	1442	1117	74
外商投资企业	279	44	279	149	14
2. 按国民经济行业分组					
正餐服务业	24343	8988	24343	14303	1329
饮料及冷饮服务	495	328	495	243	89

项目	主营业务利润	其他业务利润	营业费用	管理费用	税金
总计	**41513**	**103**	**25425**	**13771**	**887**
一、住宿业	**32525**	**103**	**18906**	**12019**	**871**
其中:国有及国有控股	18316	37	10553	6046	493
1. 按登记注册类型分组					
内资	32525	103	18906	12019	871
外商投资企业					
2. 按国民经济行业分组					
旅游饭店	29017	50	16680	11284	847
一般旅馆					
二、餐饮业	**8988**		**6519**	**1752**	**16**
其中:国有及国有控股	179		103	89	1
1. 按登记注册类型分组					
内资	8620		6427	1493	16
港澳台商投资企业	252		1	227	
外商投资企业	116		91	32	
2. 按国民经济行业分组					
正餐服务业	8825		6443	1696	16
饮料及冷饮服务	163		76	56	

11—8 续表2

单位:万元

项目	财务费用	营业利润	利润总额	应交所得税	劳动、失业保险费
总计	**1181**	**2955**	**2906**	**1524**	**927**
一、住宿业	**1019**	**2129**	**2146**	**1024**	**871**
其中:国有及国有控股	320	1834	1557	831	817
1. 按登记注册类型分组					
内资	1019	2129	2146	1024	871
外商投资企业					
2. 按国民经济行业分组					
旅游饭店	684	1611	1668	773	827
一般旅馆					
二、餐饮业	**162**	**825**	**760**	**500**	**56**
其中:国有及国有控股		-13			10
1. 按登记注册类型分组					
内资	161	810	745	493	56
港澳台商投资企业		23	23	7	
外商投资企业	1	-8	-8		
2. 按国民经济行业分组					
正餐服务业	162	794	729	500	56
饮料及冷饮服务		31	31		

项目	住房公积金和住房补贴	养老保险和医疗保险费	本年应付工资总额	本年应付福利费总额	全部从业人员年平均人数(人)
总计	**1387**	**142**	**11799**	**896**	**7905**
一、住宿业	**1100**	**132**	**8744**	**739**	**5742**
其中:国有及国有控股	735	124	4107	399	2872
1. 按登记注册类型分组					
内资	1100	132	8744	739	5742
外商投资企业					
2. 按国民经济行业分组					
旅游饭店	1016	124	7642	672	5056
一般旅馆					
二、餐饮业	**288**	**10**	**3055**	**157**	**2163**
其中:国有及国有控股	8	9	25	4	17
1. 按登记注册类型分组					
内资	269	10	2757	157	2031
港澳台商投资企业	18		256		102
外商投资企业			42		30
2. 按国民经济行业分组					
正餐服务业	282	10	2974	157	2128
饮料及冷饮服务	6		81		35

11—9 成品油零售企业能源商品销售与库存

(2009 年)

单位:吨

能源品种	年初库存量	本年销售量	年末库存量
汽油	3797	176229	4297
#93″	2619	142358	3257
柴油	4323	386338	6295
#0″	4248	383338	6018
煤油	2091	13886	2449
燃料油	1	71	
润滑油	523	798	321

11—10 成品油批发企业能源购销存情况

(2009 年)

单位:吨

能源品种	年初库存量	本年购进量	本年销售量	#售予批发和零售企业	年末库存量
汽油	857	65869	65459	51736	1267
#93″	488	46219	45854	34348	853
柴油	1334	281810	280406	121046	2738
#0″	1334	281344	280008	121041	2670
燃料油		6530	6530	6530	
润滑油	9	1531	1524	162	27

11—11 亿元以上商品交易市场成交情况

项目	2008		2009	
	摊位数量(个)	成交额(万元)	摊位数量(个)	成交额(万元)
总计	**8764**	**765121**	**9021**	**816852**
食品、饮料、烟酒类	4295	477243	3675	377245
食品类	2979	282364	2427	244968
饮料类	1148	138701	1105	110892
烟酒类	168	56178	143	21385
服装鞋帽、针、纺织品类	1697	119315	1972	89847
化妆品类	72	18813	72	14209
金银珠宝类	2	44	2	44
日用品类	295	31573	720	160142
五金、电料类	304	26146	388	31159
体育、娱乐用品类	48	17661	66	1511
书报杂志类	3	212	6	740
电子出版物及音像制品类	7	665	6	187
家用电器和音像器材类	194	8028	200	22028
中西药品类	6	315	6	357
文化办公用品类	68	11648	129	33622
家具类	237	14684	340	43009
通讯器材类				
木材及制品类	3	260		
石油及制品类				
化工材料及制品类	63	2887	48	366
金属材料类	2	146		
建筑及装潢材料类	1064	26200	976	32506
机电产品及设备类	340	8325	353	8804
种子饲料类	64	956	62	1076

11—12 重点商品出口情况

（2009年）

品　　名	单　位	出口量	出口额(万美元)
活性酵母	吨	3597.4	8399
三聚磷酸钠(五钠)	吨	11416	8340
化肥	吨	28118.2	8686
季戊四醇	吨	2121.2	2403
棉纱	吨	588.4	1533
棉布	万米		
服装	万美元		936
发动机零配件	万美元	446.2	3710
船舶	艘	2	4191

11—13 主要年份对外贸易进出口总值

单位:万美元

年　　份	进出口总值	出口总额	进口总额
1998	7232	3387	3845
1999	6684	4295	2389
2000	9813	7216	2597
2001	24018	15459	8559
2002	36713	13856	22857
2003	43640	19039	24601
2004	42473	25719	16754
2005	43968	32011	11957
2006	56905	40941	15964
2007	85516	61153	24363
2008	137128	90502	46626
2009	103479	77643	25836

11—14　主要年份利用外资情况

单位:个、万美元

年　份	签订利用外资合同				实际利用外资	
	项目个数	投资总额	注册资本	协议外资额	总　额	#直接利用外资
1998	39	13671	8228	6511	15060	10500
1999	16	12894	8336	6324	10068	1971
2000	36	14410	8444	7008	10195	4067
2001	33	16852	8552	6808	14635	6436
2002	47	24895	8660	14361	25533	7507
2003	40	74496	8768	30372	33445	8405
2004	43	31974	8876	13601	33602	9305
2005	28	13559	8984	13102	20161	10498
2006	18	22557	9092	9184	19831	11545
2007	19	19062	9200	11121	14112	13615
2008	17	48828	19248	13952		16013
2009	18	42580	21759	18980		18136

11—15　主要年份外贸出口商品结构

商品类别	外贸出口总值(万美元)							占出口总值比重(%)						
	2000	2004	2005	2006	2007	2008	2009	2000	2004	2005	2006	2007	2008	2009
合　计	**7216**	**25719**	**32011**	**40941**	**61153**	**90502**	**77643**	**100**	100	**100**	100	**100**	100	**100**
粮油类	339	2026	3072	4794	6323	10014	14713	5	8	10	12	10	11	19
纺织类	1872	2148	2694	4301	4013	3334		27	8	8	11	7	4	3
服装类	463	373	568	616	816	984	2472	6	1	2	2	1	1	2
轻工类	95	97	161	68	651	738	1205	1		1		1	1	1
五矿类	71	3452	3063	7920	9399	19249	811	1	13	10	19	15	21	16
化工类	3121	9618	13678	14818	29117	36161	12160	43	37	43	36	48	40	24
医药类	89	414	1045	1865	1038	4985	18867	1	2	3	5	2	6	23
船舶类		2524	2532	2608	2721	6981	17785		10	8	6	4	8	6
机械类	1164	4866	5004	3011	6154	7967	4191	16	19	16	7	10	9	6
家电类		93	194	912	915		4335			1	2	2		1
光电类	5	108			6	89	969							

11—16 外贸主要出口市场

（2009年）

出口国别（地区）	出口额（万美元）	比上年增幅（%）	占总额比重（%）
美　　国	10159	10.7	13.1
印　　度	7235.3	-13.4	9.3
香　　港	7111.6	-30.9	9.2
日　　本	5443	38.2	7
荷　　兰	5155.7	-19.8	6.6
韩　　国	2764.4	-73.7	3.6
台　　湾	1690.5	-2.8	2.2
比 利 时	1622.5	-11.8	2.1
马来西亚	1616.8	13.8	2.1
德　　国	1588.2	-45.7	2
泰　　国	1356.8	-4.6	1.7
也门共和国	1334.5	-3.4	1.7
沙特阿拉伯	1288.9	-15.6	1.7
菲 律 宾	1143	-18	1.5
巴　　西	1107.6	-35.8	1.4
阿 联 酋	976.2	-16.5	1.3
阿 根 廷	652.3	-51.1	0.8
秘　　鲁	649.8	-74.4	0.8
伊　　朗	600.7	-53.9	0.8
印度尼西亚	483.3	-62.8	0.6

11—17 主要年份旅游经济指标

项目	2000	2004	2005	2006	2007	2008	2009
入境游客人数合计(人次)	**129586**	**140207**	**181941**	**289782**	**340521**	**222534**	**174885**
港澳同胞	7605	5128	11600	29700	34982	33265	5457
台湾同胞	9609	2304	5033	16886	12803	8161	4682
外国人	112282	132775	165308	243196	292736	181108	164746
日本	14749	3484	2029	14405	8304	2044	2929
新加坡	848	819	325	3079	8546	5079	1694
韩国	901	1391	4213	4927	3063	1111	440
美国	41728	34826	50577	60009	68631	52337	47370
加拿大	9509	3911	5782	13924	14840	6238	7010
英国	18408	36171	33418	53378	75245	47421	42301
法国	2912	4328	12371	13494	11515	5711	10198
德国	9771	30573	30112	39371	45211	34507	29561
意大利		215	877	1728	1861	127	127
瑞士	534	372	591	725	1735	813	483
澳大利亚	2981	1536	6272	22404	20669	8683	12492
新西兰	589	150	523	2284	965	614	248
泰国	1038	548	1456	1199	3921	2350	1492
过夜入境游客(人次)	25587	26417	28041	31105	36054	35650	15583
一日游入境游客(人次)	103999	113790	153900	258677	304467	186884	159302
入境游客人天数(人天)	167437	169294	227246	322677	390002	300833	198890
国内游客人数(万人次)	606	790.7	862.1	901.8	1000.05	970.0	1197.22
旅游总收入(亿元)	38	47.57	57	64.5	72.33	65.09	78.5
国内旅游收入(亿元)	36	45.02	53.8	60.3	67.52	61.0	75.95
旅游创汇(万美元)	2585	3076.2	3856.6	5319.6	6315.4	5885.3	3664.78

主要统计指标解释

社会消费品零售总额　指国民经济各行业直接售给城乡居民和社会集团的消费品总额。它是反映各行业通过多种商品流通渠道向居民和社会集团供应的生活消费品总量，是研究国内零售市场变动情况、反映经济景气程度的重要指标。

社会消费品零售总额包括：⑴售给城乡居民作为生活用的商品和修建房屋用的建筑材料；⑵售给社会集团的各种办公用品和公用消费品；⑶售给机关、团体、学校、部队、企业、事业单位的职工食堂和旅店（招待所）附设专门供本店旅客食用，不对外营业的食堂的各种食品、燃料；企业、单位和国营农场直接售给本单位职工和职工食堂的自己生产的产品；⑷售给部队干部、战士生活用的粮食、副食品、衣着品、日用品、燃料；⑸售给来华的外国人、华侨、港澳台同胞的消费品；⑹居民自费购买的中、西药品、中药材及医疗用品；⑺报社、出版社直接售给居民和社会集团的报纸、图书、杂志，集邮公司出售的新、旧纪念邮票、特种邮票、首日封、集邮册、集邮工具等；⑻旧货寄售商店自购、自销部分的商品；⑼煤气公司、液化石油气站售给居民和社会集团的煤气灶具和罐装液化石油气；⑽农民售给非农业居民和社会集团的商品。不包括售给国民经济各部门企业、事业单位（包括国有经济的农场）生产经营用的各种原材料、燃料、设备、工具等和售给批发零售贸易业、餐饮业作为转卖用的商品，旧货寄售商店受托寄售卖出的商品，服务业的营业收入，邮局出售邮票的收入，自来水、电力、煤气生产（供应）单位的产品供应收入，也不包括农民之间的商品销售。

批发零售贸易业商品购、销、存总额　指各种登记注册类型的批发、零售贸易业（不包括个体）企业（单位）以本企业（单位）为总体的商品购进、销售、库存总额。

商品购进总额　指从本企业（单位）以外的单位和个人购进（包括从境外直接进口）作为转卖或加工后转卖的商品总额。它反映批发零售贸易业从国内、国外市场上购进商品的总量。商品购进总额包括：⑴从工农业生产者购进的商品；⑵从出版社、报社的出版发行部门购进的图书、杂志和报纸；⑶从各种登记注册类型的批发零售贸易企业（单位）购进的商品；⑷从其他单位购进的商品，如从机关、团体、企业等单位购进的剩余物资，从餐饮业、服务业购进的商品，从海关、市场管理部门购进的缉私和没收的商品，从居民手中收购的废旧商品等；⑸从国（境）外直接进口的商品。不包括企业（单位）为自身经营用和未通过买卖行为而收入的商品以及销售退回、商品升溢等。

商品销售总额　指对本企业（单位）以外的单位和个人出售（包括对境外直接出口）的商品总额。它反映批发零售贸易业在国内市场上销售商品以及出口商品的总量。商品销售总额包括：⑴售给城乡居民和社会集团消费用的商品；⑵售给工业、农业、建筑业、运输邮电业、批发零售贸易业、餐饮业、服务业等作为生产、经营使用的商品；⑶售给批发零售贸易业作为转卖或加工后转卖的商品；⑷对国（境）外直接出口的商品。不包括出售本企业（单位）自用的废旧包装用品；未通过买卖行为付出的商品；经本单位介绍，由买卖双方直接结算，本单位只收取手续费的业务；购货退出的商品以及商品损耗和损失等。

批发零售贸易业库存　指报告期末各种登记注册类型的批发零售贸易企业（单位）已取得所有权的商品。它反映批发零售贸易企业（单位）的商品库存情况和对市场商品供应的保证程度。期末库存包括：⑴存放在批发零售贸易业经营单位（如门市部、批发站、经营处）仓库、货场、货柜和货架中的商品；⑵挑选、整理、包装中的商品；⑶已记入购进而尚未运到本单位的商品，即发货单或银行承兑凭证已到而货未到的部分；⑷寄放他处的商品，如因购货方拒绝承付而暂时存放在购货方的商品和已办完加工成品收回手续而未提回的商品；⑸委托其他单位代销（未作销售或调出）尚未售出的商品；⑹代其他单位购进尚未交付的商品。不包括所有权不属于本单位的商品、拨付除批发零售贸易业以外的其他行业所属独立核算加工厂等加工生产尚未收回成品的商品、代国家物资储备部门保管的商品等。

库存总额采用的计算价格是：农副产品采购单位按购进价计算；批发单位按进货价计算；零售单位按核算价格计算，即按什么价格核算就按什么价格计算。

消费品市场成交额　指从事消费品交易的商品市场的全部商品成交金额。消费品市场包括农副产品市场和工业消费品市场。

进出口总额（海关进出口总额）　指实际进出我国国境

的货物总金额。包括对外贸易实际进出口货物，来料加工装配进出口货物，国家间、联合国及国际组织无偿援助物资和赠送品，华侨、港澳台同胞和外籍华人捐赠品，租赁期满归承租人所有的租赁货物，进料加工进出口货物，边境地方贸易及边境地区小额贸易进出口货物（边民互市贸易除外），中外合资企业、中外合作经营企业、外商独资经营企业进出口货物和公用物品，到、离岸价格在规定限额以上的进出口货样和广告品（无商业价值、无使用价值和免费提供出口的除外），从保税仓库提取在中国境内销售的进口货物，以及其他进出口货物。进出口总额用以观察一个国家在对外贸易方面的总规模。我国规定出口货物按离岸价格统计，进口货物按到岸价格统计。

利用外资　指我国各级政府、部门、企业和其他经济组织通过对外借款、吸收外商直接投资以及用其他方式筹措的境外现汇、设备、技术等。

外商直接投资　指外国企业和经济组织或个人（包括华侨、港澳台胞以及我国在境外注册的企业）按我国有关政策、法规，用现汇、实物、技术等在我国境内开办外商独资企业、与我国境内的企业或经济组织共同举办中外合资经营企业、合作经营企业或合作开发资源的投资（包括外商投资收益的再投资），以及经政府有关部门批准的项目投资总额内企业从境外借入的资金。

外商其他投资　指除对外借款和外商直接投资以外的各种利用外资的形式。包括企业在境内外股票市场公开发行的以外币计价的股票（目前主要是在香港证券市场发行的H股和在境内证券市场发行的B股）发行价总额，国际租赁进口设备的应付款，补偿贸易中外商提供的进口设备、技术、物料的价款，加工装配贸易中外商提供的进口设备、物料的价款。

旅游者人数　包括入境国际旅游者人数、出境居民人数和国内旅游者人数。

⑴入境国际旅游者人数：指来中国参观、访问、旅行、探亲、访友、休养、考察、参加会议和从事经济、科技、文化、教育、宗教等活动的外国人、华侨、港澳同胞和台湾同胞的人数。不包括外国在我国的常驻机构，如使领馆、通讯社、企业办事处的工作人员；来我国常住的外国专家、留学生以及在岸逗留不过夜人员。

⑵出境居民人数：指大陆居民因公务活动或私人事务短期出境的人数。公务活动出境居民人数包括在国际交通工具上的中国服务员工，因私出境居民人数不包括在国际交通工具上的中国服务员工。

⑶国内旅游者人数：指我国大陆居民和在我国常住1年以上的外国人、华侨、港澳台同胞离开常住地在境内其他地方的旅游设施内至少停留一夜，最长不超过6个月的人数。

国际旅游（外汇）收入　指入境旅游的外国人、华侨、港澳同胞和台湾同胞在中国大陆旅游过程中发生的一切旅游支出，对于国家来说就是国际旅游（外汇）收入。

国际旅行社　指经营对外招徕并接待外国人、华侨、港澳同胞和台湾同胞来中国、归国或回内地旅游业务的旅行社。

国内旅行社　指负责经营招徕、组团、接待国内旅客的旅游业务，以及不对外招徕，负责经营接待国际旅行社或其它涉外部门组织的外国人、华侨、港澳同胞和台湾同胞来中国、归国或回内地的旅游业务的旅行社。

涉外饭店　指经有关部门批准，允许接待外国人、华侨、港澳同胞和台湾同胞的饭店。

十二 科技教育

SCIENTIFIC TECHNOLOGY AND EDUCATION

12—1 主要年份科教兴鄂与社会发展监测基本情况

项　　目	计量单位	2005	2006	2007	2008	2009
科技人员与经费						
从事科技活动人员数	万人	1.07	1.10	1.22	0.83	1.78
#R&D 人员	人	2342	2316	2203	2716	5598
科技活动经费内部支出	万元	64484	105439	161557	217052	266711
#R&D 经费内部支出	万元	23287	35489	37982	79000	80524
大中型工业企业活动经费支出	万元	37293	62694	102169	143981	
高新技术产业						
高新技术工业产值	万元	765078	1250828	1637336	2218802	3212254
高新技术工业增加值	万元	247613	386508	509451	661087	959323
高新技术工业产品销售收入	万元	635475	1195920	1600357	2125949	2675101
高新技术工业产品利税	万元	67102	110383	168611	213792	230600
高新技术工业产品出口交货值	万元	75997	174346	225995	302416	354128
教育						
教育总支出	万元	154158	178135	227000	259524	289085
高中阶段在校学生数	万人	15.4	14.2	13.8	13.5	17.3
#女生	万人	7.6	7.2	7	6.8	8.4
初中、小学在校学生数	万人	36.7	34	31.9	29.8	28.1
#女生	万人	17.9	16.5	15.5	14.5	13.6
初中毕业生升学率	%	87.9	85.94	95.32	98	98.8
九年义务教育完成率	%	93.9	96.4	98.9	98.9	98.9
社会进步						
卫生技术人员	人	17244	17346	18150	18316	19799
#执业医师及执业助理医师	人	7398	7744	7674	7674	8054
卫生机构床位数	张	11400	11536	12113	12436	14603
医院病床使用率	%	71.34	79.79	83.33	92.4	94.04
孕产妇死亡率	1/10 万	39.00	33.00	16.96	16.51	13.28
5 岁以下儿童死亡率	‰	10.17	12.25	8.99	8.55	7.3
人均生活用电量	千瓦时	233	261	256	287	323

12—2 工业企业 R&D 人员情况

(2009 年)

项 目	R&D 人员合计(人)	参加项目人员	管理和服务人员	全时人员	R&D 人员折合全时当量合计(人年)	研究人员	试验发展人员
总 计	**5598**	**4606**	**992**	**3900**	**4734**	**1134**	**4734**
一、按企业规模分组							
大中型企业	4633	3853	780	3319	4059	925	4059
大型企业	2171	1868	303	1991	2092	383	2092
中型企业	2462	1985	477	1328	1967	542	1967
小型企业	965	753	212	581	674	209	674
二、按隶属关系分组							
中央	952	730	222	614	893	315	893
地方	4646	3876	770	3286	3841	819	3841
三、按登记注册类型分组							
内资企业	5082	4276	806	3618	4252	935	4252
国有企业	682	539	143	665	578	370	578
联营企业	8	8	0	4	6	3	6
其他联营企业	8	8	0	4	6	3	6
有限责任公司	3258	2772	486	2517	2923	435	2923
国有独资公司	1636	1396	240	1636	1604	126	1604
其他有限责任公司	1622	1376	246	881	1319	309	1319
股份有限公司	575	528	47	182	445	81	445
私营企业	559	429	130	250	300	46	300
私营合伙企业	6	5	1	0	6	0	6
私营有限责任公司	539	410	129	244	289	44	289
私营股份有限公司	14	14	0	6	6	2	6
港、澳、台商投资企业	348	192	156	123	348	162	348
合资经营企业(港或澳、台资)	348	192	156	123	348	162	348
外商投资企业	168	138	30	159	134	37	134
中外合资经营企业	148	119	29	142	115	30	115
外资企业	20	19	1	17	19	8	19
四、按国民经济行业分组							
采矿业	31	23	8	30	31	5	31
非金属矿采选业	31	23	8	30	31	5	31
制造业	5567	4583	984	3870	4703	1129	4703
农副食品加工业	9	9	0	9	9	5	9
食品制造业	82	78	4	74	58	19	58
饮料制造业	28	25	3	10	5	2	5
烟草制品业	79	71	8	19	64	24	64

12—2 续表

项目	R&D人员合计（人）	参加项目人员	管理和服务人员	全时人员	R&D人员折合全时当量合计（人年）	研究人员	试验发展人员
木材加工及木、竹、藤、棕、草制品业	14	11	3	14	14	8	14
造纸及纸制品业	27	27	0	21	27	11	27
印刷业和记录媒介的复制	17	16	1	10	12	0	12
化学原料及化学制品制造业	2444	2112	332	2029	2322	411	2322
医药制造业	587	438	149	211	355	139	355
橡胶制品业	178	148	30	106	142	43	142
塑料制品业	42	42	0	20	37	12	37
非金属矿物制品业	244	227	17	120	165	24	165
金属制品业	277	256	21	44	277	18	277
通用设备制造业	233	190	43	187	193	73	193
专用设备制造业	552	360	192	434	444	84	444
交通运输设备制造业	157	95	62	105	138	52	138
电气机械及器材制造业	371	303	68	289	264	64	264
通信设备、计算机及其他电子设备制造业	17	17	0	15	17	13	17
仪器仪表及文化、办公用机械制造业	209	158	51	153	161	127	161
五、按企业控股情况分组							
国有控股	3806	3150	656	3050	3462	789	3462
集体控股	134	119	15	115	53	24	53
私人控股	1110	927	183	500	744	124	744
港澳台商控股	223	146	77	15	223	118	223
外商控股	168	138	30	159	134	37	134
其他	157	126	31	61	118	42	118
六、按地区分组							
宜昌市	5598	4606	992	3900	4734	1134	4734
西陵区	704	606	98	284	581	147	581
伍家岗区	259	150	109	224	177	61	177
点军区	479	381	98	283	303	60	303
猇亭区	489	400	89	470	415	259	415
夷陵区	431	330	101	324	320	148	320
远安县	49	16	33	19	49	15	49
兴山县	1677	1447	230	1677	1677	132	1677
秭归县	141	141	0	103	110	53	110
长阳自治县							
五峰自治县							
宜都市	540	437	103	124	506	163	506
当阳市	354	330	24	68	250	36	250
枝江市	475	368	107	324	347	60	347

12—3 工业企业 R&D 经费情况

(2009年)

单位:万元

指 标 名 称	R&D经费内部支出合 计	按支出用途分组				
		经常费支 出	人员劳务费	资产性支 出	土建工程	仪器设备
总 计	**78675**	**64285**	**8489**	**14391**	**237**	**14154**
一、按企业规模分组						
大中型企业	71401	58304	6865	13096	207	12889
大型企业	41389	31533	2802	9856	132	9724
中型企业	30012	26771	4063	3241	75	3165
小型企业	7275	5981	1624	1294	29	1265
二、按隶属关系分组						
1.中央	9321	8703	1956	618	7	611
2.地方	69354	55582	6534	13773	229	13543
三、按登记注册类型分组						
内资企业	75970	61851	7989	14119	232	13887
国有企业	33088	26268	3163	6820	108	6712
集体企业						
股份合作企业						
联营企业	54	38	18	16	1	15
国有联营企业						
其他联营企业	54	38	18	16	1	15
有限责任公司	31921	27776	3391	4145	64	4081
国有独资公司	7807	7093	524	714	25	690
其他有限责任公司	24113	20683	2867	3430	40	3391
股份有限公司	7419	4691	773	2728	15	2713
私营企业	3489	3079	644	410	44	366
私营独资企业						
私营合伙企业	90	80	10	10		10
私营有限责任公司	3273	2904	625	369	44	325
私营股份有限公司	126	95	9	31		31
其他企业						
港、澳、台商投资企业	1888	1750	349	138	5	134
合资经营企业(港或澳、台资)	1888	1750	349	138	5	134
港、澳、台商独资经营企业						
外商投资企业	817	683	151	134		134
中外合资经营企业	573	465	94	108		108
中外合作经营企业						
外资企业	244	218	57	26		26
四、按国民经济行业分组						
采矿业	1201	1201	106			
煤炭开采和洗选业						
黑色金属矿采选业						
有色金属矿采选业						
非金属矿采选业	1201	1201	106			
其他采矿业						
制造业	77475	63084	8383	14391	237	14154
农副食品加工业	171	168	44	4		4
食品制造业	3352	3046	409	306	9	297
饮料制造业	170	135	44	36		35
烟草制品业	279	210	47	69		69
纺织业						
纺织服装、鞋、帽制造业						
皮革、毛皮、羽毛(绒)及其制品业						

指标名称	R&D经费内部支出合计	按支出用途分组				
		经常费支出	人员劳务费	资产性支出	土建工程	仪器设备
木材加工及木、竹、藤、棕、草制品业	130	129	29			
家具制造业						
造纸及纸制品业	324	268	54	56	2	54
印刷业和记录媒介的复制	44	44	13			
文教体育用品制造业						
石油加工、炼焦及核燃料加工业						
化学原料及化学制品制造业	52327	41698	3403	10629	145	10484
医药制造业	2729	2366	816	363	41	322
化学纤维制造业						
橡胶制品业	1309	1211	261	98	0	98
塑料制品业	201	197	79	4		4
非金属矿物制品业	436	384	144	52	5	48
黑色金属冶炼及压延加工业						
有色金属冶炼及压延加工业						
金属制品业	1089	933	75	156	2	154
通用设备制造业	2747	2602	691	145	3	142
专用设备制造业	1665	1586	827	79	6	73
交通运输设备制造业	2770	2565	375	204		204
电气机械及器材制造业	5238	3502	559	1736	23	1713
通信设备、计算机及其他电子设备制造业	733	342	38	391		391
仪器仪表及文化、办公用机械制造业	1762	1698	474	64	0	64
工艺品及其他制造业						
废弃资源和废旧材料回收加工业						
电力、燃气及水的生产和供应业						
电力、热力的生产和供应业						
燃气生产和供应业						
水的生产和供应业						
五、按企业控股情况分组						
国有控股	55819	45049	5838	10770	148	10622
集体控股	1150	1130	441	20	1	19
私人控股	16543	14715	1776	1829	64	1764
港澳台商控股	1111	1036	60	75		75
外商控股	817	683	151	134		134
其他	3235	1671	224	1564	23	1541
六、按地区分组						
宜昌市	78675	64285	8489	14391	237	14154
西陵区	3993	3740	982	254	4	250
伍家岗区	5773	4990	889	783	15	768
点军区	1965	1605	571	361	41	320
猇亭区	31637	24818	2618	6818	107	6711
夷陵区	6182	4863	1024	1319	25	1294
远安县	175	172	44	2		2
兴山县	7694	7044	534	650	29	622
秭归县	2359	1694	260	665	3	662
长阳自治县						
五峰自治县						
宜都市	11417	10573	780	844	9	835
当阳市	4043	3584	89	459		459
枝江市	3438	1202	698	2235	4	2232

单位:万元

指 标 名 称							
	按资金来源分组				R&D经费外部支出		
	政府资金	企业资金	境外资金	其他资金		对境内研究机构支出	对境内高等学校支出
总　计	**2539**	**74782**		**1354**	**4416**	**1925**	**1573**
一、按企业规模分组							
大中型企业	2052	68106		1243	3695	1770	1079
大型企业	764	40626			1387	858	416
中型企业	1288	27480		1243	2308	912	664
小型企业	488	6676		111	720	155	494
二、按隶属关系分组							
1. 中央	462	8859			1005	95	198
2. 地方	2078	65922		1354	3410	1830	1376
三、按登记注册类型分组							
内资企业	2429	72279		1262	3781	1318	1569
国有企业	157	32931			966	251	264
集体企业							
股份合作企业							
联营企业	10	44		15	15		
国有联营企业							
其他联营企业	10	44		15	15		
有限责任公司	1476	30426		19	1859	377	1108
国有独资公司	616	7191			409	131	165
其他有限责任公司	860	23234		19	1451	246	943
股份有限公司	680	6733		6	718	480	197
私营企业	106	2146		1237	224	195	
私营独资企业							
私营合伙企业		90					
私营有限责任公司	58	1978		1237	224	195	
私营股份有限公司	48	79					
其他企业							
港、澳、台商投资企业	82	1713		92	592	565	5
合资经营企业(港或澳、台资)	82	1713		92	592	565	5
港、澳、台商独资经营企业							
外商投资企业	28	789			42	42	
中外合资经营企业	20	553			25	25	
中外合作经营企业							
外资企业	8	236			17	17	
四、按国民经济行业分组							
采矿业		1201					
煤炭开采和洗选业							
黑色金属矿采选业							
有色金属矿采选业							
非金属矿采选业		1201					
其他采矿业							
制造业	2539	73581		1354	4416	1925	1573
农副食品加工业	1	170		2	2		
食品制造业	383	2969			90		90
饮料制造业	20	150			80	80	
烟草制品业	3	276					
纺织业							
纺织服装、鞋、帽制造业							
皮革、毛皮、羽毛(绒)及其制品业							

12—3 续表 3 单位:万元

指标名称	按资金来源分组				R&D 经费外部支出		
	政府资金	企业资金	境外资金	其他资金		对境内研究机构支出	对境内高等学校支出
木材加工及木、竹、藤、棕、草制品业	2	128		26			
家具制造业							
造纸及纸制品业	201	123		60	10	50	
印刷业和记录媒介的复制		25		19			
文教体育用品制造业							
石油加工、炼焦及核燃料加工业							
化学原料及化学制品制造业	807	50283		1237	1485	858	513
医药制造业	89	2640			973	709	242
化学纤维制造业							
橡胶制品业	9	1300			111	91	
塑料制品业		109		92	15	15	
非金属矿物制品业	71	359		6	140	15	125
黑色金属冶炼及压延加工业							
有色金属冶炼及压延加工业							
金属制品业	234	856			122		122
通用设备制造业	302	2445			397	11	125
专用设备制造业	33	1632			13	5	8
交通运输设备制造业	21	2748			16		13
电气机械及器材制造业	100	5138			182	127	55
通信设备、计算机及其他电子设备制造业	265	468			78	3	55
仪器仪表及文化、办公用机械制造业		1762			626		175
工艺品及其他制造业							
废弃资源和废旧材料回收加工业							
电力、燃气及水的生产和供应业							
电力、热力的生产和供应业							
燃气生产和供应业							
水的生产和供应业							
五、按企业控股情况分组							
国有控股	1333	54480		6	2686	954	907
集体控股	58	1092			296	33	242
私人控股	795	14400		1348	512	248	215
港澳台商控股	73	1038			582	560	
外商控股	28	789			42	42	
其他	253	2983			297	87	210
六、按地区分组							
宜昌市	2539	74782		1354	4416	1925	1573
西陵区	315	3586		92	666	139	483
伍家岗区	206	5567			157	5	152
点军区	40	1925			125	125	
猇亭区	157	30243		1237	515	251	264
夷陵区	42	6140			747	109	165
远安县	5	170			26		
兴山县	607	7088			409	131	165
秭归县	787	1553		19	254	129	105
长阳自治县							
五峰自治县							
宜都市	374	11043			997	560	196
当阳市	3	4034		6	25		25
枝江市	5	3433			496	477	19

12—4　主要年份各级各类学校基本情况

单位:所,人

项　　目	2002	2005	2006	2007	2008	2009
幼儿园数	262	336	326	328	325	346
在园儿童数	50968	59266	59464	60691	62081	66131
普通小学学校数	903	559	502	464	424	380
普通小学专任教师数	13947	12124	11780	11288	11170	11177
普通小学招生数	36640	29249	28270	27655	26267	25432
普通小学在校学生数	271610	215377	200533	188243	177518	19841
普通小学毕业生数	69422	46858	43084	40443	33293	33195
普通中学学校数	259	222	214	206	198	189
普通中学专任教师数	16620	14722	14512	13890	13724	13578
普通中学招生数	94316	75137	68506	65715	62232	55642
普通中学在校学生数	279937	235991	221964	208577	196003	182863
普通中学毕业生数	80721	92009	81298	77766	74190	67806
普通高等学校数	1	2	3	4	5	5
普通高等学校专任教师数	2039	1948	2285	2673	2774	2940
普通高等学校招生数	9419	9245	10402	13347	14632	15994
普通高等学校在校学生数	25260	30846	33035	44234	46135	49062
普通高等学校毕业生数	3632	5801	8061	9948	12394	12757
特殊教育学校数	9	10	10	10	10	10
特殊教育学校在校学生数	1256	1213	1061	1066	1180	1271
特殊教育学校专任教师数	102	108	115	124	130	131

12—5 各级各类学校基本情况

（2009年）

单位：所、人

项目	学校数	招生数	毕业生数	在校生数	教职工数	#专任教师	教职工分办别情况		
							教育部门和集体办	其它部门办	社会力量办
总计	**964**	**172490**	**163558**	**593944**	**44425**	**33683**	**36572**	**2215**	**5639**
一、普通教育	963	163122	157437	570047	44352	33643	36499	2215	5639
1. 小学	380	25432	33195	169841	12571	11177	12121		451
2. 普通中学	189	55642	67806	182863	16309	13578	15485		824
其中：初中	151	33620	42704	110947			8998		
高(完)中	38	22022	25102	71916			4580		
3. 特殊教育	10	201	156	1271	159	131	159		
4. 幼儿园	346	32501	22949	66131	5574	2991	773	792	4009
5. 中职学校	25	30759	18112	90286	3027	2266	1870	802	355
6. 技校	8	2593	2462	10593	621	560		621	
7. 普通高校合计	5	15994	12757	49062	6091	2940	6091		
三峡职业技术学院	1	3706	3204	9925	668	425	668		
三峡电力职业学院	1	2027		5458	365	218	365		
宜昌旅游学院	1	901	354	1729	158	112	158		
三峡大学	1	6638	7273	22550	4398	1790	4398		
三峡大学科技学院	1	2722	1926	9400	502	395	502		
二、成人教育	1	9368	6121	23897	73	40	73		
1. 三峡职业技术学院		505	508	1041					
2. 三峡电力职业学院		249	42	417					
3. 宜昌电大	1	3127	1147	5688	73	40	73		
4. 旅游学院		132	147	252					
5. 三峡大学		5355	4277	16499					

12—6 分县市区幼儿园基本情况

(2009年)

单位:个、人、平方米

地区名	园数	班数	#学前班	入园人数	#学前班	在园幼儿数	#学前班	教职工人数	#园长	#教师	#保健员	占地面积	建筑面积
宜昌市	**346**	**2063**	**357**	**32501**	**8255**	**66131**	**11940**	**5574**	**479**	**2991**	**784**	**606712**	**350325**
市本级	24	227		2294		7387		881	60	503	55	67578	51014
西陵区	27	143	12	1382	258	3747	476	474	43	263	27	41742	24784
伍家岗区	18	130		1266		4162		512	37	292	50	37411	23407
点军区	9	60	19	495	227	1548	427	144	16	88	22	12290	7511
猇亭区	8	39	5	269	19	1067	111	90	8	52	11	17035	7028
夷陵区	57	279	45	4238	608	8774	1396	758	75	401	124	79377	50992
远安县	21	97	32	1493	595	3330	1557	180	23	91	12	25692	15840
兴山县	7	51	12	1687	409	2258	423	70	3	52	2	11877	10935
秭归县	14	142	57	2845	1733	4403	1752	204	17	108	36	19059	14672
长阳自治县	31	170	55	3002	1400	5187	1766	336	36	180	47	22725	20156
五峰自治县	15	77	33	1036	462	2171	1026	176	15	115	18	11813	8713
宜都市	32	186	59	5257	1901	6758	2078	431	35	214	88	62135	30005
当阳市	37	219	24	5078	576	7936	861	659	62	349	125	77416	36063
枝江市	46	243	4	2159	67	7403	67	659	49	283	167	120562	49205

12—7 分县市区小学基本情况

(2009年)

单位:个、人

地区名	学校数	教学点	班数	毕业生数	招生数	毕业班学生数	在校生数	女生数	教职工数	专任教师数	女教师数
宜昌市	**380**	**13**	**4105**	**33195**	**25432**	**32304**	**169841**	**82439**	**12571**	**11177**	**5885**
市本级	3		50	427	398	467	2842	1330	74	73	46
西陵区	20		462	3784	3637	3932	22558	10786	1408	1199	946
伍家岗区	15		229	1780	1609	1755	10007	4819	593	520	394
点军区	7		105	803	525	768	3749	1798	460	409	204
猇亭区	6		61	494	352	468	2312	1115	177	154	109
夷陵区	42	4	516	4193	3432	4202	22276	10830	1729	1631	701
远安县	14		184	1640	1094	1638	7969	3815	755	702	366
兴山县	15		165	1270	919	1346	6816	3328	641	543	340
秭归县	49		403	3217	2272	2748	15012	7381	1379	1258	419
长阳自治县	67	1	463	3565	2358	3449	17598	8602	1122	1026	446
五峰自治县	28	8	245	1715	1062	1574	7652	3745	602	542	267
宜都市	31		314	2826	2046	2623	13199	6471	1138	808	414
当阳市	37		443	3763	3058	3678	19655	9600	1220	1137	627
枝江市	46		465	3718	2670	3656	18196	8819	1273	1175	606

12—8 分县市区小学教职工数

（2009年）

单位：人

地区名	教职工总数	#专任教师	分办别教职工数				行政人员	其他人员	代课教师	兼任教师
			教育部门办		社会力量办					
			合计	#教师	合计	#教师				
宜昌市	**12571**	**11177**	**12120**	**10893**	**451**	**284**	**373**	**1021**	**208**	**20**
市本级	74	73	74	73			1		55	
西陵区	1408	1199	1076	1002	332	197	36	173		
伍家岗区	593	520	545	484	48	36	42	31	2	
点军区	460	409	418	383	42	26	16	35		
猇亭区	177	154	177	154			6	17		
夷陵区	1729	1631	1729	1631			54	44		
远安县	755	702	755	702			13	40		
兴山县	641	543	641	543			20	78	9	
秭归县	1379	1258	1379	1258			62	59		20
长阳自治县	1122	1026	1122	1026			4	92	61	
五峰自治县	602	542	602	542			14	46	81	
宜都市	1138	808	1138	808			14	316		
当阳市	1220	1137	1220	1137			20	63		
枝江市	1273	1175	1244	1150	29	25	71	27		

12—9 分县市区小学学龄儿童入学率

（2009年）

单位：人、%

地区名	总计			其中：城镇		其中：农村	
	学龄儿童数	已入学人数	入学率	学龄儿童数	已入学人数	学龄儿童数	已入学人数
宜昌市	**160534**	**160534**	**100**	**34665**	**34665**	**83948**	**83948**
市本级	2712	2712	100	2712	2712		
西陵区	22058	22058	100	20871	20871	1187	1187
伍家岗区	9625	9625	100	8474	8474	1151	1151
点军区	3569	3569	100	354	354	3215	3215
猇亭区	2254	2254	100	2254	2254		
夷陵区	21431	21431	100	6506	6506	14925	14925
远安县	7859	7859	100	1531	1531	6328	6328
兴山县	5678	5678	100	2358	2358	3320	3320
秭归县	12625	12625	100	2334	2334	10291	10291
长阳自治县	16029	16029	100	4583	4583	11446	11446
五峰自治县	7287	7287	100	1326	1326	5961	5961
宜都市	12800	12800	100	5304	5304	7496	7496
当阳市	18893	18893	100	11734	11734	7159	7159
枝江市	17714	17714	100	6245	6245	11469	11469

12—10　分县市区普通中学基本情况

（2009年）

单位:所、个、人

地区名	学校数		班数		毕业生数		招生数	
	合计	#初中	初中	高中	初中	高中	初中	高中
宜昌市	**189**	**151**	**2199**	**1180**	**42693**	**25102**	**33620**	**22022**
市本级	25	16	328	259	5600	5036	5453	4706
西陵区	2		39	22	319	274	478	325
伍家岗区	3	1	39	18	470	277	493	281
点军区	4	3	71	10	1397	241	984	168
猇亭区	2	1	27	17	549	355	383	287
夷陵区	21	18	253	155	6007	3336	4193	3064
远安县	9	8	104	41	1994	841	1582	665
兴山县	10	9	93	36	1532	678	1283	695
秭归县	16	14	197	83	3748	1772	3181	1699
长阳自治县	19	16	228	78	4591	1565	3541	1759
五峰自治县	15	13	113	48	1857	1054	1594	880
宜都市	17	14	192	117	4000	2552	2969	2101
当阳市	24	20	263	141	5194	3752	3774	2661
枝江市	22	18	252	155	5435	3369	3712	2731

地区名	在校学生数	初中				高中			
			初一	初二	初三		高一	高二	高三
宜昌市	**182863**	**110947**	**33659**	**37057**	**40231**	**71916**	**22105**	**24779**	**25032**
市本级	31089	16262	5455	5372	5435	14827	4706	5144	4977
西陵区	2179	1351	478	484	389	828	325	329	174
伍家岗区	2215	1536	493	488	555	679	281	169	229
点军区	3671	3280	984	1069	1227	391	168	122	101
猇亭区	2346	1369	383	464	522	977	287	383	307
夷陵区	24302	14232	4197	4761	5274	10070	3068	3343	3659
远安县	7309	5061	1582	1647	1832	2248	665	752	831
兴山县	6489	4373	1293	1532	1548	2116	709	706	701
秭归县	15273	10108	3193	3225	3690	5165	1714	1786	1665
长阳自治县	17071	11995	3548	4222	4225	5076	1761	1729	1586
五峰自治县	8065	5319	1594	1699	2026	2746	890	928	928
宜都市	17589	10205	2971	3477	3757	7384	2122	2660	2602
当阳市	22767	12929	3776	4320	4833	9838	2672	3324	3842
枝江市	22498	12927	3712	4297	4918	9571	2737	3404	3430

12—11 分县市区普通中学教职工基本情况

（2009年）

单位：人

地区名	教职工总数	#专任教师	初中	高中	行政人员	其他人员	代课教师
宜昌市	**16309**	**13578**	**8998**	**4580**	**572**	**1231**	**276**
市本级	2414	2027	1134	893	125	198	149
西陵区	329	196	113	83	7	9	2
伍家岗区	319	195	133	62	23	19	
点军区	486	382	350	32	8	29	1
猇亭区	222	194	116	78	2	22	
夷陵区	2140	1894	1225	669	81	95	
远安县	757	654	488	166	17	44	
兴山县	681	577	420	157	13	55	19
秭归县	1574	1311	959	352	74	97	
长阳自治县	1293	1084	776	308	32	103	43
五峰自治县	745	618	433	185	30	72	62
宜都市	1588	1201	766	435	44	263	
当阳市	1828	1563	1003	560	59	118	
枝江市	1933	1682	1082	600	57	107	

12—12 分县市区初中学龄少年入学率

(2009年)

单位:人、%

地区名	总计			其中:城镇			其中:农村		
	学龄少年数	已入学人数	入学率	学龄少年数	已入学人数	入学率(%)	学龄少年数	已入学人数	入学率
宜昌市	**91683**	**91675**	**99.99**	**18025**	**18025**	**100**	**48405**	**48397**	**100**
市本级	14418	14418	100	14418	14418	100			
西陵区	1147	1147	100	1147	1147	100			
伍家岗区	1252	1252	100	824	824	100	428	428	100
点军区	2629	2629	100	432	432	100	2197	2197	100
猇亭区	1204	1204	100	1204	1204	100			
夷陵区	12721	12721	100	3347	3347	100	9374	9374	100
远安县	4028	4028	100	1254	1254	100	2774	2774	100
兴山县	3256	3256	100	1342	1342	100	1914	1914	100
秭归县	7202	7194	99.89	757	757	100	6445	6437	99.9
长阳自治县	8487	8487	100	4084	4084	100	4403	4403	100
五峰自治县	4317	4317	100				4317	4317	100
宜都市	8864	8864	100	3201	3201	100	5663	5663	100
当阳市	11377	11377	100	7889	7889	100	3488	3488	100
枝江市	10781	10781	100	3379	3379	100	7402	7402	100

12—13　分县市区中小学休学、退学、死亡情况

（2009年）

单位：人

地区名	小学						普通初中		
	上学年初在校学生数	上学年内学生变动				所占比例（%）	上学年初在校学生数	上学年内学生变动	
		小计	休学	退学	死亡			小计	休学
宜昌市	**177518**	**580**	**542**		**38**	**0.33**	**120784**	**670**	**628**
市本级	2762					0.00	16732	37	23
西陵区	22467	2	2			0.01	1189		
伍家岗区	10061	11	10		1	0.11	1455	2	1
点军区	4008	20	20			0.50	3712	7	5
猇亭区	2491	4	3		1	0.16	1532	1	1
夷陵区	22958	67	61		6	0.29	16057	103	98
远安县	8577	35	34		1	0.41	5511	14	14
兴山县	7173	62	62			0.86	4644	83	83
秭归县	16055	84	80		4	0.52	10728	55	53
长阳自治县	18840	84	80		4	0.45	13131	50	46
五峰自治县	8401	68	67		1	0.81	5749	68	66
宜都市	14021	3			3	0.02	11185	102	98
当阳市	20304	96	89		7	0.47	14411	84	81
枝江市	19400	44	34		10	0.23	14748	64	59

地区名	普通初中			普通高中					
	上学年内学生变动		所占比例（%）	上学年初在校学生数	上学年内学生变动				所占比例（%）
	退学	死亡			小计	休学	退学	死亡	
宜昌市	**10**	**32**	**0.55**	**75219**	**879**	**314**	**562**	**3**	**1.17**
市本级	10	4	0.22	15264	53	48	4	1	0.35
西陵区				792					
伍家岗区		1	0.14	658					
点军区		2	0.19	475					
猇亭区			0.07	1074	42	4	38		3.91
夷陵区		5	0.64	10287	85	41	43	1	0.83
远安县			0.25	2495	55	8	47		2.20
兴山县			1.79	2142	45		45		2.10
秭归县		2	0.51	5332	126	40	85	1	2.36
长阳自治县		4	0.38	4859	12	12			0.25
五峰自治县		2	1.18	3023	118	10	108		3.90
宜都市		4	0.91	7819	43	34	9		0.55
当阳市		3	0.58	10577	170	84	86		1.61
枝江市		5	0.43	10422	130	33	97		1.25

12—14 分县市区中等职业学校基本情况

（2009年）

单位:个、人

地区名	机构数	#教育部门	#民办	招生数	在校学生数	预计毕业生数	教职工数	#专任教师
宜昌市	**25**	**16**	**5**	**30759**	**90286**	**22592**	**3027**	**2266**
市本级	14	7	4	18660	51592	11939	1384	893
西陵区								
伍家岗区								
点军区	2	1	1	583	1225	155	65	34
猇亭区								
夷陵区	1	1		1022	3411	1130	152	136
远安县	1	1		935	2539	695	176	154
兴山县	1	1		720	2226	753	109	93
秭归县	1			2892	11267	2708	318	275
长阳自治县	1	1		1719	4589	1627	253	204
五峰自治县	1	1		968	3402	452	47	39
宜都市	1	1		1128	3833	1149	163	130
当阳市	1	1		1115	3508	1350	228	201
枝江市	1	1		1017	2694	634	132	107

12—15 分县市区特殊教育基本情况

（2009年）

单位:个、人、平方米

地区名	学校数	班数	毕业生数	招生数	在校学生数	教职工数	专任教师数	占地面积	建筑面积
宜昌市	**10**	**70**	**156**	**201**	**1271**	**159**	**131**	**44063**	**20724**
市本级	1	16	32	36	196	32	28	15560	8046
西陵区			8	1	35				
伍家岗区			7	4	52				
点军区				2	6				
猇亭区			6	3	13				
夷陵区	1	9	25	25	179	21	19	3698	1470
远安县	1	4	15	9	83	10	8	1021	850
兴山县	1	6	21	29	138	16	11	2214	979
秭归县	1	4	3	6	63	6	4	705	485
长阳自治县	1	5	15	21	162	13	11	2300	705
五峰自治县	1	4	8	12	72	11	10	2683	1246
宜都市	1	8	11	10	97	18	15	6709	2967
当阳市	1	5		24	91	14	10	7198	2780
枝江市	1	9	5	19	84	18	15	1975	1196

12—16 分县市普通高考录取情况

（2009年）

单位:人

地区名	报名人数	录取人数	录取率（%）	提前批本科	一本	二本	三本一	提前批高职	高职一	高职二	中职本科	中职专科
宜昌市	**28793**	**19593**	**68.05**	**1395**	**2065**	**3139**	**2587**	**648**	**2072**	**7093**	**65**	**529**
城区	6143	4123	67.12	558	619	598	736	185	201	1226		
夷陵区	3404	2261	66.42	95	161	383	356	56	243	837	25	105
宜都市	3086	2411	78.13	137	254	364	278	64	375	855	4	80
枝江市	3940	2687	68.20	181	264	363	351	168	250	1058	1	51
当阳市	4183	2992	71.53	121	394	560	392	69	399	1025	3	29
远安县	1117	708	63.38	16	37	79	38	24	79	330	9	96
兴山县	926	544	58.75	100	29	77	45	24	58	188		23
秭归县	2558	1538	60.13	137	131	253	190	39	163	540	20	65
长阳自治县	2244	1656	73.80	25	150	341	148	6	235	668	3	80
五峰自治县	1192	673	56.46	25	26	121	53	13	69	366		

主要统计指标解释

普通高等学校　指按照国家规定的设置标准和审批程序批准举办,通过国家统一招生考试,招收高中毕业生为主要培养对象,实施高等教育的全日制大学、独立设置的学院和高等专科学校、短期职业大学。

成人高等学校　指按照国家有关规定审批,招收通过全国成人高教统一招生考试的具有高中毕业或同等学历的在职从业人员,利用脱产、半脱产、业余或函授等多种形式对其实施高等学历教育,培养高等教育专科或本科毕业水平的专门人才,修业年限、课程设置和总学时数均按高等学历教育要求付诸实施的学校。包括广播电视大学、职工高等学校、农民高等学校、管理干部学院、教育学院、独立设置的函授学院等。

小学学龄儿童入学率　指调查范围内已入小学学习的学龄儿童占校内外学龄儿童总数(包括弱智儿童,不包括盲聋哑儿童)的比重。计算公式为:

小学学龄儿童入学率=已入学的小学学龄儿童数/校内外小学学龄儿童总数×100%

独立研究与开发机构　指有明确的任务和研究方向,有一定学术水平的业务骨干和一定数量的研究人员,具有研究、开发、开展学术工作的基本条件,主要进行科学研究与技术开发活动,并且在行政上有独立的组织形式,财务上独立核算盈亏,有权与其他单位签订合同,在银行有单独户头的单位。包括国务院各部门、中国科学院、中国社会科学院和各省、自治区、直辖市以及地(市)以上〔含地(市)〕各部门所属的国有科学研究与技术开发机构。

独立研究与开发机构职工　指在独立研究与开发机构工作,并由其支付工资的人员。包括长期职工、临时职工和招聘人员,不包括编制以外的离休、退休人员和停薪留职人员。

研究与发展经费支出　指用于研究与发展课题活动(基础研究、应用研究、实验发展)的全部实际支出,包括用于研究与发展课题活动的直接支出和间接用于研究与发展活动的支出(如研究院、所管理费,维持研究院、所正常运转的必需费用和与研究发展有关的基本建设支出)。

专业技术人员　指已取得科学技术职称,或大学、中专的理、工、农、医科系毕业,以及国民经济各部门从工作实践中提拔,从事理、工、农、医等自然科学技术的研究、教学、生产的专业人员和在机关、企业、事业中从事科学技术业务管理工作的专业人员。

科学研究人员　指在国民经济各行业中从事科学技术活动的自然科学技术专业人员,包括正副研究员、助理研究员、研究实习员、技术员和未评定职称的技术人员。

发明　是专利法及其实施细则所称的发明,指对有关产品、方法或其改进所提出的新的技术方案。

实用新型　是专利法及其实施细则所称的实用新型,指对产品的形状、构造或者其结合所提出的适于实用的新的技术方案。

外观设计　是专利法及其实施细则所称的外观设计,指对产品的形状、图案、色彩或者其结合所作出的富有美感并适于工业上应用的新设计。

十三 社会事业

SOCIAL CAUSES

13—1 主要年份城市建设主要指标

项目	单位	2000		2005		2006	
		全市	#市区	全市	#市区	全市	#市区
城市供水							
综合生产	万立方米/日	139.21	75.85	185.07	127.6	175.8	122.7
供水总量	万立方米	22907	13095	24321	14846	22420	13587
人均日生活用水量	升	194.02	238.54	249.34	315.16	184.01	184.43
用水普及率	%	98.53	100	99.53	100	99.77	100
城市公共交通							
公共汽车营运车辆	辆	2929	1953	3404	2150	2054	1247
公共汽车营运线路网长度	公里	831	219	900	407	2666	794
公共汽车客运总量	万人次	14792	11260	17263	14228	14655	11719
轮渡营运船数	艘	20	20	12	12	14	11
轮渡营运总量	万人	558	558	107	107	127	101
城市市政工程							
道路总长度	公里	1557	551	1815.38	875.15	1642	875
道路总面积	万平方米	1900.73	636.07	2384.7	1133.8	2174	1134
排水管道长度	公里	880.94	244.72	1031.16	416.99	937	435
桥梁	座	220	60	223	83	183	84
防洪堤长度	公里	223.99	67.22	426.48	73.42	264	73
人均拥有道路面积	平方米	17.09	12.53	15.17	14.32	15.18	14.92
城市园林绿化							
绿化覆盖面积	公顷	5539	2457	6465.4	2890.4	5924	2970
园林绿地面积	公顷	4650	2356	5213.8	2494.4	4913	2569
#公园绿地	公顷	1175.82	508.3	1410.67	702.45	1509	740
建成区绿化覆盖率	%	27.89	40.04	37.89	40.42	39.69	40.51
人均公共绿地面积	平方米	10.57	10.01	8.97	8.87	10.53	9.74
公园个数	个	37	20	40	24	49	29
公园面积	公顷	635	290	634.34	348.69	666	366
城市供气							
人工煤气供气总量	万立方米	1560	1560	2399	2399	3710	3710
人工煤气用气人口	万人	22	22	9.5	9.5		
天然气供气总量	万立方米			1541	735	3140	2252
天然气用气人口	万人			22.58	21	29	27
液化石油气供气总量	吨	25949	12183	26322	13764	31109	20602
液化石油气供气人口	万人	79.08	27.76	108.36	40.99	99.77	42
燃气普及率	%	90.88	98.01	89.33	90.31	89.89	90.79
城市清洁卫生							
清扫面积	万平方米	859.78	358.45	1321	675.5	1262	676
生活垃圾清运量	万吨	72.47	24.75	87	35	77.6	35
公共厕所	座	463	142	399	159	328	153
城市维护建设资金							
资金收入合计	万元	72079.89	42528	119099	96665	68150	38818
资金支出合计	万元	71496.01	42528	119099	96665	68150	38818

13—1 续表

项目	单位	2007		2008		2009	
		全市	#市区	全市	#市区	全市	#市区
城市供水							
综合生产	万立方米/日	139.01	84.5	144.32	88.74	137.55	82.99
供水总量	万立方米	18822.53	10267	18668.61	10709.11	18299.83	10220.82
人均日生活用水量	升	242.12	302.66	177.62	179.59	170.02	180.36
用水普及率	%	96.85	100	98.3	100	96.64	100.00
城市公共交通							
公共汽车营运车辆	辆	1724	1253	1764	1287		
公共汽车营运线路网长度	公里	1010	794	1012	794		
公共汽车客运总量	万人次	14092	11862	16035	13850		
轮渡营运船数	艘	25	10	21	5		
轮渡营运总量	万人	95	94	52	51		
城市市政工程							
道路总长度	公里	1573	884	1589.8	897	1684.8	923.7
道路总面积	万平方米	2164	1184	2228	1229	2416.7	1300.9
排水管道长度	公里	989	461	1088	500	1101	536
桥梁	座	187	86	188	87	194	89
防洪堤长度	公里	262	73	262	73	269	73
人均拥有道路面积	平方米	15.24	16.04	15.25	16.22	16.03	17.28
城市园林绿化							
绿化覆盖面积	公顷	5764	3021	6169	3395	6933	3579
园林绿地面积	公顷	4815	2565	5170	2886	5741	3044
#公园绿地	公顷	1449	771	1446	813	1523	816
建成区绿化覆盖率	%	38.45	40.58	38.66	40.64	38.71	40.85
人均公共绿地面积	平方米	10.2	10.44	9.9	10.73	10.10	10.84
公园个数	个	61	29	62	29	63	30
公园面积	公顷	779	366	816	386	871	389
城市供气							
人工煤气供气总量	万立方米	4290	4290		3174	3100.00	3100.00
人工煤气用气人口	万人	0.03	0.03		0.11	0.11	0.11
天然气供气总量	万立方米	17676	3303	8686	5737	8755.50	5530.00
天然气用气人口	万人	42.08	39	52.49	43	73.53	56.79
液化石油气供气总量	吨	18779	8058	17248.4	7700	13416.18	4146.18
液化石油气供气人口	万人	84.41	29	76.36	26.85	60.93	12.67
燃气普及率	%	89.1	92.14	88.29	92.34	89.26	92.40
城市清洁卫生							
清扫面积	万平方米	1314	708	1404	720	1616	838
生活垃圾清运量	万吨	65.8	28.17	70.25	30	64.42	28.92
公共厕所	座	321	149	341	155	339	158
城市维护建设资金							
资金收入合计	万元	78191	55281	155588	126241	176470	130386
资金支出合计	万元	78191	55281	155541	126241	176492	130386

13—2 主要年份环境保护基本情况

项目	单位	2002	2005	2006	2007	2008	2009
"三废"排放及处理利用情况							
工业废水排放量	万吨	7693	8761	9784	9991	11350.21	12264.97
工业废水排放达标量	万吨	6380.56	7914	9155	9580	11330.78	12164.85
工业废水排放达标率	%	82.94	90.33	93.57	95.89	99.83	99.18
工业废水中COD排放量	吨	16054	12187	9063	11055	11015.25	11220.02
工业废水中氨氮排放量	吨	4794.57	3448	3224	2419	1713.86	2090.21
工业废气排放总量	亿立方米	341.48	1209	1290	1198	1320.17	1638.85
工业废气中烟尘排放量	吨	34291	32466	27971	18795	15607.89	11256.86
排放达标量	吨	27696	30878	27341	18401	15537.35	11211.08
工业废气中二氧化硫排放量	吨	43994	50072	40512	36833	34741.28	34870.43
工业粉尘排放量	吨	37052	24940	24727	21191	13670.05	7993.57
排放达标量	吨	11962	23289	23588	20497	13660.63	7954.79
工业固体废物产生量	万吨	326.9	401.3	559.8	579.4	605.75	924.80
综合利用量	万吨	217.77	281.7	387.7	297.6	284.61	388.53
处置量	万吨	32.07	56.05	162.9	280.33	320.39	535.77
污染治理资金使用及效果							
污染治理资金使用合计	万元	3710.8	32263	42520	23399	23746.5	15475.2
#治理废水	万元	2442.1	13103	18400	12470	6186.2	6003
#治理废气	万元	731.6	7241	14618	9183.1	14761.3	3153.4
当年安排的治理项目	项	45	100	119	111	69	65
当年竣工的治理项目	项	40	92	95	99	61	62
竣工项目设计"三废"处理能力							
处理废水能力	吨/日	16219	129230	60711	118160	67615	11772
处理废气能力	标立方米/时	204900	330.4	194	819200	199900	32200
"三废"综合利用产品产值	万元	14468	28886	34806	42268	48750.1	72947.7

13—3 分县市环境保护基本情况

（2009年）

项目	单位	全市	市区	宜都市	枝江市	当阳市
“三废”排放及处理利用情况						
工业废水排放量	万吨	12264.97	4841.05	2227.09	1546.51	673.20
工业废水排放达标量	万吨	12164.85	4783.78	2227.09	1522.51	673.20
工业废水排放达标率	%	99.18	98.82	100	98.45	100
工业废水中COD排放量	吨	11220.02	4911.09	2042.52	1768.16	499.46
工业废水中石油类排放量	吨	25.03	2.78	0.07	10.05	11.79
工业废水中氨氮排放量	吨	2090.21	602.13	651.27	474.67	129.80
工业废气排放总量	亿立方米	1638.85	449.78	533.18	167.32	159.80
燃料燃烧废气	亿立方米	508.74	239.19	41.15	87.08	98.92
生产工艺废气	亿立方米	1130.12	210.59	492.03	80.23	60.88
工业废气中烟尘排放量	吨	11256.86	3092.52	1102.23	981.66	2831.82
达标排放量	吨	11211.08	3071.34	1102.23	977.66	2831.82
工业废气中二氧化硫排放量	吨	34870.43	18053.49	4042.44	4404.81	2959.73
工业粉尘排放量	吨	7993.57	1191.62	3454.09	749.84	59.41
达标排放量	吨	7954.79	1178.42	3454.09	749.84	59.41
工业固体废物产生量	万吨	924.80	442.93	97.47	155.55	38.92
综合利用量	万吨	388.53	115.82	23.07	64.82	12.30
处置量	万吨	535.77	326.61	74.40	90.73	26.62
综合利用率	%	42.01	26.15	23.67	41.67	31.60
污染治理资金使用及效果						
环保污染治理投资总额	万元	260736.27				
污染治理资金使用合计	万元	15475.2	4674.2	4820.3	3308	400
治理废水	万元	6003	1340	29	3308	231
治理废气	万元	3153.4	67.5	2839		169
治理固体废物	万元	5009	3170	739		
治理噪声	万元	68	43	25		
当年安排的治理项目	项	65	19	26	2	10
当年竣工的治理项目	项	62	19	25	1	10
竣工项目设计“三废”处理能力						
处理废水能力	吨/日	11772	4032		2000	810
处理废气能力	标立方米/时	32200	20100			100
“三废”综合利用产品产值	万元	72947.7	16376.9	4173.3	26228.5	1260.5
环境质量状况						
二氧化硫年日平均值	毫克/立方米		0.046	0.04	0.016	0.01
二氧化氮年日平均值	毫克/立方米		0.038	0.01	0.024	0.013
总悬浮微粒年日平均值	毫克/立方米		0.085	0.079	0.198	0.175
降尘年月平均值	吨/月平方公里					
区域环境噪声平均值	dB(A)		53.7	53.6	47.7	52.4
交通干线噪声平均值	dB(A)		69	67.9	65.8	66.5

13—3 续表

项目	单位	远安县	兴山县	秭归县	长阳自治县	五峰自治县
“三废”排放及处理利用情况						
工业废水排放量	万吨	468.91	1426.48	132.70	637.11	311.93
工业废水排放达标量	万吨	468.91	1426.48	132.70	637.11	293.08
工业废水排放达标率	%	100	100	100	100	93.96
工业废水中COD排放量	吨	422.13	519.11	71.74	691.97	293.84
工业废水中石油类排放量	吨	0.16	0.02		0.17	
工业废水中氨氮排放量	吨	57.13		2.69	127.97	44.55
工业废气排放总量	亿立方米	139.70	14.75	21.46	143.35	9.52
燃料燃烧废气	亿立方米	19.24	3.23	7.50	8.15	4.27
生产工艺废气	亿立方米	120.46	11.52	13.96	135.20	5.25
工业废气中烟尘排放量	吨	1318.22	580.45	350.67	789.67	209.64
达标排放量	吨	1318.22	580.45	350.67	789.67	189.04
工业废气中二氧化硫排放量	吨	785.03	1185.43	1969.46	874.06	595.99
工业粉尘排放量	吨	527.71	248.99	75.10	1426.18	260.63
达标排放量	吨	527.71	248.99	75.10	1426.18	235.05
工业固体废物产生量	万吨	115.11	45.79	4.51	21.08	3.45
综合利用量	万吨	114.30	45.79	3.91	5.08	3.45
处置量	万吨	0.80		0.59	16.00	
综合利用率	%	99.30		86.81	24.09	100
污染治理资金使用及效果						
环保污染治理投资总额	万元					
污染治理资金使用合计	万元		420	550	1258	44.7
治理废水	万元		420	550	125	
治理废气	万元				33	44.7
治理固体废物	万元				1100	
治理噪声	万元					
当年安排的治理项目	项			1	4	2
当年竣工的治理项目	项			1	3	2
竣工项目设计“三废”处理能力						
处理废水能力	吨/日		100	4800	30	
处理废气能力	标立方米/时				12000	
“三废”综合利用产品产值	万元	926.3	8212.8	1555.3	14057.1	157
环境质量状况						
二氧化硫年日平均值	毫克/立方米	0.034	0.018	0.028	0.014	0.027
二氧化氮年日平均值	毫克/立方米	0.029	0.006	0.028	0.009	0.019
总悬浮微粒年日平均值	毫克/立方米	0.142	0.095	0.104	0.118	0.082
降尘年月平均值	吨/月平方公里					
区域环境噪声平均值	dB(A)	50.3	52.5	53.4	53.1	48.9
交通干线噪声平均值	dB(A)	65.2	63.1	68.2	64.3	50.6

13—4 主要年份体育事业基本情况

项　　目	单　位	2000	2005	2006	2007	2008	2009
专职体育人员数	人	288	381	298	385	382	432
干部职工	人	233	203	233	269	273	319
教练员	人	55	61	65	57	61	74
输送人才	人	13	15	14	14	2	8
优秀运动队	人	5	15	14	6	2	8
省体校	人	8			8		
参加省以上运动会人数	人	408	269	298	310	350	360
获金牌	枚	49	51	58	42	45	55
获银牌	枚	51	62	63	41	53	60
获铜牌	枚	50	30	51	43	61	45
举办县级运动会次数	次	121	132	138	187	150	162
二级裁判员人数	人	100	229	158	159	189	107
业余体校在训学生人数	人	913	1183	1300	1260	1409	2273
体育事业经费	万元	323	570	2007	2459	1452	1485
体育场个数	个	3297	3062	3065	3067	3069	1908

13—5 主要年份文化事业基本情况

单位:个、人

项目	2000	2005	2006	2007	2008	2009
文化事业人员	2647	1863	1286	1295	1354	1472
文化事业机构	289	207	164	197	195	187
电影事业人员	500	175	170	161	151	
电影事业机构	12	10	9	9	8	
发行放映管理机构	10	8	8	8	7	
专业电影院	2	2	1	1	1	
艺术事业人员	628	538	511	503	616	885
艺术事业机构	21	21	20	32	31	30
艺术表演团体	11	11	11	11	11	11
艺术表演场所	3	4	13	13	13	13
艺术创作机构	6	5	7	7	6	6
艺术教育机构	1	1	1	1	1	
图书馆机构	10	10	10	10	11	11
新华书店机构	10	10	10	10	10	10
群众文化事业人员	500	505	350	378	386	386
群众文化事业机构	155	118	118	119	119	120
群艺馆	3	1	1	1	1	
文化馆	14	13	13	13	12	
乡镇文化站	138	104	104	105	106	106
文物事业人员	270	277	255	253	201	201
文物事业机构	14	19	17	17	16	16
文物保护管理机构	7	10	9	9	8	8
博物馆纪念馆机构	7	9	8	8	8	8

13—6 分县市民政事业基本情况

(2009年)

项　　目	单　位	全　市	市　区	宜都市	枝江市	当阳市
优抚对象总人数	人	106000	8256	10233	13665	26424
革命伤残军人	人	2378	645	264	272	242
在乡复员军人	人	7912	460	904	983	1197
在乡退伍军人	人	4958	117	794	787	499
军属享受定期抚恤人数	人	892	56	76	102	150
享受定期定补人数	人	16960	907	2306	2587	2261
优待烈军属户数	户	8472	750	307	3552	532
优待金总额	万元	486.4	41.50	62	73	94.6
民政部门管理离退休人员	人	996	754	30	20	76
精减退职享受救济	人	522	12	30	36	76
散居孤老残幼人数	人	55				
集中供养人数	人	8699	400	1273	1401	1200
集中供养金额	万元	1579.6	65.9	246.6	252.2	220
城镇低保人数	人	232573	46915	32918	20180	11545
城镇低保资金	万元	23991.6	8716.1	3606	1979	2160
军休所	个	9	3	1	1	1
殡葬事业单位	个	10	1	1	1	1
登记结婚数	对	35410	7961	3291	4067	4069
登记离婚数	对	7559	2341	660	954	942
本年登记社团机构	个	55	19	6	5	7
本年注销社团机构	个	13	2	2	2	2
本年实有社团机构	个	978	315	84	76	63
社会福利院(国有)	个	18	7	2	1	1
年末床位数	张	2593	1050	130	110	246
年末在院人数	人	1843	785	130	110	243

13—6 续表

项　　目	单　位	远安县	兴山县	秭归县	长　阳 自治县	五　峰 自治县	夷陵区
优抚对象总人数	人	5526	3243	8843	10626	5192	13992
革命伤残军人	人	103	132	183	213	85	239
在乡复员军人	人	597	619	780	1056	605	711
在乡退伍军人	人	251	335	1034	695	303	143
军属享受定期抚恤人数	人	45	54	97	113	76	123
享受定期定补人数	人	959	1142	2273	2300	1143	1081
优待烈军属户数	户	1191	170	297	960	154	559
优待金总额	万元	34.6	20.9	42.5	36	17.9	63.4
民政部门管理离退休人员	人	39	9	19	1	14	34
精减退职享受救济	人	9	24	30	123	125	57
散居孤老残幼人数	人						55
集中供养人数	人	407	482	925	946	535	1130
集中供养金额	万元	73.2	82.6	174.4	170	96.3	198.4
城镇低保人数	人	11545	13494	26479	28104	12558	43046
城镇低保资金	万元	1045.8	1175	1453	1438	479.7	2209
军休所	个	1	1				1
殡葬事业单位	个	1	1	1	1	1	1
登记结婚数	对	1778	1528	3387	3271	1850	4208
登记离婚数	对	306	237	496	468	337	818
本年登记社团机构	个	4	3	2	5	2	2
本年注销社团机构	个	1	1	1	1	1	
本年实有社团机构	个	93	28	58	92	32	137
社会福利院(国有)	个	1	1	1	3		1
年末床位数	张	40	482	89	230		216
年末在院人数	人	40	400	69	45		21

13—7 分县市广播电视事业基本情况

（2009年）

项　　目	单　位	全　市	宜都市	枝江市	当阳市	远安县
公共广播节目套数	套	10	1	1	1	1
公共广播节目播出时间	小时	33790	5428	2300	1603	1009
公共电视节目套数	套	12	1	1	1	1
公共电视节目播出时间	小时	56749	5504	4520	4184	3388
广播节目制作时间	小时	14059	696	460	347	140
电视节目制作时间	小时	6107	650	560	229	690
卫星收转站	座	390350	47715	24172	44767	23534
微波实有站	座	28	5		2	2
微波传送线路长度	公里	385.35	46		15	25
有线广播电视传输干线网络总长	公里	15255.49	2280	800	267	254.8
有线广播电视用户数	户	519314	45501	37880	65667	18020
广播覆盖率	%	96.8	95.82	98.52	99.69	93.61
电视覆盖率	%	96.94	94.04	98.42	96.3	93.51
广播电视从业人员	人	2020	162	200	187	85
#管理人员	人	262	19	49	27	17
专业技术人员	人	1173	71	57	99	35
编辑记者	人	403	25	15	23	16
播音主持人	人	72	8	4	6	3

项　　目	单　位	兴山县	秭归县	长　阳 自治县	五　峰 自治县	夷陵区
公共广播节目套数	套	1	1	1		1
公共广播节目播出时间	小时	1560	1094	1825		5751
公共电视节目套数	套	1	1	1	1	1
公共电视节目播出时间	小时	2950	5075	5870	3287	4994
广播节目制作时间	小时	375	243	365		1850
电视节目制作时间	小时	390	160	1133	110	1095
卫星收转站	座	27576	13403	75249	40718	67613
微波实有站	座		4	4	5	3
微波传送线路长度	公里		41	75	23.35	40
有线广播电视传输干线网络总长	公里	790	4876	1982	96	1810
有线广播电视用户数	户	20952	56592	29995	8623	44850
广播覆盖率	%	91.66	94.99	93.91	88.13	98.83
电视覆盖率	%	96.13	98	96.75	95.17	95.71
广播电视从业人员	人	126	149	161	67	197
#管理人员	人	28	15	14	13	18
专业技术人员	人	55	102	92	31	177
编辑记者	人	27	25	42	12	27
播音主持人	人	1	4	2	1	10

13—8 卫生事业基本情况

（2009年）

单位：个、张、人

项目	机构个数	床位数	人员数				
			合计	卫生技术人员			
				小计	执业（助理）医师	执业医师	注册护士
总计	**3261**	**14603**	**26667**	**19799**	**8054**	**6982**	**7085**
一、医院	54	9782	12210	10000	3418	3327	4489
综合医院	41	7960	10433	8555	2923	2841	3862
中医医院	7	1202	1116	943	359	355	386
专科医院	6	620	661	502	136	131	241
二、社区卫生服务机构	38	274	598	476	241	223	149
社区卫生服务中心	9	252	390	284	141	130	92
社区卫生服务站	29	22	208	192	100	93	57
三、卫生院	99	4174	5242	4387	1869	1421	1244
街道卫生院	7	434	585	462	192	172	181
乡镇卫生院	92	3740	4657	3925	1677	1249	1063
中心卫生院	32	1668	1930	1589	687	520	423
乡卫生院	60	2072	2727	2336	990	729	640
四、门诊部、诊所、卫生所、医务室	1294		3275	3176	1705	1340	786
五、采供血机构	1		84	62	9	8	31
六、妇幼保健院（所、站）	10	373	777	656	248	237	274
七、疾病预防控制中心	10		575	454	236	218	52
八、卫生监督所（中心）	10		232	184			
九、医学在职培训机构	1		7	3			
十、其他卫生机构	11		161	99	58	40	28
十一、村卫生室	1733		3506	302	270	168	32

13—9 邮政企业基本情况

(2009年)

项目	单位	数量
邮政业务总量	万元	26478.30
函件总数	万件	965.50
国内函件	万件	964.80
国际函件	万件	0.90
特快专递	万件	80.90
报纸累计份数	万份	4325.40
杂志累计份数	万份	262.30
邮政储蓄平均余额	亿元	702607.10
集邮邮票	万枚	220
邮政业务收入	万元	13576.50
函件收入	万元	1420.60
特快专递收入	万元	1814.70
报刊发行收入	万元	1075.70
储蓄收入	万元	6973.60
城市投递段道	条	143
农村投递路线总长度(单程)	公里	15585
邮政局所总数	处	145
邮政汽车	辆	142
邮运汽车	辆	27
邮政计算机总数	台	500
年末全部从业人员	人	1745
设有局所的乡(镇)	个	86
已通邮的行政村	个	1367
开办邮政储蓄业务的乡(镇)	个	69
邮政储蓄市场占有率	%	12.50

主要统计指标解释

年末自来水生产能力　指年底城建部门管理的自来水厂和自备水源的社会单位取水、净化、送水、出厂输水干管等环节的实际生产能力。

年末供水管道长度　指从送水泵到用户水表之间所有管道的长度。

全年供水总量　指公用自来水厂和自备水源的社会单位全年的供水总量，包括有效供水量及损失水量。

生活用水量　指居民日常生活与公共福利设施的用水量，包括居民、饮食店、旅馆、医院、理发店、浴池、洗衣店、游泳池、商店、学校、机关、部队等单位的用水量。

城市人口用水普及率　指城市用水的非农业人口数（不包括临时人口和流动人口）与城市非农业人口总数之比。计算公式为：

用水普及率＝城市用水的非农业人口数/城市非农业人口数×100%

人工煤气生产能力　指城市煤气厂制气、净化、输送等环节的综合实际生产能力。

输气管道长度　指由压缩机、鼓风机、储气罐的出口到用户煤气表之间的全部管道长度。

全年供气总量　指全年售给各类用户的全部煤气量，包括工业用量、家庭用量和其他用量。

城市用气普及率　指使用煤气（包括人工煤气、液化石油气、天然气）的城市非农业人口数（不包括临时人口和流动人口）与城市非农业人口总数之比。计算公式为：

城市煤气普及率＝城市用气的非农业人口数/城市非农业人口总数×100%

城市供热能力　指热电厂、热力公司和达到标准的集中采暖锅炉房向城市输送的供热源的设计能力，即每小时向城市输送蒸汽、热水的能力。

城市供热总量　指热电厂、热力公司和达到标准的集中采暖锅炉房向城市输送的全部蒸汽、热水量。

城市供热管道长度　指热电厂、热力公司和达到标准的集中采暖锅炉房管理的集中供热热源到用户之间的全部供气、供热水的管道长度。

年底实有铺装道路长度　指除土路外，路面经过铺装宽度在3.5米以上的道路，包括高级、次高级道路和普通道路。

城市桥梁　指城市范围内，修建在河道上的桥梁和道路与道路立交、道路跨越铁路的立交桥及人行天桥。包括永久性桥和半永久性桥，不包括临时性桥、铁路桥、涵洞。

城市下水道总长度　指所有排水总管、干管、支管及暗渠、检查井、连接井进出水口等长度之和。

城市污水日处理能力　指污水处理厂每昼夜处理污水量的设计能力。

年末实有公共汽（电）车　指年底可参加营运的全部车辆数，包括营运车辆数和库存查封未参加营运的车辆。不包括非营运车辆，如架线车、油罐车、工程车、货车及其他专用车辆和借入的客运车辆。

城市园林绿地面积　指城市公共绿地、专用绿地、生产绿地、防护绿地、郊区风景名胜区的全部面积。

公共绿地　指供游览休息的各种公园、动物园、植物园、陵园以及花园、游园和供游览休息用的林荫道绿地、广场绿地，不包括一般栽植的行道树及林荫道的面积。

等级运动员人数　指经考核正式批准授予等级运动员称号的人数。运动员等级分为国际级运动健将、运动健将、一级运动员、二级运动员、三级运动员、少年级运动员。

等级裁判员人数　指经考核正式批准授予等级裁判员称号的人数。裁判员等级分为国际裁判、国家级裁判、一级裁判、二级裁判、三级裁判。

体育场　指有400米跑道（中心含足球场），有固定道牙，跑道6条以上，并有固定看台的室外田径场地。体育场按看台容纳观众人数分为：甲级25000人以上，乙级15000－25000人，丙级5000－15000人，丁级5000人以下。

体育馆　指有固定看台，可供篮球、排球、羽毛球、乒乓球、体操等项目训练比赛活动用的室内运动场地。体育馆按看台容纳观众人数分为：甲级6000人以上，乙级4000－6000人，丙级2000－4000人，丁级2000人以下。

医院　指设有固定床位，能收容病人住院并能为病人提供医疗、护理服务的医疗机构，包括县及县以上医院、农村乡卫生院和其他医院三部分。医院按所属性质不同分为卫生部门、工业及其他部门和集体经济单位三类。县及县以上医院按业务性质不同分为综合医院和专科医院。

卫生技术人员　指卫生事业机构支付工资的全部职工

中现任职务为卫生技术工作的专业人员，包括中医师、西医师、中西医结合高级医师、护师、中药师、西药师、检验师、其他技师、中医士、西医士、护士、助产士、中药剂士、西药剂士、检验士、其他技士、其他中医、护理员、中药剂员、西药剂员、检验员和其他初级卫生技术人员。

医生 指经卫生部门审查合格，从事医疗工作的专业人员。分为中医医生和西医医生。包括卫生技术人员中的中医师、西医师、中西医结合高级医师、中医士、西医士和其他中医。

社会福利事业单位 指集中收养社会孤老、残、幼的机构，包括由民政部门管理的社会福利院、儿童福利院、精神病人福利院和城镇集体举办的福利院及农村集体举办的敬老院。

社会福利事业单位收养人数 包括民政部门管理和城镇、农村集体举办的社会福利事业单位中收养的老人、少年儿童、缺乏生活自理能力的残疾人员和精神病人。

社会福利企业单位 指以安置城镇有一定劳动能力的盲、聋、哑和肢体残疾人员就业为目的，享受国家减免税待遇的国有或集体企业。包括福利工厂、福利商业和服务业、假肢厂和安置农场等单位。

工业废水排放量 指经过企业厂区所有排放口排到企业外部的工业废水量。包括生产废水、外排的直接冷却水、超标排放的矿井地下水和与工业废水混排的厂区生活污水，不包括外排的间接冷却水（清污不分流的间接冷却水应计算在内）。

工业废水排放达标量 指各项指标都达到国家或地方排放标准的外排工业废水量，包括未经处理外排达标和经过处理后外排达标两部分。

工业废水处理量 指报告期内各种水治理设施实际处理的工业废水量，包括处理后外排和处理后回用的工业废水量和虽经处理但未达到国家或地方排放标准的废水量。如车间和厂排放口均有治理设施，并对同一废水分级处理时，不应重复计算工业废水处理量。

工业废气排放量 指企业厂区内燃料燃烧和生产工艺过程中产生的各种排入空气的含有污染物的气体总量，按标准状态〔273K，101325Pa〕计算。

工业二氧化硫排放量 指企业在燃料燃烧和生产工艺过程中排入大气的二氧化硫数量。

烟尘排放量 指企业厂区内燃料燃烧产生的烟气中夹带的颗粒物数量。

工业粉尘排放量 指企业在生产工艺过程中排放的颗粒物重量，如钢铁企业的耐火材料粉尘、焦化企业的筛焦系统粉尘、烧结机的粉尘、石灰窑的粉尘、建材企业的水泥粉尘等。不包括电厂排入大气的烟尘。

工业固体废物产生量 指企业在生产过程中产生的固体状、半固体状和高浓度液体状废弃物的总量，包括危险废物、冶炼废渣、粉煤灰、炉渣、煤矸石、尾矿、放射性废物和其他废物等；不包括矿山开采的剥离废石和掘进废石（煤矸石和呈酸性或碱性的废石除外）。酸性或碱性废石指采掘的废石其流经水、雨淋水的 pH 值小于 4 或 pH 值大于 10.5 者。

危险废物 指列入国家危险废物名录或根据国家规定的危险废物鉴别标准和鉴别方法认定的，具有爆炸性、易燃性、易氧化性、毒性、腐蚀性、易传染疾病等危险特性之一的废物。

工业固体废物综合利用量 指通过回收、加工、循环、交换等方式，从固体废物中提取或者使其转化为可以利用的资源、能源和其他原材料的固体废物量（包括当年利用往年的工业固体废物累计贮存量），如用作农业肥料、生产建筑材料、筑路等。综合利用量由原产生固体废物的单位统计。

工业固体废物贮存量 指以综合利用或处置为目的，将固体废物暂时贮存或堆存在专设的贮存设施或专设的集中堆存场所内的数量。专设的固体废物贮存场所或贮存设施必须有防扩散、防流失、防渗漏、防止污染大气、水体的措施。

工业固体废物处置量 指将固体废物焚烧或者最终置于符合环境保护规定要求的场所，并不再回取的工业固体废物量（包括当年处置往年的工业固体废物累计贮存量）。处置方法有填埋（其中危险废物应安全填埋）、焚烧、专业贮存场（库）封场处理、深层灌注、回填矿井等。

工业固体废物排放量 指将所产生的固体废物排到固体废物污染防治设施、场所以外的数量，不包括矿山开采的剥离废石和掘进废石（煤矸石和呈酸性或碱性的废石除外）。

“三废”综合利用产品产值 指利用“三废”（废液、废气、废渣）作为主要原料生产的产品价值（现行价）；已经销售或准备销售的应计算产品价值，留作生产自用的不应计算产品价值。

“三废”综合利用产品利润 指利用“三废”（废液、废气、废渣）生产的产品，销售后所得到的利润。

环境污染与破坏事故 指由于违反环境保护法规的经济、社会活动与行为，以及意外因素的影响或不可抗拒的自然灾害等原因，致使环境受到污染，国家重点保护的野生动植物、自然保护区受到破坏，人体健康受到危害，社会经济和人民财产受到损失，造成不良社会影响的突发性事件。

文化事业机构 指从事专业文化工作和为专业文化工作服务的独立建制的单位。不包括这些单位另外举办独立核算的其他机构和各部门的业余文化组织。

艺术表演团体 指从事戏曲、音乐、舞蹈、杂技等专业艺术表演，有独立帐户的单位，不包括半工半艺、半农半艺和民间职业剧团。

电影放映单位 指具有放映机器设备、固定或不固定的放映场所与专职或兼职的放映技术人员，经有关部门登记批准，经常为一定的观众对象放映电影的机构。包括经批准对外开放进行营业，并与电影发行放映管理机构分帐的专用放映单位和军委系统租片单位。

邮电业务总量 指以价值量形式表现的邮电通信企业为社会提供各类邮电通信服务的总数量。邮电业务量按专业分类包括函件、包件、汇票、报刊发行、邮政快件、特快专递、邮政储蓄、集邮、公众电报、用户电报、传真、长途电话、出租电路、市话无线寻呼、移动电话、分组交换数据通信、出租代维等。计算方法为各类产品乘以相应的平均单价（不变价）之和，再加上出租电路和设备、代用户维护电话交换机和线路等的服务收入。它综合反映了一定时期邮电业务发展的总成果，是研究邮电业务量构成和发展趋势的重要指标。计算公式为：

邮电业务总量 = Σ（各类邮电业务量 × 不变单价）+ 出租代维及其他业务收入

十四 景气指数

THE CONFIDENCE

14—1 分季度各项景气指数

（2009年）

项　目	一季度	二季度	三季度	四季度
企业家信心指数	119.65	112.89	120.18	125.20
企业景气指数	124.42	111.82	122.91	133.55
生产总量	90.76	127.21	147.26	114.03
盈利(亏损)变化	96.32	92.86	113.13	113.01
流动资金	96.06	103.56	109.37	106.64
货款拖欠	113.33	113.15	113.91	110.78
劳动力需求	103.24	118.91	131.23	96.10
固定资产投资	101.42	113.53	120.58	133.19
产品订货	103.66	103.98	136.62	101.74
企业融资	98.88	96.68	105.03	101.79
分行业综合景气指数				
工业	120.38	108.24	111.59	124.18
建筑业	181.03	166.18	174.27	189.26
交通运输、仓储和邮政业	126.52	109.84	133.28	147.58
批发和零售业	144.30	122.37	143.71	145.39
房地产业	125.00	108.33	124.49	117.18
社会服务业	100.00	85.71	157.14	171.43
信息传输、计算机服务和软件业	124.29	138.57	124.29	138.57
住宿和餐饮业	100.00	107.14	128.57	121.43

14—2 分季度工业企业景气状况

（2009年）

项目	一季度	二季度	三季度	四季度
企业家信心指数	121.67	109.66	111.79	118.26
企业景气指数	120.38	108.24	111.59	124.18
生产成本	101.45	73.10	104.93	77.58
生产总量	87.44	143.03	148.41	107.65
产品订货	109.05	116.21	138.70	97.69
产品销售量	100.21	102.68	144.80	115.17
产品销售价格	102.45	67.29	72.05	138.55
产成品库存	114.95	119.36	109.65	122.13
盈利（亏损）变化	104.17	90.87	101.82	105.10
流动资金	93.37	103.04	105.86	105.77
企业融资	100.51	98.04	101.97	98.66
货款拖欠	113.69	117.23	119.84	111.13
设备利用	87.34	89.05	90.57	74.06
劳动力需求	107.99	132.98	137.06	85.01
固定资产投资	99.75	119.32	117.40	145.19
科技创新	132.14	133.90	109.85	132.87
原材料及能源购进价	87.76	107.96	86.48	66.03
原材料及能源供应	115.00	124.31	139.15	108.59

十五 基本单位

THE BASIC UNIT OF

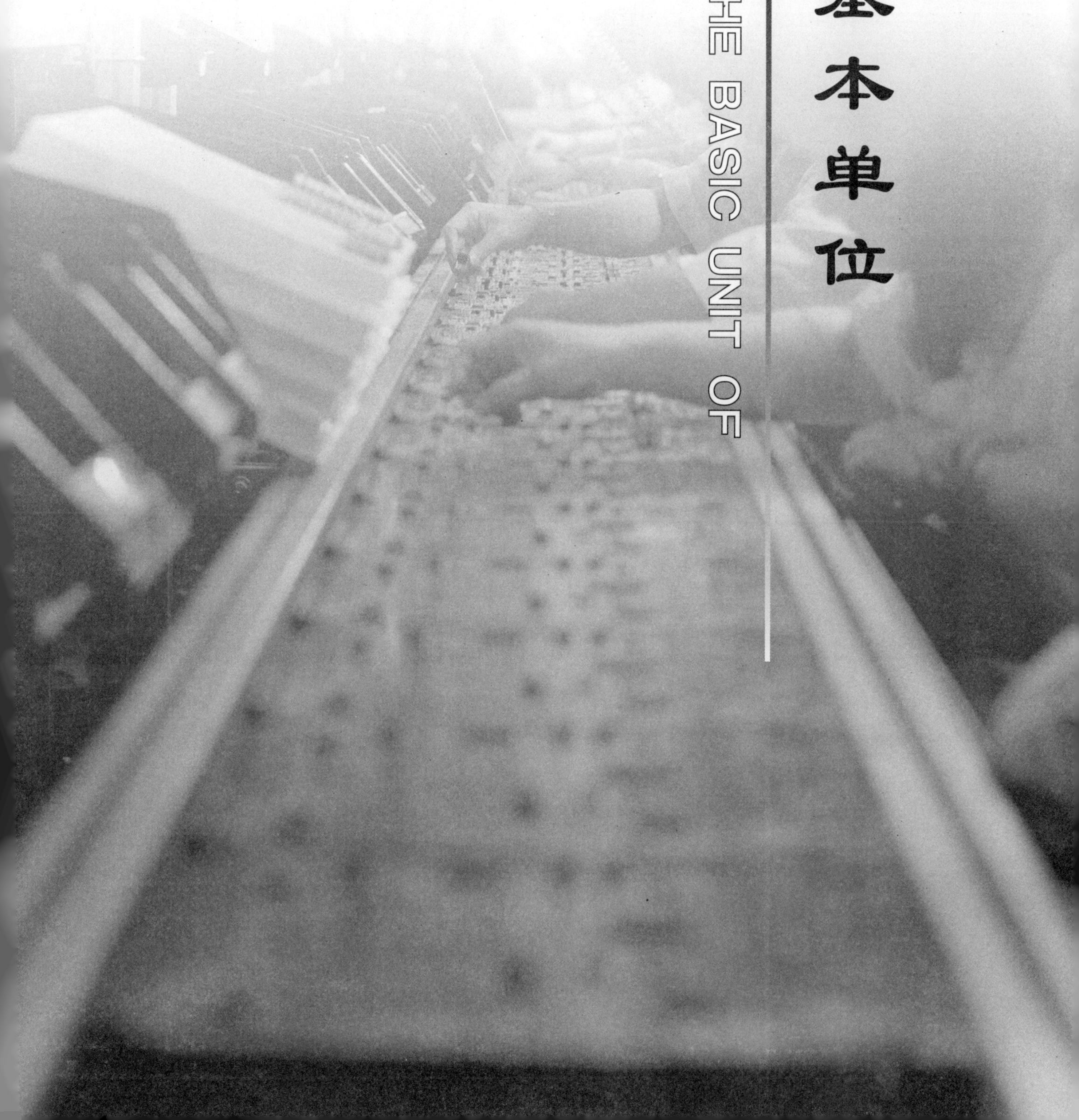

15—1　主要年份法人单位数

单位:个

项　目	1996	2001	2004	2005	2006	2007	2008	2009
合　计	**15676**	**14813**	**13683**	**14766**	**16010**	**16546**	**20550**	**22268**
#第二产业	5244	3083	3100	3355	3650	3787	4588	4907
(一)工业	4701	2629	2640	2836	3047	3154	3844	4053
1、采矿业	1043	518	551	584	602	622	614	651
2、制造业	3443	1893	1830	1983	2147	2220	2850	3003
3、电力、燃气及水的生产和供应业	215	218	259	269	298	312	380	399
(二)建筑业	543	454	460	519	603	633	744	854
第三产业	9873	10892	10576	11318	12227	12552	15959	16807
1、交通运输、仓储和邮政业	280	362	356	385	423	440	561	682
2、信息传输、计算机服务和软件业	130	213	134	172	267	279	413	477
3、批发和零售业	1770	1765	1731	1999	2435	2590	4237	4633
4、住宿和餐饮业	325	261	241	261	279	286	657	507
5、金融业	275	262	129	135	124	125	74	91
6、房地产业	216	379	438	507	571	610	705	779
7、租赁和商务服务业	67	96	631	716	822	854	1075	1262
8、科学研究、技术服务和地质勘查业	156	286	524	552	599	615	762	849
9、水利、环境和公共设施管理业	219	391	254	305	319	332	367	376
10、居民服务和其他服务业	113	198	193	213	250	263	403	399
11、教育	678	1228	1036	1032	1055	1060	1136	1139
12、卫生、社会保障和社会福利业	405	513	506	520	526	532	825	804
13、文化、体育和娱乐业	326	336	221	251	265	268	301	305
14、公共管理和社会组织	4778	4353	4182	4270	4292	4298	4443	4504
15、其他行业	135	249						

注:1996 年、2001 年为第一、二次基本单位普查数;2008 年为第二次经济普查数。

15—2 主要年份产业活动单位数

单位：个

项　　目	1996	2001	2004	2005	2006	2007	2008	2009
合　计	**25747**	**23944**	**19372**	**20650**	**21862**	**22365**	**27321**	**29102**
#第二产业	5966	4067	3672	3894	4177	4334	5098	5410
（一）工业	5309	3474	3085	3284	3482	3611	4300	4504
1、采矿业	1095	700	628	662	675	700	681	716
2、制造业	3935	2357	2015	2174	2335	2419	3019	3169
3、电力、燃气及水的生产和供应业	279	417	442	448	472	492	600	619
（二）建筑业	657	593	587	610	695	723	798	906
第三产业	18922	18814	15653	16563	17450	17725	22217	23088
1、交通运输、仓储和邮政业	669	823	539	563	601	588	868	992
2、信息传输、计算机服务和软件业	158	293	192	226	322	335	726	796
3、批发和零售业	3815	3854	3100	3511	3935	4078	5973	6391
4、住宿和餐饮业	670	571	381	400	417	418	755	610
5、金融业	1211	877	432	435	455	460	815	840
6、房地产业	255	432	484	558	636	676	758	838
7、租赁和商务服务业	84	125	755	862	970	1000	1213	1371
8、科学研究、技术服务和地质勘查业	192	326	613	634	673	683	868	958
9、水利、环境和公共设施管理业	294	458	297	350	362	375	419	428
10、居民服务和其他服务业	225	326	239	257	292	304	423	420
11、教育	2908	2128	1310	1307	1311	1315	1217	1220
12、卫生、社会保障和社会福利业	2203	2995	2263	2274	2274	2280	2603	2578
13、文化、体育和娱乐业	483	398	278	309	320	323	329	333
14、公共管理和社会组织	5578	4889	4770	4877	4882	4890	5250	5313
15、其他行业	177	319						

注：1996 年、2001 年为第一、二次基本单位普查数；2008 年为第二次经济普查数。

15—3 分县市区分行业法人单位及产业活动单位数

(2009年)

项目	法人单位数			产业活动单位数	
	合计	单产业法人	多产业法人	合计	其中:多产业法人所属产业活动单位
合计	**22268**	**20425**	**1843**	**29102**	**8677**
一、按国民经济行业分组					
农、林、牧、渔业	554	542	12	604	62
农业	202	200	2	222	22
林业	43	41	2	56	15
畜牧业	132	131	1	134	3
渔业	40	40		40	
农、林、牧、渔服务业	137	130	7	152	22
采矿业	651	623	28	716	93
煤炭开采和洗选业	202	200	2	210	10
黑色金属矿采选业	26	25	1	27	2
有色金属矿采选业	21	21		22	1
非金属矿采选业	392	367	25	447	80
其他采矿业	10	10		10	
制造业	3003	2900	103	3169	269
农副食品加工业	315	305	10	350	45
食品制造业	119	114	5	121	7
饮料制造业	294	279	15	322	43
烟草制品业	3	3		3	
纺织业	79	77	2	85	8
纺织服装、鞋、帽制造业	58	56	2	59	3
皮革、毛皮、羽毛(绒)及其制品业	5	5		5	
木材加工及木、竹、藤、棕、草制品业	40	40		41	1
家具制造业	55	51	4	57	6
造纸及纸制品业	79	75	4	83	8
印刷业和记录媒介的复制	132	130	2	133	3
文教体育用品制造业	9	9		9	
石油加工、炼焦及核燃料加工业	3	3		3	
化学原料及化学制品制造业	183	170	13	206	36
医药制造业	36	35	1	36	1
化学纤维制造业	6	6		6	
橡胶制品业	22	21	1	22	1
塑料制品业	134	131	3	136	5
非金属矿物制品业	603	588	15	634	46
黑色金属冶炼及压延加工业	12	10	2	12	2
有色金属冶炼及压延加工业	15	14	1	16	2
金属制品业	136	133	3	137	4
通用设备制造业	181	175	6	189	14
专用设备制造业	97	94	3	100	6
交通运输设备制造业	163	155	8	175	20
电气机械及器材制造业	96	95	1	98	3

15—3 续表1

项目	法人单位数			产业活动单位数	
	合计	单产业法人	多产业法人	合计	其中:多产业法人所属产业活动单位
通信设备、计算机及其他电子设备制造业	29	29		29	
仪器仪表及文化、办公用机械制造业	35	35		35	
工艺品及其他制造业	50	49	1	52	3
废弃资源和废旧材料回收加工业	14	13	1	15	2
电力、燃气及水的生产和供应业	399	348	51	619	271
电力、热力的生产和供应业	287	247	40	479	232
燃气生产和供应业	16	13	3	21	8
水的生产和供应业	96	88	8	119	31
建筑业	854	823	31	906	83
房屋和土木工程建筑业	306	279	27	338	59
建筑安装业	93	93		105	12
建筑装饰业	300	297	3	304	7
其他建筑业	155	154	1	159	5
交通运输、仓储和邮政业	682	645	37	992	347
铁路运输业	5	5		5	
道路运输业	327	306	21	409	103
城市公共交通业	23	22	1	37	15
水上运输业	125	119	6	152	33
航空运输业	1	1		2	1
装卸搬运和其他运输服务业	149	143	6	169	26
仓储业	45	43	2	50	7
邮政业	7	6	1	168	162
信息传输、计算机服务和软件业	477	466	11	796	330
电信和其他信息传输服务业	132	124	8	449	325
计算机服务业	314	312	2	315	3
软件业	31	30	1	32	2
批发和零售业	4633	4442	191	6391	1949
批发业	2567	2478	89	3339	861
零售业	2066	1964	102	3052	1088
住宿和餐饮业	507	485	22	610	125
住宿业	222	212	10	268	56
餐饮业	285	273	12	342	69
金融业	91	51	40	840	789
银行业	26	6	20	448	442
证券业	7	5	2	17	12
保险业	26	9	17	258	249
其他金融活动	32	31	1	117	86
房地产业	779	742	37	838	96
房地产业	779	742	37	838	96
租赁和商务服务业	1262	1229	33	1371	142
租赁业	65	62	3	67	5

15—3 续表2

项目	法人单位数			产业活动单位数	
	合计	单产业法人	多产业法人	合计	其中:多产业法人所属产业活动单位
商务服务业	1197	1167	30	1304	137
科学研究、技术服务和地质勘查业	849	822	27	958	136
研究与试验发展	74	72	2	81	9
专业技术服务业	385	370	15	437	67
科技交流和推广服务业	375	367	8	421	54
地质勘查业	15	13	2	19	6
水利、环境和公共设施管理业	376	365	11	428	63
水利管理业	144	140	4	161	21
环境管理业	101	99	2	123	24
公共设施管理业	131	126	5	144	18
居民服务和其他服务业	399	391	8	420	29
居民服务业	179	175	4	192	17
其他服务业	220	216	4	228	12
教育	1139	1078	61	1220	142
卫生、社会保障和社会福利业	804	728	76	2578	1850
卫生	578	507	71	2326	1819
社会保障业	48	46	2	61	15
社会福利业	178	175	3	191	16
文化、体育和娱乐业	305	295	10	333	38
新闻出版业	10	9	1	12	3
广播、电视、电影和音像业	56	52	4	71	19
文化艺术业	170	168	2	173	5
体育	24	24		26	2
娱乐业	45	42	3	51	9
公共管理和社会组织	4504	3450	1054	5313	1863
中国共产党机关	162	152	10	168	16
国家机构	1664	1457	207	2438	981
人民政协和民主党派	33	33		33	
群众团体、社会团体和宗教组织	1012	1009	3	1039	30
基层群众自治组织	1633	799	834	1635	836
二、按地区分组					
宜昌市	22268	20425	1843	29102	8677
西陵区	4271	4005	266	4955	950
伍家岗区	1982	1923	59	2251	328
点军区	354	282	72	491	209
猇亭区	371	332	39	459	127
夷陵区	2786	2486	300	3584	1098
远安县	886	749	137	1228	479

15—3 续表 3

项目	法人单位数			产业活动单位数	
	合计	单产业法人	多产业法人	合计	其中:多产业法人所属产业活动单位
兴山县	837	784	53	1253	469
秭归县	1496	1434	62	1890	456
长阳自治县	1465	1197	268	2387	1190
五峰自治县	907	873	34	1282	409
宜都市	2619	2380	239	3315	935
当阳市	1845	1783	62	2901	1118
枝江市	2449	2197	252	3106	909
三、按机构类型分组					
企业	14444	13845	599	18297	4452
事业单位	2673	2446	227	3481	1035
机关	1006	842	164	1414	572
社会团体	993	990	3	1019	29
民办非企业单位	903	900	3	900	0
基金会	3	3	0	3	0
居委会	257	215	42	259	44
村委会	1376	584	792	1376	792
其他组织机构	613	600	13	2353	1753

注:2009 年为初次上报的年报数据。

中国统计出版社最新图书简目

(仅供参考,以最后出书为准)

统计资料

中国统计年鉴-2010
2010 中国发展报告
中国劳动统计年鉴-2010
中国建筑业统计年鉴-2010
中国商品交易市场统计年鉴-2010
中国民政统计年鉴-2010
中国科技统计年鉴-2010
中国高技术产业统计年鉴-2010
全国农产品成本收益资料汇编-2010
第二次全国残疾人抽样调查资料系列
中国县(市)社会经济调查年鉴-2010
中国国内生产总值核算历史资料(1952-2004)
大中型批发零售和住宿餐饮企业统计年鉴-2010
中国统计摘要-2010
中国第三产业统计年鉴-2010
中国社会统计年鉴-2010
中国人口和就业统计年鉴-2010
中国房地产统计年鉴-2010
中国贸易外经统计年鉴-2010
中国农村统计年鉴-2010
中国教育经费统计年鉴-2009
中国科学技术协会统计年鉴-2010
中国棉花年鉴-2008/2009
中国农村住户调查年鉴-2010(中、英文)
中国季度国内生产总值核算历史资料(1992-2005)
国际统计年鉴-2010
中国区域经济统计年鉴-2010
中国城市统计年鉴-2009
中国工业经济统计年鉴-2010
中国能源统计年鉴-2010
2010 中国地区经济监测报告
中国农产品价格调查年鉴-2010
中国农村贫困监测报告-2010
工业企业科技活动资料-2010
中国城市(镇)生活与价格年鉴-2010
中国农村全面建设小康监测报告-2010
中国零售和餐饮业连锁企业统计年鉴-2010
2005 年中国 1% 人口抽样调查系列资料

2010 年省级综合统计年鉴系列

北京 天津 河北 山西 内蒙古 辽宁 吉林 黑龙江 上海 江苏 浙江 安徽 福建 江西 山东
河南 湖北 湖南 广东 广西 海南 重庆 四川 贵州 云南 西藏 陕西 甘肃 青海 宁夏
新疆 新疆生产建设兵团

2010 年市(县)级综合统计年鉴系列

天津滨海新区
运城 忻州 临汾 呼和浩特
黑龙江垦区 上海浦东新区
宁波 绍兴 台州 舟山 温州
厦门经济特区 南昌 上饶
十堰 荆州 黄冈 长沙 广州
贵阳 昆明 西安 庆阳 银川
石家庄 唐山 邯郸 太原 大同
包头 沈阳 大连 长春 吉林市
苏州 无锡 常州 徐州 南通
金华 嘉兴 衢州 安庆 福州
济南 青岛 潍坊 东营 郑州
东莞 惠州 深圳 桂林 南宁
乌鲁木齐 吐鲁番
长治 阳泉 晋城 朔州 晋中
四平 延吉 哈尔滨 齐齐哈尔
盐城 镇江 江阴 丹阳 杭州
福州经济技术开发区
洛阳 三门峡 南阳 武汉 宜昌
柳州 来宾 河池 海口 成都

“十一五”规划教材

非参数统计 医学统计学
多元统计分析 经济计量学教程
统计数据处理概论
企业经营管理统计
统计学:从数据到结论
概率论与数理统计 统计学
应用时间序列分析
质量管理统计方法 社会统计学
市场调查与预测
国民经济核算教程(国民经济统计学)
现代金融投资统计分析
统计指数理论及应用
多元统计分析实验
统计学原理(非统计专业使用)
概率论与数理统计(经济、管理类专业使用)

重点图书

新中国六十年
挑大学选专业 2010—高考志愿填报指南
挑大学选专业 2010—考研择校指南